빠르게
S

531
PROJECT

효과 빠른 약점 처방전

국어 **독서 독해 S**

STAFF

발행인 정선욱

퍼블리싱 총괄 남형주

개발 김태원 김한길 신영한 김성준 육인선

기획 · 디자인 · 마케팅 조비호 김정인

유통 · 제작 서준성 신성철

531 PROJECT 독서 독해 빠르게 S 202005 제 1판 1쇄   202310 제 1판 4쇄

펴낸곳 이투스에듀(주) 서울시 서초구 남부순환로 2547

고객센터 1599-3225

등록번호 제2007-000035호

ISBN 979-11-6442-888-5 [53700]

531 PROJECT
효과 빠른 약점 처방전

531 프로젝트는
쉽게 익히고, 빠르게 다지고, 확실히 성적을 올릴 수 있는
영역별 단기 특강 교재입니다.

쉽게

531 PROJECT 는
단기 특강 교재 중 가장 '쉽게' 개념을 익힐 수 있는 교재입니다.

01 영역별 꼭 알아야 하는 핵심 개념만을 선별하여 충실하게 기술한 교재입니다.

02 개념을 학습하고 이해한 내용을 확인해 보도록 문제를 명징하게 제시한 교재입니다.

03 문제 풀이를 통해 학습한 내용을 제대로 습득하도록 친절하고 상세한 해설과 첨삭을 덧붙인 교재입니다.

빠르게

531 PROJECT 는
단기 특강 교재 중 가장 '빠르게' 공부할 수 있는 교재입니다.

01 대충 훑어서 빠르게 공부하는 게 아니라 꼭 필요한 내용만을 효과적으로 담아 빠르게 실력을 향상시킬 수 있는 교재입니다.

02 국어 각 영역의 개념 학습과 확인 문제, 신규 개발 문제와 기출문제 등 다양한 형태의 문제로 12강을 구성하여 빠르게 국어 공부를 완성할 수 있는 교재입니다.

03 효율적인 학습을 위한 단계별 학습 과정을 제시하여 눈에 띄게 빠른 실력 향상을 가능하게 해 주는 교재입니다.

우월하게

531 PROJECT 는
단기 특강 교재 중 가장 '우월하게' 실력을 향상시킬 수 있는 교재입니다.

01 엄선된 문제와 차별화된 구성으로 고난도 수능을 효과적으로 대비할 수 있는 교재입니다.

02 1등급이 되기 위해 필수적으로 학습해야 할 내용을 충실히 담은 교재입니다.

이 책의

구성과 특징

수능 잡는 독서 필수 개념

1 개념 설명 ┃ 독서 필수 개념을 이해하기 쉽고 한눈에 알아보기 편리하게 정리했습니다.

2 예시 지문 ┃ 관련 개념을 제대로 이해할 수 있도록 예시 지문을 풍부하게 수록했습니다.

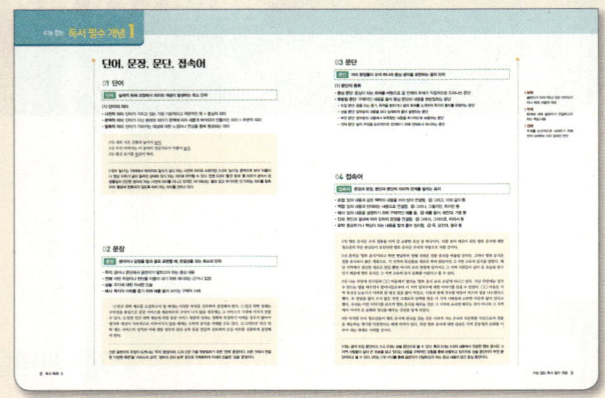

┃ 문제 유형별 실전 대비

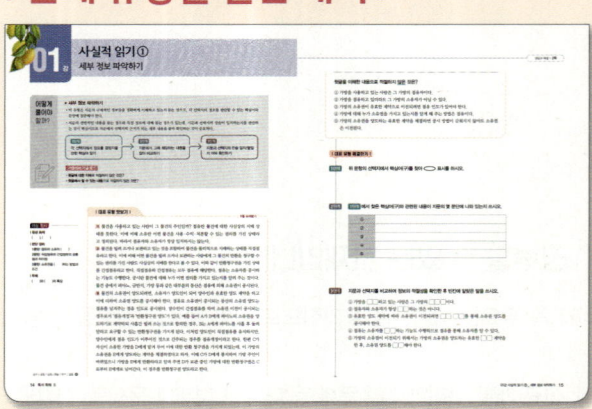

1 어떻게 풀어야 할까? ┃ 문제 유형별 특성과 해결 전략을 설명하고, 기출문제의 발문과 선택지를 제시하여 유형별 출제 경향을 가늠할 수 있도록 하였습니다.

2 대표 유형 맛보기 ┃ 각 유형을 학습하는 데에 가장 적합한 기출문제를 제시하였습니다.

3 대표 유형 해결하기 ┃ 유형을 해결하는 과정을 단계적으로 설명하고 간단한 형태의 문제를 통해 해결 방법을 직접 익힐 수 있도록 하였습니다.

4 핵심 정리 ┃ 중심 화제, 문단 정리, 주제 등 해당 지문의 기본적인 내용을 빈칸 채우기 문제 형식으로 제시하였습니다.

┃ 지문 제재별 실전 대비

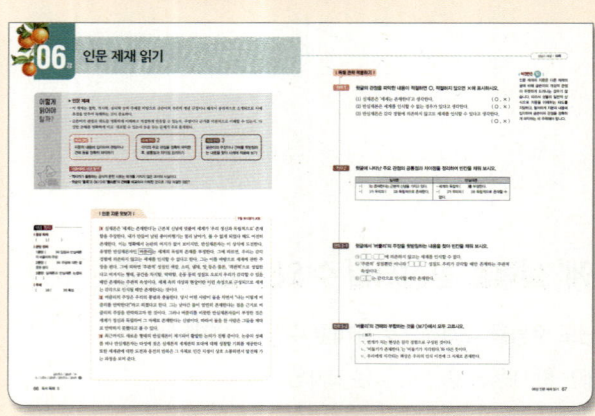

1 어떻게 읽어야 할까? ┃ 지문 제재별 특성과 독해 전략을 설명하고, 기출문제의 발문과 선택지를 제시하여 제재별 출제 경향을 가늠할 수 있도록 하였습니다.

2 대표 지문 맛보기 ┃ 각 제재를 학습하는 데에 가장 적합한 기출문제 지문을 제시하였습니다.

3 독해 전략 적용하기 ┃ 제재별 특성에 따른 효율적인 독해 전략을 설명하고 간단한 형태의 문제를 통해 독해 전략을 직접 익힐 수 있도록 하였습니다.

4 이것만은 꼭! ┃ 제재와 관련하여 가장 핵심적인 내용을 정리하였습니다.

I 기출로 다지기 &
실전으로 뛰어넘기

1 **기출문제** ┆ 기출문제를 풀어 봄으로써 유형 해결 방법과 독해 전략을 확실히 이해하고 실전을 경험할 수 있습니다.

2 **지문 다시 보기** ┆ 지문의 흐름과 관계를 한눈에 파악하고, 지문을 보다 쉽게 이해할 수 있도록 내용을 도식으로 구조화하여 제시하였습니다.

3 **개발 문항** ┆ 강별 주제에 맞게 신규 출제한 문제를 통해 독서 영역을 완벽하게 대비할 수 있습니다.

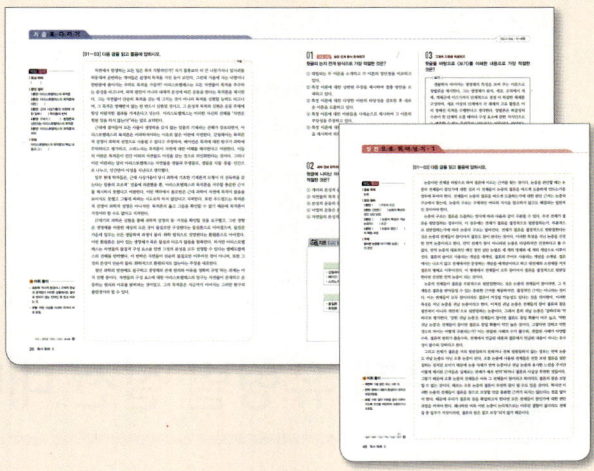

I 어휘 TEST

주요 어휘의 사전적 의미, 문맥적 의미, 바꿔 쓸 수 있는 어휘 등을 다양한 형태의 문제로 제시하였습니다.

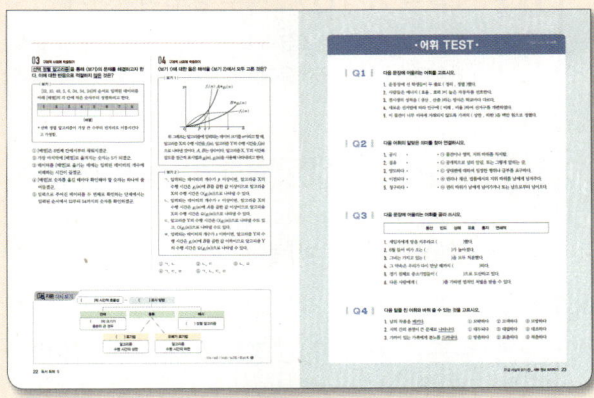

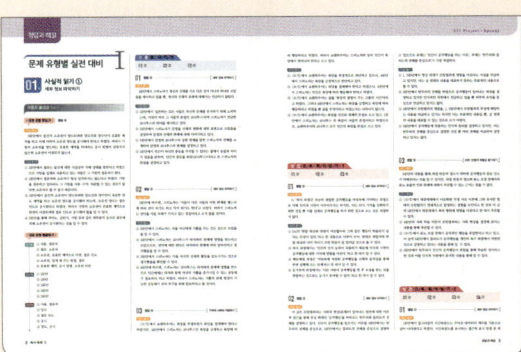

정답과 해설

1 **정답 풀이** ┆ 정답인 이유를 분석하여 명확하게 해설해 주었습니다.

2 **오답 풀이** ┆ 오답인 이유를 선택지별로 분석하여 상세하게 해설해 주었습니다.

이 책의 차례

II 지문 제재별 실전 대비

단어, 문장, 문단, 접속어

01 단어

> **단어** 실제적 독해 과정에서 의미와 개념이 발생하는 최소 단위

(1) 단어의 의미
- **사전적 의미**: 단어가 가지고 있는 가장 기본적이고 객관적인 뜻 = 중심적 의미
- **문맥적 의미**: 단어가 지닌 본래의 의미가 문맥에 따라 새롭게 해석되어 만들어진 의미 = 주변적 의미
- **함축적 의미**: 단어가 가리키는 대상에 대한 느낌이나 연상을 통해 형성되는 의미

(가) 새로 지은 건물의 높이가 <u>높다</u>.
(나) 우리 아버지는 이 분야의 전문가로서 이름이 <u>높다</u>.
(다) 황금 보기를 <u>돌</u>같이 하라.

(가)의 '높다'는 '아래에서 위까지의 길이가 길다.'라는 사전적 의미로 쓰였지만, (나)의 '높다'는 문맥으로 보아 '이름이나 명성 따위가 널리 알려진 상태에 있다.'라는 의미로 파악할 수 있다. 한편 (다)의 '돌'은 본래 '흙 따위가 굳어서 된 광물질의 단단한 덩어리.'라는 사전적 의미를 지니고 있지만, 여기에서는 '쓸모 없고 무가치한 것.'이라는 의미를 함축하여 '황금에 현혹되지 않도록 하라.'라는 의미를 전하고 있다.

02 문장

> **문장** 생각이나 감정을 말과 글로 표현할 때, 완결성을 갖는 최소의 단위

- **주지**: 글이나 문단에서 글쓴이가 말하고자 하는 중심 내용
- **전제**: 어떤 주장이나 판단을 이끌어 내기 위해 제시되는 근거나 입장
- **상술**: 주지에 대한 자세한 진술
- **예시**: 독자의 이해를 돕기 위해 예를 들어 보이는 구체적 사례

㉠민간 위탁 제도를 도입하고자 할 때에는 다양한 측면을 검토하여 결정해야 한다. ㉡민간 위탁 업체는 수익성을 중심으로 공공 서비스를 제공하므로 수익이 나지 않을 경우에는 그 서비스가 기대에 미치지 못할 수 있다. ㉢또한 민간 위탁 제도에 의한 공공 서비스 제공의 성과는 정확히 측정하기 어려운 경우가 많아서 평가와 개선이 지속적으로 이루어지지 않을 때에는 오히려 공익을 저해할 수도 있다. ㉣그러므로 민간 위탁 제도 서비스의 성격과 이에 대한 정부의 관리 능력 등을 면밀히 검토하여 도입 여부를 신중하게 결정해야 한다.

㉠은 글쓴이의 주장이 드러나는 '주지' 문장이며, ㉡과 ㉢은 ㉠을 뒷받침하기 위한 '전제' 문장이다. ㉣은 ㉠에서 언급한 '다양한 측면'을 '서비스의 성격', '정부의 관리 능력' 등으로 구체화하여 자세히 진술한 '상술' 문장이다.

03 문단

> **문단** 여러 문장들이 모여 하나의 중심 생각을 표현하는 글의 단위

(1) 문단의 종류
- **중심 문단**: 중심이 되는 화제를 바탕으로 글 전체의 주제가 직접적으로 드러나는 문단
- **뒷받침 문단**: 구체적인 내용을 들어 중심 문단의 내용을 뒷받침하는 문단
  - 도입 문단: 글을 쓰는 동기, 목적을 밝히거나 글의 화제를 소개하여 독자의 흥미를 유발하는 문단
  - 상술 문단: 앞부분의 내용을 보다 상세하게 풀어 설명하는 문단
  - 부연 문단: 앞부분의 내용에서 부족했던 내용을 추가적으로 보충하는 문단
  - 전제 문단: 글의 주장을 논리적으로 전개하기 위해 전제로서 제시하는 문단

화제
글쓴이가 이야기하고 있는 이야깃거리나 제재, 서술의 대상

주제
화제에 대해 글쓴이가 전달하고자 하는 핵심 내용

전제
주제를 논리적으로 내세우기 위해 먼저 내세우는 미리 알려진 판단

04 접속어

> **접속어** 문장과 문장, 문단과 문단의 의미적 관계를 알리는 표지

- **순접**: 앞의 내용과 같은 맥락의 내용을 이어 받아 연결함. **예** 그리고, 이와 같이 등
- **역접**: 앞의 내용과 반대되는 내용으로 연결함. **예** 그러나, 그렇지만, 하지만 등
- **예시**: 앞의 내용을 설명하기 위해 구체적인 예를 듦. **예** 예를 들어, 예컨대, 가령 등
- **인과**: 원인과 결과에 따라 앞뒤의 문장을 연결함. **예** 그래서, 그러므로, 따라서 등
- **요약**: 중요하거나 핵심이 되는 내용을 짧게 줄여 정리함. **예** 즉, 요컨대, 결국 등

(가) 향토 음식은 우리 전통을 이어 갈 소중한 유산 중 하나이다. 티끌 모아 태산이 되듯 향토 음식에 대한 청소년의 작은 관심들이 모인다면 향토 음식은 우리의 자랑으로 자랄 것이다.

(나) 흔히들 '향토 음식'이라고 하면 옛날부터 전해 내려온 전통 음식을 떠올릴 것이다. 그러나 향토 음식은 전통 음식보다 좁은 개념으로, 각 지역의 특산물을 재료로 하여 만들어진 그 지방 고유의 음식을 말한다. 해당 지역에서 생산된 재료로 만들 뿐만 아니라 조리 방법에 있어서도 그 지역 사람들이 살아 온 모습을 담고 있기 때문에 향토 음식은 그 지역 고유의 음식 문화를 이룬다고 할 수 있다.

(다) 나는 주말에 친구들과 ○○ 마을에서 열리는 '향토 음식 요리 교실'에 다니고 있다. 지난 주말에는 밀국수 만드는 법을 배우면서 할머니들로부터 이 지역 밀국수에 대한 이야기를 들을 수 있었다. ○○ 마을은 지역 특성상 논농사가 어려워 쌀 대신 밀을 많이 먹었고, 이웃과 함께 국수를 만들어 먹으며 정을 나누었다고 했다. 또 양념을 많이 쓰지 않은 자연 그대로의 담백한 맛은 이 지역 사람들의 소박한 마음과 닮아 있다고 했다. 우리는 이런 이야기를 들으며 향토 음식을 배우는 것은 그 지역의 요리만 배우는 것이 아니라 그 지역에서 이어져 온 문화와 정신을 배우는 것임을 알게 되었다.

(라) 이처럼 우리 청소년들이 향토 음식에 관심을 갖는 것은 사라져 가는 우리의 식문화를 지킴으로써 전통을 계승하는 계기를 마련한다는 데에 의의가 있다. 또한 향토 음식에 대한 관심은 지역 공동체의 조화를 이루어 내는 데에도 기여할 것이다.

(가)는 글의 도입 문단이고, (나), (다)는 상술 문단으로 볼 수 있다. 특히 (다)는 (나)의 내용에서 언급한 향토 음식은 그 지역 사람들이 살아 온 모습을 담고 있다는 내용을 구체적인 경험을 통해 보충하고 있으므로 상술 문단이자 부연 문단이라고 볼 수 있다. (라)는 (가)~(다)를 통해 글쓴이가 전달하고자 하는 중심 내용이 담긴 중심 문단이다.

글의 구성과 전개 방식

01 글의 구성

> **구성** 일정한 원리나 순서에 따라 문단을 배열하는 방식 또는 흐름

- **시간적 구성**: 시간의 흐름에 따라 문단을 배열하는 구성 방식
- **단계식 구성**: 논리적인 흐름에 따라 문단을 배열하는 구성 방식
- **열거식 구성**: 의도나 중요성에 따라 정보를 나열하여 문단을 배열하는 구성 방식

| 정태적 방식
시간적 순서를 고려하지 않는 논리적인 구성 방식
예 정의, 열거, 예시, 인용, 비교, 대조 등

| 동태적 방식
시간적 순서를 고려한 방식
예 서사, 인과, 과정 등

| 응집성의 언어적 장치
지시어나 접속어의 사용, 동일한 어휘의 반복 또는 생략, 유의어나 반의어의 사용 등은 글을 응집성 있게 만들 수 있음.

(가) 중세부터 르네상스 시대에 이르기까지 생리학 분야의 절대적 권위는 2세기 경 그리스 의학을 집대성한 갈레노스에게 있었다. 갈레노스에 따르면 정맥피는 간에서 생성되어 정맥을 타고 온몸으로 영양분을 전달하면서 소모된다. // 16세기에 이르러 베살리우스는 해부를 통해 격막에 구멍이 없으며 폐정맥이 공기가 아닌 피의 통로라는 사실을 발견했다. 이로 인해 갈레노스의 피의 소모 이론은 도전에 직면했다. // 이러한 판도를 바꾼 사람은 하비였다. 그는 1628년에 피의 순환 경로를 제시하였고, 얼마 후 말피기가 새로 발명된 현미경으로 모세혈관을 발견하면서 '피의 순환 이론'이 널리 받아들여지게 되었다.

(나) 최근 다양한 기능을 갖춘 휴대전화들이 출시되면서 휴대전화 교체 주기가 짧아지고 이에 따라 폐휴대전화 발생량도 증가하고 있다. 그런데 많은 사람들이 폐휴대전화를 어떻게 처리해야 할지 몰라 그냥 버린다고 한다. // 이렇게 버려지는 폐휴대전화 속에는 금, 은 등의 귀한 금속 자원이 들어 있다. 이들 자원을 폐휴대전화에서 추출하여 재활용하면 자원의 낭비를 줄일 수 있다. 한편 폐휴대전화에는 공해를 일으킬 수 있는 물질들도 포함되어 있다. 이런 물질들을 일반 쓰레기와 함께 태우거나 땅속에 파묻게 되면 환경오염을 유발하게 된다. // 폐휴대전화 처리에 대한 인식이 부족한 사람들은 계기가 마련되지 않는다면 여전히 지금과 같이 아무 곳에나 폐휴대전화를 버릴 것이다. 그러므로 소중한 금속 자원을 재활용하고 환경오염을 줄이는 데에도 기여할 수 있는 취지의 '폐휴대전화 수거 운동'이 필요하다.

(다) 공룡 발자국 화석 연구에서는 발자국 화석의 형태를 관찰하여 얻은 정보를 분석하여 공룡의 종류, 크기, 보행 상태 등을 알아낸다. // 우선 공룡 발자국의 형태로부터 공룡의 종류를 알아낸다. 용각류의 발자국은 타원형이나 원형에 가까우며 앞발이 뒷발보다 작고 그 모양도 조금 다르다. 조각류의 발자국은 세 개의 뭉툭한 발가락이 앞으로 향해 있고 발꿈치는 완만한 곡선을 이룬다. // 다음으로 공룡 발자국의 길이로부터 공룡의 크기를 추정할 수 있다. '발자국의 길이'에 4를 곱해 '지면으로부터 골반까지의 높이'를 구하여 그 크기를 짐작할 수 있다. // 또한 '보폭 거리'는 보행 상태를 추정하는 기준으로 사용된다. 학자들은 보폭 거리의 값이 2.0 미만이면 보통 걸음, 2.0 이상 2.9 이하이면 빠른 걸음이었을 것으로, 2.9를 초과하면 달렸을 것으로 추정하고 있다.

(가)는 '2세기 갈레노스'부터 '16세기 베살리우스', '17세기(1628년) 하비'에 이르기까지 시간의 흐름에 따라 달라진 피의 순환 이론을 제시하고 있는 시간적 구성의 글이다. (나)는 '폐휴대전화 수거 운동 실천'이라는 주제를 전달하기 위해 '도입—전개—정리'의 3단 구성으로 내용을 전개하고 있는 단계식 구성의 글이다. (다)는 '공룡 발자국 화석'을 중심 화제로 제시하고 분석과 그 의의에 대한 내용을 병렬적으로 나열하고 있는 열거식 구성의 글이다.

02 글의 전개 방식

글의 주제와 정보를 효과적으로 전달하기 위해 사용하는 다양한 방법

- 추론 방식, 시간이나 공간적 구성 방식, 논리적 단계, 시간의 흐름을 고려하는지의 여부 등에 따라 다양한 전개 방식이 존재함.

전개 방식	개념
정의	용어의 기본적 개념을 규정함.
비교 · 대조	둘 이상의 대상이 지닌 공통점과 차이점을 드러내며 설명함.
예시	구체적인 사례를 들어 설명함.
분석	대상을 구성 요소로 나누어 설명함.
분류	대상을 일정한 기준에 따라 구분하여 설명함.
유추	서로 다른 대상들 사이의 유사성을 근거로 새로운 주장을 이끌어 냄.
과정	어떤 결과를 가져오게 하는 변화, 작용 등을 설명함.
인과	대상의 원인과 결과를 밝혀 설명함.

(가) 디지털 영상은 2차원 평면에 격자 모양으로 화소를 배열하고 각 화소의 밝기인 화솟값을 데이터로 저장한 것이다. 화솟값은 0에서 255 사이의 값으로 나타내는데 0일 때 검은색으로 가장 어둡고 255일 때 흰색으로 가장 밝다.

(나) 사람들은 어떤 결과에는 항상 그에 상응하는 원인이 존재한다고 생각한다. 가령, A라는 사람이 스트레스로 병에 걸렸고, B도 스트레스로 병에 걸렸다면 이런 개별적인 사례들로부터 '스트레스가 병의 원인이다.'라는 일반적인 인과가 도출된다. 이때 개별적 사례에 해당하는 인과를 '개별자 수준의 인과'라 하고, 일반적인 인과를 '집단 수준의 인과'라 한다. 사람들은 오랫동안 이러한 집단 수준의 인과가 필연성을 지닌다고 믿어 왔다. 그런데 집단 수준의 인과를 필연적인 것이 아니라 개연적인 것으로 파악해야 한다고 주장하는 사람들이 있다. 가령 '스트레스가 병의 원인이다.'라는 진술에서 스트레스는 병의 필연적인 원인이 아니라 단지 병을 발생시킬 확률을 높이는 요인일 뿐이라고 말한다. A와 B가 특정한 병에 걸렸다 하더라도 집단 수준에서는 그 병의 원인을 스트레스로 단언할 수 없다는 것이다.

(다) 형태소는 일정한 뜻을 가진 가장 작은 말의 단위인데, 실질 형태소와 형식 형태소로 나뉠 수 있다. 실질 형태소는 구체적인 대상이나 동작, 상태 등 실질적 의미를 나타내며, 체언이나 용언의 어간 등이 이에 해당한다. 형식 형태소는 높임, 의문, 시제, 추측, 진행상 등의 문법적 의미를 나타내며, 선어말 어미나 연결 어미, 종결 어미 등이 이에 해당한다.

(라) 그동안 우리는 종자와 종자 산업의 중요성을 인식하지 못하여 경쟁력 있는 종자 기업 육성에 소홀했다. 우리나라의 여러 종자 기업들이 외국 기업에 인수되면서 상당수 우리 종자의 소유권과 우수 육종 기술이 함께 외국 기업으로 넘어가게 되었고, 국내 채소 종자 시장의 종자 매출액의 50% 가량을 외국 기업이 차지하게 되었다. 이런 상황이 지속된다면 우리 종자를 심고 키우기 어려워지는 것은 물론 종자를 수입하거나 로열티를 지급하는 데 지금보다 훨씬 많은 비용이 들어가는 상황이 발생할 수 있다.

(가)는 '디지털 영상'의 개념을 규정하는 정의의 서술 방식이 사용되었다. (나)는 '개별자 수준의 인과'와 '집단 수준의 인과'에 대한 서로 다른 입장을 예를 통하여 비교하고 있다. (다)는 '형태소'를 일정한 기준에 따라 분류하고 있다. (라)는 우리나라 종자 산업에 대한 외국 기업의 점유율이 높아지게 된 원인과 이로 인해 발생하게 될 상황을 인과적으로 설명하고 있다.

I

문제 유형별 실전 대비

독서의 방법

■ **사실적 읽기**

개념 ▶ **글에 드러난 정보를 있는 그대로 파악하며 읽는 것**

- 글 읽기 방법 중 가장 기본이 되며, 글의 내용을 정확히 이해하고 파악하는 것뿐만 아니라 글의 구조 단위와 그 관계를 정확히 이해하는 것을 포함함.
- 중심 화제 파악하기, 중심 내용과 뒷받침 내용 구분하기, 정보의 의미 파악하기, 글의 구조 및 내용 전개 방식 파악하기 등의 방법이 있음.

■ **추론적 읽기**

개념 ▶ **문맥을 바탕으로 글에 직접 나타나 있지 않은 정보를 이끌어 내고, 정보를 재구성하여 의미 관계를 파악하며 읽는 것**

- 글쓴이의 의도나 목적, 드러나지 않은 내용, 이유 및 전제 등을 추론할 수 있어야 하며, 글에 드러나지 않은 정보를 추론하는 것뿐만 아니라 정보 간의 의미 관계를 파악할 수 있어야 함.
- 글의 내용을 여러 관점에서 분석하고 종합할 수 있어야 하며, 글의 관점을 다른 관점과 비교하여 이해할 수 있어야 함.

■ **비판적 읽기**

개념 ▶ **논리적·합리적 사고를 바탕으로 글의 전제나 주장에 공감하거나 반박하면서 비판적으로 읽는 것**

- 글에 반영되어 있는 가치관이나 신념 등의 적절성과 타당성을 비판적으로 검토하며 읽어야 함.
- 글의 내용, 글쓴이의 주장이나 의견이 옳은 정보인지, 어느 한쪽으로 치우친 것은 아닌지, 왜곡은 없는지 등을 고려하며 읽어야 함.

01강 사실적 읽기 ①
세부 정보 파악하기

어떻게 풀어야 할까?

▶ **세부 정보 파악하기**

• 이 유형은 지문의 구체적인 정보들을 정확하게 이해하고 있는지 묻는 것으로, 각 선택지의 정오를 판단할 수 있는 핵심어와 문장에 집중해야 한다.

• 지문의 전반적인 내용을 묻는 경우와 특정 정보에 대해 묻는 경우가 있는데, 지문과 선택지의 진술이 일치하는지를 판단하는 것이 핵심이므로 지문에서 선택지의 근거가 되는 세부 내용을 찾아 확인하는 것이 중요하다.

1단계	2단계	3단계
각 선택지에서 정오를 결정지을 만한 핵심어 찾기	지문에서 그에 해당하는 내용을 찾아 비교하기	지문과 선택지의 진술 일치/불일치 여부 확인하기

기출에서 개념 찾기

• 윗글에 대한 이해로 적절하지 않은 것은?
• 윗글에서 알 수 있는 내용으로 적절하지 않은 것은?

핵심 정리

ㅣ 중심 화제
( ), ( )

ㅣ 문단 정리
1문단: 점유와 소유의 ( )
2문단: 직접점유와 간접점유의 공통점과 차이점
3문단: 소유권을 ( )하는 방법과 조건

ㅣ 주제
( )와 ( )의 특징

ㅣ 대표 유형 맛보기 ㅣ

1 물건을 사용하고 있는 사람이 그 물건의 주인일까? 점유란 물건에 대한 사실상의 지배 상태를 뜻한다. 이에 비해 소유란 어떤 물건을 사용·수익·처분할 수 있는 권리를 가진 상태라고 정의된다. 따라서 점유자와 소유자가 항상 일치하지는 않는다.

2 물건을 빌려 쓰거나 보관하고 있는 것을 포함하여 물건을 물리적으로 지배하는 상태를 직접점유라고 한다. 이에 비해 어떤 물건을 빌려 쓰거나 보관하는 사람에게 그 물건의 반환을 청구할 수 있는 권리를 가진 사람도 사실상의 지배를 한다고 볼 수 있다. 이와 같이 반환청구권을 가진 상태를 간접점유라고 한다. 직접점유와 간접점유는 모두 점유에 해당한다. 점유는 소유자를 공시하는 기능도 수행한다. 공시란 물건에 대해 누가 어떤 권리를 가지고 있는지를 알려 주는 것이다. 물건 중에서 피아노, 금반지, 가방 등과 같은 대부분의 동산은 점유에 의해 소유권이 공시된다.

3 물건의 소유권이 양도되려면, 소유자가 양도인이 되어 양수인과 유효한 양도 계약을 하고 이에 더하여 소유권 양도를 공시해야 한다. 점유로 소유권이 공시되는 동산의 소유권 양도는 점유를 넘겨주는 점유 인도로 공시된다. 양수인이 간접점유를 하여 소유권 이전이 공시되는 경우로서 '점유개정'과 '반환청구권 양도'가 있다. 예를 들어 A가 B에게 피아노의 소유권을 양도하기로 계약하되 사흘간 빌려 쓰는 것으로 합의한 경우, B는 A에게 피아노를 사흘 후 돌려달라고 요구할 수 있는 반환청구권을 가지게 된다. 이처럼 양도인이 직접점유를 유지하지만, 양수인에게 점유 인도가 이루어진 것으로 간주되는 경우를 점유개정이라고 한다. 한편 C가 자신이 소유한 가방을 D에게 맡겨 두어 이에 대한 반환 청구권을 가지게 되었는데, 이 가방의 소유권을 E에게 양도하는 계약을 체결하였다고 하자. 이때 C가 D에게 통지하여 가방 주인이 바뀌었으니 가방을 E에게 반환하라고 알려 주면 D가 보관 중인 가방에 대한 반환청구권은 C로부터 E에게로 넘어간다. 이 경우를 반환청구권 양도라고 한다.

윗글을 이해한 내용으로 적절하지 않은 것은?

① 가방을 사용하고 있는 사람은 그 가방의 점유자이다.

② 가방을 점유하고 있더라도 그 가방의 소유자가 아닐 수 있다.

③ 가방의 소유권이 유효한 계약으로 이전되려면 점유 인도가 있어야 한다.

④ 가방에 대해 누가 소유권을 가지고 있는지를 알게 해 주는 방법은 점유이다.

⑤ 가방의 소유권을 양도하는 유효한 계약을 체결하면 공시 방법이 갖춰지지 않아도 소유권은 이전된다.

| 대표 유형 해결하기 |

1단계 위 문항의 선택지에서 핵심어(구)를 찾아 ⬭ 표시를 하시오.

2단계 **1단계** 에서 찾은 핵심어(구)와 관련된 내용이 윗글의 몇 문단에 나와 있는지 쓰시오.

①	
②	
③	
④	
⑤	

3단계 윗글과 선택지를 비교하며 정보의 적절성을 확인한 후 빈칸에 알맞은 말을 쓰시오.

① 가방을 ☐☐하고 있는 사람은 그 가방의 ☐☐☐이다.

② 점유자와 소유자가 항상 ☐☐하는 것은 아니다.

③ 유효한 양도 계약에 따라 소유권이 이전되려면 ☐☐ ☐☐를 통해 소유권 양도를 공시해야 한다.

④ 점유는 소유자를 ☐☐하는 기능도 수행하므로 점유를 통해 소유자를 알 수 있다.

⑤ 가방의 소유권이 이전되기 위해서는 가방의 소유권을 양도하는 유효한 ☐☐ 계약을 한 후, 소유권 양도를 ☐☐해야 한다.

[01~03] 다음 글을 읽고 물음에 답하시오.

핵심 정리

│ 중심 화제
(   )

│ 문단 정리
1문단: 스피노자의 코나투스 개념
2문단: (   ), 신체적 활동 능력과
코나투스의 상관성
3문단: 코나투스의 관점에서 본
(   )의 개념
4문단: 코나투스를 증가시킬 선한
(   )의 필요성

│ 주제
(   ) 윤리학의 코나투스

스피노자의 윤리학을 이해하기 위해서는 코나투스(Conatus)라는 개념이 필요하다. 스피노자에 따르면 실존하는 모든 사물은 자신의 존재를 유지하기 위해 노력하는데, 이것이 바로 그 사물의 본질인 코나투스라는 것이다. 정신과 신체를 서로 다른 것이 아니라 하나로 보았던 그는 정신과 신체에 관계되는 코나투스를 충동˙이라 부르고, 다른 사물들과 같이 인간도 자신을 보존하고자 하는 충동을 갖고 있다고 보았다. 특히 인간은 자신의 충동을 의식할 수 있다는 점에서 동물과 차이가 있다며 인간의 충동을 욕망˙이라고 하였다. 즉 인간에게 코나투스란 삶을 지속하고자 하는 욕망을 의미한다.

스피노자에 따르면 코나투스를 본질로 지닌 인간은 한번 태어난 이상 삶을 지속하기 위해 힘쓴다. 하지만 인간은 자신의 힘만으로 삶을 지속하기 어렵다. 인간은 다른 것들과의 관계 속에서만 삶을 유지할 수 있으므로 언제나 타자와 관계를 맺는다. 이때 타자로부터 받은 자극에 의해 신체적 활동 능력이 증가하거나 감소하는 변화가 일어난다. 감정을 신체의 변화에 대한 표현으로 보았던 스피노자는 신체적 활동 능력이 증가하면 기쁨의 감정을 느끼고, 신체적 활동 능력이 감소하면 슬픔의 감정을 느낀다고 생각했다. 또한 신체적 활동 능력이 감소하는 것과 슬픔의 감정을 느끼는 것은 코나투스가 감소하고 있음을 보여 주는 것, 다시 말해 삶을 지속하고자 하는 욕망이 줄어드는 것이라고 여겼다. 그래서 인간은 코나투스의 증가를 위해 자신의 신체적 활동 능력을 증가시키고 기쁨의 감정을 유지하려고 노력한다는 것이다.

한편 스피노자는 선악의 개념도 코나투스와 연결 짓는다. 그는 사물이 다른 사물과 어떤 관계를 맺느냐에 따라 선이 되기도 하고 악이 되기도 한다고 말한다. 코나투스의 관점에서 보면 선이란 자신의 신체적 활동 능력을 증가시키는 것이며, 악은 자신의 신체적 활동 능력을 감소시키는 것이다. 이를 정서의 차원에서 설명하면 선은 자신에게 기쁨을 주는 모든 것이며, 악은 자신에게 슬픔을 주는 모든 것이다. 한마디로 인간의 선악에 대한 판단은 자신의 감정에 따라 결정된다는 것을 의미한다.

이러한 생각을 토대로 스피노자는 코나투스인 욕망을 긍정하고 욕망에 따라 행동하라고 이야기한다. 슬픔은 거부하고 기쁨을 지향하라는 것, 그것이 곧 선의 추구라는 것이다. 그리고 코나투스는 타자와의 관계에 영향을 받으므로 인간에게는 타자와 함께 자신의 기쁨을 증가시킬 수 있는 공동체가 필요하다고 말한다. 그 안에서 자신과 타자 모두의 코나투스를 증가시킬 수 있는 기쁨의 관계를 형성하라는 것이 스피노자의 윤리학이 우리에게 하는 당부이다.

▶ 어휘 풀이

● **충동**: 순간적으로 어떤 행동을 하고 싶은 욕구를 느끼게 하는 마음속의 자극.

● **욕망**: 부족을 느껴 무엇을 가지거나 누리고자 탐함. 또는 그런 마음.

01 [대표 유형] 세부 정보 파악하기

윗글에서 다룬 내용으로 적절하지 <u>않은</u> 것은?

① 코나투스의 의미
② 정신과 신체의 유래
③ 감정과 신체의 관계
④ 감정과 코나투스의 관계
⑤ 코나투스와 관련한 인간과 동물의 차이

02 [대표 유형] 세부 정보 파악하기

윗글에 나타난 선악에 대한 스피노자의 입장으로 적절하지 <u>않은</u> 것은?

① 자신에게 기쁨을 주는 것은 선이다.
② 선악은 사물 자체가 가지고 있는 성질이다.
③ 선악에 대한 판단은 타자와의 관계에 따라 달라진다.
④ 자신의 신체적 활동 능력을 감소시키는 것은 악이다.
⑤ 기쁨의 관계 형성이 가능한 공동체는 선의 추구를 위해 필요하다.

03 구체적 사례에 적용하기

윗글을 바탕으로 〈보기〉를 이해한 내용으로 가장 적절한 것은?

┤ 보기 ├

쇼펜하우어는 욕망을 인간과 세계의 본질로 생각했다. 그의 관점에서 보면 인간을 포함한 모든 사물은 욕망을 충족하기 위해 노력하지만, 채우고 채워도 욕망은 완전히 충족될 수 없다. 그래서 그는 삶을 욕망의 결핍이 주는 고통의 시간이라고 말했고, 이러한 고통으로부터 벗어나기 위해 욕망을 부정하면서 욕망을 절제해야 한다는 금욕주의를 주장했다.

① 쇼펜하우어는 스피노자처럼, 욕망을 부정적으로 판단하고 있군.
② 쇼펜하우어는 스피노자처럼, 인간은 욕망에 따라 행동해야 한다고 보고 있군.
③ 쇼펜하우어는 스피노자처럼, 삶을 욕망의 결핍이 주는 고통의 시간이라고 여겼군.
④ 쇼펜하우어는 스피노자와 달리, 욕망을 인간의 본질로 보고 있군.
⑤ 쇼펜하우어는 스피노자와 달리, 인간이 욕망에서 벗어나야 한다고 보고 있군.

📖 지문 다시 보기

스피노자의 ( ) 개념
• 사물의 본질
• 정신과 신체에 관계되는 코나투스는 충동
• 인간에게 코나투스란 삶을 지속하고자 하는 욕망

코나투스 – 감정과 ( )
• 감정 = 신체의 변화에 대한 표현
• 신체적 활동 능력 ↑ → 기쁨 / 신체적 활동 능력 ↓ → 슬픔
⇒ 코나투스 ↓ = ( )을 지속하고자 하는 욕망 ↓
⇒ 코나투스의 증가를 위해 신체적 활동 능력을 증가시키고 기쁨의 감정을 유지함.

코나투스 – ( )의 개념
• 선 = 신체적 활동 증가 = 기쁨을 주는 모든 것
• 악 = 신체적 활동 감소 = 슬픔을 주는 모든 것
⇒ 선악에 대한 판단은 ( )에 따라 결정

⬇ 스피노자 윤리학의 당부

• 선의 추구 = 코나투스인 욕망을 긍정하고 욕망에 따라 행동하는 것 = 슬픔을 거부하고 기쁨을 지향하는 것
• 인간에게는 타자와 함께 자신의 기쁨을 증가시킬 수 있는 ( )가 필요

정답 가운데 / 선악 / 삶 / 상태 / 공동체 / 공동체

[01~03] 다음 글을 읽고 물음에 답하시오.

핵심 정리

| 중심 화제
( )

| 문단 정리
1문단: 청소년 모방범죄의 계기가 되는 ( )
2문단: 영상 매체가 ( )를 일으키는 근거
3문단: 공격행동에 대한 견해 ①
–( )
4문단: ( )의 의의
5문단: 공격행동에 대한 견해 ②
–( )

| 주제
( )을 바라보는 다양한 관점

모방범죄가 사회 문제로 대두된 것은 어제오늘의 일이 아니다. 모방범죄란 자신의 주변이나 대중 매체 등을 통해 접한 범죄나 폭력적 장면을 모방하여 또 다른 범죄를 저지르는 것을 말한다. 특히 영화나 텔레비전과 같은 영상 매체에서 묘사되는 폭력적 장면은 호기심이 많고 가치관이 정립되지 않은 청소년들에게 부정적 영향을 미쳐 청소년 모방범죄의 결정적 계기를 제공한다고 보고 있다.

사람들이 영상 매체에서 폭력적인 행위를 시청한 후에 시청 전보다 더 폭력적인 행위를 보인다는 것은, 사람의 행동이 다른 사람의 행동이나 상황을 관찰하거나 모방한 결과로 이루어진다는 '사회 학습 이론'에 근거를 두고 있다. 영상 매체에 등장하는 매력적이고 존경 받는 배우들의 폭력적 행위는 일반인들의 폭력 행위에 비해 커다란 학습 효과를 발휘하여 이를 모방한 행위를 현실 속에서 거리낌 없이 표출한다는 것이다.

[A] 반두라(Bandura)는 인간의 공격행동이 관찰을 통해 학습되어 나타난 것이라고 보고 그 과정을 다음과 같이 설명한다. 먼저 ㉠주의집중 과정은 타인의 공격행동을 관찰하면서 그것에 주의를 기울이는 단계이다. 이 과정에서는 공격행동을 관찰하게 되는 빈도가 높을수록, 관찰 대상과 연령이 비슷할수록 그와 같은 행동이 학습되기 쉽다는 특징이 있다. 다음으로 ㉡파지* 과정은 관찰한 공격행동을 머릿속에 기억하는 단계인데, 이때에는 자신이 관찰한 것을 언어적 기호 또는 영상의 형태로 기억하는 인간의 인지 능력이 작용하기 때문에 인지적 시연*이 공격행동에 대한 기억에 영향을 미친다. 세 번째 ㉢행동재생 과정은 머릿속에 저장된 공격행동을 신체적 움직임을 통해 한번 실행해 보는 단계이다. 즉 관찰된 공격행동을 단순히 따라 함으로써 자신의 행동과 관찰 대상의 행동을 일치시키고자 하는데, 이를 위해 파지 단계와 마찬가지로 인지적 시연이 반복되기도 한다. 마지막 ㉣동기 부여 과정은 공격행동에 대한 보상이 주어지면서 다음에도 동일한 행동을 반복하게 되는 동기가 부여되는 단계이다. 이때는 다른 사람이 공격행동을 한 후 보상을 받는 것을 관찰하는 것으로도 동기가 부여될 수 있다.

반두라는 사람을 상해하거나 물건을 파괴하는 결과를 하는 행동을 공격행동이라 보고 신체적인 것과 심리적인 것을 모두 포함하여 공격행동을 정의하였다. 그의 이론은 인간의 공격행동이 드러나는 데에는 외부적인 요인뿐만 아니라 인간 내부의 인지적 요인도 중요하게 작용함을 보여 줌으로써, 모방범죄라는 사회 현상을 설명할 수 있는 '사회 학습 이론'의 중요한 토대*를 마련해 주었다.

한편, 인간의 공격행동에 대해 돌라드(Dollard)는 '좌절-공격 이론'을 통해, 인간이 자신이 추구하는 목표를 획득하는 데에 간섭이나 방해를 받을 때, 욕구 좌절을 느끼게 되고 그로 인해 공격행동을 드러내며, 좌절된 반응이나 결과의 정도 등에 따라 공격에 대한 충동의 강도가 달라질 수 있다고 보았다. 하지만 돌라드의 주장은 공격행동이 반드시 좌절을 전제하고 있다는 점에서 논란의 여지가 있다. 왜냐하면 욕구좌절을 경험한 사람이라고 해도 모두 공격행동을 보이지 않을 수도 있고, 또 욕구좌절을 경험하지 않았더라도 공격행동을 드러낼 수 있는데, 그의 이론은 이를 설명하지 못하기 때문이다.

▶ 어휘 풀이

● **파지:** 경험에서 얻은 정보를 유지하고 있는 작용.

● **인지적 시연:** 어떤 행동을 관찰한 후 이를 머릿속으로 그려 보는 것.

● **토대:** 어떤 사물이나 사업의 밑바탕이 되는 기초와 밑천을 비유적으로 이르는 말.

01 대표 유형 세부 정보 파악하기

[A]에 제시된 '공격행동의 학습 과정'을 바탕으로 ㉠∼㉣을 이해한 내용으로 적절하지 <u>않은</u> 것은?

① 관찰자가 관찰 대상과 연령차가 크다면 ㉠∼㉣은 약하게 나타날 것이다.

② ㉡은 ㉠에서 관찰한 행동을 실제의 공격행동으로 옮기기 위한 인지적 시연이 이루어지는 과정이다.

③ 인지 능력이 뛰어난 관찰자일수록 ㉡이 활성화되어 공격 행동에 대한 기억이 오래 저장된다.

④ ㉢은 ㉠에서 관찰한 행동을 머릿속에서 반복적으로 그려 보며 실행해 보는 과정이다.

⑤ 타인이 공격행동을 통해 보상 받는 것을 관찰하는 것만으로도 ㉣은 나타날 수 있다.

02 대표 유형 세부 정보 파악하기

윗글의 표제와 부제로 가장 적절한 것은?

① 현대 영상 매체의 문제점
　　– 모방범죄에 미치는 영향을 중심으로

② 인간이 공격행동을 하는 이유
　　– 반두라와 돌라드의 견해를 중심으로

③ 공격행동이 일어나는 과정
　　– 인간 내·외부의 요인을 중심으로

④ 모방범죄의 개념과 특징
　　– 영상 매체의 학습 효과를 중심으로

⑤ 공격행동에 작용하는 인지적 원리
　　– 여러 견해에 대한 비교를 중심으로

03 비판·반응의 적절성 평가하기

윗글을 읽고 〈보기〉를 접한 독자의 반응으로 적절하지 <u>않은</u> 것은?

> ┤ 보기 ├
>
> 　순간적으로 '욱' 하는 분노를 참지 못해 방화, 흉기 또는 총기를 사용한 범죄가 자주 발생하면서 분노 조절 장애에 대한 사회적 관심이 고조되고 있다. 특히 이러한 범죄는 대중매체에서 이슈화된 특정 사건 이후에 그와 유사한 형태의 모방범죄가 연쇄적으로 발생하는 경향을 보인다는 점에서 주목된다. 그런데 순간적인 분노를 이기지 못하고 폭력적이고 공격적인 행동을 통해 사회 문제를 유발하는 분노 조절 장애는 특정 개인이 아닌 많은 현대인이 지니고 있다는 점에서 사회적인 대책이 시급하다.
> 　　　　　　　　　　　　　　　　　　　　　　　– ○○신문

① 분노 조절 장애로 인한 공격행동도 대중매체와 전혀 무관하다고 할 수 없겠군.

② 연쇄적으로 발생한 유사한 형태의 범죄들은 사회 학습 이론에 의해 설명할 수 있겠군.

③ 분노를 참지 못하고 공격행동을 보이는 이유로, '돌라드'는 개인의 욕구 좌절을 중요하게 꼽겠군.

④ 특정 장면과 유사한 형태의 범죄를 저지른 사람에게는 공격 행동을 학습하기 위한 인지적 과정이 있었겠군.

⑤ 많은 현대인이 분노 조절 장애를 안고 있으면서도 분노를 표출하지 않는 것은 좌절 반응의 강도가 약하기 때문이군.

지문 다시 보기

영상 매체의 (　　) 장면 ← 결정적 계기 — 모방범죄 — 근거 → 영상 매체를 통한 (　　) 효과

| 인간의 공격행동에 대한 여러 가지의 학문적 견해 | ① 반두라의 견해 – (　　)을 통한 학습 ② 돌라드의 견해 – 욕구의 좌절 |

| 인간의 공격행동이 일어나는 인지적 과정 | 1단계: 주의집중 과정 → 2단계: (　　) 과정 → 3단계: (　　) 과정 → 4단계: 동기부여 과정 |

└ 반두라 이론에 대한 구체적 설명

① 특징 – 공격행동에 대한 (　　) 접근　　② 의의 – 사회 학습 이론의 토대 마련

인지적 / 폭력적 / 모방 / 파지 / 운동재생 / 간접적

[01~04] 다음 글을 읽고 물음에 답하시오.

핵심 정리

l 중심 화제
점근적 표시 방법과 선택 정렬 알고리즘

l 문단 정리
1문단: (　　　　)과 시간복잡도의 개념
2문단: (　　　　) 표시 방법의 의미
3문단: 빅오 표시법과 (　　　　) 표시법
4문단: (　　　　) 정렬 알고리즘의 원리와 수행 시간

l 주제
알고리즘 수행 (　　　)의 점근적 표시 방법 및 선택 정렬 알고리즘에의 적용

▶ **어휘 풀이**

• **점근**: 점점 가까워짐.

• **상수**: 변하지 아니하는 일정한 값을 가진 수나 양.

• **산출**: 계산하여 냄.

　　알고리즘이란 문제가 주어졌을 때 답을 도출해 내는 일련의 과정으로, 컴퓨터는 알고리즘을 통해 주어진 문제를 해결한다. 그런데 알고리즘의 품질은 정확성, 즉 맞는 답을 도출하는 것뿐만 아니라 시간적, 공간적 효율성에 의해서도 결정된다. 컴퓨터가 사용할 수 있는 메모리 공간이나 시간이 제한되어 있기 때문이다. 특히 현대 사회에서 컴퓨터는 상상을 초월하는 대량의 데이터를 처리해야 하므로 시간적 효율성을 극대화하는 것이 중요하다. 알고리즘의 시간적 효율성을 '시간복잡도'라고 하는데, 시간복잡도는 주어진 데이터의 개수를 기준으로 삼아 나타낸다. 예를 들어 주어진 수 중에서 특정 수를 찾는 탐색 문제가 있을 때, 이를 해결하기 위한 알고리즘의 시간복잡도는 주어진 자연수들의 개수를 기준으로 삼아 표시한다.

　　시간복잡도는 점근적 표시 방법을 사용해 나타낸다. 점근적 표시 방법이란 입력되는 데이터의 개수가 충분히 많은 경우에 알고리즘을 수행하는 데 걸리는 시간의 상한 혹은 하한을 나타내는 것이다. 위의 탐색 문제에서 컴퓨터는 주어진 자연수들에 대해 각 숫자를 한 번씩 확인하면서 찾고자 하는 숫자와 비교하면 된다. 이 경우 주어진 자연수의 개수를 n이라고 할 때, 컴퓨터가 특정 숫자를 찾는 알고리즘을 통해 답을 도출하는 데 걸리는 시간은 n에 비례한다. 이번에는 주어진 숫자를 하나씩 확인하면서 주어진 숫자 중 그것과 동일한 다른 숫자가 있는지 여부를 확인하는 알고리즘이 있다고 하자. 이 경우 숫자 하나를 확인할 때마다 전체 데이터를 전부 확인해야 한다. 따라서 주어진 데이터의 개수를 n이라고 할 때, 알고리즘은 n^2에 비례하는 시간을 필요로 한다.

　　점근적 표시 방법 중 주로 사용되는 것은 빅오 표시법과 오메가 표시법이다. 빅오 표시법은 $O(g(n))$과 같이 나타내고, n은 데이터의 개수를 의미한다. $O(g(n))$은 데이터의 크기가 매우 커지면 알고리즘의 수행 시간은 $g(n)$에 근접하지만 $g(n)$을 넘을 수는 없다는 의미로, 달리 말하면 데이터의 크기가 '기준값' 이상일 때에 이 알고리즘의 수행 시간은 $g(n)$에 '특정 상수'를 곱한 시간 이하가 됨을 나타낸다. 즉 알고리즘의 수행 시간을 특정 상수에 $g(n)$을 곱한 값 이하가 되도록 만드는 '기준값'과 '특정 상수'의 조합을 찾을 수 있다는 것이다. 예를 들어 알고리즘의 수행 시간이 $5n^2+5$일 때 이 알고리즘의 시간은 $O(n^2)$으로 나타낼 수 있다. n의 기준값으로 3, 특정 상수로 6을 떠올릴 수 있기 때문이다. 물론 이때 기준값과 특정 상수의 조합은 여러 가지가 있을 수 있다. 반면 오메가 표시법은 $\Omega(g(n))$과 같이 나타낸다. $\Omega(g(n))$은 데이터의 크기가 매우 커지면 알고리즘의 수행 시간이 $g(n)$에 근접하지만 $g(n)$보다 적은 시간이 걸릴 수는 없다는 의미이다. 데이터의 크기가 기준값 이상일 때 이 알고리즘의 수행 시간은 $g(n)$에 특정 상수를 곱한 시간 이상이 된다고도 설명할 수 있다.

　　점근적 표시 방법을 적용하기 위해 기초적인 알고리즘인 선택 정렬 알고리즘의 시간복잡도를 생각해 보자. 선택 정렬 알고리즘이란 선택한 숫자를 이동하는 방식으로 일련의 숫자들을 순서에 따라 정렬하는 알고리즘이다. 주어진 숫자들의 개수를 n이라고 할 때, 이들을 작은 숫자부터 배열에 넣어 정렬한다고 하자. 선택 정렬 알고리즘은 주어진 숫자들을 한 번씩 확인하면서 확인한 숫자들 중 가장 큰 수를 배열의 끝에서부터 빈자리로 이동시키는 작업을 반복해 정렬된 배열을 답으로 산출한다. 예를 들어 7, 32, 47, 73, 2의 순서로 숫자들이 주어지면 결과로 산출할 배열의 가장 마지막 칸으로 73을 이동시킨다. 다음 단계에서는 73을 제외한 나머지 숫자를 확인하여 이 중 가장 큰 수인 47을 배열의 끝에서 두 번째 자리로 이동시킨다. 이러한 방식으로 주어진 숫자들을 전부 배열로 이동시키면 정렬이 완료된다. 선택 정렬 알고리

즘이 매 단계에서 확인해야 하는 숫자의 개수는 한 개씩 줄어든다. 따라서 알고리즘 수행에 걸리는 시간은 주어진 숫자들의 비교 횟수, 즉 $(n-1)+(n-2)+(n-3)+\cdots+1$이 되고, 계산 결과는 $(n^2-n)/2$이다. 이 외에 숫자를 이동하는 데 걸리는 시간은 n에 비례한다. 하지만 일반적으로 컴퓨터가 입력으로 받는 데이터의 크기는 매우 크기 때문에 n^2의 크기에 비하면 이동에 걸리는 시간은 매우 작은 값이어서 전체 수행 시간에는 거의 영향을 미치지 않는다. 즉 알고리즘의 수행 시간을 나타낼 때에는 n의 차수 중 가장 높은 것을 기준으로 삼으면 된다. n의 차수가 달라지면 그 크기가 너무 많이 차이가 나기 때문이다. 이를 고려하면 $O(g(n))$에서 $g(n)$은 선택 정렬 알고리즘의 수행 시간을 나타내는 식에서 가장 높은 차수 이상의 차수에 대한 식이 될 수 있고, $\Omega(g(n))$에서 $g(n)$은 반대로 그 이하의 차수에 대한 식이 됨을 알 수 있다. 따라서 선택 정렬의 시간복잡도를 점근적 표시법을 사용하면 [㉠]으로 나타낼 수 있다.

01 대표 유형 세부 정보 파악하기

윗글을 통해 알 수 있는 내용으로 적절하지 않은 것은?

① 알고리즘은 컴퓨터 메모리 공간의 제약을 받는다.
② 점근적 표시 방법은 데이터의 개수가 충분히 많은 경우에 사용할 수 있다.
③ 점근적 표시 방법 중 빅오 표시법과 오메가 표시법은 반대의 의미를 갖는다.
④ 알고리즘의 시간복잡도를 나타낼 때에 주어진 데이터의 개수는 고려해야 할 요소로 볼 수 없다.
⑤ 시간복잡도의 점근적 표시 방법은 알고리즘을 수행하는 데 걸리는 시간의 상한과 하한을 나타낸다.

02 정보 및 내용 추론하기

[㉠]에 들어갈 '점근적 표시 방법'이 될 수 없는 것은?

① $\Omega(n)$
② $\Omega(n^2)$
③ $O(n)$
④ $O(n^2)$
⑤ $O(n^3)$

03 구체적 사례에 적용하기

선택 정렬 알고리즘 을 통해 〈보기〉의 문제를 해결하고자 한다. 이에 대한 반응으로 적절하지 <u>않은</u> 것은?

┤ 보기 ├

[12, 10, 48, 5, 6, 34, 54, 24]의 순서로 입력된 데이터를 아래 [배열]의 각 칸에 작은 숫자부터 정렬하려고 한다.

1	2	3	4	5	6	7	8

[배열]

*선택 정렬 알고리즘이 가장 큰 수부터 빈자리로 이동시킨다고 가정함.

① [배열]은 8번째 칸에서부터 채워지겠군.

② 가장 마지막에 [배열]로 옮겨지는 숫자는 5가 되겠군.

③ 데이터를 [배열]로 옮기는 데에는 입력된 데이터의 개수에 비례하는 시간이 들겠군.

④ [배열]로 숫자를 옮길 때마다 확인해야 할 숫자는 하나씩 줄어들겠군.

⑤ 입력으로 주어진 데이터를 두 번째로 확인하는 단계에서는 입력된 순서에서 12부터 54까지의 숫자를 확인하겠군.

04 구체적 사례에 적용하기

〈보기 1〉에 대한 옳은 해석을 〈보기 2〉에서 모두 고른 것은?

┤ 보기 1 ├

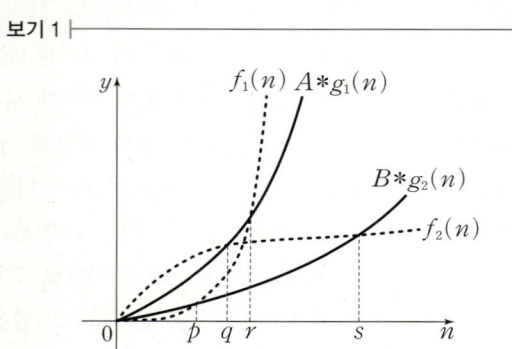

위 그래프는 알고리즘에 입력되는 데이터 크기를 n이라고 할 때, 알고리즘 X의 수행 시간을 $f_1(n)$, 알고리즘 Y의 수행 시간을 $f_2(n)$으로 나타낸 것이다. A, B는 상수이다. 알고리즘 X, Y의 시간복잡도를 접근적 표시법과 $g_1(n)$, $g_2(n)$을 사용해 나타내려고 한다.

┤ 보기 2 ├

ㄱ. 입력되는 데이터의 개수가 p 이상이면, 알고리즘 X의 수행 시간은 $g_2(n)$에 B를 곱한 값 이상이므로 알고리즘 X의 수행 시간은 $O(g_2(n))$으로 나타낼 수 있다.

ㄴ. 입력되는 데이터의 개수가 r 이상이면, 알고리즘 X의 수행 시간은 $g_1(n)$에 A를 곱한 값 이상이므로 알고리즘 X의 수행 시간은 $\Omega(g_1(n))$으로 나타낼 수 있다.

ㄷ. 알고리즘 Y의 수행 시간은 $O(g_1(n))$으로 나타낼 수도 있고, $O(g_2(n))$으로 나타낼 수도 있다.

ㄹ. 입력되는 데이터의 개수가 s 이하이면, 알고리즘 Y의 수행 시간은 $g_2(n)$에 B를 곱한 값 이하이므로 알고리즘 Y의 수행 시간은 $\Omega(g_2(n))$으로 나타낼 수 있다.

① ㄱ, ㄴ ② ㄴ, ㄷ ③ ㄴ, ㄹ
④ ㄱ, ㄷ, ㄹ ⑤ ㄱ, ㄴ, ㄷ, ㄹ

지문 다시 보기

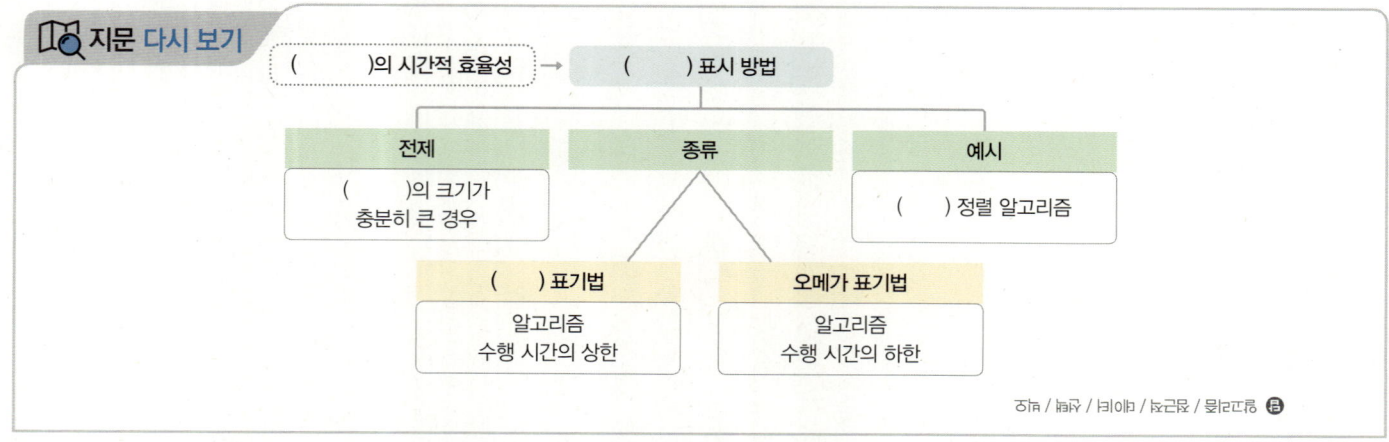

( )의 시간적 효율성 → ( ) 표시 방법

전제
( )의 크기가 충분히 큰 경우

종류

( ) 표기법
알고리즘 수행 시간의 상한

오메가 표기법
알고리즘 수행 시간의 하한

예시
( ) 정렬 알고리즘

| Q1 | **다음 문장에 어울리는 어휘를 고르시오.**

1. 운동장에 선 학생들이 두 줄로 (정리 , 정렬)했다.

2. 사람들은 에너지 (효율 , 효력)이 높은 자동차를 선호한다.

3. 결시생의 성적을 (생산 , 산출)하는 방식은 학교마다 다르다.

4. 새로운 선거법에 따라 인구에 (비례 , 비율)하여 선거구를 개편하였다.

5. 이 물건이 너무 비싸게 거래되지 않도록 가격의 (상한 , 하한)을 백만 원으로 정했다.

| Q2 | **다음 어휘의 알맞은 의미를 찾아 연결하시오.**

1. 공시 •   • ㉠ 물건이나 영역, 지위 따위를 차지함.

2. 점유 •   • ㉡ 공개적으로 널리 알림. 또는 그렇게 알리는 글.

3. 양도하다 •   • ㉢ 상대편에 대하여 일정한 행위나 급부를 요구하다.

4. 이전되다 •   • ㉣ 권리나 재산, 법률에서의 지위 따위를 남에게 넘겨주다.

5. 청구하다 •   • ㉤ 권리 따위가 남에게 넘어가거나 또는 남으로부터 넘어오다.

| Q3 | **다음 문장에 어울리는 어휘를 골라 쓰시오.**

동산	빈도	상해	유효	통지	연쇄적

1. 세입자에게 방을 비우라고 (   )했다.

2. 6월 들어 비가 오는 (   )가 높아졌다.

3. 그녀는 가지고 있는 (   )을 모두 처분했다.

4. 그 약속은 우리가 다시 만날 때까지 (   )하다.

5. 경기 침체로 중소기업들이 (   )으로 도산하고 있다.

6. 다른 사람에게 (   )를 가하면 법적인 처벌을 받을 수 있다.

| Q4 | **다음 밑줄 친 어휘와 바꿔 쓸 수 있는 것을 고르시오.**

1. 남의 작품을 베끼다.   ① 모략하다   ② 모색하다   ③ 모방하다

2. 지역 간의 분열이 큰 문제로 나타나다.   ① 대두되다   ② 대립하다   ③ 대조하다

3. 가까이 있는 가족에게 분노를 드러내다.   ① 방출하다   ② 표출하다   ③ 적출하다

02강 사실적 읽기 ②
글의 전개 방식 파악하기

어떻게 풀어야 할까?

> **글의 전개 방식 파악하기**

- 이 유형을 풀기 위해서는 글쓴이가 글을 전개하기 위해 내용을 구조화한 방식을 파악해야 한다. 실제 시험에서는 전개 방식의 개념 자체가 아니라 지문에 드러난 전개 방식의 개념과 그 효과를 파악할 수 있는지를 묻는다.
- 글의 전개 방식을 파악하기 위해서는 먼저 문단별 핵심 내용과 구성을 파악하고, 정의, 비교·대조, 예시, 과정, 분류, 분석 등 기본적인 전개 방식의 개념어에 유의하여 글의 정보를 어떻게 효과적으로 전달하고 있는지 파악해야 한다.

1단계
문단별 핵심 내용 파악하기
→
2단계
각 문단의 기능과 문단 간의 관계 파악하기
→
3단계
선택지에 제시된 전개 방식을 글과 대응하며 확인하기

기출에서 개념 찾기
- 윗글의 **내용 전개 방식**으로 가장 적절한 것은?
- 역사의 **개념을 밝히면서** 영화와 역사 간의 **공통점과 차이점을 비교**하고 있다.

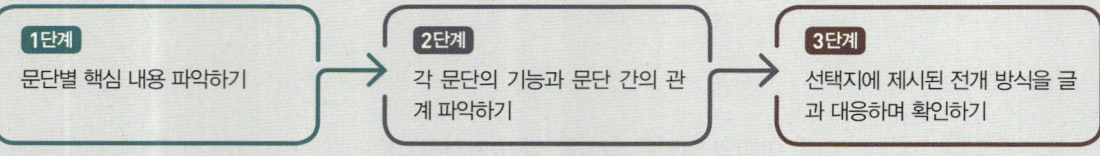

| 대표 유형 맛보기 |

핵심 정리

| 중심 화제
( )

| 문단 정리
1문단: 진경산수화의 ( )와 특징
2문단: ( )이 그린 진경산수화의 특징
3문단: 정선의 〈구룡폭도〉에 드러난 특징
4문단: ( )가 그린 진경산수화의 특징
5문단: 김홍도의 〈구룡연〉에 드러난 특징

| 주제
진경산수화의 특징과 진경산수화에 반영된 ( ) 의식

① 진경산수화 / 미의 / 강흥 / 김홍도 / 민족

1 18세기 조선에서는 진경산수화가 유행하였다. 진경산수화는 우리나라의 산하를 직접 답사하고 화폭에 담은 산수화이다. 무엇보다 진경(眞景)은 대상의 겉모습만을 묘사하지 않고, 대상의 본질을 표현한 그림임을 강조한 말이다. 하지만 대상의 본질에 대한 이해는 작가에 따라 다르게 나타났다.

2 이 시기의 대표적인 작가인 겸재 정선은 중국의 화법인 남종문인화 기법을 바탕으로 우리 산하를 주체적으로 그려내었다. 성리학에 깊은 이해를 가졌던 겸재는 재구성과 변형, 즉 과감한 생략과 과장으로 학문적 이상과 우리의 산하에 대한 감흥을 표현했다. 또한 겸재는 음과 양의 조화를 화폭에 담고자 했다.

3 〈구룡폭도〉에서 물줄기가 내 눈 앞에서 쏟아지는 듯한 감흥을 표현하기 위해 겸재는 앞, 위, 아래에서 본 것을 모두 한 그림에 담아냈다. 폭포수를 강조하기 위해 물줄기를 길고 곧게 내려 긋고 위에서 본 물웅덩이를 과장되게 둥글게 변형하였다. 그림을 보는 이들이 폭포수의 감흥에 집중할 수 있도록 실재하는 폭포 너머의 봉우리를 과감히 생략했다. 절벽은 서릿발 같은 필선을 통해 강한 양의 기운을 표현한 반면 절벽의 나무는 먹의 번짐을 바탕으로 한 묵법을 통해 음의 기운을 그려냈다.

4 진경산수화의 새로운 전기를 마련한 이는 단원 김홍도이다. 국가의 공식 행사를 사실대로 기록하는 화원이었던 단원은 계산된 구도로 전대에 비해 더욱 치밀하고 박진감 넘치는 화풍을 보였다. 그는 초상화에 인물을 사실적으로 묘사하여 인물의 정신까지 담아내려고 한 것처럼 대상의 완벽한 재현으로 자연에서 느낀 감흥에 충실하려고 하였다. 특히 중국을 거쳐 들어온 서양화법 중 원근법, 투시법 등을 수용해 보다 사실적인 경치를 그려내었다.

5 정조의 명을 받아 단원이 그린 〈구룡연〉은 금강산의 구룡폭포를 직접 찾아가 그 모습을 담

은 것이다. 흘러내리는 물줄기, 폭포 너머로 보이는 봉우리, 폭포 앞의 구름다리까지 사진을 찍은 듯이 생략 없이 그렸다. 과장과 꾸밈이 없이 보이는 그대로의 각도로 그린 것이다. 그리고 절벽 바위 하나 하나의 질감을 나타내기 위해 선의 굵기와 농담에 변화를 주어 입체감 있게 표현하였다.

윗글의 서술 방식에 대한 설명으로 적절한 것은?

① 작가 의식과 작품을 연관 지어 서술하고 있다.
② 작품의 독창성을 문답 형식으로 설명하고 있다.
③ 작품에 대한 여러 관점의 이론을 상호 비교하고 있다.
④ 화풍의 변천 과정에서 나타난 문제점을 제시하고 있다.
⑤ 작품의 예술성을 전문가의 평을 근거로 강조하고 있다.

| 대표 유형 해결하기 |

1단계 **1 ~ 5 와 그 핵심 내용을 연결하시오.**

(1) 1 •   • ㉠ 정선의 진경산수화 특징
(2) 2 •   • ㉡ 김홍도의 진경산수화 특징
(3) 3 •   • ㉢ 진경산수화의 의미와 특징
(4) 4 •   • ㉣ 김홍도의 〈구룡연〉에 드러난 특징
(5) 5 •   • ㉤ 정선의 〈구룡폭도〉에 드러난 특징

2단계 **제시된 각 문단에 사용된 전개 방식 또는 문단 간의 관계를 〈보기〉에서 골라 쓰시오.**

보기
비교   예시   정의   대등 관계   인과 관계

(1) 3 , 5 의 전개 방식: (   )
(2) 2 · 3 과 4 · 5 의 전개 방식: (   )
(3) 2 · 3 과 4 · 5 의 문단 간의 관계: (   )

3단계 **윗글의 전개 방식을 바탕으로 다음 빈칸에 알맞은 말을 쓰시오.**

이 글은 진경산수화의 특징을 소개한 후, □□□□□의 대표적 화가인 겸재 정선과 단원 김홍도의 작가 의식을 □□하며 설명하고 있다. 그리고 정선의 〈구룡폭도〉와 김홍도의 〈구룡연〉에 나타난 특징을 분석하며 각 화가의 □□ □□이 그림에 어떻게 반영되어 있는지를 연관 지어 서술하고 있다.

[01~03] 다음 글을 읽고 물음에 답하시오.

핵심 정리

| 중심 화제
( )

| 문단 정리
1문단: 아리스토텔레스의 목적론
2문단: 아리스토텔레스의 목적론에 대한 ( )
3문단: 근대 사상가들의 비판에 대한 일부 ( ) 학자들의 반박
4문단: 17세기 ( )·환원론과 상반되는 아리스토텔레스의 목적론
5문단: 아리스토텔레스의 목적론의 의의

| 주제
아리스토텔레스의 목적론의 핵심 내용과 그 ( )

▶ 어휘 풀이

• **교조적**: 역사적 환경이나 구체적 현실과 관계없이 어떠한 상황에서도 절대로 변하지 않는 진리인 듯 믿고 따르는 것.

• **규명**: 어떤 사실을 자세히 따져서 바로 밝힘.

자연에서 발생하는 모든 일은 목적 지향적인가? 자기 몸통보다 더 큰 나뭇가지나 잎사귀를 허둥대며 운반하는 개미들은 분명히 목적을 가진 듯이 보인다. 그런데 가을에 지는 낙엽이나 한밤중에 쏟아지는 우박도 목적을 가질까? 아리스토텔레스는 모든 자연물이 목적을 추구하는 본성을 타고나며, 외적 원인이 아니라 내재적 본성에 따른 운동을 한다는 목적론을 제시한다. 그는 자연물이 단순히 목적을 갖는 데 그치는 것이 아니라 목적을 실현할 능력도 타고나며, 그 목적은 방해받지 않는 한 반드시 실현될 것이고, 그 본성적 목적의 실현은 운동 주체에 항상 바람직한 결과를 가져온다고 믿는다. 아리스토텔레스는 이러한 자신의 견해를 "자연은 헛된 일을 하지 않는다!"라는 말로 요약한다.

근대에 접어들어 모든 사물이 생명력을 갖지 않는 일종의 기계라는 견해가 강조되면서, 아리스토텔레스의 목적론은 비과학적이라는 이유로 많은 비판에 직면한다. 갈릴레이는 목적론적 설명이 과학적 설명으로 사용될 수 없다고 주장하며, 베이컨은 목적에 대한 탐구가 과학에 무익하다고 평가하고, 스피노자는 목적론이 자연에 대한 이해를 왜곡한다고 비판한다. 이들의 비판은 목적론이 인간 이외의 자연물도 이성을 갖는 것으로 의인화한다는 것이다. 그러나 이런 비판과는 달리 아리스토텔레스는 자연물을 생물과 무생물로, 생물을 식물·동물·인간으로 나누고, 인간만이 이성을 지닌다고 생각했다.

일부 현대 학자들은, 근대 사상가들이 당시 과학에 기초한 기계론적 모형이 더 설득력을 갖는다는 일종의 교조적* 믿음에 의존했을 뿐, 아리스토텔레스의 목적론을 거부할 충분한 근거를 제시하지 못했다고 비판한다. 이런 맥락에서 볼로틴은 근대 과학이 자연에 목적이 없음을 보이지도 못했고 그렇게 하려는 시도조차 하지 않았다고 지적한다. 또한 우드필드는 목적론적 설명이 과학적 설명은 아니지만, 목적론의 옳고 그름을 확인할 수 없기 때문에 목적론이 거짓이라 할 수도 없다고 지적한다.

17세기의 과학은 실험을 통해 과학적 설명의 참·거짓을 확인할 것을 요구했고, 그런 경향은 생명체를 비롯한 세상의 모든 것이 물질로만 구성된다는 물질론으로 이어졌으며, 물질론 가운데 일부는 모든 생물학적 과정이 물리·화학 법칙으로 설명된다는 환원론으로 이어졌다. 이런 환원론은 살아 있는 생명체가 죽은 물질과 다르지 않음을 함축한다. 하지만 아리스토텔레스는 자연물의 물질적 구성 요소를 알면 그것의 본성을 모두 설명할 수 있다는 엠페도클레스의 견해를 반박했다. 이 반박은 자연물이 단순히 물질로만 이루어진 것이 아니며, 또한 그것의 본성이 단순히 물리·화학적으로 환원되지도 않는다는 주장을 내포한다.

첨단 과학의 발전에도 불구하고 생명체의 존재 원리와 이유를 정확히 규명*하는 과제는 아직 진행 중이다. 자연물의 구성 요소에 대한 아리스토텔레스의 탐구는 자연물이 존재하고 운동하는 원리와 이유를 밝히려는 것이었고, 그의 목적론은 지금까지 이어지는 그러한 탐구의 출발점이라 할 수 있다.

01 대표 유형 글의 전개 방식 파악하기

윗글의 논지 전개 방식으로 가장 적절한 것은?

① 대립되는 두 이론을 소개하고 각 이론의 장단점을 비교하고 있다.
② 특정 이론에 대한 상반된 주장을 제시하여 절충 방안을 모색하고 있다.
③ 특정 이론에 대한 다양한 비판의 타당성을 검토한 후 새로운 이론을 도출하고 있다.
④ 특정 이론에 대한 비판들을 시대순으로 제시하여 그 이론의 부당성을 주장하고 있다.
⑤ 특정 이론에 대한 비판들을 검토하고 그 이론에 대한 해석을 제시하여 의의를 밝히고 있다.

02 세부 정보 파악하기

윗글에 나타난 아리스토텔레스의 견해에 대한 이해로 가장 적절한 것은?

① 개미의 본성적 운동은 이성에 의한 것으로 설명된다.
② 자연물의 목적 실현은 때로는 그 자연물에 해가 된다.
③ 본성적 운동의 주체는 본성을 실현할 능력을 갖고 있다.
④ 낙엽의 운동은 본성적 목적 개념으로는 설명되지 않는다.
⑤ 자연물의 본성적 운동은 외적 원인에 의해 야기되기도 한다.

03 구체적 사례에 적용하기

윗글을 바탕으로 〈보기〉를 이해한 내용으로 가장 적절한 것은?

┤ 보기 ├

생물학자 마이어는 생명체의 특징을 보여 주는 이론으로 창발론을 제시한다. 그는 생명체가 분자, 세포, 조직에서 개체, 개체군에 이르기까지 단계적으로 점점 더 복잡한 체계를 구성하며, 세포 이상의 단계에서 각 체계의 고유 활동은 미리 정해진 목적을 수행한다고 생각한다. 창발론은 복잡성의 수준이 한 단계씩 오를 때마다 구성 요소에 관한 지식만으로는 예측할 수 없는 특성들이 나타난다는 이론이다. 마이어는 여전히 생명체가 물질만으로 구성된다고 보지만, 물리·화학적 법칙으로 모두 설명되지는 않는다고 본다.

① 마이어는 아리스토텔레스처럼, 엠페도클레스의 물질론적 견해가 적절하다고 보겠군.
② 마이어는 아리스토텔레스처럼, 자연물이 물질만으로 구성된다는 물질론에 동의하겠군.
③ 마이어는 아리스토텔레스처럼, 생명체의 특성들은 구성 요소들에 관한 지식만으로 예측할 수 없다고 보겠군.
④ 마이어는 아리스토텔레스와 달리, 모든 자연물이 목적 지향적으로 운동한다고 보겠군.
⑤ 마이어는 아리스토텔레스와 달리, 모든 자연물의 본성에 대한 물리·화학적 환원을 인정하겠군.

📖🔍 지문 다시 보기

아리스토텔레스의 ( )
모든 자연물은 목적을 추구하는 본성을 타고나며, 내재적 본성에 따른 운동을 함.

↑ 비판

근대 사상가들
• 갈릴레이: 목적론적 설명이 과학적 설명으로 사용될 수 없음. • 베이컨: 목적에 대한 탐구가 ( )에 무익함. • 스피노자: 목적론이 ( )에 대한 이해를 왜곡함.

← 비판

일부 현대 학자들
• 볼로틴: ( )이 자연에 목적이 없음을 보이지 못했고, 그렇게 하려는 시도도 하지 않았음. • 우드필드: 목적론의 옳고 그름을 확인할 수 없으므로 거짓이라 할 수 없음.

↓ 발전

17세기 물질론·환원론
• 물질론: 세상의 모든 것이 물질로만 구성됨. • 환원론: 모든 ( )적 과정이 물리·화학 법칙으로 설명됨.

← 비판

아리스토텔레스의 엠페도클레스 견해 반박
자연물이 단순히 ( )로만 이루어진 것이 아니며, 그것의 본성은 단순히 물리·화학적으로 환원되지 않는다는 주장을 내포함.

↓

아리스토텔레스의 목적론의 의의
자연물이 존재하고 ( )하는 원리와 이유를 밝히려는 탐구의 출발점이 됨.

목적론 / 본성 / 자연 / 근대 과학 / 생명체 / 물질 / 운동

[01~03] 다음 글을 읽고 물음에 답하시오.

핵심 정리

Ⅰ **중심 화제**
한비자와 (　　　)의 철학

Ⅰ **문단 정리**
1문단: (　　　　　)의 사회적 배경
2문단: 한비자의 (　　)주의
3문단: 양주의 (　　)주의
4문단: 한비자와 양주의 사상이 지니는 현대적 (　　)

Ⅰ **주제**
한비자와 양주의 사상과 그 차이점

제자백가 철학은 춘추 전국 시대의 분열과 혼란을 극복하려는 과정에서 발생하였다. '제자(諸子)'란 여러 학자들, '백가(百家)'란 수많은 학파들을 의미한다. 즉 '제자백가'란 수많은 학파와 학자들이 자유롭게 자신의 사상과 학문을 펼쳤던 상황을 뜻하는 말이다. 당대의 여러 사상가들은 난세°를 구원할 수 있는 인간상과 사회 질서를 다양한 각도에서 모색하고, 다른 학파의 견해를 공박°하며 자신들의 주장을 적극적으로 개진하였다. 제자백가의 여러 사상적 시도들은 공통적으로 바람직한 개인적 삶과 공동체의 질서 회복의 문제에 초점을 맞추고 있었다.

난세 극복의 해결책을 제안했던 한비자는 '법치주의'를 근간으로 권위와 기강이 엄격한 국가 체계를 추구하였다. 그가 주장한 '절대군주론'에 따르면, 한 국가의 군주는 예외 없는 엄한 법으로 백성을 다스려야만 한다. 한비자는 국가의 혼란은 이와 같은 방법에 의해서만 온전하게 치유될 수 있다고 믿었던 것이다. 나아가 법치주의의 실질적인 효과를 얻기 위해 법은 언제나 명문화°되어 백성들 사이에 널리 알려져야 하며, 한번 정해진 법은 상하 지위나 귀천을 막론하고 공정하게 집행되어야 한다고 주장했다. 그는 인간을 고통을 회피하고 자신의 이익을 추구하는 이기적 존재로 파악하였기에, 나라가 엄중한 상벌 체계를 잘 확립하면 벌을 피하고 상을 얻기 위해 정해진 법도를 지키게 될 것이라고 확신했다. 법치주의에 따라 국가는 부강해지고, 백성들 또한 국가의 안전을 통해 자신의 이득을 확보할 수 있다고 보았던 것이다. 결국 한비자가 생각하는 법치의 진정한 의의는 백성을 보호하고 이롭게 하는 것이었다고 볼 수 있다.

이와 달리, 양주는 인간과 국가의 상호 관계를 부정적으로 파악하였다. 그는 인간이 기본적으로 자신만을 위해 행동하는 것이 바람직하다는 '위아주의'를 제시했다. 사회의 모든 문화와 제도 역시 인위적인 허식에 불과하고, 한 개인은 자신의 생명을 온전하게 지키며 사는 것을 가장 중요한 목표로 삼아야 한다는 것이다. 이러한 입장은 극단적 이기주의의 한 형태로 비춰질 수도 있으나, 절대 군주를 정점으로 하는 권위적 국가 체제를 부정하고 개인의 자유와 권리를 강조했다는 점에서 나름의 가치를 부여할 수 있다. 당시의 많은 사상가들이 혼란스러운 사회의 원인을 국가 지향적 이념의 부재로 파악한 것에 반해, 양주는 '바람직한 사회를 위해서 개인적 삶을 희생하라'는 국가 지향적 이념 자체의 정당성을 문제 삼은 것이기 때문이다. 그는 절대 군주 체제에서 개인적 삶은 그 자체가 목적이 아닌 수단으로 전락할 수 있다는 점을 경계하고, 개인은 국가 지향적 이념에 사로잡혀 자신을 희생해서는 안 된다고 역설°했다.

이렇듯 한비자는 공평무사한 정신으로 질서를 확립하여 백성의 고통을 해결하는 절대 군주 정치를 최선으로 여긴 반면에, 양주는 국가와 같은 외적 존재가 개인의 삶에 개입하는 것 자체에 대해 부정적 견해를 피력하였다. 서로 다른 결론을 주장하고 있지만, 두 입장은 모두 개인적 삶과 바람직한 국가 체계의 관계에 대해 의미 깊은 통찰을 던져 주고 있으며, 현대 사회의 여러 문제를 해결하는 데 있어서도 여전히 유효한 시사점들을 제공하고 있다.

▶ **어휘 풀이**

• **난세:** 전쟁이나 무질서한 정치로 어지러워 살기 힘든 세상.
• **공박:** 남의 잘못을 몹시 따지고 공격함.
• **명문화:** 법률의 조문에 명시함.
• **역설:** 자기의 뜻을 힘주어 말함.

01 대표 유형 글의 전개 방식 파악하기

윗글의 설명 방식으로 가장 적절한 것은?

① 어떤 이론이 다양하게 분화하는 과정을 보여 주고 있다.
② 문답 형식으로 화제에 대해 구체적으로 설명하고 있다.
③ 두 개념이 지닌 장단점을 비교하여 우열을 가리고 있다.
④ 두 견해의 특징적 차이점을 부각하며 글을 전개하고 있다.
⑤ 서로 다른 두 이론을 통합하여 새로운 이론을 도출하고 있다.

02 세부 정보 파악하기

윗글의 내용과 일치하지 않는 것은?

① 양주는 사회 제도와 문화의 긍정적 가치를 인정하지 않았다.
② 제자백가 철학은 시대상의 혼란과 분열을 극복하려는 과정에서 발생하였다.
③ 한비자는 엄중한 상벌 체계를 확립함으로써 국가의 질서를 확보할 수 있다고 보았다.
④ 법치주의에 따르면 개인적 삶은 목적이 아닌 수단으로 전락할 수 있는 위험을 지닌다.
⑤ 양주는 국가가 개인적 삶의 영역에 개입하는 것 자체에 대해 부정적 관점을 지니고 있었다.

03 비판·반응의 적절성 평가하기

〈보기〉의 '노자'가 '한비자'와 '양주'의 사상을 평가한다고 할 때, 가장 적절한 것은?

┤ 보기 ├

노자는 자연의 원리와 합치되는 인생을 개인적 삶의 궁극적 가치로 삼았으며, 통치자의 무위(無爲) 역시 매우 중요하게 여겼다. 사회의 법률, 제도, 행정, 도덕 등은 모두 인간의 삶을 작위적으로 규정하는 것으로 허상에 가깝다고 파악하고, 그것의 해체를 강력하게 주장하였다.

① '한비자'는 무위(無爲)에 따른 통치가 지닌 중요성을 정확하게 간파하고 있군.
② '양주'는 불가피한 개인적 희생을 인정함으로써 사회의 법률이 지니는 가치를 받아들이고 있군.
③ '한비자'는 '양주'와 달리 법률의 중요성을 강조하였지만 이는 법률이 인간의 삶을 인위적으로 규정하는 허상임을 깨닫지 못한 결과로 볼 수 있겠군.
④ '한비자'는 '양주'와 달리 국가와 같은 외적 존재보다 개인적 삶의 가치를 더 우위에 두었는데, 이는 내가 사회의 행정이나 도덕 체계의 해체를 주장하는 이유와 유사하군.
⑤ '한비자'와 '양주' 모두 개인과 국가 체계의 바람직한 관계상에 대해 나름의 해결책을 제시하고 있으나, 자연의 원리에 보다 가깝다는 측면에서 '한비자'의 견해가 더 타당한 것 같군.

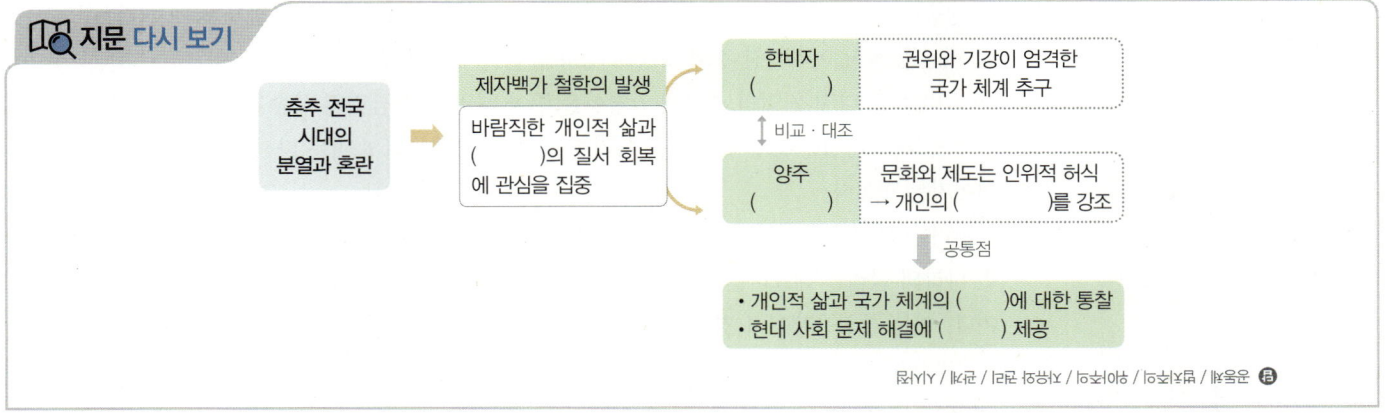

[01~04] 다음 글을 읽고 물음에 답하시오.

핵심 정리

┃ 중심 화제
채권, 금리

┃ 문단 정리
1문단: 경제 (   ) 상황에서 개별 주체들의 행동
2문단: (   )의 개념과 특성
3문단: 경제 위기 상황에서 (   ) 발행의 어려움
4문단: 채권 금리 (   )이 개인에게 미치는 영향
5문단: 채권 시장 혼란을 막기 위한 (   )의 대응 방안 ① – 기준 금리 인하
6문단: 채권 시장 혼란을 막기 위한 정부의 대응 방안 ②, ③ – 채권 담보 (   ), 채권 직접 매입

┃ 주제
경제 위기 상황에서의 채권 시장 혼란과 정부의 대응 방안

▶ 어휘 풀이

• **경색**: 소통되지 못하고 막힘.
• **담보**: 맡아서 보증함.
• **수취**: 받아서 가짐.
• **전가**: 잘못이나 책임을 다른 사람에게 넘겨씌움.

사람들은 전쟁이나 자연재해와 같은 위기가 왔을 때 물건의 생산 과정에 문제가 발생할 것이라고 예상하여 당장 필요하지 않은 생필품을 사들이곤 한다. 이러한 현상은 공포감을 많이 느낄수록 더 심해지는데 금융 시장에서도 이와 같은 현상이 발생한다. 경제 활동이 원활하게 일어나지 않을 경우 기대 수익의 단절과 상환해야 할 부채에 대한 두려움으로 평소보다 훨씬 더 많은 현금 수요가 발생한다. 마트에서 생필품이 부족해지듯이 금융 시장에서도 현금이 부족한 현상이 발생하는 것이다. 이러한 움직임은 개별적인 주체들에게는 위기를 넘기기 위한 행동이 되지만 전체 시장에는 예기치 못한 큰 문제를 발생시킬 수 있다.

기업이나 국가는 현금이 필요할 때 채권을 발행한다. 채권은 정부, 은행, 회사 등이 일반인으로부터 사업에 필요한 자금을 일시에 조달하기 위하여 발행하는 차용 증서(借用證書)이다. 상환 기한이 정해져 있는 기한부 증권이며, 매수 주체에게 지급하는 이자가 확정되어 있는 확정 이자부 증권이라는 성질을 가진다. 채권 역시 주식처럼 시장에서 거래될 수 있으며, 발행 주체는 정해진 기간마다 매수자에게 이자를 지급해야 한다.

만약 경제에 큰 위기가 와서 기업이나 정부가 부도가 나면 채권의 매수자들은 투자 원금과 이자를 모두 돌려받지 못하는 상황을 맞게 될 수 있다. 또한 아무리 안정적인 채권이라도 이를 매입한 경제 주체들이 불안정한 미래에 대비하기 위해 현금을 원하는 경우도 있다. 따라서 경제 위기 상황에서는 매입한 채권을 매도하려는 수요가 많아진다. 이에 따라 시장에는 채권이 초과 공급될 것이고 자연스럽게 채권의 가치는 떨어지게 된다. 만약 A 회사 채권의 액면가가 10,000원이라면 더 낮은 금액을 시장에 제시해야 현재의 위험을 감수하고서라도 이를 매입하겠다는 주체가 나타날 것이고, A 회사 채권의 시장 가격은 하락할 것이다. 새롭게 발행하는 A 회사의 채권 또한 이전보다 더 높은 금리로 발행해야 시장에서 판매될 것이다. 만약 이러한 상황에서 A 회사가 자금을 확보하기 위해 채권을 꼭 발행해야 한다면 문제가 생길 수 있다. 경제 위기가 발생하면 소비가 감소하고 생산 주체들의 자금 흐름이 경색°된다. 기업은 이를 해결하기 위해 자금을 확보해야 하지만 회사채 시장의 금리가 상승할 경우 비용 증가로 이어져 기업의 어려움이 가중되는 문제가 생길 수 있다.

이러한 문제는 기업뿐만 아니라 개인들에게도 발생할 수 있다. 현재 자신이 살고 있는 주택을 담보°로 대출을 받고 싶은 경우 개인들은 은행을 찾는다. 은행은 주택의 가치를 기준으로 대출 가능 금액을 설정한 후 금리를 결정하여 매달 개인에게서 일정 금액을 수취°하게 된다. 이 과정에서 은행 역시 개인에게 대출해 줄 자금이 필요한데, 이때 채권을 발행하여 다른 주체에게서 자금을 빌린다. 그런데 경제 상황이 좋지 않으면 은행들이 발행할 채권들 역시 금리가 상승하게 되고, 이자 부담이 높아진 은행들은 개인들에게 이 부담을 전가°하게 된다. 이처럼 개인들 역시 어려워진 경제 상황의 영향을 받을 수밖에 없어 소비도 줄어들게 된다. 줄어든 소비는 또 다시 기업의 생산에 악영향을 주어 채권 발행 금리의 상승을 불러온다. 자금 부담이 늘어난 기업은 고용 불안정을 야기할 것이고, 개인들의 소비는 다시 악화되며 악순환이 이어지는 것이다.

이러한 문제를 해결하기 위해 정부는 기준 금리를 인하하는 방법을 사용한다. 기준 금리란 한 나라의 금리를 대표하는 정책 금리로, 자금을 조달하거나 운용할 때 적용하는 금리의 기준이다. 이는 중앙은행에서 경제 상황의 변화에 따라 일정 기간마다 결정한다. 기준 금리는 중앙은행으로부터 통화를 공급받은 시중의 금융 기관들이 개인이나 기업들과의 거래에 활용하

기 때문에 금융 상품의 금리를 결정하는 데 중요한 역할을 하고 있다. 따라서 정부가 기준 금리를 내려 저렴한 이자로 통화를 공급함으로써 자금 경색을 겪고 있는 주체들을 진정시키고자 하는 것이다.

하지만 경제 주체들이 경제 위기 상황이 심각하다고 느낄 경우 아무리 금리를 내리고 통화를 공급해도 현금에 대한 수요가 강해 그 효과가 제대로 나타나지 않을 때가 있다. 이러한 상황을 해결하기 위해 정부는 기준 금리 인하를 넘어 채권을 담보로 대출을 시행해 시장을 안정시키고자 한다. 당장 필요한 현금이 아님에도 불확실한 미래를 대비하기 위해 각종 채권을 매도하는 일이 잦아질 경우 정부가 나서서 그것을 지금 매도하지 않아도 언제든지 자금을 구할 수 있다는 신호를 보내는 것이다. 여기서 더 나아가 신규로 발행하는 채권을 국가가 직접 사들여 자금을 지원하기도 한다. 물론 이 정책들에도 문제점은 존재한다. 중앙은행은 신용도가 높은 기업의 채권을 담보로 받거나 사들이고 싶어 한다. 신용도가 낮은 기업의 채권은 기업의 도산으로 회수에 어려움이 생길 수 있기 때문이다. 하지만 경제가 위기일 때 지원이 필요한 곳은 오히려 규모가 작거나 매출이 저조한 회사들이기에 평소에 기업 지원을 위한 기금*을 조성해 두거나 기업의 자금 운용을 꾸준히 관리하여 위기의 순간을 잘 넘길 수 있도록 제도를 정착시켜야 할 것이다.

▶ **어휘 풀이**
• **기금**: 어떤 목적이나 사업, 행사에 쓸 자금.

01 대표 유형 글의 전개 방식 파악하기
윗글의 내용 전개 방식으로 가장 적절한 것은?

① 이론의 장단점을 비교하여 논지를 뒷받침하고 있다.
② 권위 있는 사람의 말을 인용하여 주장의 설득력을 높이고 있다.
③ 현상의 원인을 분석한 후 구체적인 해결 방안을 설명하고 있다.
④ 기존의 개념과 새로운 개념을 대비하여 의미를 확장하고 있다.
⑤ 의문을 제기한 후 실제 사례를 통해 순차적으로 답변하고 있다.

02 세부 정보 파악하기
윗글의 내용과 일치하는 것은?

① 중앙은행의 기준 금리는 정부와 기업이 발행한 채권 금리를 활용하여 추후에 결정된다.
② 기준 금리가 낮아져도 시장에서 현금 선호도가 높아질 경우 각종 대출 금리는 상승할 수 있다.
③ 시장에서 거래되는 채권의 액면가가 하락하면 기업이 매수자에게 지급하는 이자도 줄어들게 된다.
④ 정부에서 채권을 담보로 시장에 현금을 공급하는 것은 채권의 시장 가격을 하락시키기 위한 것이다.
⑤ 중앙은행이 기준 금리를 인하하면 채권 시장의 상황과는 별개로 개인의 대출 이자 비용도 하락하게 된다.

03 비판·반응의 적절성 평가하기

윗글을 참고할 때, ㉠에 대한 반응으로 적절하지 <u>않은</u> 것은?

> 최근 채권 시장이 얼어붙어 기업들의 자금 상황이 급속도로 악화되고 있다. 금리 인하에도 불구하고 신용도가 높고 낮음에 상관없이 신규로 발행하는 채권이 팔리지 않아 기업들이 악화된 경제 상황에 대처할 힘을 잃고 있다. 이에 정부는 시장의 상황을 심각하게 판단하여 ㉠기업이 신규 발행하는 회사채를 경제 위기 이전의 회사채 금리 수준에서 무한대로 매입하는 프로그램을 진행하겠다고 발표했다. 하지만 정부의 계획이 발표된 후 자금 사정이 안정적인 회사들도 이미 계획된 회사채 발행 일정을 취소하고 정부의 정책 실시일 이후에 회사채를 발행하려는 움직임이 나타나고 있다. 이 때문에 정작 자금이 필요한 회사들이 자금을 지원받지 못하는 현상이 나타날 것이라는 우려를 낳고 있다.

① 시장에서 회사채 수요가 급감하여 자금 확보가 어려워진 회사들을 도울 수 있는 정책이군.
② 경제 위기 상황에서 기업들이 부담해야 할 이자 비용을 직접적으로 줄여 줄 수 있는 정책이군.
③ 회사채 금리 상승을 막아 다른 경제 주체들이 연쇄적으로 겪을 수 있는 어려움을 개선할 수 있는 정책이군.
④ 회사채 시장이 축소되면서 현금 마련이 어려워진 모든 채권 보유자들이 자금 마련에 도움을 받을 수 있는 정책이군.
⑤ 정부의 기준 금리 인하에도 현금 흐름이 원활하지 않을 경우에 정부가 적극적으로 시장에 개입하는 정책이군.

04 구체적 사례에 적용하기

윗글을 바탕으로 〈보기〉를 이해한 내용으로 적절하지 <u>않은</u> 것은?

> ┤ 보기 ├
> 미국 연방준비제도(Fed)가 다른 나라 중앙은행을 대상으로 미국 국가 채권을 최초 액면가로 매입하고 일정 기간 후에 이를 되사는 조건으로 달러를 공급하는 환매 조건부 채권 창구를 설립한다. 해외 중앙은행들은 보유한 미국 국가 채권을 맡기면 달러화 현금을 대출받을 수 있다. 최근 미국은 한 달 내에 1%의 금리를 인하하는 유례없는 정책을 내놨지만 국가 채권 가격이 지속적으로 하락하며 시중의 달러 유동성이 개선되는 기미가 보이지 않았다. 이에 따라 국내는 물론 해외의 중앙은행들까지 환매 조건부 채권 거래를 허용하여 기준 금리 인하에도 지속적으로 가치가 하락하며 불안해진 채권 시장의 안정화를 위해 노력하고 있다.

① 환매 조건부 채권 창구를 이용하는 주체들은 인하된 가격에 채권을 거래하지 않고 현금을 마련할 수 있을 것이다.
② 미국 국가 채권 매수자들은 미래에 지급받을 이자를 안전하게 보존하기 위해 환매 조건부 채권 창구를 이용할 것이다.
③ 환매 조건부 채권 창구 설립에도 불구하고 시장에서 계속 현금을 원할 경우 미국 국가 채권의 시장 가치는 더욱 하락할 것이다.
④ 환매 조건부 채권 창구를 통해 채권을 보관하고 현금을 지급하게 되면 시장에 초과 공급되는 채권의 수량을 조절할 수 있을 것이다.
⑤ 미국 정부의 기준 금리 인하에도 달러 유동성이 개선되지 않는 것은 시장 참여자들이 경제 위기 상황이 심각하다고 느꼈기 때문일 것이다.

📖 지문 다시 보기

채권	정부, 은행, 회사 등이 일반인으로부터 자금을 조달하기 위해 발행하는 차용증서

↓ 경제 위기

기업	개인
(　) 수요 증가 → 채권 공급 증가 → 채권 가치 하락 → 채권 금리 상승 → 회사들의 (　) 발행 비용 상승	은행의 채권 (　) 상승 → 은행은 개인에게 (　) 부담 전가 → 개인의 대출 금리 증가

⬇ 정부의 해결 방안

(　) 인하	채권 담보 (　)	채권 직접 매입
저렴한 금리로 통화 공급 → 시중의 자금 경색 완화	채권과 현금 교환 가능 → 채권 매도 완화	신규로 발행하는 채권을 (　)가 직접 매입 → 자금 지원

Q1 다음 문장에 어울리는 어휘를 고르시오.

1. 손실 없는 자금 (운영 , 운용)은 그의 자랑이었다.

2. 그는 자꾸 다른 사람에게 책임을 (전가 , 전달)한다.

3. 돈을 벌었으면 (부채 , 부조)부터 갚는 것이 마땅하다.

4. (경질된 , 경색된) 교실 분위기에 학생들이 위축되었다.

5. 외국으로부터 자본을 (조달하는 , 조정하는) 중요한 임무를 맡았다.

Q2 다음 어휘의 의미 설명이 맞으면 ○, 틀리면 ×에 표시하시오.

1. 역설하다: 자기의 뜻을 힘주어 말하다. (○ , ×)

2. 피력하다: 생각하는 것을 털어놓고 말하다. (○ , ×)

3. 공박하다: 어떤 의견, 주장, 논설 따위에 반대하여 말하다. (○ , ×)

4. 분화하다: 단순하거나 등질인 것에서 복잡하거나 이질인 것으로 변하다. (○ , ×)

5. 모색하다: 일이나 사건 따위를 해결할 수 있는 방법이나 실마리를 더듬어 찾다. (○ , ×)

Q3 다음 문장에 어울리는 어휘를 골라 쓰시오.

근간 기강 본질 정점 화법 교조적

1. 반도체는 우리나라의 (   ) 사업이다.

2. 그 둘은 형태는 다르지만 실상 (   )은 같다.

3. 유럽의 많은 나라들은 왕을 (   )으로 하는 왕정 국가였다.

4. 선생님은 학급 규칙을 정함으로써 (   )을 세우려고 하셨다.

5. 우리나라의 대표 화가인 그의 (   )은 세계적으로도 유명했다.

6. 자기만 믿으면 된다는 (   )인 연설의 내용에 사람들은 거부감을 느꼈다.

Q4 다음 밑줄 친 어휘와 바꿔 쓸 수 있는 것을 고르시오.

1. 진실을 <u>밝히다</u>. ① 규명하다 ② 규제하다 ③ 규정하다

2. 결론을 <u>이끌어 내다</u>. ① 형성하다 ② 도출하다 ③ 조성하다

3. 오해를 <u>불러일으키다</u>. ① 제조하다 ② 조장하다 ③ 야기하다

03강 추론적 읽기 ①
정보 및 내용 추론하기

어떻게 풀어야 할까?

> ### 정보 및 내용 추론하기

- 이 유형은 지문에 제시된 정보를 바탕으로 새로운 정보와 내용을 적절하게 추론할 수 있는지 묻는 것으로, 지문에서 근거를 찾아 새로운 정보를 추론할 수 있어야 한다.
- 지문에 제시된 정보를 바탕으로 새로운 정보와 내용을 추론하는 경우와 추론한 내용의 적절성을 판단하는 경우가 있는데, 새로운 정보를 추론할 때에도 지문에 근거를 두는 것이 핵심이므로, 지문에서 선택지의 근거가 되는 내용을 파악하고 해석하는 것이 중요하다.

1단계	→	**2단계**	→	**3단계**
발문 및 선택지에서 핵심어 찾기		지문에서 핵심어가 포함된 부분을 읽고 추론의 근거 찾기		추론의 근거를 바탕으로 선택지의 진술 일치/불일치 파악하기

기출에서 개념 찾기

- ㉠에 **들어갈 내용**으로 적절하지 않은 것은?
- 윗글을 읽고 **추론한 내용**으로 적절하지 않은 것은?

| 대표 유형 맛보기 |

1 국가는 자국의 힘이 외부의 군사적 위협을 견제하기에 충분치 않다고 판단할 때나, 역사와 전통 등의 가치가 위협받는다고 느낄 때 다른 나라와 동맹을 맺는다. 동맹 결성의 핵심적인 이유는 동맹을 통해서 확보되는 이익이며 이는 동맹관계 유지의 근간이 된다.

2 동맹의 종류는 그 형태에 따라 방위조약, 중립조약, 협상으로 나눌 수 있다. 먼저 방위조약은 조약에 서명한 국가들 중 어느 한 국가가 침략을 당했을 경우, 다른 모든 서명국들이 공동 방어를 위해서 참전하기를 약속하는 것이다. 다음으로 중립조약은 서명국들 중 한 국가가 제3국으로부터 침략을 받더라도, 서명국들 간에 전쟁을 선포하지 않고 중립을 지킬 것을 약속하는 것이다. 마지막으로 협상은 서명국들 중 한 국가가 제3국으로부터 침략을 당했을 경우, 서명국들 간에 공조체제를 유지할 것인지에 대해 차후에 협의할 것을 약속하는 것이다. 세 가지 유형 중 방위조약은 동맹국의 전쟁에 개입해야 한다는 강제성이 있기에 동맹국 간의 정치·외교적 관계의 정도가 매우 가깝다. 또한 조약의 강제성으로 인해 전쟁 발발 시 동맹관계 속에서 국가가 펼칠 수 있는 정치·외교적 자율성은 매우 낮다. 즉 방위조약이 동맹국 간의 자율성이 가장 낮고 다음으로 중립조약, 협상 순으로 자율성이 높아진다. 한 연구에 따르면, 1816년부터 1965년까지 약 150년 간 맺어진 148개의 군사동맹 중에서 평균 수명은 방위조약이 115개월, 중립조약이 94개월, 협상은 68개월 정도였다. 따라서 [㉮]

3 위와 같이 동맹관계는 고정되어 있지 않다. 그 이유에 대해 현실주의자들과 구성주의자들은 서로 다른 견해를 보인다. 현실주의자들은 국제 사회를 일종의 무정부 상태로 본다. 각 나라는 군사적 동맹을 통해 세력 균형을 이루어 동맹을 이루기 때문에, 패권 국가가 출현하면 그 힘을 견제하기 위해 동맹이 형성되기도 하고, 그 힘에 편승하는 동맹이 형성되기도 하는 등 세력의 균형을 찾는 과정에서 동맹관계가 변할 수 있다고 본다. 구성주의자들은 국제 사회

핵심 정리

| 중심 화제
방위조약, 중립조약, ( )

| 문단 정리
1문단: 국가 간 ( ) 결성의 이유
2문단: 동맹의 ( )와 특징
3문단: ( )들과 구성주의자들의 입장에서 보는 동맹관계가 변하는 이유

| 주제
국가 간 ( )의 종류 및 특징과 변화 이유

의 구성원들이 상호 작용을 하여 상호 간 역할과 가치를 형성하면서 국제 사회 환경의 변화를 만들어 낸다고 본다. 상호 작용의 변화에 따라 동맹은 달라질 수 있는데, 타국이나 국제 사회에 대한 인식이 긍정적이고 국제 사회에서의 구성원들의 역할이 가치 있다고 판단될 때, 긍정적인 동맹관계를 맺고 평화로울 수 있지만, 그렇지 않으면 동맹은 파기될 수 있다고 본다.

㉮에 들어갈 내용으로 적절한 것은?

① 동맹관계가 멀고 자율성이 높을수록 그 수명이 연장되었음을 알 수 있다.
② 동맹관계가 멀고 자율성이 낮을수록 그 수명이 단축되었음을 알 수 있다.
③ 동맹관계가 가깝고 자율성이 높을수록 그 수명이 연장되었음을 알 수 있다.
④ 동맹관계가 가깝고 자율성이 낮을수록 그 수명이 단축되었음을 알 수 있다.
⑤ 동맹관계가 가깝고 자율성이 낮을수록 그 수명이 연장되었음을 알 수 있다.

| 대표 유형 해결하기 |

1단계 위 문항의 선택지에서 핵심어 세 가지를 찾아 쓰시오.

(   )

2단계 **1단계**에서 찾은 핵심어에 대한 내용을 정리하여 빈칸을 채워 보시오.

(1) 방위조약은 동맹국의 전쟁에 개입해야 한다는 강제성이 있어 동맹국 간의 정치·외교적 (   )의 정도가 매우 가깝고, 정치·외교적 (   )은 매우 낮다.
(2) '방위조약 < 중립조약 < 협상' 순으로 (   )이 높아진다.
(3) 군사동맹의 평균 (   )은 방위조약이 115개월, 중립조약이 94개월, 협상이 68개월 정도였다.

3단계 **2단계**에서 정리한 내용을 근거로 방위조약, 중립조약, 협상의 관계를 ㉠~㉢에 정리해 보고, ㉮에 들어갈 내용으로 적절한 것에 ◯를 표시하시오.

> ㉠ 동맹관계가 가까운 순서:
> ㉡ 정치·외교적 자율성이 높은 순서:
> ㉢ 동맹의 평균 수명이 긴 순서:

↓

㉮: 동맹관계가 가깝고 자율성이 (높을수록 / 낮을수록) 그 수명이 (연장 / 단축)되었음을 알 수 있다.

[01~03] 다음 글을 읽고 물음에 답하시오.

핵심 정리

| 중심 화제
다이내믹 스피커

| 문단 정리
1문단: (   )의 소리 재생 원리
2문단: 다이내믹 스피커의 (   ) 원리와 플레밍의 (   ) 법칙
3문단: 다이내믹 스피커의 주요 (   )들
4문단: 다이내믹 스피커의 소리 재생 원리
5문단: 다이내믹 스피커의 소리 (   ) 변화의 원리

| 주제
다이내믹 스피커의 구성 요소와 소리 (   ) 원리

▶ 어휘 풀이

• **진폭**: 진동하고 있는 물체가 정지 또는 평형 위치에서 최대 변위까지 이동하는 거리.
• **자기장**: 자석의 주위, 전류의 주위, 지구의 표면 따위와 같이 자기의 작용이 미치는 공간.

북을 치면 소리가 난다. 북을 쳤을 때 북의 가죽에서 진동이 일어나고 이로 인해 공기가 진동하여 소리를 내는 것이다. 이때 공기가 가죽의 진동을 받아 생기는 진동수가 크면 높은 음이, 작으면 낮은 음이 난다. 그리고 공기의 진폭°이 크면 강한 소리가, 작으면 약한 소리가 난다. 스피커도 이와 같은 원리로 전류의 진동수나 진폭에 따라 다양한 소리를 재생한다.

일반적으로 널리 사용되는 스피커로는 다이내믹 스피커가 있다. 다이내믹 스피커는 영구 자석에 의해 형성되는 자기장°이 보이스 코일에 흐르는 전류와 수직 방향을 이루도록 하여 진동판을 움직이는 힘이 위아래로 작용하게 함으로써 소리를 재생하는 메커니즘을 갖는다. 이러한 메커니즘은 왼쪽의 〈그림〉에서와 같이 자기장과 전류의 방향이 수직을 이룰 때 생성되는 힘이 자기장과 전류의 수직 방향으로 작용한다는 플레밍의 왼손 법칙으로 설명할 수 있다.

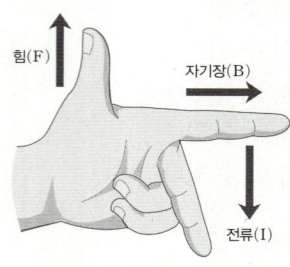

힘(F)
자기장(B)
전류(I)
〈그림〉 플레밍의 왼손 법칙

다이내믹 스피커의 주요 부품으로는 영구 자석, 탑 플레이트, 보이스 코일, 보빈, 진동판, 댐퍼, 폴피스 등이 있다. 영구 자석은 자기장을 형성하고, 탑 플레이트는 이 자기장을 보이스 코일 방향으로 제어하는 역할을 한다. 보이스 코일은 보빈에 감겨 있는 도선으로, 이 코일에 전류가 흐르면 영구 자석이 형성하는 자기장과 상호 작용을 하여 생성되는 힘이 보이스 코일을 위아래로 움직이게 한다. 보이스 코일에 고정되어 있는 보빈은 보이스 코일이 받는 힘을 진동판에 그대로 전달하여 소리를 재생하게 한다. 댐퍼는 스피커의 외형을 이루는 단단한 프레임에 보빈을 지지시켜 보빈에 감겨 있는 보이스 코일이 위아래로 원활하게 움직일 수 있도록 보이스 코일의 중심을 잡아 준다. 그리고 폴피스는 전류가 흐르면서 보이스 코일에서 발생하는 열을 영구 자석과 탑 플레이트로 분산시켜 식혀 주는 역할을 한다.

다이내믹 스피커에서 소리를 재생하기 위해서는 보이스 코일이 위아래로 반복하여 움직이면서 진동판을 진동시켜야 한다. 진동판의 반복 운동은 전류의 방향이 계속해서 바뀌는 교류 전류를 보이스 코일에 흘려줌으로써 이루어진다. 영구 자석에서 나오는 자기장의 방향은 동일하지만 보이스 코일에 흐르는 교류 전류의 방향이 전환됨에 따라 보이스 코일이 받는 힘이 이전과 반대 방향으로 작용하게 된다. 그렇게 되면 진동판이 위아래로 반복 운동을 하며 소리가 재생된다.

한편 자기장(B)과 전류(I)의 세기가 커짐에 따라 보이스 코일에 작용하여 진동판을 진동시키는 힘(F)은 커진다. 그런데 영구 자석에서 형성되는 자기장의 세기는 항상 일정하기 때문에 스피커에서 재생되는 소리의 크기는 보이스 코일에 흐르는 전류의 변화에 따라 달라진다.

01 **대표 유형** 정보 및 내용 추론하기

윗글을 바탕으로 할 때, 〈보기〉의 ㉠에 들어갈 내용으로 적절한 것은?

| 보기 |

이퀄라이저는 특정 주파수 대역의 음을 세게 하거나 약하게 하여 음악에 따라 음색을 조절하며 감상할 수 있게 하는 장치이다. 예를 들어 클래식 음악을 감상할 때는 저음 대역에 해당하는 전류의 (㉠) 방법을 통해 스피커에서 나오는 저음을 강화할 수 있다.

① 세기를 크게 하는
② 진폭을 작게 하는
③ 방향을 전환시키는
④ 진동수를 크게 하는
⑤ 진동수와 진폭을 작게 하는

02 세부 정보 파악하기

'다이내믹 스피커'에 대한 설명으로 적절하지 <u>않은</u> 것은?

① 전류는 보이스 코일에서 열을 발생시킨다.
② 보이스 코일과 보빈이 움직이는 방향은 동일하다.
③ 전류의 방향이 변하지 않으면 소리를 재생하지 못한다.
④ 보이스 코일에 전류를 흘려주면 보이스 코일이 힘을 받는다.
⑤ 보이스 코일이 받은 힘은 전류와 자기장의 상호 작용을 유도한다.

03 구체적 사례에 적용하기

〈보기〉는 '다이내믹 스피커'의 단면도이다. Ⓐ~Ⓔ에 대한 설명으로 적절하지 <u>않은</u> 것은?

| 보기 |

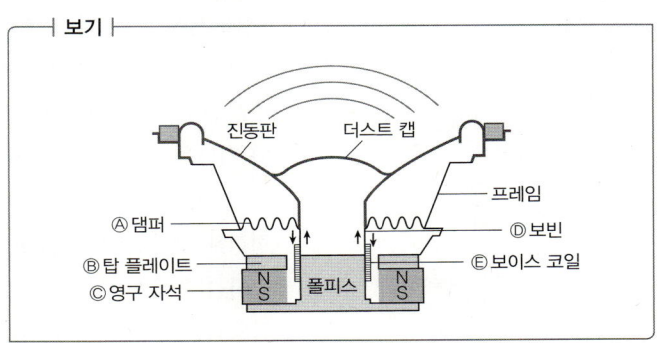

① Ⓐ: 프레임에 보빈을 지지시켜 보이스 코일의 중심을 잡아 준다.
② Ⓑ: 영구 자석이 형성하는 자기장을 보이스 코일 쪽으로 향하도록 제어한다.
③ Ⓒ: 보이스 코일에 흐르는 전류의 영향을 받아 자기장을 반대 방향으로 전환시킨다.
④ Ⓓ: 보이스 코일이 받는 힘을 진동판에 전달하여 진동판을 진동시킨다.
⑤ Ⓔ: 교류 전류의 방향 전환에 따라 보빈을 위아래로 움직이게 한다.

지문 다시 보기

스피커의 소리 ( ) 원리	– 진동수 ↑ → 높은 음 / 진동수 ↓ → 낮은 음 – 진폭 ↑ → 강한 소리 / 진폭 ↓ → 약한 소리

다이내믹 스피커

적용 원리	주요 부품	소리 재생 원리
• 플레밍의 왼손 법칙: ( )과 전류의 방향이 수직을 이룰 때 생성되는 힘 → 자기장과 전류의 ( ) 방향으로 작용	영구 자석, 탑 플레이트, ( ), 보빈, 댐퍼, 폴피스	• 교류 ( )를 보이스 코일에 흘려줌. → 보이스 코일이 위아래로 움직이면서 진동판을 진동시킴. → 소리가 재생됨. • 자기장, 전류 세기 ↑ → ( )을 진동시키는 힘 ↑ • 보이스 코일에 흐르는 전류의 변화에 따라 소리의 크기가 달라짐.

정답 / 사항 / 수직 / 전류 / 자기장 / 분류 / 발생현상

[01~03] 다음 글을 읽고 물음에 답하시오.

조선시대 왕정을 기록한 『승정원일기』는 말 그대로 승정원(承政院)에서 작성한 업무일지로 3,243책에 2억 4천 250만 자로 기록된, 방대˙한 역사 기록물이다. 현재는 인조 때인 1623년부터 순종 1910년까지 288년 동안을 기록한 책이 남아 있다. 일기의 작성은 승정원의 2명의 주서(注書)가 담당했고, 그들은 조선시대 공식적 사관인 예문관의 한림(翰林)과 동일한 지위와 기능을 인정받았다.

『승정원일기』는 하루 동안 국왕이 신하들과 국정을 논의한 내용을 모두 받아 적고 상소를 정리해 보통 한 달 단위로 묶어 책으로 만들었다. 두 주서는 매일 상·하번으로 나눠 국왕이 신하들과 국정을 논의하고 처결하는 모든 자리에 입시해 그 내용을 기록했다. 주서와 한림은 국왕과 신하의 대화를 일단 될 수 있는 대로 모두 받아 적어 속기록에 해당하는 초책(草册)을 만들었고, 그날그날 기억을 더듬거나 다른 사관의 기록과 대조해 그 내용을 보충했다. 즉, 『승정원일기』는 국왕을 가장 가까이서 모시면서 관련된 모든 문서를 관장한 기록으로 당시의 가장 포괄적이고 핵심적인 국정 기록이라고 할 수 있다.

『승정원일기』는 크게 네 부분으로 구성된다. 먼저 제일 첫머리에는, 여느 일기들처럼 날짜와 날씨를 적었다. 그 다음에는 그날 근무한 승지와 주서의 이름을 기록했는데, 이것을 '좌목(座目)'이라고 한다. 세 번째 부분에는 가장 중요한 존재인 국왕의 소재와 상참(常參)·경연(經筵)의 참석 상황, 그리고 국왕을 비롯한 왕비·대비·세자 등의 안부를 적었다. 끝으로, 일기의 핵심이라고 할 수 있는 그날의 국정을 자세하게 기록했으며, 그 내용은 각 관서에서 국왕에게 올린 문서와 국왕의 처결, 인사행정, 여러 상소와 장계, 국왕의 거동(擧動) 등 국왕이 관련된 거의 모든 업무가 담겨 있다.

『승정원일기』의 가치는 먼저 내용이 매우 풍부하다는 측면에 있다. 예컨대 영조 46년(1770) 11월 14일의 실록에는 "전국의 누락된 세곡을 4만 석까지 탕감하라"는 전교만 기재되어 있지만 같은 날짜의 『승정원일기』에는 당시 고령(76세)으로 건강이 나빴던 영조가 어의들에게 진맥을 받았는데, 맥박이 정상이라는 결과를 얻자 보답의 뜻으로 백성들에게 실질적인 혜택이 돌아가도록 세금 탕감을 실시했다는 이면˙의 내용이 자세하게 적혀 있다.

역사 기록으로서 『승정원일기』의 또 다른 미덕은 정확성이다. 열람이 철저히 금지된 실록은 주관적 개입의 개연성˙이 높은데 비해 ㉠『승정원일기』는 어떤 문제의 전례나 사실 여부를 참고하는 데 빈번하게 이용되었다. 『승정원일기』의 이런 특징은 당쟁이 전개된 조선 후기의 정치적 사안과 관련해 특히 중요하다. 예컨대 영조 4년(1728)에 일어난 중요한 사건인 이인좌의 무신란(戊申亂)˙의 경우, 『영조실록』에서는 영조와 소론이 그 진압을 주도한 것으로 기술하고 있는데 이는 당파적 견해가 투영된 결과였다. 그러나 『승정원일기』에서는 영조 초반의 주요한 소론 대신들인 이광좌·오명항·조현명 등의 적극적인 대처와 활약이 충실하게 묘사되어 있다. 또한 『승정원일기』는 미시사(微視史) 연구의 보고(寶庫)˙로서, 대표적으로 기상과 관련된 기록은 일기라는 자료의 특성상 매일의 날씨를 첫머리에 적음으로써 축적되었다. 이러한 『승정원일기』의 기록은 기상 현상과 밀접히 관련된 풍흉(豊凶)과 거기서 촉발된 인구·정치·경제의 변동 같은 문제에 접근하는 데도 적지 않은 도움이 될 수 있다.

01 대표 유형 정보 및 내용 추론하기

㉠의 이유로 가장 적절한 것은?

① 조선 국왕들의 국정 수행 능력을 뛰어난 것으로 부각시켜 기록하였기 때문에
② 현장에서 있었던 국정의 상황을 거의 가감하지 않고 그대로 기록하였기 때문에
③ 일단 기록된 내용이라도 사관들의 협의에 따라 수정해서 기록할 수 있었기 때문에
④ 다른 역사서와의 대비를 통해 국왕이 관여하는 핵심적인 업무를 기록하였기 때문에
⑤ 당대의 정치 상황과 그에 대한 국왕의 처결을 중심으로 내용을 기록하였기 때문에

02 세부 정보 파악하기

윗글의 내용과 일치하지 않는 것은?

① 승정원의 주서는 공식적인 사관인 예문관의 한림과 동등한 지위였다.
② 『승정원일기』에는 임금에게 전달되는 상소나 문서의 내용도 기록하고 있다.
③ 『승정원일기』는 현재 인조 때부터 순종 때까지의 기록이 남아 있는 상태이다.
④ 『승정원일기』는 기상 현상과 관련해 당시 인구·경제의 변동 문제를 기록했다.
⑤ 주서는 다른 사관의 기록으로 그 내용을 보충하고 한 달 단위로 책으로 묶었다.

03 구체적 사례에 적용하기

〈보기〉는 『승정원일기』의 한 부분이다. 윗글을 읽고 〈보기〉를 이해할 때, 적절하지 않은 것은?

| 보기 |

영조 1년 10월 1일(신미) 맑음
좌목 주서 이수익 (社) 민기 (社直)

약방 도제조 이광좌, 부제조 남취명이 아뢰기를, "달이 바뀌어 삭전을 또 치렀으니 삼가 전하의 효성스러운 마음이 더욱 망극하시리라 생각됩니다. 밤 사이 성상의 체후는 어떠하셨습니까? 현기증은 더욱 줄어들었으며, 목으로 음식을 잘 삼키지 못하고 턱 아래가 조금 막힌 등의 증후들은 점차 안정되어 가고 있으며, 침수는 편안해지고 있습니까? (…) 대비전의 기후는 또 어떠십니까? 신들은 구구한 우려를 이기지 못하여 감히 와서 문안드리며 아울러 이렇게 여쭙니다." 하니 답하기를, "알았다. 세월이 빨리도 흘러 어느덧 석 달이 되었지만 망극한 슬픔은 더욱 새로워지는 듯하다. 대왕대비전의 침수와 징후들은 아침에 이미 의녀에게 하교하였고, 대비전의 기후는 한결같으시다. 나는 침수가 평소와 같다." 하였다.

① '영조 1년 10월 1일(신미) 맑음'은 『승정원일기』의 첫머리로 날짜와 날씨를 기록한 것이군.
② '좌목'의 주서들인 '이수익'과 '민기'는 '영조 1년 10월 1일'의 일을 기록한 사람들이라 하겠군.
③ 이광좌나 남취명의 말로 미루어 볼 때, 국왕뿐 아니라 왕비 등도 기록의 대상이 되었군.
④ 『영조실록』의 기록보다는 약방 도제조가 국왕께 문안을 묻는 과정이 자세하게 기록되었겠군.
⑤ 정치적 사안보다는 국왕의 건강 등 일상생활의 기록을 중시했다는 점에서 더욱 가치가 있는 자료군.

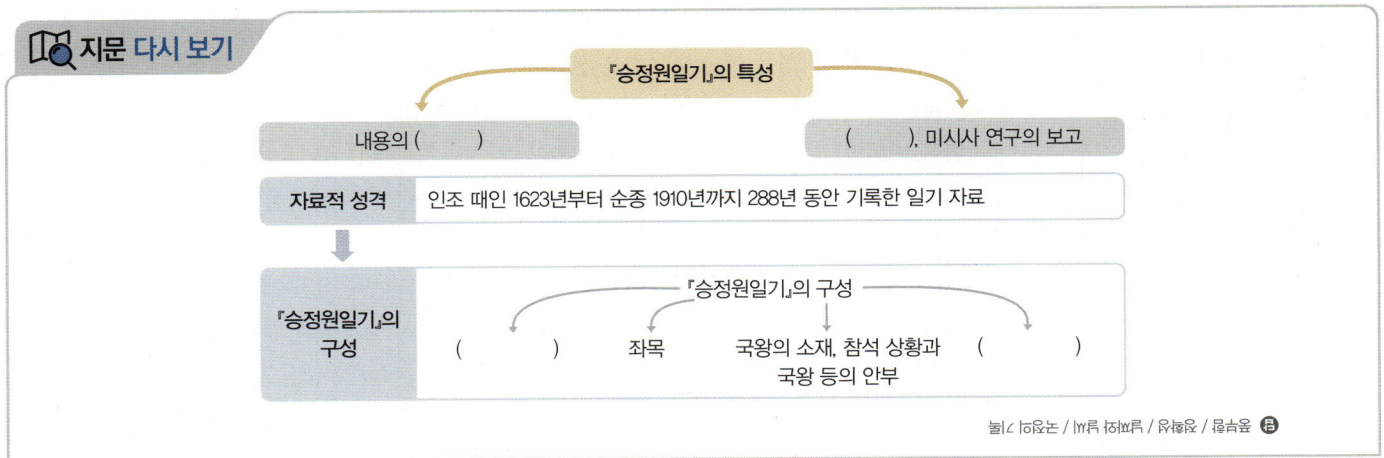

[01~04] 다음 글을 읽고 물음에 답하시오.

현대 미술의 난해함은 구체적 상을 제거하고 관념적인 것을 표현하는 추상성에 있다. 추상성을 추구하는 예술적 경향은 본래 미술이 순수하게 정신적인 것이 되어야 한다는 관념*과 결부*되어 있었다. 1910년 ㉠칸딘스키가 추상 미술을 선언하면서 밝힌 것은 선과 색이 특정 대상의 재현물이 되지 않고서도 그 자체로 어떤 힘을 가지고 있다는 확신이며, 그 힘이란 순수하게 정신적인 어떤 것이었다. 따라서 추상 미술을 통해 전달하는 것은 인간의 마음속에 지니고 있는 관념이나 감정 등 정신적인 것이었다. 그러나 칸딘스키가 생각했던 것과는 달리 미술사는 정신성을 담고 있는 최소 단위들에서 정신성을 소거해 나가는 방향으로 나아갔다. 그것은 최초의 추상 미술이 제기했던 인간의 정신성 회복의 문제가 미술 자체의 형식적 문제로 변이*되면서 일어난 일이었다.

1960년대를 풍미했던 형식주의적 추상 미술은 미술에서 다른 무엇인가를 연상시키는 형상을 금지했다. 그 이유는 미술이 다른 무엇인가를 재현하는 것이 되어서는 안 되며, 유사성을 통해 원래의 상이 지니고 있는 느낌을 불러일으키는 눈속임이 되어서도 안 된다는 이유에서이다. 이것은 ㉡플라톤의 형상론에 대한 완벽한 응답이라 할 만하다. 미술은 선과 색과 형태만을 통해서 인간에게 미적인 경험을 가능케 하는 것이어야 했다. 형식주의적 추상 미술의 종점인 미니멀리즘이야말로 이러한 관념의 표현이라 할 만이다. 즉, 형식주의적 추상 미술은 상징을 통해 의미가 전달되는 과정을 제거해 버렸다.

그러나 우리는 끊임없이 시각적인 조형물* 속에서 그 자체가 아닌 무엇인가 다른 의미를 찾아내려 한다. 물론 예술이 어떤 의미를 전달하는 것이라면 그것은 그 작품의 요소들이 조형적인 기호학의 문법에 따라 제작되고 이해되었을 때일 것이다. 미술 역시 하나의 언어 체계이며 그 언어의 기호 체계에 따라 의미를 전달하는 것이다. 그러나 언어의 기호 체계로 쉽게 개념화하거나 정의내릴 수 없는 의미가 있는 것도 사실이다. 예술 작품이 무엇인가를 전달한다는 점에서 하나의 기호 체계임은 틀림없지만 그 의미가 명료하거나 확실하게 드러나는 것은 아니다. 그것은 예술이 상징적인 전달 방식을 가지고 있기 때문이며, 상징의 의미란 다층적이고 심층적으로 얽혀 있어서 공식화나 개념화의 범주를 끊임없이 벗어난다는 데서 비롯된다.

오직 검은색과 흰색이라는 두 가지 색만으로 전면을 채워 우리를 혼란스럽게 만들었던 말레비치의 사각형 캔버스는 이제 미술의 죽음과 새로운 탄생을 알리는 하나의 상징물로 이해할 수 있을 것이다. 말레비치가 1913년에 그린 〈흰 배경에 검은색 사각형〉이라는 그림이 바로 그것이다. ㉢말레비치는 절대주의 선언을 통해, 예술은 예술 외적인 모든 요소에서 독립하여 오로지 예술 자체만의 논리로 이루어진 순수한 창작이 되어야 한다고 주장했다. 이를테면 흰 배경에 검은색 사각형은 예술의 독립을 선언하는 국가와도 같다. 이는 동시에 예술은 예술 외의 것과는 담을 쌓고 예술 내적인 것을 추구해야 한다는 현대 미술의 자율성에 대한 선언이기도 하다. 이러한 공표를 기점으로 현대 미술은 오로지 미술적인 것, 오로지 예술적인 것만을 추구하는 길로 접어들게 된다. 그리고 그 길은 오늘날 우리가 미술 작품에서 느끼는 어떤 단절감으로 이어진다.

말레비치는 이 작품에 대해 설명하면서 "흑백 대비에서 범우주적인 에너지가 방출된다."라고 했다. 괴테의 색채론과 슈타이너의 신지학적 색채론에서 검은색과 흰색은 다른 모든 색을 만들어 내는 기본색으로 설명된다. 검은색과 흰색을 빛과 어둠의 상징으로 바라볼 때, 이 두 가지 색의 교차는 무한하게 분광*되는 빛의 스펙트럼을 만들어 낸다. 한마디로 말레비치의 사

▶ 어휘 풀이

• **관념:** 현실에 의하지 않는 추상적이고 공상적인 생각.

• **결부:** 일정한 사물이나 현상을 서로 연관시킴.

• **변이:** 세월이 흐름에 따라 바뀌고 변함.

• **조형물:** 여러 가지 재료를 이용하여 구체적인 형태나 형상으로 만든 물체.

• **분광:** 빛이 파장의 차이에 따라서 여러 가지 색의 띠로 나누어지는 일.

각형은 소멸과 재생으로 옮겨가는 변용*의 에너지를 담고 있는 그림이라 할 만하다. 이러한 그의 작품이 전달하는 의미는 미술사에서 기존의 모든 예술성과 미의식을 폐기하고 미와 예술에 대한 새로운 개념을 요구했던 아방가르드와 모더니즘의 이념과 대응한다.

그러나 말레비치의 검은 사각형의 등장과 함께 시작된 현대 예술의 다양한 움직임들은 흑백 대비로 이루어진 캔버스를 하나의 기호로 만들어 버렸다. 기존의 것과는 다른 발상이나 창작 과정을 거치지 않은 작품에서 우리는 더 이상 어떤 심리적 에너지를 느끼지 못한다. 예컨대 1956년에 미국의 애드 라인하르트가 내놓은 〈추상〉이라는 제목의 그림 역시 온통 검은색으로 채워진 정사각형의 캔버스다. 모양은 비슷하지만 라인하르트의 사각형은 아무런 에너지도 느껴지지 않는 기호에 불과하다. 그곳에서는 변용의 에너지가 존재하지 않는다. 검은색이라는 하나의 기호로 작용할 뿐이다. 바넷 뉴만의 단색 회화나 색종이를 이어 붙인 듯한 높은 채도를 지닌 앨스워스 캘리의 그림들 역시 마음을 흔들어 놓는 감동과는 거리가 멀다. 이들의 작업은 마치 페인트를 칠해 놓은 것 같기도 하고 공장에서 막 뽑아온 플라스틱 조각을 연상시키기도 한다. 형식주의적 추상 미술의 목적은 오로지 예술 자체의 진화를 위한 순수성의 추구일 뿐이다. 이 경우에 예술이란 다른 무엇인가를 상징적으로 암시*하는 것이 아니라 그 자체로 독자성을 지니는 것이어야 했기 때문이다.

말레비치가 추구했던 추상성을 색과 캔버스 자체라는 물질성으로 끌고 나간 일련의 움직임들은 애초에 추상화의 근원적 동인이었던 회화의 정신주의를 물질주의로 바꿔 놓는 아이러니를 낳았다. 그리고 그 움직임은 개념 미술로 종결되었다.

▶ 어휘 풀이

• 변용: 바뀜.
• 암시: 넌지시 알림. 또는 그 내용.

01 대표 유형 정보 및 내용 추론하기

㉠, ㉡, ㉢의 예술관을 이해할 때 적절하지 않은 것은?

① ㉠은 재현성을 부정하고 관념성을 전달하는 것을 미술의 목적으로 생각했을 것이다.
② ㉡은 실제와 같은 느낌을 불러일으키는 예술 작품을 저급하다고 했을 것이다.
③ ㉢은 예술 자체의 목적성을 추구하기 위해 예술가의 창작 행위도 배제해야 한다고 보았을 것이다.
④ ㉠이 추구하는 회화의 정신주의는 ㉢ 이후 물질주의로의 변화를 보였을 것이다.
⑤ ㉠, ㉡, ㉢은 모두 재현성과 유사성을 바탕으로 하는 미술을 부정적으로 인식했을 것이다.

02 세부 정보 파악하기

윗글에서 언급한 내용이 아닌 것은?

① 현대 미술이 난해한 이유
② 개념 미술의 예술적 특징
③ 형식주의적 추상 미술의 목적
④ 말레비치 작품의 상징적 의미
⑤ 추상 미술에 대한 칸딘스키의 생각

03 세부 정보 파악하기

윗글을 통해 알 수 있는 내용으로 적절하지 <u>않은</u> 것은?

① 형식주의적 추상 미술은 예술 자체의 순수성을 추구한다.

② 미술은 우리에게 명료한 의미를 전달할 수도 있지만 상징을 통해 불명료한 의미를 전달할 수도 있다.

③ 형식주의적 추상 미술은 현대적인 철학적 사유를 제시함으로써 그 이전의 작품과 대비되는 독자성을 지닌다.

④ 형식주의적 추상 미술은 모든 기교를 지양하고 최소 단위의 질료적인 요소만을 사용하여 단순함을 추구한다.

⑤ 형식주의적 추상 미술에서는 새롭게 창작된 작품이 기존의 어떤 작품과 비슷하다면 새롭게 창작된 작품의 예술성이 사라진다고 본다.

04 비판·반응의 적절성 평가하기

〈보기〉의 관점에서 윗글의 '형식주의적 추상 미술'을 비판한 내용으로 가장 적절한 것은?

| 보기 |

앤디 워홀의 실크 스크린들은 동일한 방식으로 복제되어 패턴화된 이미지들이 빈약한 의미를 지니고, 기껏해야 표현들의 유희 속에서 의미를 부여받을 수밖에 없다. 그것이 오늘날 우리가 살고 있는 세계의 상상적 빈곤함이다. 예술이 아무런 상상도 불러일으키지 않는 작품에서 우리는 의미를 찾을 수 없다. 그것은 감동 없는, 그저 하나의 물건일 뿐이다.

① 이미지의 순수성을 감지하지 못하고 물적 대상에 사상을 부여하려 했군.

② 예술이란 애초에 인공적으로 산출된 이미지에 불과하다는 사실을 망각했군.

③ 상품성을 중심으로 예술을 바라보았으므로, 작품의 아우라를 잃어버리고 말았군.

④ 자연 속에서는 어떤 형상의 완벽한 반복이 존재하지 않는다는 사실을 고려하지 않았군.

⑤ 의미 없는 이미지를 나열하는 방식으로 작품이 주는 감동과 같은 미적 가치를 상실해 버렸군.

🔍 지문 다시 보기

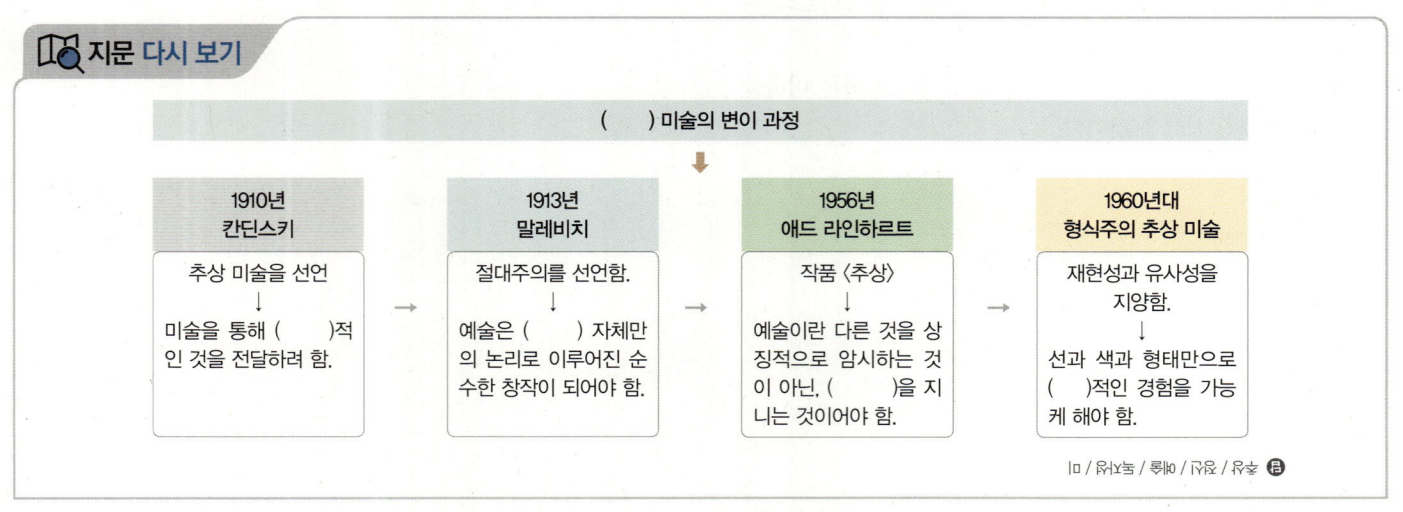

( ) 미술의 변이 과정

1910년 칸딘스키	1913년 말레비치	1956년 애드 라인하르트	1960년대 형식주의 추상 미술
추상 미술을 선언 ↓ 미술을 통해 ( )적인 것을 전달하려 함.	절대주의를 선언함. ↓ 예술은 ( ) 자체만의 논리로 이루어진 순수한 창작이 되어야 함.	작품 〈추상〉 ↓ 예술이란 다른 것을 상징적으로 암시하는 것이 아닌, ( )을 지니는 것이어야 함.	재현성과 유사성을 지양함. ↓ 선과 색과 형태만으로 ( )적인 경험을 가능케 해야 함.

정답 | 순수 | 미적 | 예술 | 독자성 / 미

| Q1 | 다음 문장에 어울리는 어휘를 고르시오.

1. 그 기밀 문서는 아무도 모르게 (파견 , 파기)되었다.

2. 기존 세력을 (견지 , 견제)하기 위해 신진 세력을 형성하였다.

3. 그는 항상 집권 여당의 세력에 (편승 , 편리)하는 경향이 있다.

4. 수사 기관 간의 (공생 , 공조) 덕분에 범인을 빨리 잡을 수 있었다.

5. 군사적, 문화적으로 강해진 그 나라는 유럽 대륙의 (패권 , 패배) 국가가 되었다.

| Q2 | 다음 어휘의 의미 설명이 맞으면 〇, 틀리면 ×에 표시하시오.

1. 메커니즘: 사물의 작용 원리나 구조. (〇 , ×)

2. 주파수: 전파나 음파가 1초 동안에 진동하는 횟수. (〇 , ×)

3. 진폭: 물체가 몹시 울리어 흔들림. 또는 물체 따위를 흔듦. (〇 , ×)

4. 대역: 어떤 폭으로써 정해진 범위. 최대 주파수에서 최저 주파수까지의 구역. (〇 , ×)

5. 자기장: 자석이나 전류의 주위, 지구의 표면 등에 자기의 작용이 미치는 공간. (〇 , ×)

| Q3 | 다음 문장에 어울리는 어휘를 골라 쓰시오.

관장 국정 기술 보고 사안 처결

1. 우리는 가장 시급한 ( )부터 논의했다.

2. 임금은 사건을 신중히 ( )하려고 했다.

3. 그는 오랫동안 학교의 모든 행사를 ( )해 오고 있다.

4. 아이슬란드는 광대한 자연 유산의 ( )로 알려져 있다.

5. ( )에 참여할 수 있는 사람은 전 국민의 1%도 되지 않는다.

6. 역사는 사실을 ( )하고 문학은 있을 수 있는 일을 지어낸다.

| Q4 | 다음 밑줄 친 어휘와 바꿔 쓸 수 있는 것을 고르시오.

1. 그의 그림은 해석하기가 <u>어렵다</u>. ① 난해하다 ② 유해하다 ③ 이해하다

2. 그 일은 통일 문제와도 <u>연관된다</u>. ① 결부되다 ② 결속되다 ③ 결집되다

3. 남의 잘못만을 탓하는 자세를 <u>피하다</u>. ① 지강하다 ② 지향하다 ③ 지양하다

04강 추론적 읽기 ②
구체적 사례에 적용하기

어떻게 풀어야 할까?

➤ 구체적 사례에 적용하기
• 이 유형은 지문에서 설명하는 일반적인 사실이나 추상적인 원리, 특정한 관점 등의 사례를 찾거나 〈보기〉로 제시된 구체적 사례나 상황에 이를 적용하여 문제를 풀어야 한다.
• 특히 문제에서 〈보기〉로 제시된 정보에는 문제 해결의 단서가 담겨 있는 경우가 많으므로 〈보기〉에서 제시하고 있는 정보와 관련이 있는 내용을 지문에서 찾고, 〈보기〉의 사례에서 이러한 내용이 어떻게 구체화되었는지 꼼꼼히 살펴야 한다.

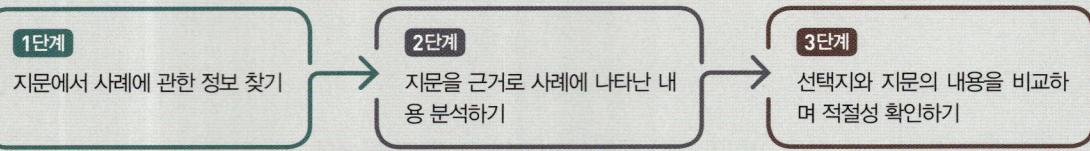

1단계	2단계	3단계
지문에서 사례에 관한 정보 찾기	지문을 근거로 사례에 나타난 내용 분석하기	선택지와 지문의 내용을 비교하며 적절성 확인하기

기출에서 개념 찾기
• 윗글과 〈보기〉에 대한 이해로 적절하지 않은 것은?
• 윗글을 바탕으로 〈보기〉를 이해한 내용으로 적절하지 않은 것은?

| 대표 유형 맛보기 |

9월 고1 학력평가

핵심 정리

| 중심 화제
(   )

| 문단 정리
1문단: (   )의 탄생 배경
2문단: 셉테드의 개념
3문단: 셉테드의 (   )

| 주제
셉테드의 개념과 원리

1 범죄란 사회 질서를 파괴하고 타인의 육체나 정신에 고통을 주거나 재산 또는 명예에 손상을 입히는 행위로, 사회의 안녕과 개인의 안전에 해를 끼친다. 그래서 사람들은 여러 논의를 통해 범죄 발생률을 낮추려고 노력해 왔고, 그 결과 탄생한 것이 바로 '범죄학'이다.

2 건축학이나 도시 설계 전문가들은 범죄의 원인과 예방의 해법을 환경과 디자인에서 찾아야 한다고 주장했다. 바로 '셉테드(CPTED)'라 불리는 범죄 예방 설계가 그것이다. 셉테드는 건축 설계나 도시 계획 등을 통해 대상 지역의 방어적 공간 특성을 높여, 범죄 발생 가능성을 줄이고 지역 주민들이 안전감을 느끼도록 하여 궁극적으로 삶의 질을 향상시키는 종합적인 범죄 예방 전략을 의미한다.

[A]

3 셉테드는 다음의 원리로 이루어진다. 우선 '자연적 감시의 원리'는 공간과 시설물에 대한 가시권을 확보하고 잠재적 범죄자의 은폐 장소를 최소화시킴으로써 내부인이나 외부인의 행동을 주변 사람들이 자연스럽게 관찰할 수 있게 만드는 것이다. 다음으로 '접근 통제의 원리'는 보행로, 조경, 문 등을 통해 사람들의 통행을 일정한 경로로 유도하여 허가받지 않은 사람들의 출입을 통제하거나 차단하는 것을 말한다. '영역성의 원리'는 안과 밖이라는 공간 영역을 조성하여 외부인의 침범 기준을 명확히 확립하는 것을 말한다. 이 외에도 공공장소 및 시설에 대한 내부인들의 활발한 사용을 유도하여 그 근방의 범죄를 감소시킨다는 '활동의 활성화 원리', 공공장소와 시설물이 처음 설계된 대로 지속적으로 유지 및 관리되어야 한다는 '유지 및 관리의 원리'가 있다.

[A]를 참고하여 〈보기〉의 사례를 설명한 것으로 적절하지 <u>않은</u> 것은?

| 보기 |

　□□학교는 개교한 지가 오래돼 다소 음침한 느낌을 주는 곳이었다. 이에 학교는 교내 외진 장소에 다양한 운동 시설을 설치해 학생들의 이용을 활성화하고 학생들의 안전을 위해 그곳에 CCTV를 설치했다. 사람들의 시선을 막고 있는 학교 담장은 철거하고, 대신 작은 나무와 꽃들을 심은 화단을 조성했다. 또한 외부인의 출입을 통제하기 위해 후문을 폐쇄하여 사람들의 통행을 정문으로 유도했고, 학생들과 교사는 환경지킴이라는 동아리를 조직하여 개선된 학교 환경을 유지하기 위한 봉사 활동을 주기적으로 실시하고 있다.

① 후문을 폐쇄한 것은 '접근 통제의 원리'를 통해 사람들의 통행을 정문으로 유도하기 위한 것이다.
② 학교 담장을 허문 것은 '자연적 감시의 원리'를 통해 학교 시설물에 대한 가시권을 확보하기 위한 것이다.
③ 봉사 동아리를 조직해 운영하는 것은 '유지 및 관리의 원리'를 통해 환경 설계 효과를 지속시키려는 것이다.
④ 다양한 운동 시설을 설치한 것은 '활동의 활성화 원리'를 통해 외진 장소에서의 범죄 발생률을 낮추려는 것이다.
⑤ 교내 외진 장소에 CCTV를 설치한 것은 '영역성의 원리'를 통해 안과 밖이라는 공간 영역을 명확하게 확립한 것이다.

| 대표 유형 해결하기 |

1단계 윗글에서 〈보기〉와 관련된 정보를 찾아 빈칸을 채워 보시오.

(1) 자연적 감시의 원리: ☐☐☐ 확보, ☐☐ 장소 최소화
(2) 접근 통제의 원리: ☐☐ 유도로 출입 통제 또는 차단
(3) 영역성의 원리: 안과 밖이라는 ☐☐ ☐☐☐ 조성으로 침범 ☐☐ 확립
(4) 활동의 활성화 원리: 내부인들의 활발한 ☐☐ 유도
(5) 유지 및 관리의 원리: 공공장소와 시설물의 지속적인 ☐☐ 및 관리

2단계 〈보기〉에 제시된 사례와 그 사례를 시행한 목적을 알맞게 연결하시오.

(1) 운동 시설 설치　　·　　· ㉠ 학생들의 안전 보장
(2) 외진 장소에 CCTV 설치　·　　· ㉡ 사람들의 시야 확보
(3) 학교 담장 철거　　·　　· ㉢ 외부인의 출입 통제
(4) 후문 폐쇄　　·　　· ㉣ 학생들의 이용 활성화
(5) 봉사 동아리 조직 및 운영·　　· ㉤ 개선된 학교 환경 유지

3단계 **1단계** 와 **2단계** 를 바탕으로 선택지와 윗글의 내용을 비교하여 〈보기〉에서 활용되지 <u>않은</u> 셉테드의 원리를 쓰시오.

(　　　　　　　)

[01~03] 다음 글을 읽고 물음에 답하시오.

핵심 정리

Ⅰ 중심 화제
효소의 (　　) 반응

Ⅰ 문단 정리
1문단: (　　)의 개념 및 종류
2문단: (　　)의 작용 원리
3문단: (　　)의 개념과 종류

Ⅰ 주제
생체 내 (　　)의 촉매 작용과 저해
제의 기능

　　우리가 섭취한 영양소로부터 생활에 필요한 에너지를 얻거나 몸에 필요한 물질을 합성하는 과정은 모두 화학 반응에 의해 이루어진다. 이 화학 반응의 속도를 변화시키는 물질이 촉매이다. 촉매는 정촉매와 부촉매로 구분되는데, 활성화 에너지와 반응 속도를 통해 설명할 수 있다. 활성화 에너지란 어떤 물질이 화학 반응을 일으키기 위해 필요한 최소한의 에너지이다. 활성화 에너지가 낮아지면 반응 속도가 빨라지고, 활성화 에너지가 높아지면 반응 속도가 느려지게 된다. 이러한 활성화 에너지를 낮추는 것이 정촉매이고, 활성화 에너지를 높이는 것이 부촉매이다.

　　우리 몸속에도 이러한 촉매가 존재하는데, 효소°가 그러하다. 대부분의 효소는 생체 내에서 화학 반응을 빠르고 쉽게 일어나게 한다. 예를 들어 소화 효소인 펩신이 분비되어 우리는 음식물을 오랫동안 위장에 담고 있지 않고 소화시킬 수 있는 것이다. 효소를 구성하는 주성분은 단백질이며 각 효소는 고유의 입체 구조를 갖는다. 효소는 촉매로 작용하는 과정에서 반응물과 일시적으로 결합한다. 효소에서 반응물과 결합하여 화학 반응이 일어나게 하는 특정 부분을 활성 부위라고 하며, 활성 부위와 결합하는 반응물을 기질이라고 한다. 효소에 의한 촉매 과정에서 효소의 활성 부위와 기질의 3차원적 입체 구조가 맞으면 효소·기질 복합체가 일시적으로 형성되는데, 이처럼 한 종류의 효소가 한 종류의 기질에만 작용하는 것을 효소의 기질 특이성이라 한다. 촉매 과정이 끝나면 기질은 생성물로 바뀌며, 효소·기질 복합체로부터 분리된 효소는 처음과 동일한 화학적 상태로 복귀하여 다음 반응을 준비한다.

　　그런데 어떤 화학 물질은 효소와 결합하여 효소의 작용을 방해하는데, 이러한 물질을 저해°제라고 한다. 저해제는 효소 반응을 방해하는 방식에 따라 ㉠경쟁적 저해제와 ㉡비경쟁적 저해제로 나누어진다. 먼저 경쟁적 저해제는 기질과 유사한 3차원적 입체 구조를 지니고 있어, 기질이 결합할 효소의 활성 부위에 기질 대신에 경쟁적 저해제가 결합하여 효소·기질 복합체의 형성을 저해한다. 경쟁적 저해제는 기질의 농도가 증가하면 저해 효과는 감소한다. 다음으로 비경쟁적 저해제는 효소의 활성 부위가 아닌 효소의 다른 부위에 결합하여 효소의 입체 구조를 변형시킴으로써 효소의 활성 부위에 기질이 결합하지 못하게 한다. 그 결과 효소·기질 복합체가 형성되지 않아 효소의 작용을 저해한다. 비경쟁적 저해제가 작용하는 경우에는 기질의 농도가 증가해도 저해 효과는 감소하지 않는다.

▶ 어휘 풀이

● **효소**: 생물의 세포 안에서 합성되어 생체 속에서 행하여지는 거의 모든 화학 반응의 촉매 구실을 하는 고분자 화합물을 통틀어 이르는 말.

● **저해**: 막아서 못 하도록 해침.

01 대표 유형 구체적 사례에 적용하기

다음은 촉매 반응을 설명하기 위한 그래프이다. 윗글을 바탕으로 〈보기〉를 이해한 것으로 적절한 것은?

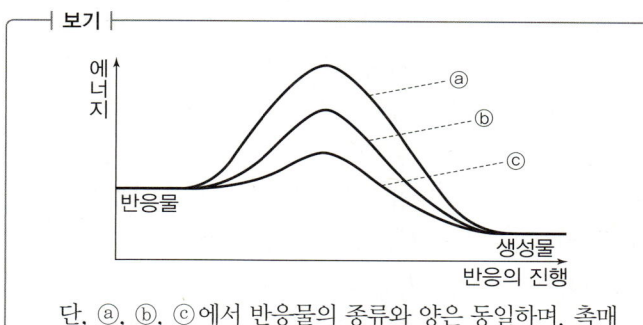

단, ⓐ, ⓑ, ⓒ에서 반응물의 종류와 양은 동일하며, 촉매를 제외한 모든 요인은 동일하다.

① ⓐ를 촉매가 없는 그래프라고 가정할 때, ⓑ는 반응물에 부촉매를 넣은 그래프이겠군.
② ⓒ를 촉매가 없는 그래프라고 가정할 때, ⓐ는 반응물에 정촉매를 넣은 그래프이겠군.
③ 생성물을 만들어 내는 화학 반응 속도는 ⓒ가 ⓑ보다 빠르겠군.
④ ⓐ, ⓑ, ⓒ에서 반응에 필요한 활성화 에너지는 동일하겠군.
⑤ ⓐ, ⓑ, ⓒ에서 동일한 양의 생성물을 만들기 위해 필요한 시간은 모두 동일하겠군.

02 세부 정보 파악하기

윗글의 표제와 부제로 가장 적절한 것은?

① 촉매의 개념과 종류
   – 활성화 에너지와 반응의 방향성을 중심으로
② 생체 내 효소의 촉매 반응
   – 효소의 작용과 저해제의 기능을 중심으로
③ 촉매와 효소의 화학적 정의
   – 반응 전후의 상태 및 기질 특이성을 중심으로
④ 효소가 관여하는 화학 반응의 속도
   – 주변 온도와 기질의 농도가 미치는 영향을 중심으로
⑤ 효소가 우리 몸속에서 하는 여러 가지 역할
   – 정촉매와 부촉매의 특성을 중심으로

03 세부 정보 파악하기

㉠과 ㉡에 대한 설명으로 적절한 것은?

① ㉠과 달리 ㉡은 효소의 입체 구조를 변형시키는 역할을 한다.
② ㉡과 달리 ㉠은 효소 · 기질 복합체의 형성을 방해한다.
③ ㉠과 ㉡은 모두 기질과 유사한 입체 구조를 가지고 있다.
④ ㉠과 ㉡은 모두 효소의 활성 부위가 아닌 곳에 결합한다.
⑤ ㉠과 ㉡은 모두 기질의 농도 증가가 저해 효과에 영향을 미친다.

📖🔍 지문 다시 보기

촉매
• (　　) 반응의 속도를 변화시키는 물질 • (　　): 활성화 에너지 ↓ → 반응 속도 ↑ • 부촉매: 활성화 에너지 ↑ → 반응 속도 ↓

효소
• 생체 내에서 화학 반응을 빠르고 쉽게 일어나게 함. → 우리 몸속의 (　　)임. • 작용 원리: 효소 활성 부위와 기질의 3차원적 입체 구조가 맞으면 효소 · 기질 (　　)가 일시적으로 형성 → 기질은 생성물로 바뀌며, 분리된 효소는 처음과 동일한 화학적 상태로 복귀

↕ 효소의 작용 방해

저해제
• 경쟁적 저해제: 기질이 결합할 효소의 활성 부위에 (　　) 대신 결합 → 효소 · 기질 복합체의 형성 저해, 기질 농도 ↑ 저해 효과 ↓ • 비경쟁적 저해제: 효소의 다른 부위에 결합하여 효소의 (　　) 구조를 변형 → 효소의 활성 부위에 기질 결합 X, 기질 농도 ↑ 저해 효과 감소 X

효소 / 정촉매 / 촉매 / 복합체 / 기질 / 입체 **답**

[01~03] 다음 글을 읽고 물음에 답하시오.

논증이란 전제를 바탕으로 하여 결론에 이르는 근거를 찾는 것이다. 논증을 판단할 때는 논증의 전제들이 참인가에 대한 것과 이 전제들이 논증의 결론을 바르게 도출하게 만드는가를 염두에 두어야 한다. 전제들이 논증의 결론을 바르게 도출하는가에 대한 판단 근거는 논증의 구조에서 찾는데, 논증의 구조는 구체적인 여타의 지식을 참고하지 않고도 해결되는 일반적인 것이어야 한다.

논증의 구조는 결론을 도출하는 방식에 따라 다음과 같이 구분될 수 있다. 우선 전제가 결론을 뒷받침하는 경우이다. 이 경우에는 전제가 결론을 결정적으로 뒷받침하는가, 부분적으로 뒷받침하는가에 따라 논증의 구조는 달라진다. 전제가 결론을 결정적으로 뒷받침한다는 것은 논증의 전제들이 참이어서 결론도 참이 된다는 것이다. 이러한 특성을 지닌 논증을 건전한 연역 논증이라고 한다. 만약 전제가 참이 아니라면 논증은 타당하지만 건전하다고 볼 수 없다. 연역 논증의 대표적인 예인 정언 삼단 논법은 세 개의 명제와 세 개의 개념으로 이루어진다. 결론의 술어로 사용되는 개념을 대개념, 결론의 주어로 사용되는 개념을 소개념, 결론에서는 나오지 않고 전제에서만 등장하는 개념을 매개념이라고 하고 대전제와 소전제를 거쳐 결론의 형태로 이루어진다. 이 형태에서 전제들이 모두 참이어서 결론을 결정적으로 뒷받침한다면 건전한 연역 논증이 되는 것이다.

논증의 전제들이 결론을 부분적으로 뒷받침한다는 것은 논증의 전제들이 참이라면, 그 전제들은 결론을 받아들일 수 있는 충분한 근거를 제공하지만, 결정적인 근거는 아니라는 것이다. 이는 전제들이 모두 참이더라도 결론이 거짓일 가능성도 있다는 것을 의미한다. 이러한 특성을 지닌 논증을 귀납 논증이라고 한다. 이처럼 귀납 논증은 전제들의 참이 결론의 참을 필연적이 아니라 개연적*으로 뒷받침하는 논증이다. 그래서 흔히 귀납 논증은 '강하다'와 '약하다'로 평가한다. '강한 귀납 논증'은 전제들이 참이면 결론도 참일 확률이 아주 높고, '약한 귀납 논증'은 전제들이 참이면 결론도 참일 확률이 약간 높은 것이다. 그렇다면 강하고 약한 정도의 차이는 어떻게 구분되는가? 이는 관찰된 사례의 수가 클수록, 관찰된 사례가 다양할수록, 결론의 범위가 좁을수록, 전제에서 언급된 내용과 결론에서 언급된 내용이 지니는 유사성이 클수록 강하다고 본다.

그리고 전제가 결론을 거의 뒷받침하지 못하거나 전혀 뒷받침하지 않는 경우는 연역 논증도 귀납 논증도 아닌 오류 논증이 된다. 오류 논증에 사용된 전제들은 언뜻 보면 결론을 뒷받침하는 것처럼 보이기 때문에 논증 자체가 연역 논증이나 귀납 논증과 유사한 느낌을 주지만 이렇게 제시된 근거들은 실제로는 관계가 매우 빈약*하거나 결론과 사실상 무관한 것들이다. 그렇기 때문에 오류 논증의 전제들은 비록 그 전제들이 참이라고 하더라도 결론의 참을 보장할 수 없는 것이다. 때로는 오류 논증의 결론이 우연히 참이 될 수도 있을 것이다. 하지만 이러한 논증의 전제들이 결론을 참으로 보장할 만큼 충분한 근거가 되지는 않는다는 점을 알아야 한다. 때문에 우리가 결론의 참을 확립하고자 한다면 모든 전제들이 참인가에 대한 판단 과정을 거쳐야 한다. 왜냐하면 비록 어떤 논증이 논리적으로는 아무런 결함이 없더라도 전제들 중 일부가 거짓이라면, 결론의 참은 결코 보장*되지 않기 때문이다.

01 대표 유형 구체적 사례에 적용하기

〈보기〉를 윗글의 '논증'의 관점에서 설명한 내용으로 적절한 것은?

┤ 보기 ├

(가) 모든 M은 P이다.
　　 모든 S는 M이다.
　　 그러므로 모든 S는 P이다.

　　　　　　　　　　　　　　 – 정언 삼단 논법

(나) 모든 어류는 포유류이다. (거짓)
　　 모든 고래는 어류다. (거짓)
　　 그러므로 모든 고래는 포유류다. (참)

① (가)의 S는 대개념, P는 소개념, M은 매개념에 해당한다.
② (가)는 연역 논증으로, 건전하다는 평가를 받으려면 '모든 S 는 P이다.'가 참이기만 하면 된다.
③ (나)의 논증은 전제들이 참이 아니지만 결론이 우연히 참이 된 경우에 해당하므로 오류 논증에 해당된다.
④ (나)의 논증은 전제는 거짓이지만 논리적으로는 아무런 결함이 없기 때문에 결론이 참으로 보장된 것이다.
⑤ (나)는 논증의 전제들이 모두 거짓이지만 결론은 참이 되므로 전제들과 결론 간의 유사성이 높다고 볼 수 있다.

02 글의 전개 방식 파악하기

윗글의 서술 방식에 대한 설명으로 적절한 것은?

① 서로 다른 두 이론을 통합하여 새로운 이론을 도출하고 있다.
② 구체적 자료를 활용하여 문제의 해결 방안을 제시하고 있다.
③ 통시적 관점에서 중심 화제가 변화되는 과정을 기술하고 있다.
④ 중심 화제를 제시된 기준에 따라 체계적으로 나누어 설명하고 있다.
⑤ 중심 화제의 개념을 밝히고 일화를 제시해 그 필요성을 역설하고 있다.

03 세부 정보 파악하기

윗글에서 알 수 있는 내용으로 적절하지 <u>않은</u> 것은?

① 논증의 구조는 다른 지식의 도움 없이 일반적으로 해결될 수 있어야 한다.
② 연역 논증의 전제가 결론을 결정적으로 뒷받침한다면 논증은 항상 건전하다.
③ 귀납 논증은 관찰 사례의 수가 크고, 결론의 범위는 좁을수록 개연적으로 참일 가능성이 높아진다.
④ 논증을 판단할 때는 전제들이 참인지, 전제들이 결론을 바르게 도출하게 하는지 살펴보아야 한다.
⑤ 약한 귀납 논증은 전제들이 충분한 근거를 제공하지 못하며 부분적으로 뒷받침하므로 결국 결론이 거짓이 된다.

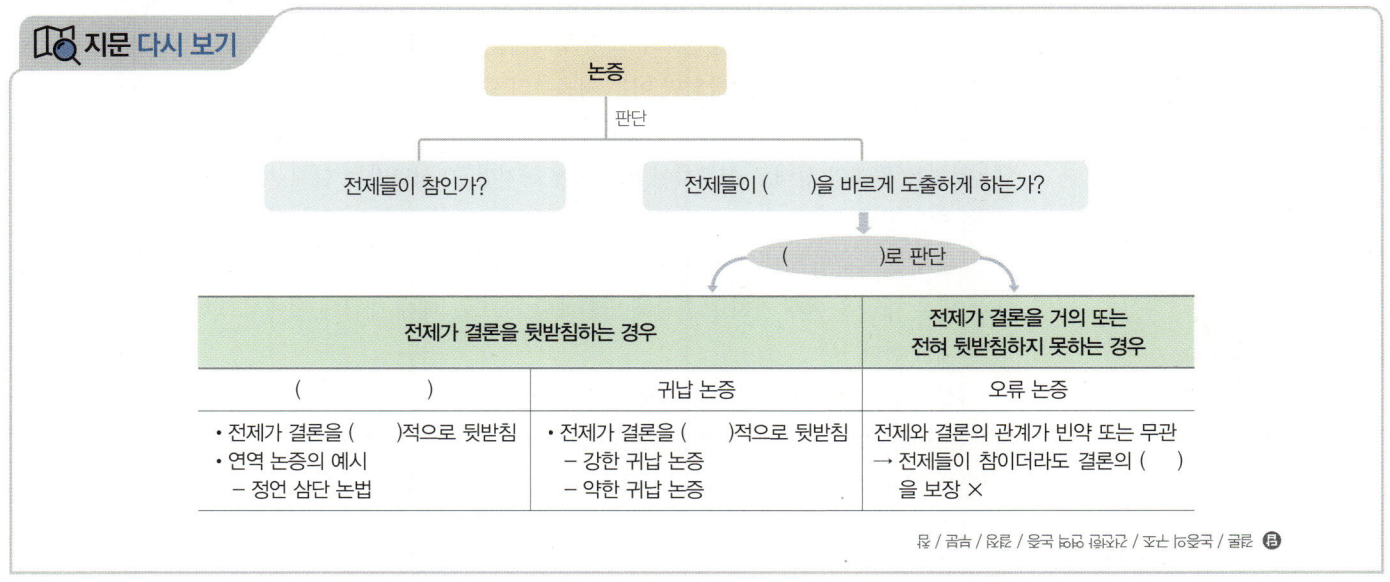

[01~04] 다음 글을 읽고 물음에 답하시오.

핵심 정리

ㅣ중심 화제
행위능력과 제한능력자

ㅣ문단 정리
1문단: 의사능력의 개념
2문단: 의사능력과 (   )능력의 규정
3문단: (   )의 거래에 대한 제한
4문단: (   )의 행사와 그 결과
5문단: 거래 상대방을 보호하기 위한 규정

ㅣ주제
제한능력자인 미성년자와의 (   )와 신뢰 보호를 위한 규정

계약의 체결과 같은 법률 행위가 유효하기 위해서는 당사자 모두가 자신이 어떠한 계약을 체결하고 있으며 그 결과가 무엇일지를 판단할 수 있는 능력이 있어야 한다. 예를 들어 8세 아동이 스스로 집을 매매하는 계약을 체결하더라도 이를 유효한 계약이라고 볼 수 없는 것이다. 이와 같이 자기가 하는 행위의 의미나 결과를 합리적으로 판단하고 의사를 결정할 수 있는 정신적 능력을 ㉠의사능력이라고 한다. 의사능력이 없는 의사무능력자가 체결한 계약은 무효이고, 만일 그 계약이 이미 이행되었더라도 서로 받은 물건이나 금전을 반환해야 한다.

의사능력이 있는지 여부는 구체적인 법률 행위와 관련해서 개별적으로 판단해야 한다. 예를 들어 8세 아동은 집을 매매하는 계약에서는 의사무능력자로 평가되지만, 슈퍼에서 음료수를 사는 단순한 매매 계약에 대해서는 의사능력자로 평가될 수 있다. 그런데 이렇게 개별적으로 판단한다면 거래의 상대방은 불안정한 지위에 놓이게 된다. 따라서 민법은 객관적인 기준으로 ㉡행위능력을 규정하고, 행위능력이 없는 제한능력자의 법률 행위에 대한 제한 규정을 두고 있다. 행위능력이란 독자적으로 유효하게 법률 행위를 할 수 있는 능력으로, 혼인을 하지 않은 만 19세 미만의 미성년자는 행위능력이 없는 제한능력자로 평가된다.

제한능력자인 미성년자가 법률 행위를 하기 위해서는 원칙적으로 부모의 동의가 있어야 한다. 하지만 미성년자에게 이익이 되는 법률 행위, 즉 단순히 권리만을 얻거나 의무만을 면하는 행위에 대해서는 그렇지 않다. 이때 어떠한 행위가 이익이 되는지 여부는 경제적 관점이 아니라 순수하게 법률적 관점에서 판단한다. 미성년자가 계약에 의해 어떠한 의무를 지게 된다면 이익이 되는 행위라고 할 수 없지만, 누군가가 미성년자에게 막대한 재산을 증여●하려고 할 때, 미성년자는 증여를 받기만 하면 되므로 부모의 동의 없이 증여 계약을 체결할 수 있다. 또, 부모가 정한 범위 내에서 사용을 허락한 재산에 대해서는 미성년자가 독자적으로 거래를 하더라도 유효하다. 이때 범위란 사용 목적의 범위가 아닌 재산의 범위이다. 예를 들어 부모가 미성년자 자녀에게 노트북을 구매할 목적으로 백만 원을 주었을 때 자녀가 이 돈으로 부모 몰래 다른 물품을 구매하더라도 이 거래는 유효하다. 특히 자녀가 아르바이트 등을 하면서 독자적인 소득을 가지고 있다면 이를 사용하는 것에 대해서는 부모의 묵시●적인 허락이 있었던 것으로 본다.

위와 같은 제한에 반하여 미성년자가 독단적으로 법률 행위를 한 경우, 원칙적으로 이 법률 행위는 취소할 수 있다. 미성년자와 그 부모에게는 취소권이 발생하고, 누구든 해당 법률 행위를 취소하겠다는 의사를 밝히면 이는 처음부터 효력이 없었던 법률 행위가 된다. 이에 따라 계약 당사자는 이미 지불한 돈이나 물건 등을 반환해야 한다. 이때 미성년자의 상대방은 거래한 것들을 원래의 상태로 회복하여 반환해야 하지만, 미성년자는 현재 가지고 있는 이익만을 반환하면 된다. 예를 들어 미성년자인 A가 B로부터 노트북을 구매한 행위가 취소되는 경우, A는 현재 노트북의 상태가 어떠하든지 상관없이 사용하던 그대로 B에게 반환하면 된다. 반면 B는 받은 대금을 현재 가치로 환산해 반환해야 하므로, 매매 대금에 법에서 정한 이자를 더해 반환해야 한다.

미성년자와 거래한 상대방은 거래의 취소로 인해 불리한 상황에 놓이게 된다. 따라서 민법은 취소 대상인 거래에서 상대방을 보호하기 위한 규정을 두고 있다. 상대방은 1개월 이상의 기간을 정해 취소권을 가진 미성년자나 그의 부모에게 취소권을 행사할 것인지, 혹은 부모에게 사후적으로 미성년자의 행위에 대해 동의할 것인지에 대한 확답을 요구할 수 있다. 이 기

▶ **어휘 풀이**

● **증여**: 재산을 대가를 받지 않고 타인에게 주는 것.
● **묵시**: 직접적인 말이나 행동으로 드러내지 않고 은연중에 뜻을 나타냄.

간 내에 부모가 동의하지 않는다는 의사 표시를 명시적으로 하지 않는다면 동의가 있는 것으로 본다. 또 상대방은 스스로 거래의 효력을 부인할 수 있는데, 이를 철회*권이라고 한다. 단, 철회권은 미성년자의 부모가 사후적인 동의를 표시하기 전에 이루어져야 하고, 거래 당시에 제한능력자와 거래를 한다는 사실을 알고 있었다면 그 상대방은 철회권을 가질 수 없다. 그리고 미성년자가 상대방에게 속임수를 써서 자신이 미성년자가 아니라고 믿게 했다면 이때의 법률 행위는 취소의 대상이 되지 않고, 완전히 유효하다. 이때 속임수는 엄격하게 해석된다. 이는 미성년자가 자신이 성년이라고 거짓말을 하는 것에서 더 나아가 그 증거를 위조해 제시하는 등 적극적인 수단을 사용하는 것을 의미한다. 이 경우에는 미성년자의 잘못이 크기 때문에 민법에서 미성년자에 대한 보호와 거래에 대한 신뢰의 보호 사이에 균형을 맞추기 위해 제한을 두고 있는 것이다.

▶ 어휘 풀이
• 철회: 이미 이루어진 것을 도로 거두어들임.

01 대표 유형 구체적 사례에 적용하기

윗글을 바탕으로 〈보기〉에 대해 이해한 것으로 적절하지 <u>않</u>은 것은?

| 보기 |

만 17세인 A는 전자 제품 판매업자인 B와 2백만 원을 지불하고 노트북을 구매하는 계약을 체결하였다. A는 B에게 자신이 만 20세라고 속이고, 아버지 C에게는 사용 목적을 알리지 않은 채 C의 카드로 2백만 원을 결제하였다. 그 후 카드 사용 요금 고지서가 나오자 C는 A와 B의 거래 사실을 알게 되었다.

① 거래가 무효가 되면 A는 B에게 사용하던 상태 그대로의 노트북을 반환해야 한다.
② C가 학원비로 2백만 원을 결제하도록 허락하면서 카드를 준 것이었다면 거래는 완전히 유효하다.
③ 구매 계약을 체결할 당시에 A가 미성년자임을 B가 알고 있었더라도 C는 거래를 취소할 수 있다.
④ B가 C에게 거래의 효력을 인정할 것인지 물었지만 C가 아무런 답을 하지 않으면 거래는 무효가 된다.
⑤ B가 신분증을 요구하자 A가 위조된 주민 등록증을 제시했다면 C뿐만 아니라 B도 거래를 취소할 수 없다.

02 세부 정보 파악하기

윗글에서 알 수 있는 내용으로 적절하지 <u>않은</u> 것은?

① 만 19세 미만의 사람이라도 혼인을 했다면 행위능력이 있는 것으로 본다.
② 미성년자에 대한 보호와 거래에 대한 신뢰 보호라는 가치는 충돌하기도 한다.
③ 계약이 유효하기 위해서는 당사자 모두가 자신이 체결하는 계약의 의미를 이해하고 있어야 한다.
④ 미성년자가 아르바이트로 번 돈으로 물건을 사는 행위에 대해서는 부모의 동의가 있는 것으로 본다.
⑤ 미성년자가 시가보다 매우 낮은 가격에 물건을 구매하는 것은 미성년자에게 이익이 되므로 이 매매 계약은 유효하다.

윗글을 읽은 후 제한 규정에 대해 보일 수 있는 반응으로 적절한 것을 모두 골라 묶은 것은?

> ㄱ. 거래에서 미성년자의 속임수의 의미를 엄격하게 해석한 결과는 그렇지 않은 경우에 비해 미성년자 보호에 유리하겠군.
>
> ㄴ. 미성년자의 부모가 거래의 효력을 인정한다면 거래가 불안정한 상태에서 벗어나기 때문에 상대방이 거래의 효력을 부정할 수 없도록 하는 것이겠군.
>
> ㄷ. 거래의 효력이 부정되는 경우 미성년자와 거래한 상대방과 미성년자가 서로 반환해야 하는 거래 목적물의 범위에 대한 규정은 상대방에게 불리하겠군.
>
> ㄹ. 거래를 한 당사자는 미성년자임에도 불구하고 미성년자의 부모만 거래의 효력을 부정할 수 있도록 한 것은 미성년자보다 미성년자 부모의 판단을 중시하기 때문이겠군.

① ㄱ, ㄴ   ② ㄱ, ㄹ
③ ㄷ, ㄹ   ④ ㄱ, ㄴ, ㄷ
⑤ ㄴ, ㄷ, ㄹ

㉠과 ㉡에 대한 이해로 가장 적절한 것은?

① ㉠이 결여된 사람과 달리 ㉡이 결여된 사람은 어떠한 상황에서도 법률 행위를 하는 것이 허용되지 않는다.
② ㉠이 결여된 사람과 달리 ㉡이 결여된 사람은 자신의 법률 행위의 의미를 독자적으로 파악할 능력이 없다.
③ ㉡이 결여된 사람과 달리 ㉠이 결여된 사람의 법률 행위는 당사자의 의사와 상관없이 무효이다.
④ ㉠과 ㉡ 중 하나만 갖추고 있으면 유효한 법률 행위를 할 수 있다.
⑤ ㉠과 ㉡을 갖추었는지 여부는 객관적으로는 알 수 없고, 개별적인 상황에 따라 판단해야 한다.

📖 지문 다시 보기

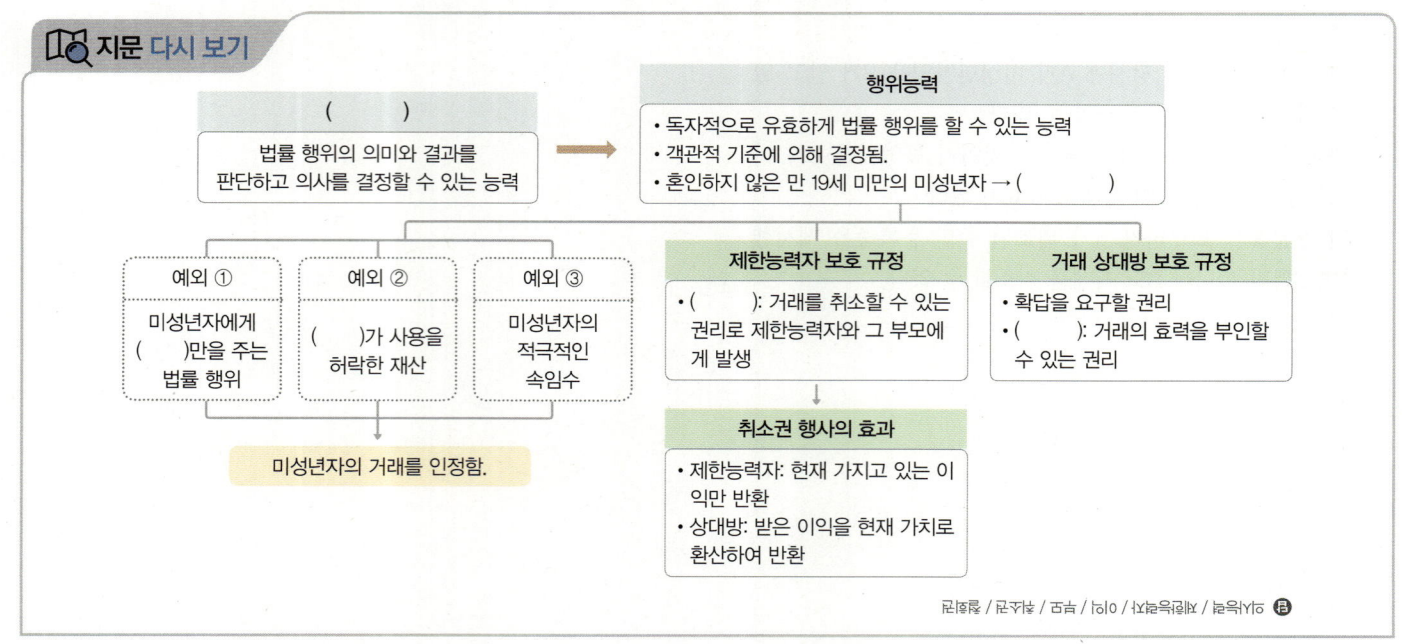

( )		→	**행위능력**
법률 행위의 의미와 결과를 판단하고 의사를 결정할 수 있는 능력			• 독자적으로 유효하게 법률 행위를 할 수 있는 능력 • 객관적 기준에 의해 결정됨. • 혼인하지 않은 만 19세 미만의 미성년자 → ( )

예외 ①	예외 ②	예외 ③
미성년자에게 ( )만을 주는 법률 행위	( )가 사용을 허락한 재산	미성년자의 적극적인 속임수

→ 미성년자의 거래를 인정함.

제한능력자 보호 규정
• (   ): 거래를 취소할 수 있는 권리로 제한능력자와 그 부모에게 발생

거래 상대방 보호 규정
• 확답을 요구할 권리
• (   ): 거래의 효력을 부인할 수 있는 권리

취소권 행사의 효과
• 제한능력자: 현재 가지고 있는 이익만 반환
• 상대방: 받은 이익을 현재 가치로 환산하여 반환

Q1

다음 문장에 어울리는 어휘를 고르시오.

1. 그는 종종 규칙에 (반 , 면)하는 행동을 한다.
2. 주민들은 마을의 (안녕 , 안심)을 기원하는 제의를 올렸다.
3. 그는 친구의 재산을 (수여 , 증여)받기로 한 내용의 계약서를 작성했다.
4. 사장님은 먼저 일을 처리하고 (사후 , 사전)에 보고하는 것을 싫어한다.
5. 두 작품 사이에는 마치 같은 작가가 쓴 것 같은 (유사성 , 차이점)이 있다.

Q2

다음 어휘에 알맞은 의미를 찾아 연결하시오.

1. 전제 •   • ㉠ 그럴 법한 것.
2. 근거 •   • ㉡ 어떤 일이나 의논, 의견에 그 근본이 됨. 또는 그런 까닭.
3. 귀납 •   • ㉢ 어떠한 사물이나 현상을 이루기 위하여 먼저 내세우는 것.
4. 필연적 •   • ㉣ 사물의 관련이나 일의 결과가 반드시 그렇게 될 수밖에 없는 것.
5. 개연적 •   • ㉤ 개별적인 특수한 사실이나 원리에서 일반적이고 보편적인 명제, 법칙을 유도해 내는 일.

Q3

다음 문장에 어울리는 어휘를 골라 쓰시오.

금전   은폐   의사   저해   체결   활성화

1. 오랜 논의 끝에 노사가 단체 협약을 (   )했다.
2. 효소가 (   )되면 체내에서 화학 작용이 일어난다.
3. 사건을 (   )하려는 그들의 노력은 헛수고가 되었다.
4. (   ) 거래가 활발히 이루어지는 것은 좋은 현상이다.
5. 그의 (   ) 결정 능력 덕분에 문제를 빠르게 해결할 수 있었다.
6. 집단 이기주의는 사회 발전을 (   )하므로 이러한 태도에서 벗어나야 한다.

Q4

다음 밑줄 친 단어와 바꿔 쓸 수 있는 것을 고르시오.

1. 사실을 인정하지 않다.   ① 부인하다   ② 부연하다   ③ 부진하다
2. 원래 주인에게 돌려주다.   ① 반품하다   ② 반환하다   ③ 반송하다
3. 그는 언제나 사람과의 관계를 중요하게 생각한다.   ① 경시하다   ② 중시하다   ③ 무시하다

05강 비판적 읽기
비판·반응의 적절성 평가하기

핵심 정리

| 중심 화제
(   )

| 문단 정리
1문단: (   )의 의미
2문단: (   )로서의 에우다이모니아
3문단: (   )을 통해 실현할 수 있는 에우다이모니아

| 주제
에우다이모니아에 관한 (   )의 견해

| **대표 유형 맛보기** |

11월 고1 학력평가

1 그리스어인 '에우다이모니아(eudaimonia)'는 일반적으로 '행복'이라고 번역된다. 현대인들은 행복을 물질적인 것을 통해 느끼는 안락이나 단순한 쾌감과 동일시하는 경향이 있다. 그러나 아리스토텔레스는 에우다이모니아를 현대인들이 생각하는 행복과는 다르게 설명한다. 그는 에우다이모니아를 인간 고유의 기능인 이성을 발휘하여 그것을 완전하게 실현한 상태라고 규정하였다. 막스 뮐러는 아리스토텔레스가 말한 에우다이모니아에 시간적 속성을 부여하여 이를 세 가지 측면으로 나누어 설명하였다. 막스 뮐러의 견해는 다음과 같다.

2 첫째, '감각적 향유로서의 에우다이모니아'는 먹고 마시는 행위와 같은 신체적 감각을 통한 향유가 이성의 테두리 안에서 이루어질 때 얻게 되는 것이다. 인간은 정신과 신체의 통일체로서 존재하기 때문에 감각을 통한 향유도 무시할 수 없다. 다만 감각적 향유가 이성을 벗어나 타인을 배려하지 않고 극단적 탐닉에 빠질 때에는 부정적인 것으로 인식된다. 그런데 감각적 향유 자체는 찰나적인 것이므로 감각적 향유의 과정에서 실현할 수 있는 에우다이모니아는 순간적인 것으로 규정된다.

3 둘째, '공동체적 삶을 통해 실현할 수 있는 에우다이모니아'는 공동체 속에서 인간이 자유를 누리면서도 이성을 발휘하여 책임 있는 행동을 함으로써 얻게 되는 것이다. 인간의 이성은 공동체의 훈육을 통해서만 개발될 수 있으므로 인간은 공동체를 떠나서 에우다이모니아를 구하려고 해서는 안 된다. 그런데 공동체에서의 인간의 행위는, 수시로 변화하는 역사적 상황 속에서 이루어지기 때문에 이러한 에우다이모니아는 역사적 시간에 의해 규정되는 것이다.

....

EBS 에우다이모니아 / 에우다이모니아 / 감각 / 공동체적 삶 / 막스 뮐러의 견해

윗글을 읽은 학생이 '뮐러'의 입장에서 〈보기〉의 Ⓐ에 대해 보일 수 있는 반응으로 가장 적절한 것은?

> | 보기 |
>
> Ⓐ디오게네스는 일체의 물질적 욕심을 배제하고 최소한의 생활필수품만으로 살아가는 삶, 즉 자연에 따르는 삶을 통해 인간은 궁극적인 행복을 얻을 수 있다고 보았다. 그는 인간이 자연에 따르는 삶을 살아가기 위해서는 부끄러움을 없애고, 이를 통해 사람들이 지켜야 할 모든 사회적 관습이나 권위에서 벗어나야 한다고 말했다. 인간의 행복은 이와 같이 자유롭고 단순한 생활에서 비롯된다고 본 것이다.

① Ⓐ는 사회적 삶 속에서 인간이 가져야 할 책임을 간과하고 있군.
② Ⓐ는 단순한 생활에서 벗어나 공동체 일원으로서의 자유를 추구하고 있군.
③ Ⓐ는 인간이 이성적인 활동을 하면서 자연을 변화시키는 것을 중시하고 있군.
④ Ⓐ는 역사적 상황의 끊임없는 변화를 인정하면서 궁극적인 행복을 추구하고 있군.
⑤ Ⓐ는 공동체 내에서 자유를 누린다면 물질적인 욕심을 최소화할 수 있다고 보고 있군.

| 대표 유형 해결하기 |

1단계 위 문항의 발문을 다음과 같이 정리한다고 할 때, 빈칸에 알맞은 대상을 쓰시오.

• (   )가 (   )에 대해 보일 만한 반응

2단계 '뮐러'와 '디오게네스'의 입장과 관련된 정보를 정리하여 빈칸을 채워 보시오.

뮐러	인간은 ( )의 훈육을 통해 ( )을 개발하여 책임 있게 행동해야만 행복을 얻을 수 있다.
디오게네스	인간은 사람들이 지켜야 할 모든 사회적 ( )이나 ( )에서 벗어나야 궁극적인 행복을 얻을 수 있다.

3단계 〈보기〉와 선택지를 비교하여 Ⓐ의 반응을 정리하고 빈칸에 알맞은 말을 쓰시오.

① Ⓐ는 □□□를 떠나서 에우다이모니아를 구하려고 한다.
② Ⓐ는 공동체 □□으로서의 삶을 탈피하고자 한다.
③ Ⓐ는 □□을 따라야 할 대상으로 여긴다.
④ Ⓐ는 모든 □□□ □□이나 권위에서 벗어나고자 한다.
⑤ Ⓐ는 공동체 밖의 □□를 이야기한다.

[01~03] 다음 글을 읽고 물음에 답하시오.

핵심 정리

l 중심 화제
(   )

l 문단 정리
1문단: 엑스레이 아트의 (   )
과 개념
2문단: 엑스레이 아트의 (   ) 사례
3문단: 엑스레이 아트의 창작 방법 ①
4문단: 엑스레이 아트의 창작 방법 ②
5문단: 엑스레이 아트에 대한 (   )

l 주제
엑스레이 아트의 특징

최근 예술 분야에서는 과학 기술을 이용하여 새로운 장르를 개척하려는 시도가 이루어지고 있다. 이러한 배경을 바탕으로 등장한 예술의 하나가 바로 '㉠엑스레이 아트(X-ray Art)'이다. 엑스레이 아트는 엑스레이 사진을 활용하여 만든 예술 작품을 의미한다.

엑스레이 아트의 거장인 닉 베세이는 엑스레이를 활용하여 오브제• 내부에 주목한 작품을 만들었다. 그는 「튤립」이라는 작품을 통해 꽃봉오리에 감추어진 암술과 수술을 드러냄으로써, 꽃의 보이지 않는 내부의 아름다움을 탐색하였다. 또한 「셀피」라는 작품을 통해 현대 사회의 외모 지상주의를 비판하기도 했다. 이 작품은 자기 얼굴을 찍는 사람의 모습을 엑스레이로 촬영한 것으로, 엑스레이로 인체를 촬영할 경우 외양이 드러나지 않는 점을 이용하여 창작 의도를 나타낸 것이다.

엑스레이 아트의 창작 의도를 구현하기 위해서는 오브제의 특성을 고려해야 한다. 이는 오브제의 재질과 두께에 따라 엑스레이의 투과율이 달라지기 때문이다. 이러한 이유로 엑스레이 아트에서는 엑스레이가 투과되지 않는 물질이 포함된 오브제를 배제하기도 하고, 역으로 이를 활용하기도 한다. 촬영을 할 때에는 오브제의 두께에 따라 엑스레이의 강도와 오브제에 엑스레이가 투과되는 시간을 조절해야 의도하는 명도의 사진을 얻을 수 있다. 또한 오브제와 근접한 거리에서 촬영해야 하는 엑스레이의 특성상, 가로 35cm, 세로 43cm인 엑스레이 필름의 크기보다 오브제가 클 경우 오브제를 여러 부분으로 나누어서 촬영한다. 한편 작품 창작 의도를 구현하는 데 오브제의 모든 구성 요소가 필요하지 않다면 오브제의 일부 구성 요소만 선택하여 창작 의도를 드러낼 수도 있다. 그리고 오브제가 겹쳐 있을 경우, 창작 의도와 다른 사진이 나올 수 있으므로 이를 고려하여 오브제를 적절하게 배치하고 촬영 각도를 결정한다.

이렇게 촬영한 엑스레이 사진은 컴퓨터 그래픽 작업을 거치는데, 창작 의도를 드러내기 위해 여러 장의 사진을 합성하기도 한다. 특히 항공기 동체와 같이 크기가 큰 대상을 오브제로 삼아 여러 날에 걸쳐 촬영할 경우, 촬영할 당시의 기온, 습도 등의 영향으로 각각의 사진들마다 명도가 다르게 나타날 수 있다. 그러므로 그래픽 작업을 통해 사진들의 명도를 보정한 뒤, 이 사진들을 퍼즐처럼 맞추어 하나의 사진으로 합성하여 작품을 완성한다.

엑스레이는 대상의 골격이나 구조를 노출하는 기술이라는 점에서 차가운 느낌을 주기도 한다. 하지만 이를 활용한 엑스레이 아트는 발상의 전환을 통해 감상자들에게 기존의 예술 작품과는 다른 미적 감수성을 불러일으킨다는 점에서 현대 예술의 외연을 넓히는 데 기여하였다는 평가를 받고 있다.

▶ **어휘 풀이**

• **오브제**: 일상 용품이나 물건을 본래의 용도로 쓰지 않고 예술 작품에 사용하는 기법 또는 그 물체.

01 [대표 유형] 비판·반응의 적절성 평가하기

윗글을 바탕으로 할 때, 〈보기〉의 작품에 대해 보인 반응으로 적절하지 <u>않은</u> 것은?

┤ 보기 ├

「버스」는 실제 버스와 사람을 오브제로 삼아, 이를 여러 날에 걸쳐 각각 촬영한 뒤 합성한 엑스레이 아트이다. 작가는 작품의 창작 의도를 구현하는 데 필요한 바퀴나 차체 등의 일부 구성 요소들만 선택하였다. 그리고 버스의 측면이 보이도록 촬영하여 버스에 타고 있는 사람들의 여러 가지 자세와 인체 골격의 다양한 모습을 드러내고 있다.

〈닉 베세이, 「버스」〉

① 물체를 투과하는 엑스레이를 이용한 것은 일상적 시선으로는 볼 수 없는 인체 골격의 모습을 보여 주려는 의도였겠군.
② 바퀴나 차체 등의 일부 구성 요소만 선택한 것에는 필요하지 않은 부분을 배제하려는 작가의 의도가 반영된 것이겠군.
③ 버스의 측면이 보이도록 촬영한 것은 촬영 각도에 따라 엑스레이가 투과되지 않는 효과를 이용하기 위한 것이겠군.
④ 작품이 한 번에 촬영한 사진처럼 보이는 것은 컴퓨터 그래픽 작업을 통해 각 사진의 명도를 보정한 결과이겠군.
⑤ 엑스레이 필름보다 큰 실제 크기의 오브제를 선정하였기 때문에 촬영한 여러 장의 사진을 합성한 것이겠군.

02 세부 정보 파악하기

윗글에서 언급된 내용이 <u>아닌</u> 것은?

① 엑스레이 아트의 개념
② 엑스레이 아트의 작품 사례
③ 엑스레이 아트의 창작 방법
④ 엑스레이 아트의 등장 배경
⑤ 엑스레이 아트의 발전 양상

03 정보 및 내용 추론하기

㉠의 의의로 가장 적절한 것은?

① 오브제를 찍은 사진에 의도적인 변형을 가하여 오브제의 실체를 감추는 예술이다.
② 실존하지 않는 대상을 그래픽 작업으로 만들어 사회의 병폐를 풍자하는 예술이다.
③ 인체나 사물의 외양을 있는 그대로 드러냄으로써 아름다움의 의미를 구현하는 예술이다.
④ 눈에 보이지 않을 만큼 작은 오브제를 가시화하여 대상의 본질에 대해 탐색하는 예술이다.
⑤ 겉으로 드러나지 않는 오브제의 내부를 의도적으로 보여 주어 예술의 영역을 확장한 예술이다.

📖 지문 다시 보기

엑스레이 아트

엑스레이 (　　　)을 활용하여 만든 예술 작품

닉 베세이의 작품 사례

• 「튤립」: 꽃봉오리에 감추어진 암술과 수술을 드러냄. → 꽃의 보이지 않는 내부의 아름다움을 탐색
• 「셀피」: 자기 얼굴을 찍은 사람의 모습을 엑스레이로 촬영 → 현대 사회의 (　　　) 지상주의를 비판

창작 방법

• 엑스레이 촬영
 – 오브제의 (　　　), 두께, 투과 시간을 고려
 – 오브제의 모든 구성 요소가 필요하지 않으면 일부만 선택
　↓
• 컴퓨터 그래픽 작업
 – 여러 장의 사진 (　　　)
 – 그래픽 작업으로 명도를 보정한 뒤 하나의 사진으로 합성

엑스레이 아트에 대한 평가

기존 예술 작품과는 다른 (　　　　)을 불러일으킴. → 현대 예술의 외연을 넓히는 데 기여함.

답 사진 / 크기 / 외모 / 합성 / 미적 가치 유발

[01~03] 다음 글을 읽고 물음에 답하시오.

핵심 정리

| 중심 화제
지역 통합의 개념과 유럽 통합의
역사

| 문단 정리
1문단: (   )의 개념
2문단: (   )의 시작
3문단: (   )의 성립
4문단: (   )의 의의
5문단: (   ) 협정과 유럽공동
체의 단일화
6문단: (   )의 의의

| 주제
지역 통합으로서 유럽 통합의 의미

지역 통합은 지리적으로 인접한 두 개 이상의 국가가 하나의 정치·경제적 단일체로 합쳐지는 과정을 말한다. 이러한 과정에서 참여 국가들은 주권˙의 일부 혹은 전체를 포기해야 한다. 이러한 지역 통합은 국가와 주권의 절대성을 강조하는 현실주의적 입장에서는 이해하기 어려운 현상이다. ㉠왜 국가들은 자신의 주권을 포기하면서 초국가적 통합체를 형성하는 것일까?

지역 통합의 필요성을 제시한 대표적 사례로 유럽 연합을 들 수 있는데 이는 여러 가지 국제 관계에서 매우 중대한 사건이라 할 수 있다. 유럽 통합의 움직임이 구체화된 것은 양차 대전˙을 겪고 난 후부터로, 이는 유럽을 하나의 이해관계 속에 묶어놓음으로써 평화를 보장받고 안정과 번영을 추구하자는 현실적 판단에서 비롯된 것이다. 또한 2차 세계 대전으로 유럽이 폐허가 되고 미국과 소련이 세계를 주도함으로써 유럽이 2류 국가로 전락했다는 인식에서 유럽인들은 새로운 세계 질서를 구축하려는 방안으로 유럽 통합을 모색하게 되었다.

1950년 프랑스 외상˙이었던 슈만이 프랑스와 독일의 석탄과 철강 산업을 통합시키기 위한 '유럽석탄철강공동체'를 제창하였고, 1952년에 독일, 프랑스, 이탈리아, 벨기에, 네덜란드, 룩셈부르크 등 6개 국가로 구성된 유럽석탄철강공동체가 발족˙되었다. 이들 6개국은 통일된 유럽을 건설하려는 이상에 따라 같은 해에 유럽방위공동체를 제안하고 유럽의 군사력을 단일 예산과 지휘 체제하에 통합시키려 했지만 프랑스 의회가 비준에 실패하고 영국이 참여하기를 거부함으로써 무산되었다.

유럽석탄철강공동체로 시작한 유럽 통합은 1957년 로마조약을 통해서 '유럽원자력에너지공동체'와 '유럽경제공동체'라는 새로운 기구를 창설했는데 이는 석탄과 철강에서의 기능적 통합이 모든 경제 부분으로 확대된다는 의미를 갖는다.

1960년에는 '스톡홀름 협정'으로 불리는 '유럽자유무역연합'의 창설에 대한 공식적 서명이 이루어졌고 공동체 내의 관세 및 수량의 규제를 철폐, 공동체 밖의 국가에 대해서는 공동대외관세를 부과함으로써 관세 동맹이 출발했다. 또한 공동농업정책을 출범˙시켜 농산물에 대한 공동 가격 설정 및 생산량, 가격 조절을 위한 중앙통제 정책을 도입했으며 농업 생산에 대한 보조금 지급을 위한 유럽농업지도보장기금을 설치했다. 그런데 이들 공동체는 각기 상이한 분야에서 통합의 추진체로 기능했으나 유사한 기능과 성격을 지니는 기구가 중복 존재했기 때문에 다시 이들 기구의 통합이 추진된다. 먼저 의회와 법원이 통합되었고, 1967년에는 집행 기구가 '유럽공동체(EC)'로 단일화되었다.

유럽공동체의 성장과 발전 그리고 단일시장의 완성으로 심화된 유럽경제 통합의 성과를 바탕으로 일정 분야에서의 정치 통합을 실현하고, 궁극적인 단일경제통화권을 건설하기 위한 유럽 통합의 논의는 더욱 심화되었다. 우선 경제통화 동맹으로의 전환을 통한 경제적 통합을 완성하고, 공동외교안보정책과 내무·사법 분야에서의 협력 및 이를 통한 정치적 통합을 실현하는 것을 핵심적 사항으로 보았다. 그리고 1991년, 네덜란드의 마스트리히트에서 열린 유럽 이사회에서 합의가 이루어짐으로써 '유럽연합조약'이 체결되었다. 이 조약의 체결로 유럽 통합은 '공동체'에서 '연합'으로 질적 전환을 이루게 되었다.

▶ 어휘 풀이

• 주권: 국가의 의사를 최종적으로 결정하는 권력.

• 양차 대전: 1차 세계 대전(1914~1918)과 2차 세계 대전(1939~1945)을 아울러 이르는 말.

• 외상: 외무성의 우두머리. 우리나라 외교 통상부 장관에 해당함.

• 발족: 어떤 조직체가 새로 만들어져서 일이 시작됨.

• 출범: 단체가 새로 조직되어 일을 시작함.

01 [대표 유형] 비판·반응의 적절성 평가하기

윗글을 읽은 학생의 반응으로 적절하지 <u>않은</u> 것은?

① 유럽 통합의 시작은 산업 자원을 효율적으로 관리해야 할 필요성에서 비롯되었군.

② '유럽경제공동체'는 석탄과 철강의 통합뿐 아니라 다른 경제 분야의 통합을 낳게 했군.

③ 유럽 통합 과정에서 '공동농업정책'을 출범시킨 것은 스톡홀름 협정의 결과라 할 수 있군.

④ 프랑스와 영국은 공동으로 '유럽석탄철강공동체'가 제안한 '유럽방위공동체'를 무산시켰군.

⑤ '유럽연합조약'이 체결됨으로써 명실상부하게 유럽에서의 통합이 실현되었다고 할 수 있군.

02 글의 전개 방식 파악하기

<보기>에서 윗글의 설명 방식을 바르게 골라 묶은 것은?

┤ 보기 ├

ㄱ. 구체적인 사례를 제시하여 논지를 전개하고 있다.

ㄴ. 대상이 지닌 문제점과 그 해결 방안을 설명하고 있다.

ㄷ. 대상에 대한 자세한 묘사를 통해 내용을 서술하고 있다.

ㄹ. 시간의 흐름에 따라 대상의 형성 과정을 설명하고 있다.

① ㄱ, ㄴ   ② ㄱ, ㄹ   ③ ㄴ, ㄷ

④ ㄴ, ㄹ   ⑤ ㄷ, ㄹ

03 정보 및 내용 추론하기

㉠에 대한 대답으로 가장 적절한 것은?

① 통합적인 기구를 창설하여 국가 간 차별 정책을 철폐할 수 있으므로

② 국가의 경쟁력이 높아져 통합체 내에서 자국의 발전을 이끌 수 있으므로

③ 자국의 이익을 도모할 수 있는 다양한 의사 결정 기구를 창설할 수 있으므로

④ 경제, 정치, 외교, 군사 등을 통합함으로써 새로운 질서를 구축할 수 있으므로

⑤ 국가 간 통합을 통해 개별 국가들이 독립적인 다양한 시장을 구축할 수 있으므로

📖 지문 다시 보기

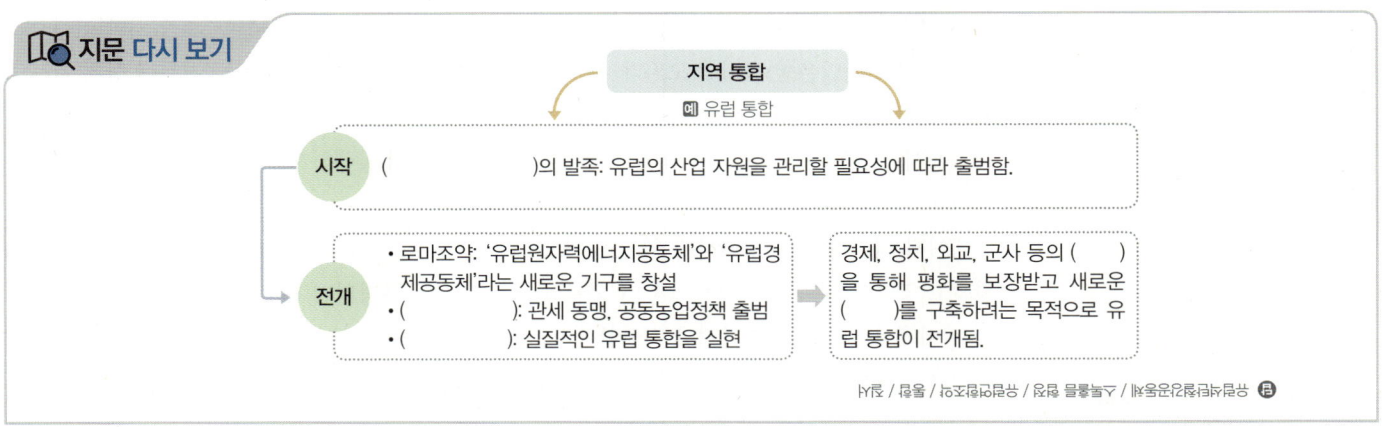

지역 통합

예 유럽 통합

시작 (   )의 발족: 유럽의 산업 자원을 관리할 필요성에 따라 출범함.

전개
• 로마조약: '유럽원자력에너지공동체'와 '유럽경제공동체'라는 새로운 기구를 창설
• (   ): 관세 동맹, 공동농업정책 출범
• (   ): 실질적인 유럽 통합을 실현

→ 경제, 정치, 외교, 군사 등의 (   )을 통해 평화를 보장받고 새로운 (   )를 구축하려는 목적으로 유럽 통합이 전개됨.

답 유럽석탄철강공동체 / 통합 / 유럽연합조약 / 질서

[01~04] 다음 글을 읽고 물음에 답하시오.

4차 산업 혁명으로 불리는 기술의 진보는 우리의 삶을 크게 변화시키고 있다. 이 기술 진보의 핵심은 데이터 전송과 처리 속도의 향상이다. 인터넷으로 사물을 연결하는 사물 인터넷은 계속 증가하고 있으며 이를 위해 데이터를 안정적이고 신속하게 처리한 후 전송하는 기술들 또한 진보하고 있다.

최근 세계 각국은 5G 상용화를 위해 노력하고 있는데, 여러 기술 중에서도 5G 기술을 선호하는 이유는 주파수의 특성과 관련이 있다. 주파수는 전파가 1초 동안 반복적인 모양으로 진동하는 파동의 수를 말한다. 주파수는 전파의 속도를 파장으로 나눈 값이고, 각 주파수에서 전파의 속도는 빛의 속도인 초당 30만 km로 같기 때문에 파장은 저주파일수록 길고 고주파일수록 짧아진다. 파장이 길면 전파 도달 거리가 길고 회절[*] 현상이 잘 일어나 장애물을 피하기 쉽다. 반면 파장이 짧으면 전파 도달 거리가 짧아 직진성이 좋은 반면 회절 현상이 잘 일어나지 않아 직선 영역에서의 통신만 가능해진다. 또한 이동 통신 신호를 포함한 모든 전파는 파동을 매개하는 물질인 매질을 통과할 때 신호 세기인 진폭이 필연적으로 감소하는 감쇠가 발생한다. 매질은 공기가 될 수도 있고 유리창이나 건물 벽면, 사람이 될 수도 있다. 따라서 감쇠는 통신 기지국과 개인들의 통신 기기 간에 전파가 이동할 때도 발생하며, 고주파일수록 크게 발생한다. 현재 상용화된 5G 네트워크에 쓰이는 주파수는 3.5GHz이고 이후 28GHz로 향상될 예정이다. 이전 이동 통신 기술에서 쓰인 주파수에 비해 높은 주파수인 만큼 이론상 5G 전파는 건물 안에 도달할 수 없다는 지적이 잇따르고 있다.

이러한 단점에도 불구하고 5G 상용화를 위해 노력하는 이유는 대역폭에 있다. 같은 시간에 더 많은 자동차를 보내기 위해선 도로의 제한 속도를 높이지 말고 차선의 개수를 늘려야 한다. 이와 같이 다양한 데이터들을 변환하고 이것을 전파라는 운송 수단에 실어서 전송할 때 차선의 개수를 대역폭으로 이해할 수 있다. 따라서 데이터 통신 속도를 향상시키기 위해서는 이를 넓히는 작업이 필수적이다. 대역폭은 주파수를 배정할 때 국가가 제한적으로 할당[*]하는데, 이유는 이동 통신뿐만 아니라 군사, 방송, 항공 등 다양한 분야에서 전파를 사용하기 때문이다. 만약 1,000MHz를 대역폭 10%로 할당했다면 앞뒤로 100MHz 정도의 대역폭밖에 늘어나지 않는다. 하지만 20GHz는 2GHz의 넓은 대역폭을 얻을 수 있어 전송할 수 있는 정보의 양이 더 많아진다.

한편 고주파의 단점을 극복하기 위한 기술들도 개발되고 있다. 대표적인 것이 근거리로 중계기를 설치해 소규모 네트워크를 구축하는 것이다. 중계기는 기지국의 안테나에서 신호를 수신할 때 간섭 신호를 직접 찾아 제거하고, 기지국에서 수신한 데이터 신호를 증폭[*]해 다시 다른 장비로 재송출한다. 이를 통해 전원선 없이 전파의 음영 지역을 개선할 수 있지만 여러 장비가 필요해 많은 비용이 소모된다. 또 다른 방법으로는 DAS가 있다. 이는 건물에 상위 기지국의 신호를 수신할 소형 기지국을 짓고, 여기서 수신한 신호를 광케이블을 통하여 개별 사용자에게 전달하는 것이다. 이 방법은 광케이블 설치 비용이 발생하지만 음영 지역을 가장 확실하게 해소할 수 있다.

데이터 처리 속도를 향상하기 위한 방법으로는 '클라우드 컴퓨팅(Cloud Computing)'이 각광받고 있다. 클라우드 컴퓨팅에서는 '구름(cloud)'과 같이 무형의 형태로 존재하는 인터넷 상의 서버에서 정보를 처리하거나 저장한다. 개인들은 이 정보를 개인의 기기를 통해 수신하거나 일시적으로 보관하게 된다. 개별 프로그램을 설치하지 않아도 서버에서 제공하는 응용 프로그램을 개인의 기기에서 이용하여 원하는 작업을 수행할 수 있고 여러 사람이 이를 동시에 공유하면서 작업을 진행할 수도 있다. 하지만 이 서비스를 이용하는 사람들이 늘어나면서 중앙 서버에서 처리할 수 있는 데이터의 한계를 넘어서기 시작했고 데이터를 분석하고 송신하는 과정에서 지연 현상이 발생하는 문제가 생겼다. 이를 해결하기 위해 등장한 것이 '엣지 컴퓨팅(Edge Computing)'이다. 이 이름은 데이터 처리가 중앙 서버가 아닌 네트워크의 말단인 기기에서 일어난다는 데서 유래되었다. 분산된 개방형 구조로, 사용자들이 밀집된 공간에서 간단한 정보를 처리할 수 있도록 하는 장치들을 설치하여 중앙 서버가 처리해야 하는 데이터의 양을 줄여 주는 것이다. 이 방식은 사용자와의 물리적 거리를 줄여 주어 즉각적으로 데이터에 대응해야 하는 상황에서 효과적이기도 하다.

01 [대표 유형] 비판·반응의 적절성 평가하기

윗글을 바탕으로 〈보기〉에 대해 보인 반응으로 적절하지 <u>않은</u> 것은?

┤ 보기 ├

㉠ RF필터: 수신된 여러 신호 중에서 원하는 주파수만 걸러 내는 장비

㉡ 계측 장비: 기지국에서 대역폭 이외의 간섭 신호를 수신하고 있는지 확인하는 장비

㉢ 광트랜시버: 기지국에서 수신한 신호를 광케이블에서 사용 가능한 광신호로 전환하는 장비로, DAS 시스템에서 이용됨.

㉣ Massive Mimo: 기지국에서 대용량의 데이터를 고속 전송하기 위해 수십 개 이상의 안테나를 이용하는 다중 입출력 기술

㉤ 빔포밍: 많은 수의 안테나에 실리는 신호를 정밀하게 제어하여 단말기를 찾아가게 하는 기술

① 전파를 사용하는 분야가 늘어날수록 특정 주파수의 신호만 수신할 수 있는 ㉠의 수요가 증가하겠군.

② 고주파를 사용하는 분야가 늘어나며 간섭 신호 역시 증가할 수 있으므로 ㉡의 사용도 늘어나겠군.

③ 데이터 송수신의 단절이 치명적인 기관일수록 DAS를 통한 ㉢의 수요가 증가하겠군.

④ 높은 주파수를 선호할수록 안테나를 더 많이 설치하는 ㉣에 대한 사용이 증가하여 중계기를 대체하겠군.

⑤ 사물 인터넷을 활용하는 기기들이 증가할수록 ㉤을 사용하여 데이터 송수신의 안정성을 높이려고 하겠군.

02 세부 정보 파악하기

주파수 에 대한 설명으로 적절한 것은?

① 건물들이 밀집한 도심에서는 파장이 짧은 주파수가 통신에 유리하다.

② 고주파일수록 장애물에 의해 통신 신호의 세기가 더 크게 감소할 수 있다.

③ 저주파에 비해 고주파는 감쇠가 덜 일어나기 때문에 전파 도달이 용이하다.

④ 많은 매질을 통과한 전파일수록 파동의 수가 줄어들어 통신에 영향을 줄 수 있다.

⑤ 파장이 짧은 주파수는 직진성이 좋아 전파의 속도도 파장이 긴 주파수보다 빠르다.

윗글을 바탕으로 <보기>의 ⓐ~ⓔ를 이해한 내용으로 가장 적절한 것은?

┤ 보기 ├

LTE에서는 2.6GHz 주파수에 대역폭이 최대 20MHz로 제한되지만 새로운 통신 기술인 ⓐ5G에서는 3.5GHz 주파수에서 300MHz, 28GHz 주파수에서 1GHz의 대역폭까지 사용할 수 있게 되었다. 이에 따라 ⓑ통신사 간에 더 좋은 대역폭을 확보하기 위한 경쟁이 치열했다. 결과는 ⓒ3.5GHz에서 A사는 150MHz, B사는 100MHz의 대역폭을 보유하게 되었고, 28GHz에서는 두 회사 모두 동일하게 800MHz를 보유하게 되었다. 이제 통신사들은 할당 받은 자원들을 토대로 더욱 빠른 서비스 상용화를 위해 ⓓ빌딩들의 옥상에 소형 기지국을 설치하고 지하철 역사나 좁은 골목까지 중계기를 설치하는 작업을 진행하고 있다. ⓔ5G는 LTE에 비해 고주파를 사용하므로 더욱 많은 기지국과 중계기의 확보가 필수적이다.

① ⓐ: LTE에 비해 5G는 대역폭의 종류가 다양해져 더 빨리 데이터를 전송할 수 있게 되었다.

② ⓑ: 통신사들은 3.5GHz에서는 좁은 대역폭, 28GHz에서는 넓은 대역폭을 선호할 것이다.

③ ⓒ: B사는 A사에 비해 진폭의 감소가 커서 더 많은 중계기 설치가 필요할 것이다.

④ ⓓ: 고주파수일수록 직진성이 높아지므로 복잡하고 좁은 골목에서도 원활한 통신이 가능하다.

⑤ ⓔ: 5G는 LTE에 비해 도달 가능한 거리가 짧은 주파수를 사용하기 때문에 더 많은 중계기가 필요하다.

'엣지 컴퓨팅'의 사례로 적절하지 <u>않은</u> 것은?

① 헬스장 운동 기구가 운동 시간과 몸무게에 따른 소모 열량을 계산하여 화면에 나타낸다. 사용자는 운동을 마친 후 이를 토대로 수립된 다음날 운동 계획을 중앙 서버에서 수신하게 된다.

② 마트의 계산기에서 상품 판매 현황을 매일 처리하여 정산에 활용한다. 이를 통해 요일과 날씨, 기념일에 따라 많이 팔리는 상품을 중앙 서버가 파악해서 진열대 앞쪽에 전시할 상품을 통보한다.

③ 공장의 기계에서 작업 시간과 현재의 발열 현황을 지속적으로 측정하여 작업자에게 전달한다. 중앙 서버는 이에 근거하여 기계가 과부하 상태가 되면 자동으로 기계의 동작이 멈추도록 명령한다.

④ 자동차는 생체 인식 센서를 통해 운전자의 체온과 실내 온도, 운전자의 동공 크기를 측정하여 계기판에 표기한다. 중앙 서버는 이 정보를 수신하여 운전자에게 최적화된 차량 내 온도를 계산하여 자동으로 조절한다.

⑤ 보험사 고객들의 나이, 성별, 직업을 기준으로 가입된 보험을 분석하여 저렴한 가격에 필요한 보장만 넣은 상품을 중앙 서버에서 설계한다. 보험 설계사들은 이 정보를 스마트폰으로 수신하여 고객들에게 직접 보험을 추천한다.

🔍 지문 다시 보기

데이터 전송, 처리 기술의 진보		데이터 전송 기술의 진보		데이터 처리 기술의 진보	
		고주파	넓은 ( )	클라우드 컴퓨팅	( ) 컴퓨팅
• 사물, 물리적 대상 간의 ( ) 증가 • 더욱 신속한 데이터 전송과 처리 요구	→	• 짧은 파장, 직진성이 높으나 회절 현상은 잘 안 일어남. • 매질 통과 때 ( ) 발생	많은 양의 데이터 전송 가능 ↓ 빠른 데이터 전송 속도	• 인터넷 ( )에서 정보 처리 또는 저장 • 프로그램 설치 × • 서버 용량 초과 시 지연	• 네트워크의 말단인 기기에서 데이터 처리 • 물리적 거리 줄여 줌. • 서버 처리 데이터 감소

↓ 고주파의 단점 극복

소규모 네트워크	DAS
• ( ) 설치 • 전원선 없이 음영 지역 개선 • 많은 비용 소모	• 신호를 광케이블로 전달하여 음영 지역 개선 • 광케이블 설치 비용 발생

| Q1 | 다음 문장에 어울리는 어휘를 고르시오.

1. 책에 대한 (탐닉 , 은닉)은 좋은 습관이다.
2. 빛이 창문에 (투과 , 투여)되는 모습이 아름답다.
3. 이 아이의 부모는 (훈육 , 쾌락)을 엄격하게 하는 편이다.
4. 과거에는 문화생활을 (소유 , 향유)할 수 있는 사람이 많지 않았다.
5. 그는 문학에서 자신만의 독자적인 영역을 (개척 , 개간)한 사람이다.

| Q2 | 다음 어휘의 의미 설명이 맞으면 ○, 틀리면 ✕에 표시하시오.

1. 지연: 시간이 늦추어 짐.   (○ , ✕)
2. 감쇠: 양이나 수치가 늚.   (○ , ✕)
3. 송출: 물품, 전기, 전파, 정보 따위를 기계적으로 전달함.   (○ , ✕)
4. 매질: 어떤 파동 또는 물리적 작용을 한 곳에서 다른 곳으로 옮겨 주는 매개물. (○ , ✕)
5. 송신: 주로 전기적 수단을 이용하여 라디오, 텔레비전 방송 따위의 신호를 보냄. (○ , ✕)

| Q3 | 다음 문장의 괄호 안에 어울리는 어휘를 골라 쓰시오.

배제	외연	철폐	탐색	영리적	이해관계

1. 두 나라는 무역과 관련해 (   )가 충돌하였다.
2. 이번 회의에서 임원들의 의견은 (   )하기로 결정했다.
3. 이윤을 추구하는 사기업은 (   )인 속성을 가지고 있다.
4. 사회 운동가들은 인종 차별을 (   )해야 한다고 주장한다.
5. 실종자에 대한 (   ) 작전이 적극적으로 이루어지고 있다.
6. 다양한 형태의 예술이 등장하면서 예술의 (   )이 점차 넓어졌다.

| Q4 | 다음 밑줄 친 어휘와 바꿔 쓸 수 있는 것을 고르시오.

1. 약속이 <u>취소되다</u>.   ① 미루어지다   ② 신설되다   ③ 무산되다
2. 선생님이 회장에게 권력을 <u>주다</u>.   ① 부여하다   ② 부과하다   ③ 부담하다
3. <u>순간적</u>으로 스치는 생각이 있었다.   ① 항구적   ② 찰나적   ③ 영원적

II

지문 제재별 실전 대비

독서의 제재

■ **인문**

개념 인류의 문화 또는 인물과 문물을 아우르는 말로서, 인간의 존재와 관련된 내용을 다루는 제재

- 역사: 역사적 주제에 대한 주요 학자나 학파의 관점이나 이론을 소개함.
- 철학: 동서양 주요 사상가들의 견해나 사상, 논리적 추론 형식과 같이 인식론, 논리학, 윤리학 등의 내용을 다룸.
- 심리학·인류학: 인간의 내·외부적 상태에 대한 고찰을 바탕으로 인류의 발전 및 변화나 심리 분석을 주요 내용으로 함.

■ **예술**

개념 감상의 대상이 되는 아름다움을 표현하고 창조하는 일에 목적을 두고 작품을 제작하는 모든 활동과 그 산물을 설명하는 제재

- 미학·예술 일반: 예술가나 미학자의 예술에 대한 관점이나 인식을 설명함.
- 회화·음악·건축: 동·서양의 주요 예술가들이나 유파 등의 예술적 특징이나 경향과 관련된 내용을 다룸.

■ **사회·경제**

개념 법, 사회학, 경제 등에 대한 내용을 다루며 일반적인 사회학과 경제학의 개념과 시사성이 반영된 제재

- 법: 법의 개념을 설명하며 법을 적용해야 하는 문제적 현상을 다룸.
- 사회학: 사회학의 다양한 이론들의 특징과 관련 개념 및 제도를 설명함.
- 경제: 경제 이론이나 경제적 상황과 관련된 구체적인 사례를 내용으로 함.

■ **과학·기술**

개념 자연 과학 분야의 이론이나 연구사를 다루거나 실생활에서 접할 수 있는 과학 기술의 원리와 관계된 정보를 설명을 통해 제시하는 제재

- 지구과학: 지질학, 천문학, 기상학 등의 하위 분야를 다룸.
- 정보 통신 기술: 컴퓨터, 인터넷, 스마트폰 등 통신 영역에 관한 기술을 설명함.
- 산업 기술: 자동차, 반도체, 의료 등 산업 기술 분야의 핵심 원리와 기술 혁신에 대한 내용을 다룸.
- 생물학: 생물학 분야의 기본적인 개념이나 생명 공학 및 유전 공학과 같은 응용 분야의 내용을 다룸.

06강 인문 제재 읽기

| 인문 지문 맛보기 |

핵심 정리

| 중심 화제
( ), ( )

| 문단 정리
1문단: ( )의 입장과 반실재론자 버클리의 주장
2문단: ( )의 주장에 대한 잘못된 생각
3문단: 실재론과 반실재론 논쟁의 ( )

| 주제
( )과 ( )의 특징

1 실재론은 '세계는 존재한다'는 근본적 신념에 덧붙여 세계가 '우리 정신과 독립적으로' 존재함을 주장한다. 내가 만들어 날린 종이비행기는 멀리 날아가, 볼 수 없게 되었다 해도 여전히 존재한다. 이는 명확해서 논란의 여지가 없어 보이지만, 반실재론자는 이 상식에 도전한다. 유명한 반실재론자인 버클리는 세계의 독립적 존재를 부정한다. 그에 따르면, 우리는 감각 경험에 의존하지 않고는 세계를 인식할 수 없다고 한다. 그는 이를 바탕으로 세계에 관한 주장을 편다. 그에 의하면 '주관적' 성질인 색깔, 소리, 냄새, 맛 등은 물론, '객관적'으로 성립한다고 여겨지는 형태, 공간을 차지함, 딱딱함, 운동 등의 성질도 오로지 우리가 감각할 수 있을 때만 존재하는 주관적 속성이다. 세계 속의 대상과 현상이란 이런 속성으로 구성되므로 세계는 감각으로 인식될 때만 존재한다는 것이다.

2 버클리의 주장은 우리의 통념과 충돌한다. 당시 어떤 사람이 돌을 차면서 "나는 이렇게 버클리를 반박한다!"라고 외쳤다고 한다. 그는 날아간 돌이 엄연히 존재한다는 점을 근거로 버클리의 주장을 반박하고자 한 것이다. 그러나 버클리를 비롯한 반실재론자들이 부정한 것은 세계가 정신과 독립하여 그 자체로 존재한다는 신념이다. 따라서 돌을 찬 사람은 그들을 제대로 반박하지 못했다고 볼 수 있다.

3 최근까지도 새로운 형태의 반실재론이 제기되어 활발한 논의가 진행 중이다. 논증의 성패를 떠나 반실재론자는 타성에 젖은 실재론적 세계관의 토대에 대해 성찰할 기회를 제공한다. 또한 세계관에 대한 도전과 응전의 반복은 그 자체로 인간 지성이 상호 소통하면서 발전해 가는 과정을 보여 준다.

| 독해 전략 적용하기 |

| 이것만은 꼭! |
인문 제재의 지문은 다른 제재의 글에 비해 특정 관점이 뚜렷하게 드러나는 경우가 많습니다. 따라서 섣불리 일반적 상식으로 지문을 이해하는 태도를 지양하고, 철저하게 지문의 내용에 입각하여 제시된 관점을 정확하게 파악하는 데 주력해야 합니다.

전략 1 윗글의 관점을 파악한 내용이 적절하면 ○, 적절하지 않으면 ×에 표시하시오.

(1) 실재론은 '세계는 존재한다'고 생각한다. (○ , ×)

(2) 반실재론은 세계를 인식할 수 없는 경우가 있다고 생각한다. (○ , ×)

(3) 반실재론은 감각 경험에 의존하지 않고도 세계를 인식할 수 있다고 생각한다.

(○ , ×)

전략 2 윗글에 나타난 주요 관점의 공통점과 차이점을 정리하여 빈칸을 채워 보시오.

실재론	반실재론
• ( )는 존재한다는 근본적 신념을 가지고 있다. • ( )가 우리의 ( )과 독립적으로 존재한다.	• 세계의 독립적 ( )를 부정한다. • ( )가 우리의 ( )과 독립적으로 존재할 수 없다.

전략 3-1 윗글에서 '버클리'의 주장을 뒷받침하는 내용을 찾아 빈칸을 채워 보시오.

㉠ □□ □□에 의존하지 않고는 세계를 인식할 수 없다.

㉡ '주관적' 성질뿐만 아니라 '□□□' 성질도 우리가 감각할 때만 존재하는 주관적 속성이다.

㉢ □□는 감각으로 인식할 때만 존재한다.

전략 3-2 '버클리'의 견해와 부합하는 것을 〈보기〉에서 모두 고르시오.

┌─ 보기 ├─
ㄱ. 번개가 치는 현상은 감각 경험으로 구성된 것이다.

ㄴ. '비둘기가 존재한다.'는 '비둘기가 지각된다.'와 다른 뜻이다.

ㄷ. 우리에게 지각되는 책상은 우리의 인식 이전에 그 자체로 존재한다.

( )

[01~03] 다음 글을 읽고 물음에 답하시오.

핵심 정리

| 중심 화제
자연학, 윤리학

| 문단 정리
1문단: 에피쿠로스 (   )의 목적
2문단: (   )적 관점을 바탕으로 한 신과 인간의 관계
3문단: 인간의 (   )과 육체의 관계
4문단: (   )와 인간의 세계에 대한 이해
5문단: 에피쿠로스 (   )의 의의

| 주제
에피쿠로스의 자연학과 윤리학의 특징

고대 그리스 시대의 사람들은 신에 의해 우주가 운행된다고 믿는 결정론적 세계관 속에서 신에 대한 두려움이나, 신이 야기●한다고 생각되는 자연재해나 천체 현상 등에 대한 두려움을 떨치지 못했다. 에피쿠로스는 당대의 사람들이 이러한 잘못된 믿음에서 벗어나도록 하는 것이 중요하다고 보았고, 이를 위해 인간이 행복에 이를 수 있도록 자연학을 바탕으로 자신의 사상을 전개하였다.

에피쿠로스는 신의 존재는 인정하나 신의 존재 방식이 인간이 생각하는 것과는 다르다고 보고, 신은 우주들 사이의 중간 세계에 살며 인간사에 개입하지 않는다는 ㉠이신론(理神論)적 관점을 주장한다. 그는 불사하는 존재인 신은 최고로 행복한 상태이며, 다른 어떤 것에게도 고통을 주지 않고, 모든 고통은 물론 분노와 호의와 같은 것으로부터 자유롭다고 말한다. 따라서 에피쿠로스는 인간의 세계가 신에 의해 결정되지 않으며, 인간의 행복도 자율적 존재인 인간 자신에 의해 완성된다고 본다.

한편 에피쿠로스는 인간의 영혼도 육체와 마찬가지로 미세한 입자로 구성된다고 본다. 영혼은 육체와 함께 생겨나고 육체와 상호작용하며 육체가 상처를 입으면 영혼도 고통을 받는다. 더 나아가 육체가 소멸하면 영혼도 함께 소멸하게 되어 인간은 사후(死後)에 신의 심판을 받지 않으므로, 살아 있는 동안 인간은 사후에 심판이 있다고 생각하여 두려워할 필요가 없게 된다. 이러한 생각은 인간으로 하여금 죽음에 대한 모든 두려움에서 벗어나게 하는 근거가 된다.

이러한 에피쿠로스의 ㉡자연학은 우주와 인간의 세계에 대한 비결정론●적인 이해를 가능하게 한다. 이는 원자의 운동에 관한 에피쿠로스의 설명에서도 명확히 드러난다. 그는 원자들이 수직 낙하 운동이라는 법칙에서 벗어나기도 하여 비스듬히 떨어지고 충돌해서 튕겨 나가는 우연적인 운동을 한다고 본다. 그리고 우주는 이러한 원자들에 의해 이루어졌으므로, 우주 역시 우연의 산물이라고 본다. 따라서 우주와 인간의 세계에 신의 관여는 없으며, 인간의 삶에서도 신의 섭리는 찾을 수 없다고 한다. 에피쿠로스는 이러한 생각을 인간이 필연성에 얽매이지 않고 자신의 삶을 주체적으로 살아갈 수 있게 하는 자유 의지의 단초●로 삼는다.

에피쿠로스는 이를 토대로 자유로운 삶의 근본을 규명하고 인생의 궁극적 목표인 행복으로 이끄는 ㉢윤리학을 펼쳐 나간다. 결국 그는 인간이 신의 개입과 우주의 필연성, 사후 세계에 대한 두려움에서 벗어날 수 있도록 함으로써, 자신의 삶을 자율적이고 주체적으로 살 수 있는 길을 열어 주었다. 그리고 쾌락주의적 윤리학을 바탕으로 영혼이 안정된 상태에서 행복 실현을 추구할 수 있는 방안을 제시하였다.

▶ 어휘 풀이

● **야기**: 일이나 사건 따위를 끌어 일으킴.

● **비결정론**: 인간의 의지를 비롯하여 모든 자연 현상과 역사 현상은, 합법칙성과 인과성에 의하여 결정되지 아니하고 자신 스스로 결정한다는 이론.

● **단초**: 일이나 사건을 풀어 나갈 수 있는 첫머리.

01 세부 정보 파악하기

윗글의 표제와 부제로 가장 적절한 것은?

① 에피쿠로스 사상의 성립 배경
　 – 인간과 자연의 관계를 중심으로
② 에피쿠로스 사상의 목적과 의의
　 – 신, 인간, 우주에 대한 이해를 중심으로
③ 에피쿠로스 사상에 대한 비판과 옹호
　 – 사상의 한계와 발전적 계승을 중심으로
④ 에피쿠로스 사상을 둘러싼 논쟁과 이견
　 – 당대 세계관과의 비교를 중심으로
⑤ 에피쿠로스 사상의 현대적 수용과 효용성
　 – 행복과 쾌락의 상관성을 중심으로

02 정보 및 내용 추론하기

㉠~㉢에 대한 이해로 가장 적절한 것은?

① ㉠은 인간이 두려움을 갖는 이유를, ㉡과 ㉢은 신에 대한 의존에서 벗어나게 하는 방법을 제시한다.
② ㉠은 우주가 신에 의해 운행된다고 믿는 근거를, ㉡과 ㉢은 인간의 사후에 대해 탐구하는 방법을 제시한다.
③ ㉠과 ㉡은 인간이 영혼과 육체의 관계를 탐구하는 이유를, ㉢은 모든 두려움에서 벗어나는 방법을 제시한다.
④ ㉠과 ㉡은 인간이 잘못된 믿음에서 벗어날 수 있는 근거를, ㉢은 행복에 이르도록 하는 방법을 제시한다.
⑤ ㉠과 ㉡은 인간의 존재 이유와 존재 위치에 대한 탐색의 결과를, ㉢은 인간이 우주의 근원을 연구하는 방법을 제시한다.

03 비판·반응의 적절성 평가하기

윗글을 읽은 학생이 '에피쿠로스'에 대해 비판한다고 할 때, 비판 내용으로 적절한 것만을 〈보기〉에서 있는 대로 고른 것은?

┤ 보기 ├

ㄱ. 신이 분노와 호의로부터 자유로운 상태라면 인간의 세계에 개입을 하지 않는다는 뜻일 텐데, 왜 신의 섭리에 따라 인간의 삶을 이해하려고 하는가?

ㄴ. 원자가 법칙에서 벗어나 우연적인 운동을 한다는 것은 인과 관계 없이 뜻하지 않게 움직인다는 뜻일 텐데, 그것이 자유 의지의 단초가 될 수 있는가?

ㄷ. 인간이 죽음에 대해 두려움을 느낀다면 죽음에 이르는 고통 때문일 수도 있을 텐데, 사후에 대한 두려움을 떨쳐버리는 것만으로 그것이 해소될 수 있는가?

ㄹ. 인간이 자연재해를 무서워한다면 자연재해 그 자체 때문일 수도 있을 텐데, 신이 일으키지 않았다고 해서 자연재해에 대한 두려움에서 벗어날 수 있는가?

① ㄱ, ㄴ
② ㄱ, ㄹ
③ ㄷ, ㄹ
④ ㄱ, ㄴ, ㄷ
⑤ ㄴ, ㄷ, ㄹ

📖 지문 다시 보기

( )적 관점
신은 우주들 사이의 중간 세계에 살며 인간사에 개입하지 않음.

↓

고대 그리스 시대의 사람들		신과 인간	영혼과 육체	우주와 인간 세계
신에 의해 우주가 운행된다고 믿는 ( )적 세계관을 가짐. → 신에 대한 두려움	⬌ 에피쿠로스의 자연학	인간의 세계는 ( )에 의해 결정 X, 인간의 행복도 인간 자신에 의해 완성	육체가 소멸하면 영혼도 함께 소멸 → 사후 신의 심판 X	우주는 ( )의 산물 → 우주와 인간 세계에 신의 관여 X

⬇ 에피쿠로스의 윤리학의 의의

• ( )이 두려움에서 벗어나게 함. → 삶을 자율적·주체적으로 살 수 있는 길을 열어 줌. • 영혼이 안정된 상태에서 ( ) 실현을 추구할 수 있는 방안을 제시함.

[01~03] 다음 글을 읽고 물음에 답하시오.

중국 춘추전국 시대는 사회적 혼란과 정치적 분열이 극심했던 난세(亂世)였다. 이러한 사회적 배경 속에서 '제자백가'로 일컬어지는 수많은 학파들은 '인간의 올바른 인식과 삶'에 대해 제각기 치열한 주장을 펼치게 되었다. 특히 유가와 도가는 당시 널리 영향력을 미쳤던 대표적 학파로서, 전체적으로 볼 때 각자 상이한 관점을 견지하며 표면적으로 대립하는 양상을 보였다.

먼저 공자와 맹자로 대표되는 유가(儒家)의 경우, 인간이 올바른 인식에 도달하고자 한다면 지식을 점층적으로 축적해 나가는 것이 필수적이라고 주장하였다. '격물치지(格物致知)' 등의 방법론에 따라 학습의 추구와 의식적 각성이 끊임없이 이루어질 때 인간은 비로소 최고 수준의 인식적 깨달음에 도달할 수 있다고 보았던 것이다.

반면에, 도가(道家)는 최고의 인식에 도달하는 방법으로 지식 자체를 과감하게 포기할 것을 적극 권장했다. 다만 이때의 ㉠무지(無知)는 일정한 지식의 단계를 거쳐 얻어진 것으로, 지식이 전혀 없는 원시적 상태의 무지와는 구별된다. 즉, 일정한 분별력은 지녔으나 그것을 잊어야 한다는 의미에서 이러한 인식 상태를 '망(忘)'이라고 표현하였다. 원시적 무지 상태에 있는 사람은 만물과 혼연일체의 상태에 놓여 있다고 하더라도 그것을 자각하지 못한다. 그러나 '망'의 인식 상태에서는 그 점을 분명하게 자각할 수 있다는 점에서 차이를 보인다.

한편 유가는 사람이 올바른 삶을 살기 위해 갖추어야 할 도덕적 자질로, '인(仁)'과 '의(義)'의 자각과 실천을 강조한 반면, 도가는 이러한 '인의'에 반대하고 '방내인(方內人)'과 '방외인(方外人)'의 비유를 들어 유가를 비판하였다. '방내인'은 사회 내적인 것에 구애된 사람, '방외인'은 사회적인 것을 초월한 사람을 말한다. 도가는 유가의 관점을 '호들갑스럽게 세속의 예의를 차리고, 주변 사람의 이목을 지나치게 의식하는' '방내인'의 삶으로 파악했다. 또한 인위적 행위를 최소화하는 '무위(無爲)'적 삶을 권장하고 형식에 얽매이지 않는 자유로운 삶의 태도를 강조하였다.

그러나 유가가 추구했던 궁극적 목표는 결코 '방내인'의 좁은 범주에 국한되지 않았다고 보기도 한다. 오히려 둘의 최종적 목표는 매우 유사한 것이었고, 단지 방법의 차이가 있었을 뿐이라는 것이다. '올바른 인식과 삶'을 위해 도가가 선택한 방법은 지식을 버리는 것이었고, 이로써 나를 잊고 만물과 혼연일체가 되는 경지를 얻는 것이었다. 한편, 유가의 방법은 참된 지식을 바탕으로 ㉡집의(集義) 즉 '의로운 행위를 쌓는 것'으로, 이러한 행위들을 충분히 축적함으로써 자아의 사적 욕망을 초극하고 만물과 더불어 혼연일체가 되는 것을 궁극적 목표로 삼았다고 볼 수 있다.

▶ **어휘 풀이**

• **제자백가** 중국 춘추전국 시대에 출현한 여러 사상가와 학파를 통틀어 이르는 말.

• **격물치지(格物致知)** 실제 사물의 이치를 연구하여 지식을 완전하게 하는 것을 이르는 말.

• **혼연일체** 생각, 행동, 의지 따위가 완전히 하나가 됨.

• **자각** 자기 자신을 의식하는 상태.

정답 | 풀이
인식 / 사회적 / 유가 / 도가 / 비판 / 공통
올운 / 관점

01 세부 정보 파악하기

윗글의 설명과 일치하지 <u>않는</u> 것은?

① 유가와 도가는 모두 춘추전국 시대에 큰 사상적 영향을 지녔던 학파이다.

② 유가는 지식의 꾸준한 축적을 통해 올바른 깨달음에 도달할 수 있다고 보았다.

③ 도가는 올바른 인식에 도달하기 위해 지식을 포기하는 방법을 추구하고자 했다.

④ 유가는 올바른 삶을 완성하기 위해 '인(仁)'과 '의(義)'의 자각과 실천을 강조하였다.

⑤ 도가는 일정한 분별력을 갖출 때 원시적 상태의 무지(無知) 상태가 이루어질 수 있다고 보았다.

02 세부 정보 파악하기

㉠과 ㉡에 대한 이해로 적절하지 <u>않은</u> 것은?

① ㉠은 '망(忘)'의 상태에서 얻어지는 것으로, 자각할 수 있다는 특징이 있다.

② ㉡은 '격물치지'를 통해 얻어진 올바른 지식을 바탕으로 이루어지는 작용이다.

③ ㉠과 ㉡ 모두 올바른 삶의 궁극적 목표로서 '만물과 혼연일치가 되는 경지'를 추구한다.

④ ㉠은 ㉡과 달리 '방내인'이 사회의 내적 질서 유지를 위해 힘쓰고자 할 때 요구되는 가치이다.

⑤ ㉡은 ㉠과 달리 바람직한 행위를 지속적으로 쌓아 나감으로써 궁극적 목표를 달성하고자 한다.

03 구체적 사례에 적용하기

'도가'의 관점에서 〈보기〉를 이해한 내용으로 가장 적절한 것은?

┌ 보기 ┐

민수는 학창 시절 ⓐ폭넓은 독서를 게을리하지 않았으며, 작은 일이라도 늘 ⓑ주변의 반응을 살피며 자신의 행동을 진중하게 성찰해 왔다. 또한 취업 이후 조직 사회의 ⓒ정해진 규칙을 철저하게 준수하고, 자신을 희생하며 동료들에게 ⓓ어진 행동을 베풀고자 노력했다. 그러다가 어떤 일을 계기로 삶의 태도에 ⓔ큰 변화가 생겼고, 수많은 지식과 사회적 규약들을 거부하고 자유로운 삶을 추구하게 되었다.

① ⓐ는 올바른 인식을 갖추기 위해 수행해야만 하는 기본적 활동에 해당하겠군.

② ⓑ는 주변 사람의 이목에 해당하는 것으로, 굳이 집착할 필요가 없는 대상이겠군.

③ ⓒ는 사회 내적 질서에 해당하며 '방외인'이 주목해야 할 중요한 가치로 볼 수 있겠군.

④ ⓓ는 '인(仁)'의 가치에 해당하는 행위로서 '무위(無爲)'의 실천으로도 볼 수 있겠군.

⑤ ⓔ는 의로운 행위를 축적함으로써 도달하게 된, 자아를 잊고 만물과 혼연일체가 되는 상태에 가깝겠군.

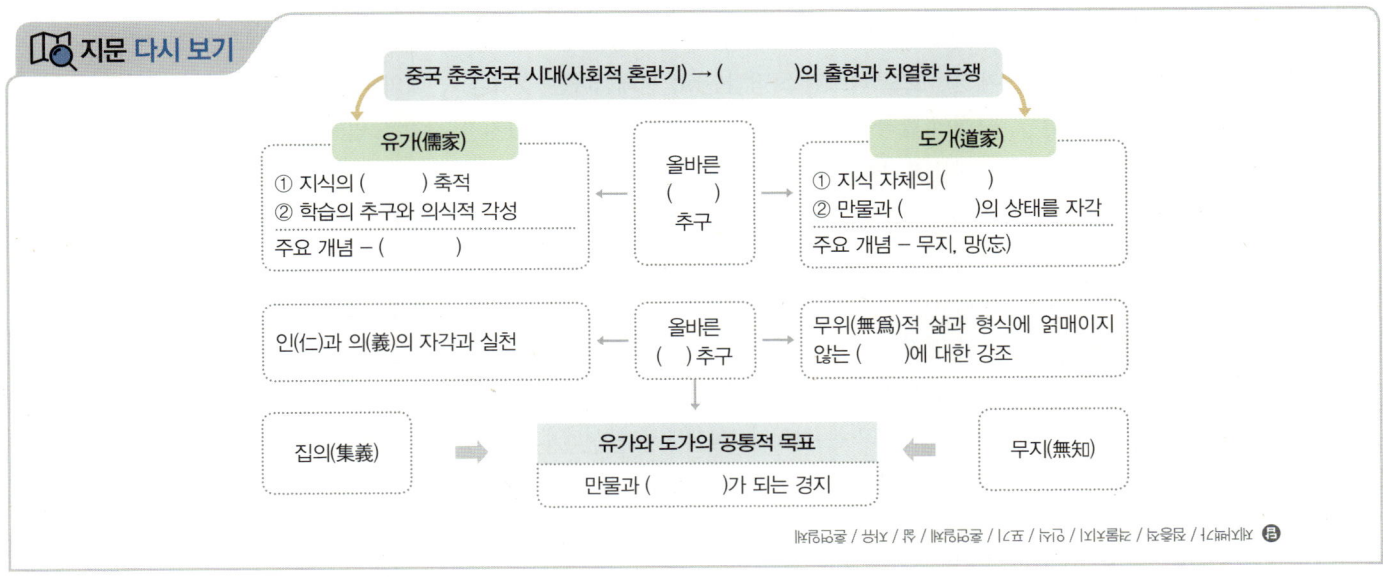

📖 지문 다시 보기

중국 춘추전국 시대(사회적 혼란기) → (   )의 출현과 치열한 논쟁

유가(儒家)
① 지식의 (   ) 축적
② 학습의 추구와 의식적 각성
주요 개념 – (   )

올바른 (   ) 추구

도가(道家)
① 지식 자체의 (   )
② 만물과 (   )의 상태를 자각
주요 개념 – 무지, 망(忘)

인(仁)과 의(義)의 자각과 실천

올바른 (   ) 추구

무위(無爲)적 삶과 형식에 얽매이지 않는 (   )에 대한 강조

집의(集義) ⇒ **유가와 도가의 공통적 목표** ⇐ 무지(無知)
만물과 (   )가 되는 경지

[01~04] 다음 글을 읽고 물음에 답하시오.

핵심 정리

| 중심 화제
중세 인간형과 근대 인간형

| 문단 정리
1문단: 중세 사람들의 (　　)적 인식
2문단: (　　) 인간형의 특징
3문단: 근대 인간형의 특징
4문단: 막스 베버의 (　　) 합리화
5문단: 알버트 허쉬만의 감정에 의한 (　　)의 통제
6문단: (　　) 인간형의 문제점

| 주제
중세와 근대의 인간형의 특징

▶ **어휘 풀이**

• **영험**: 사람의 기원대로 되는 신기한 징험.

• **이해**: 이익과 손해를 아울러 이르는 말.

중세 시대 사람들은 현실에 환상을 중첩해 세상을 인식했다. 예를 들어 엘 그레코의 그림인 〈오르가스 백작의 매장〉에서는 신앙심이 깊었던 오르가스가 죽자 천년 전에 죽은 성 아우구스티누스 등의 성자들이 와서 직접 매장을 해 주는 모습이 나타나 있다. 이 모습은 카톨릭에서 인정하는 공식적인 사건을 그린 것으로, 황금옷을 입은 성자들은 다른 사람들에게는 안 보이고 수도승과 어린 아이에게만 보였다고 전해진다. 이는 성직자들이 가지고 있던 신학적 환상이 반영된 것이다. 그리고 민중들은 유니콘, 드래곤과 같은 환상적 동물이 존재하고, 숲에는 요정, 마법사, 마녀가 살고 있다고 믿었다. 중세 시대 사람들의 인식에는 항상 환상이 중첩되어 있던 것이다.

한편 중세 때는 개인 사이에 갈등이 생기면 결투로 해결하고, 국가 간의 갈등은 전쟁으로 해결하는 등 사고보다는 행동 위주의 삶을 살았다. 그래서 중세 사람들은 호전적인 전사형 인간이 많았고, 기쁨과 슬픔이 반복되어 감정의 기복이 심했다. 예를 들어 전쟁에서 사람들을 많이 죽이거나 약탈을 하고 나서 성당에 가서 회개를 하는 식이었다.

하지만 근대에는 개인과 국가 간에 갈등이 생기면 제3자가 법이라는 객관적 잣대 위에서 중재를 하거나 서로 협상을 하는 등 행동보다는 사고 위주의 삶이 주류를 이루게 된다. 이에 따라 근대의 사람들은 호전적인 인간에서 사색적이고 내성적인 인간으로 변하게 되며, 안정성을 바탕으로 문화의 다양화를 이루게 된다. 궁정의 권력 투쟁에서도 육체가 아니라 머리를 사용하는 자가 승리하였다. 자신을 드러내지 않고 감춘 채 상대의 진의를 파악하며 앞으로 일어날 일까지 계산하고 분석해야 이길 수 있었다. 중세 소설은 행동이 묘사되지만 근대 소설은 심리가 묘사되는 것도 이를 반영한 것이다.

막스 베버는 근대를 문화적 합리화 과정이 이루어지는 시기로 보았다. 문화적 합리화는 환상이나 주술과 같은 사고에서 탈피하여 이성적 사고를 하는 현상을 말한다. 세계에 대한 이해가 주술적 수단에서 과학적 수단으로 대체된 것을 진보로 볼 수 있느냐에 대해서는 이견이 있으나, 그의 의견에서도 주술적 사고와 과학적 사고는 확연히 대비되는 지점에 있음을 확인할 수 있다. 가령 우리나라 사람은 옛날에 신령이 산다고 믿었고 나무가 오래되면 영험*하다 여겨서 성황당을 만드는 주술적 사고가 있었다. 하지만 근대에는 이러한 사고를 가진 사람을 찾기 어렵다. 근대의 사람들은 과학적 합리성에 바탕을 둔 사유의 인간이기 때문이다. 즉, 유희의 인간인 호모 루덴스가 문명화 과정을 통해 호모 사피엔스(사유인), 호모 이코노미쿠스(경제인), 호모 라보란스(직업인)로 변해간다는 것이다. 근대의 대표적인 철학자인 데카르트도 근대의 합리적인 인간이 되기 위해 강조한 세 가지가 '감각을 믿지 말아라, 상상력을 버려라, 감정을 억제하라'였다.

그런데 알버트 허쉬만은 데카르트와 달리 이성으로 감정을 억제하는 게 가능하냐는 의문을 제기했다. 그의 주장에 따르면 이성보다 감정이 힘이 세서, ㉠인간은 합리적인 동물이 아니라 합리화하는 동물이라는 것이다. 따라서 이성을 통해서 감정을 통제하는 것은 불가능하여 감정을 감정으로 통제하는 이이제이(以夷制夷) 전술이 필요하다고 주장하였다. 분노, 증오와 같은 강렬하지만 순간적인 감정을 인내심, 끈기와 같은 은근하지만 오래 지속되는 감정으로 대체하면 된다고 본 것이다. 실제로 ⓐ마시멜로 실험에서는 어린 아이들이 충동적인 감정을 이해*관계에 따른 인내심으로 통제하는 모습이 나타나 있다.

그러나 근대의 인간형은 큰 문제를 가지고 있다. 합리성에 중점을 둠에 따라 놀이를 하지 않게 되면서 사유인은 상상력이 사라지고 경제인은 희노애락이 모두 돈 버는 즐거움으로 귀결되고 직업인은 오로지 일밖에 모르게 된 것이다. 즉, 사유인은 학문적 성취를 위해 공상˙을 하지 못하게 되고 결국 놀이를 위한 상상적 공간인 매직 서클(magic circle)이 붕괴된다. 또한 경제인은 돈을 벌기 위해 놀이에는 열정을 쏟지 않아 놀고 싶지도 않게 되며, 직업인은 근대 이전에 노동이 놀이와 융합된 것과는 달리 일상과 놀이가 분리되고 놀이가 주변화된다. 결국 우리가 사회에 놀이를 부활시켜 호모 루덴스형 인간을 귀환시킬 때 다양한 상상력이 발휘되는 창의적 사회가 도래˙할 것이라는 주장이 나오게 되었다.

▶ **어휘 풀이**

- **공상**: 현실적이 아니거나 실현될 가망이 없는 것을 마음대로 상상함.
- **도래**: 어떤 시기나 기회가 닥쳐옴.

01 세부 정보 파악하기

윗글에서 알 수 있는 내용으로 적절하지 않은 것은?

① 중세 시대 사람들은 현실에 환상적 믿음을 더해 세상을 인식하였다.

② 중세에는 불안정한 성향의 사람이 많았고 근대에는 안정적인 성향의 사람이 많았다.

③ 과학적 사고를 바탕으로 둔 인간형에는 호모 사피엔스, 호모 이코노미쿠스, 호모 라보란스가 있다.

④ 근대의 궁정에서는 일의 전후 관계를 철저히 고찰하는 것보다 발 빠르게 대응하는 전략이 필요했다.

⑤ 놀이가 사라지며 사유인은 학업을 하느라 상상력을 자유롭게 펼치기 힘들어졌고, 경제인은 물질적 이익을 얻는 데 매몰되었다.

02 정보 및 내용 추론하기

㉠에 대한 이해로 가장 적절한 것은?

① 인간은 이성으로 감정을 잘 억제한다.

② 인간은 과학적 사고보다 주술적 사고에 익숙하다.

③ 인간은 현실과 환상을 중첩해서 생각하려는 경향이 있다.

④ 인간은 이성과 감정을 융합해서 사고하면서 인정받으려는 욕구가 있다.

⑤ 인간은 자신의 부당한 행위를 그럴듯하게 꾸며 내 타당한 것처럼 만든다.

03 구체적 사례에 적용하기

〈보기〉는 ⓐ의 구체적인 내용이다. ⓐ와 같은 통제 방식이 나타난 사례로 적절하지 <u>않은</u> 것은?

┤ 보기 ├

1960년 스탠포드 대학의 연구진들은 3~5세 아동을 대상으로 실험을 진행했다. 우선 교사는 아이에게 마시멜로를 보여 주면서 자신이 나갔다 돌아올 때까지 먹지 않으면 두 개를 먹을 수 있다고 말한다. 그리고 나서 한 개의 마시멜로가 담긴 접시를 두고 나간 후 15분 뒤에 들어온다. 그러면 아이는 교사가 나가자마자 먹거나, 올 때까지 참는 등의 선택을 한다.

연구진들은 15년 후 이 아이들을 다시 만났는데, 당시 마시멜로를 끝까지 먹지 않은 아이들이 그렇지 않은 아이들보다 대인 관계와 학업 성적이 좋았다. 이후 추적 연구에서 어린 시절 인내심을 발휘했던 아이들은 자라서 성공적인 삶을 살고 있었고, 그렇지 못한 아이들은 비만, 사회 부적응 등의 문제를 가진 어른으로 살고 있음이 밝혀졌다.

① 사장의 괴롭힘 때문에 힘들지만 직장에서 해고될까 봐 아무런 말도 하지 못하는 직원
② 동료의 말에 상처를 입었지만 나중에 부탁할 업무가 있을 것 같아 참고 넘어간 회사원
③ 집주인이 밤늦게 소란스럽게 해 잠을 설치지만 월세를 올릴까 봐 항의하지 못하는 세입자
④ 술을 마시고 싶지만 종교적 교리에서 술을 금하고 있으므로 술자리에 참석하지 않은 신앙인
⑤ 갑자기 자신의 차 앞에 끼어든 차에 화가 많이 났지만 시간을 지체할 수 없어 양보하고 운전을 이어 간 택시 기사

04 비판·반응의 적절성 평가하기

윗글을 읽으면서 떠올릴 만한 생각으로 적절한 것을 〈보기〉에서 있는 대로 고른 것은?

┤ 보기 ├

ㄱ. 즐거움 위주의 놀이가 상상력을 키우는 데 도움이 될까?
ㄴ. 이성이 감정보다 힘이 약해서 감정을 통제하지 못한다는 주장에 타당한 근거가 있을까?
ㄷ. 중세에는 주술적 사고를, 근대에는 과학적 사고를 했다면 두 시대는 사고방식이 다르지 않을까?
ㄹ. 우리가 타인이 밉거나 증오스러워도 해를 끼치지 않는 것은 이성으로 잘 통제했기 때문이 아닐까?

① ㄱ, ㄷ
② ㄴ, ㄹ
③ ㄷ, ㄹ
④ ㄱ, ㄴ, ㄷ
⑤ ㄱ, ㄴ, ㄹ

📖🔍 지문 **다시 보기**

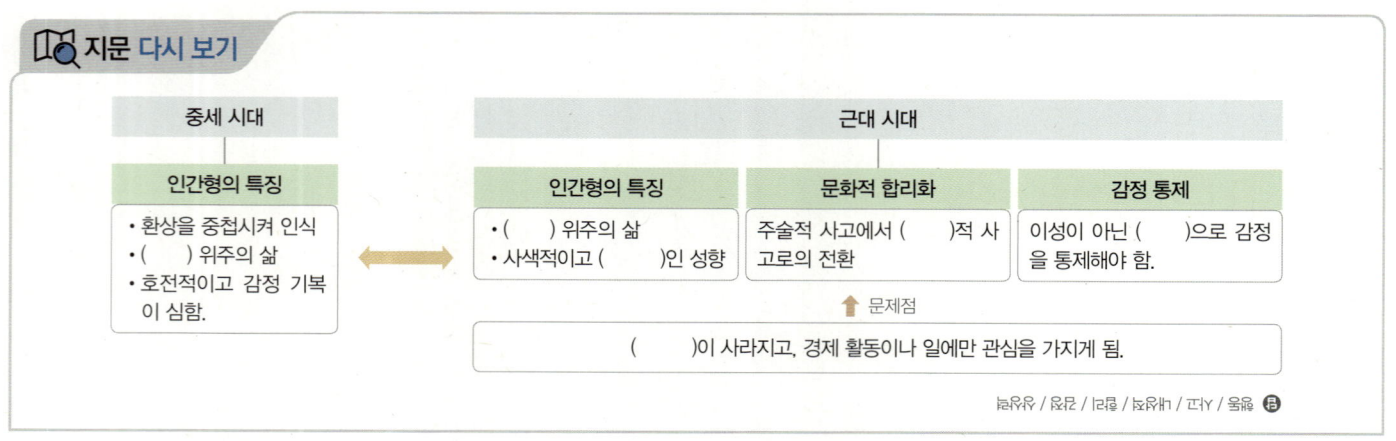

중세 시대	근대 시대		
인간형의 특징	인간형의 특징	문화적 합리화	감정 통제
• 환상을 중첩시켜 인식 • (　) 위주의 삶 • 호전적이고 감정 기복이 심함.	• (　) 위주의 삶 • 사색적이고 (　)인 성향	주술적 사고에서 (　)적 사고로의 전환	이성이 아닌 (　)으로 감정을 통제해야 함.

↑ 문제점

(　)이 사라지고, 경제 활동이나 일에만 관심을 가지게 됨.

• 어휘 TEST •

정답과 해설 | 20~21쪽

| Q1 | 다음 문장에 어울리는 어휘를 고르시오.

1. 어려움에 대한 (초과 , 초극) 의지가 성공의 열쇠다.
2. 부의 (축적 , 축조)은 자본주의 사회에서는 흔한 목표다.
3. 우리의 입장이 (상이 , 상쇄)한 것은 어쩌면 당연한 일이다.
4. 현실에 대한 (각성 , 경각)이 새로운 관점을 가지게 해 줄 것이다.
5. 운동 시간을 (점층적 , 점강적)으로 늘려 나가는 것이 나의 목표다.

| Q2 | 다음 어휘의 의미 설명이 맞으면 ○, 틀리면 ×에 표시하시오.

1. 응전: 정면으로 맞서 싸움을 걺.   (○ , ×)
2. 통념: 일반적으로 널리 통하는 개념.   (○ , ×)
3. 성패: 성공과 실패를 아울러 이르는 말.   (○ , ×)
4. 타성: 오랫동안 변화나 새로움을 꾀하지 않아 나태하게 굳어진 습성.   (○ , ×)
5. 신념: 자기의 의견을 바꾸거나 고치지 않고 굳게 버팀, 또는 그렇게 버티는 성미. (○ , ×)

| Q3 | 다음 문장에 어울리는 어휘를 골라 쓰시오.

귀결	귀환	단초	이견	중첩	진의

1. 결국 선은 선으로 악은 악으로 (   )한다.
2. (   )된 어려움은 우리를 더욱 힘들게 만들었다.
3. 그가 숨기고 있는 (   )를 파악해야 문제가 해결될 것이다.
4. 우리는 가끔 한 주제에 대해 (   )을 피력하는 경우가 있다.
5. 그 사람의 (   )은 3년만이어서 모든 사람이 마중을 나갔다.
6. 여러 사람이 머리를 맞대어 사건 해결의 (   )를 마련하였다.

| Q4 | 다음 중 같은 의미로 사용되는 어휘를 고르시오.

1. 탈피하다   ① 숨기다   ② 도망가다   ③ 벗어나다
2. 개입하다   ① 멈추다   ② 끼어들다   ③ 방해하다
3. 사유하다   ① 갈등하다   ② 생각하다   ③ 돌이켜보다

07강 예술 제재 읽기

어떻게 읽어야 할까?

> **예술 제재**

• 이 제재에서는 예술 작품을 창작하는 과정에서 나타나는 작가의 사상이나 표현 기법, 예술과 관련된 시대·문화적 특성 등을 다룬다. 이때 화제와 관련 있는 구체적인 사례를 제시하여 이해를 돕는 경우가 많다.

• 예술가나 유파의 예술적 특징이나 경향을 파악할 수 있는지, 예술에 대한 관점이나 이론을 명확하게 파악하고 이를 다른 대상이나 작품에 적용하여 이해할 수 있는지 묻는 문제가 주로 출제된다.

독해 전략 1
예술 각 장르의 특성이나 경향과 관련된 내용 정확하게 파악하기

독해 전략 2
예술가의 관점이나 태도, 예술 세계 파악하기

독해 전략 3
예술적 특징이나 예술 세계에 대한 이해를 바탕으로 예술 작품 감상하기

기출에서 개념 찾기

• **팝아트**와 **하이퍼리얼리즘**은 모두 ㉠과 ㉡을 동시에 추구한다는 점에서 **리얼리즘 유파**에 해당한다.

• 스타이컨의 **사진**은 대상을 그대로 보여 준다는 점에서 **회화주의 사진**의 대표적 **작품**으로 평가된다.

핵심 정리

중심 화제
( )의 원리

문단 정리
1문단: 조형의 원리의 ( )
2문단: ( )의 개념과 부여 방법
3문단: ( )의 개념과 효과
4문단: 강조의 두 가지 방법 – 대비, 분리

주제
( )의 원리와 효과

답 조형 / 개념 / 통일성 / 강조 / 조형

예술 지문 맛보기

4월 고3 학력평가 A형

1 조형의 원리란 작품에서 요소들을 유기적으로 묶어 어떤 특정한 효과를 얻기 위한 구성 계획을 말한다. 화가는 작품을 창작할 때 자신의 의도를 살려내기 위해서 다양한 조형의 원리를 사용한다.

2 그중에서 가장 중요한 원리가 바로 통일성의 원리이다. 통일성이란 회화의 다양한 요소들이 하나의 작품 속에서 어떤 연관성을 가지는 것을 의미하며, 이를 통해 각각의 요소들은 의미 있는 하나의 작품을 구성하게 된다. 회화에서 통일성을 부여하는 대표적인 방법으로는 '인접'과 '반복'이 있다. 인접은 각각의 구성 요소들을 서로 가까이 놓거나 중첩시켜 회화에 통일성을 주는 방법이고, 반복은 여러 부분을 서로 연결시키기 위해 어떤 요소를 계속해서 반복시키는 것을 의미한다. 이 경우 같은 사물의 반복뿐만 아니라 회화 속의 색깔, 형태, 각도 등의 반복도 포함한다. 예를 들어, 드가의 작품 「모자 가게」에서는 모자와 꽃 등 원형(圓形)의 소재를 반복적으로 표현함으로써 형태적인 측면에서 전체적인 통일성을 부여하고 있다. 그런데 통일성은 작품에 대한 안정감을 부여하기도 하지만, 자칫 지나치면 감상자의 입장에서 그 작품은 답답하고 밋밋하게 느껴질 수 있다.

3 화가는 이와 같은 단조로움을 피하고 자신의 의도를 부각시키기 위해 강조라는 원리를 사용한다. 강조란 특정한 부분을 강하게 하여 변화를 주는 것을 의미하며, 이를 통해 작품의 주제를 부각시켜 예술적 감흥을 효과적으로 끌어낼 수도 있다.

4 회화에서 일반적으로 사용되는 강조의 방법으로는 '대비'에 의한 강조가 있다. 이는 형태나 크기, 명암 등의 대비를 통해 특정 부분을 부각시키는 것인데, 직사각형들 사이에 원형을 그리거나, 어두운 사물 가운데에 밝은 사물을 그리는 것을 예로 들 수 있다. 또 다른 강조의 방법으로는 '분리'에 의한 강조가 있다. 분리에 의한 강조는 어떤 대상이 다른 대상들과 떨어져

있음으로써 부각되는 것이다. 이와 같은 사물 간의 배치를 통해 어떤 대상이 다른 대상들과 형태나 크기, 명암 등이 유사하더라도 그 대상을 부각시킬 수 있다.

| 이것만은 꼭! |

예술 제재의 지문은 화제의 경향에 대한 구체적 사례를 제시하는 경우가 많습니다. 제시된 그림 자료나 사진 자료를 이해의 보조 수단으로 활용하여 지문에서 설명하는 특징 및 경향성을 파악하며 읽어야 합니다.

| 독해 전략 적용하기 |

전략1 윗글에 나타난 예술의 특성을 정리하여 빈칸을 채워 보시오.

통일성의 원리	강조의 원리
• 개념: 회화의 다양한 요소들이 하나의 작품 속에서 어떤 □□□을 가지는 것 • 효과: 각각의 요소들이 의미 있는 하나의 작품을 구성할 수 있음. • 방법: 인접, □□	• 개념: 특정한 부분을 강하게 하여 □□를 주는 것 • 효과: □□를 부각시켜 예술적 감흥을 효과적으로 끌어냄. • 방법: 대비, 분리

전략2 윗글에서 통일성을 부여할 때의 장점과 주의할 점을 찾아 밑줄을 그으시오.

전략3 윗글을 바탕으로 〈보기〉를 감상한 내용이 적절하면 ○, 적절하지 않으면 ×에 표시하시오.

─| 보기 |─

페르난도 보테로, 「폭포」

위 작품은 바위들과 그 사이로 흐르는 시원한 물줄기를 묘사한 그림이다.

(1) 감상자가 통일성을 느꼈다면, 비슷한 형태의 바위들을 반복한 것도 하나의 이유라고 볼 수 있겠군.   (○ , ×)
(2) 물줄기에 감상자의 시선이 끌렸다면, 주변과의 명암 대비를 통해 각각의 대상이 부각된 것으로 볼 수 있겠군.   (○ , ×)
(3) 바위들을 가깝게 혹은 겹치게 배치한 것은 감상자가 작품에서 느낄 법한 답답함을 해소시키려는 의도로 볼 수 있겠군.   (○ , ×)

[01~03] 다음 글을 읽고 물음에 답하시오.

3월 고1 학력평가

사진이 등장하면서 회화는 대상을 사실적으로 재현(再現)*하는 역할을 사진에 넘겨주게 되었고, 그에 따라 화가들은 회화의 의미에 대해 고민하게 되었다. 19세기 말 등장한 인상주의와 후기 인상주의는 전통적인 회화에서 중시되었던 사실주의적 회화 기법을 거부하고 회화의 새로운 경향을 추구하였다.

인상주의 화가들은 색이 빛에 의해 시시각각 변화하기 때문에 대상의 고유한 색은 존재하지 않는다고 생각하였다. 인상주의 화가 모네는 대상을 사실적으로 재현하는 회화적 전통에서 벗어나기 위해 빛에 따라 달라지는 사물의 색채와 그에 따른 순간적 인상을 표현하고자 하였다.

모네는 대상의 세부적인 모습보다는 전체적인 느낌과 분위기, 빛의 효과에 주목했다. 그 결과 빛에 의한 대상의 순간적 인상을 포착하여 대상을 빠른 속도로 그려 내었다. 그에 따라 그림에 거친 붓 자국과 물감을 덩어리로 찍어 바른 듯한 흔적이 남아 있는 경우가 많았다. 이로 인해 대상의 윤곽이 뚜렷하지 않아 색채 효과가 형태 묘사를 압도하는 듯한 느낌을 준다. 이와 같은 기법은 그가 사실적 묘사에 더 이상 치중하지 않았음을 보여 주는 것이었다. 그러나 모네 역시 대상을 '눈에 보이는 대로' 표현하려 했다는 점에서 이전 회화에서 추구했던 사실적 표현에서 완전히 벗어나지는 못했다는 평가를 받았다.

후기 인상주의 화가들은 재현 위주의 사실적 회화에서 근본적으로 벗어나는 새로운 방식을 추구하였다. 후기 인상주의 화가 세잔은 "회화에는 눈과 두뇌가 필요하다. 이 둘은 서로 도와야 하는데, 모네가 가진 것은 눈뿐이다."라고 말하면서 사물의 눈에 보이지 않는 형태까지 찾아 표현하고자 하였다. 이러한 시도는 회화란 지각되는 세계를 재현하는 것이 아니라 대상의 본질을 구현해야 한다는 생각에서 비롯되었다.

세잔은 하나의 눈이 아니라 두 개의 눈으로 보는 세계가 진실이라고 믿었고, 두 눈으로 보는 세계를 평면에 그리려고 했다. 그는 대상을 전통적 원근법에 억지로 맞추지 않고 이중 시점을 적용하여 대상을 다른 각도에서 바라보려 하였고, 이를 한 폭의 그림 안에 표현하였다. 또한 질서 있는 화면 구성을 위해 대상의 선택과 배치가 자유로운 정물화를 선호하였다.

세잔은 사물의 본질을 표현하기 위해서는 '보이는 것'을 그리는 것이 아니라 '아는 것'을 그려야 한다고 주장하였다. 그 결과 자연을 관찰하고 분석하여 사물은 본질적으로 구, 원통, 원뿔의 단순한 형태로 이루어졌다는 결론에 도달*하였다. 이를 회화에서 구현하기 위해 그는 이중 시점에서 더 나아가 형태를 단순화하여 대상의 본질을 표현하려 하였고, 윤곽선을 강조하여 대상의 존재감을 부각*하려 하였다. 회화의 정체성에 대한 고민에서 비롯된 ㉠<u>그의 이러한 화풍은 입체파 화가들에게 직접적인 영향을 미치게 되었다.</u>

어휘 풀이

• **재현(再現)**: 다시 나타남. 또는 다시 나타냄.

• **도달**: 목적한 곳이나 수준에 다다름.

• **부각**: 어떤 사물을 특징지어 두드러지게 함.

01 세부 정보 파악하기

윗글의 내용과 일치하지 <u>않는</u> 것은?

① 사진은 화가들이 회화의 의미를 고민하는 계기가 되었다.
② 전통 회화는 대상을 사실적으로 묘사하는 것을 중시했다.
③ 모네의 작품은 색채 효과가 형태 묘사를 압도하는 듯한 느낌을 주었다.
④ 모네는 대상의 고유한 색 표현을 위해서 전통적인 원근법을 거부하였다.
⑤ 세잔은 사물이 본질적으로 구, 원통, 원뿔의 형태로 구성되어 있다고 보았다.

02 정보 및 내용 추론하기

〈보기〉를 바탕으로 할 때, 세잔의 화풍을 ㉠과 같이 평가한 이유로 가장 적절한 것은?

┤ 보기 ├

입체파 화가들은 사물의 본질을 표현하고자 대상을 입체적 공간으로 나누어 단순화한 후, 여러 각도에서 바라보는 관점으로 사물을 해체하였다가 화폭 위에 재구성하는 방식을 취하였다. 이러한 기법을 통해 관찰자의 위치와 각도에 따라 각기 다르게 보이는 대상의 다양한 모습을 한 화폭에 담아내려 하였다.

① 대상의 본질을 드러내기 위해 다양한 각도에서 바라보아야 한다는 관점을 제공하였기 때문에
② 대상을 복잡한 형태로 추상화하여 대상의 전체적인 느낌을 부각하는 방법을 시도하였기 때문에
③ 사물을 최대한 정확하게 묘사하기 위해 전통적 원근법을 독창적인 방법으로 변용시켰기 때문에
④ 시시각각 달라지는 자연을 관찰하고 분석하여 대상의 인상을 그려 내는 화풍을 정립하였기 때문에
⑤ 지각되는 세계를 있는 그대로 표현하기 위해 사물을 해체하여 재구성하는 기법을 창안하였기 때문에

03 구체적 사례에 적용하기

윗글을 바탕으로 할 때, 〈보기〉의 선생님의 질문에 대한 대답으로 적절하지 <u>않은</u> 것은?

┤ 보기 ├

선생님: (가)는 모네의 「사과와 포도가 있는 정물」이고, (나)는 세잔의 「바구니가 있는 정물」입니다. 이 두 작품은 각각 모네와 세잔의 작품 경향이 잘 반영되어 있는 작품으로 평가받고 있습니다. 두 화가의 작품 경향을 바탕으로 (가)와 (나)를 감상해 볼까요?

(가) 　　　　(나)

① (가)에서 포도의 형태를 뚜렷하지 않게 그린 것은 빛에 의한 순간적인 인상을 표현한 것이라고 볼 수 있겠군요.
② (나)에서는 질서 있게 화면을 구성하기 위해 의도적으로 대상이 선택되고 배치된 것으로 볼 수 있겠군요.
③ (가)와 달리 (나)에 있는 정물들의 뚜렷한 윤곽선은 대상의 존재감을 부각시키기 위해 사용한 것으로 볼 수 있겠군요.
④ (나)와 달리 (가)의 식탁보의 거친 붓 자국은 대상에서 느껴지는 인상을 빠른 속도로 그려 낸 결과라고 볼 수 있겠군요.
⑤ (가)와 (나) 모두 사물을 단순화해서 표현한 것을 통해 사실적인 재현에서 완전히 벗어났다는 평가를 받을 수 있겠군요.

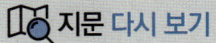 **지문 다시 보기**

( )
등장 　→　 회화의 의미에 대한 고민

인상주의 화가 - 모네	후기 인상주의 화가 - 세잔
• ( )에 따라 달라지는 사물의 색채와 그에 따른 순간적 인상을 표현하고자 함. • 빛에 의한 대상의 순간적 ( )을 포착하여 대상을 빠른 속도로 그려 냄.	• ( ) 시점을 적용함. • 사물은 본질적으로 구, 원통, 원뿔의 단순한 형태로 이루어졌다는 결론 → ( )을 강조하여 대상의 존재감 부각
↓	↓
( ) 표현에서 벗어나지 못했다는 평가	입체파 화가들에게 직접적인 영향

[01~03] 다음 글을 읽고 물음에 답하시오.

핵심 정리

l 중심 화제
(   )의 회화적 경향과 특징

l 문단 정리
1문단: (   )의 의미
2문단: 오르피즘의 형성 (   )
3문단: (   )의 예술 기법
4문단: 들로네의 그림이 현대 미술
사에 미친 (   )

l 주제
오르피즘의 예술적 특징과 그 경향

프랑스는 계몽주의 이후 알제리나 폴리네시아를 식민지화하면서 자신들의 국력을 과시하기 위해 1889년 만국박람회를 개최하였다. 이러한 국제 전시회와 함께 세워진 에펠탑은 프랑스의 국가적 이미지와 위상을 대외적으로 선전하는 계기가 되었다. 많은 파리 시민들은 에펠탑에 열광했는데, 특히 후기 인상주의자나 신인상주의에서는 앞으로 도래*할 20세기의 희망이자 상징으로 해석했다.

에펠탑이 상징하는 테크놀로지와 기계주의의 미학은 20세기 초반 파리에 살던 이탈리아 출신 화가들이 형성한 '오르피즘(orphism)'을 중심으로 재해석되었다. 오르피즘은 1912년 기욤 아폴리네르가 로베르 들로네의 몽환*적이면서도 미래적인 그림을 보고 붙인 용어였다. 본래 이 용어는 그리스의 시인이자 음악가였던 오르페우스의 이름에서 나왔는데 입체파의 조형화된 요소와 미래파의 동적인 요소, 그리고 화려한 색채를 감각적으로 구사하여 1910~20년대에 큰 인기를 끌었다.

들로네가 1912년 이전에 그린 작품들은 후기 인상주의와 큐비즘*의 영향에서 오르피즘으로 이행하는 과정을 잘 보여 준다. 특히 큐비즘의 영향으로 처음에는 무채색의 어두운 느낌을 강조하는 한편, 고딕 건축의 선이 움직이는 것처럼 동적인 운동감을 표현하기도 하였다. 하지만 1912년부터 〈에펠탑〉 연작 시리즈를 시작하며 오르피즘을 구체화시켰다. 들로네는 총 30여 점의 연작을 그렸는데, 처음의 그림들에는 에펠탑을 뚜렷하게 나타냈으나 점차 작품 성향이 추상으로 완전히 바뀌면서 거의 마지막 작품에는 에펠탑의 모습이 사라지게 되었다. 또한 들로네는 〈연속적인 창문(Simultaneous Windows)〉 연작을 그렸는데, 이 연작에서는 창문이나 창문에서 본 도심을 자주 표현하였다. 이 작품들에서 들로네는 보색 관계를 보여 주는 색채가 우리의 눈에서 어떻게 인지되는지에 관심을 두고, 보색 대비법을 실험하였고, 그 결과 보색 대비는 반대의 색상을 병치*하지만, 눈의 인지 작용을 통해 조화로운 색채 구성이 구축된다는 사실을 알게 되었다.

한편 들로네는 그림에 처음으로 추상을 도입하였다. 처음에는 구상 작품을 그렸으나 점차 빛의 스펙트럼 분광*에 심취하면서 색채만으로 대상의 운동감을 나타낼 수 있다고 믿었고, 색채만으로 모든 것을 표현하려는 시도를 하였다. 이를 계기로 오르피즘을 구체화하면서 나아가 현대 미술사에서 추상의 세계를 확립하게 되었다. 색채에 대한 들로네의 남다른 인식은 색점만으로 형태와 공간을 모두 표현하려 한 신인상주의보다 훨씬 더 진보적인 생각이었고, 샤갈에게도 영향을 주었다. 또한 들로네의 그림은 색과 크기가 다양한 색면으로 정교하게 구성되어 마치 음악을 보고 듣는 듯한 느낌을 줌으로써 미국에서 음악적인 영감을 색채만으로 표현한 추상화 운동인 싱크로미즘에도 지대한 영향을 주었다.

▶ **어휘 풀이**

• **도래:** 어떤 시기나 기회가 닥쳐옴.

• **몽환:** 꿈과 환상이라는 뜻으로, 허황된 생각을 이르는 말.

• **큐비즘:** 입체파. 1907~1908년경 피카소와 브라크에 의해 창시된 예술 운동.

• **병치:** 두 가지 이상의 것을 같은 장소에 나란히 놓거나 동시에 설치함.

• **분광:** 빛이 파장의 차이에 따라 여러 가지 색의 띠로 나뉘어 나타나는 현상.

01 글의 전개 방식 파악하기

윗글의 내용 전개 방식으로 가장 적절한 것은?

① 제재의 발전 과정을 중심으로 내용을 전개하고 있다.
② 제재가 지닌 문제점과 그 해결 방안을 설명하고 있다.
③ 제재를 일정한 기준으로 분류해 내용을 설명하고 있다.
④ 제재가 지닌 특성을 특정 인물을 중심으로 설명하고 있다.
⑤ 제재의 유용성과 한계를 지적하고 그 전망을 제시하고 있다.

02 세부 정보 파악하기

윗글의 내용과 일치하지 <u>않는</u> 것은?

① 후기 인상주의자들과 신인상주의자는 에펠탑을 20세기의 희망이자 상징으로 받아들였다.
② 오르피즘이라는 용어는 아폴리네르가 로베르 들로네의 몽환적인 그림을 보고 붙인 말이다.
③ 오르피즘은 입체파와 미래파의 회화적 요소와 화려한 색채를 바탕으로 하는 경향을 보인다.
④ 들로네는 큐비즘의 한계를 인식하고 동적인 운동감을 바탕으로 한 작품으로 이를 극복했다.
⑤ 들로네는 처음에는 구상 작품을 그렸으나 오르피즘을 구체화하면서 점차 추상적인 그림을 그리는 전개를 보였다.

03 구체적 사례에 적용하기

윗글을 읽고 〈보기〉를 이해할 때, 적절하지 <u>않은</u> 것은?

> ┤ 보기 ├
>
>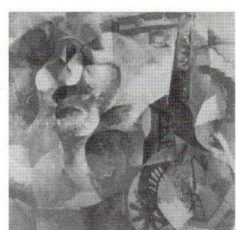
> 들로네, 〈태양, 탑, 비행기〉
>
> 이 작품은 들로네가 〈에펠탑〉의 연작 시리즈의 1913년에 그린 작품으로, 오르피즘이 추구한 작품 세계를 잘 반영하고 있다. 들로네는 이 작품을 통해 보색 대비와 다양한 색면으로 이 세상이 과학에 의해 생기가 넘치게 되었음을 마음껏 찬양하였다. 색채의 근원은 태양에서 오는 빛이라는 화가의 신념이 잘 반영되어 있으며 태양이 물체를 비춰 모든 색채를 만들어 내고 있다는 점을 잘 보여 주고 있다.

① 크기가 다양한 색면으로 구성되어 있는 점은 마치 음악을 보고 듣는 듯한 영감을 주는 효과를 나타내는군.
② 그림에 에펠탑이 등장하는 것은 화가가 에펠탑을 테크놀로지와 기계주의 미학의 상징으로 여겼기 때문이군.
③ 서로 반대의 색채로 구성된 보색 대비로 그린 그림에 오히려 조화로운 색채 구성이 구축되어 있다고 할 수 있군.
④ 〈에펠탑〉의 연작 시리즈라는 점에서 이 작품 이후 들로네는 작품에서 무채색 위주로 색을 사용하려는 경향을 보여 주겠군.
⑤ 태양이 물체에 비춘 색채를 그린 것은 화가가 빛의 스펙트럼 분광에 심취하면서 색채만으로 모든 것을 표현하려는 시도를 말하는군.

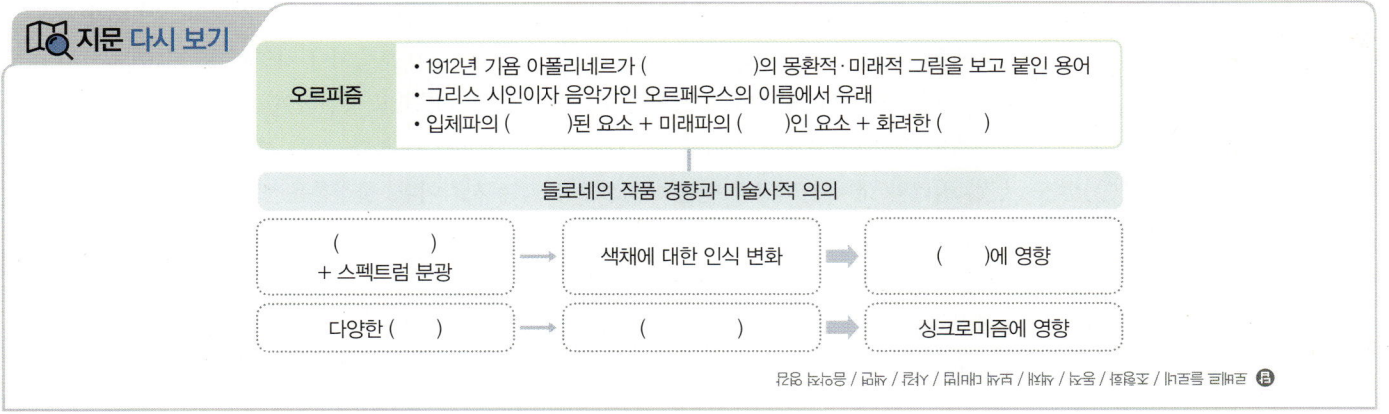

[01~04] 다음 글을 읽고 물음에 답하시오.

예술과 비예술의 차이는 무엇일까? 소음들만 모아서 만들어 놓은 음악, 각종 사물을 부수면서 어질러놓는 행위 등 충동적이고 난해한 감정을 불러일으키는 것들이 예술로 칭해지고 있는 오늘날 이런 물음은 더욱 많아질 수밖에 없다. 예술 철학자 아서 단토는『예술의 종말 이후』에서 "예술의 종말은 이제 예술이 취해야 할 특정한 역사적 방향과 같은 것은 더 이상 존재하지 않는다는 것을 의미한다. 그것은 미래 역사의 관점에서 볼 때 어떠한 방향도 나머지 다른 방향들과 동등하게 좋다는 것을 의미한다."라고 하였다. 단토는 예술의 종말이란 예술이 없어지는 것이 아니라, 예술 작업이 거의 무한하게 다양한 방식으로 이루어질 정도로 자유로워진다는 것을 말하고자 한 것이다. 이는 곧 기존의 예술에 대한 통념*이 무용해지고 있다는 뜻이다.

그렇다면 예술에 대한 통념에는 무엇이 있을까? 먼저 예술이 인간 고유의 수준 높은 정신 활동의 산물이라는 생각이다. 대표적으로 ㉠헤겔은 인간은 예술을 통해 일상생활에서 획득할 수 없는 수준 높은 정신 영역으로 나아갈 수 있다고 보았다. 그의 주장에 의하면 예술의 결과물은 감각적인 것이지만 그 내용은 예술가의 고매한 사상과 이념이기 때문에 예술 작품은 정신적인 것과 감각적인 것의 통일이 된다. 즉 예술은 추상과 구체 사이의 간극을 좁혀 주는 수준 높은 정신적 사유*의 결과물인 것이다.

그런데 이러한 흐름은 모더니즘에 이르러 크게 변질된다. 주관성에 입각하여 항상 새로운 것을 창조해야 한다는 원칙 속에서 예술가들은 더 이상 타인의 이해를 염두에 두지 않게 되었다. 다른 사람에게 이해되지 못하는 것 자체가 수준 높은 예술을 의미하는 단계까지 이른 것이다. 특히 ㉡표현주의는 눈에 보이지 않는 불안, 공포, 기쁨, 슬픔 등 미술가의 단순한 감정만을 여과 없이 극단적으로 표현하려는 경향이 강했기 때문에 형태를 왜곡하거나 색채를 과장해서 표현하는 경우가 많았다. 구도나 구성의 균형과 아름다움은 감정을 더욱 강력하게 전달하기 위해 무시되고 왜곡되었다. 이처럼 1920년대에 유행한 모더니즘은 예술을 대중에게서 멀어지게 만들었고, 이에 대한 반작용으로 포스트모더니즘이 등장한다. 2차 세계대전을 겪으면서 각국이 합리적이라고 판단한 결정으로 인류는 오히려 고통스러운 현실을 마주한다. ㉮포스트모더니즘은 이러한 현실을 바탕으로 인간의 이성과 합리성을 통한 완전한 이상향에 대해 회의를 품으면서 탄생한다. 절대 이념을 거부하고 개성, 자율성, 다양성, 대중성을 중시하였기에 미술을 고급 활동과 수준 낮은 활동으로 나누는 것에 대해서도 반발하였다. 이에 따라 대중들과 소통할 수 있는 것이면 일상생활의 무엇이든 예술로 인정하였다.

예술에 대한 또 다른 통념은 예술이 진정한 가치를 지닌 무언가를 모방한다는 생각이다. 이른바 미메시스 예술관으로, ⓐ플라톤과 ⓑ아리스토텔레스 같은 그리스 철학자들에 의해 정립되어 지금까지 내려오고 있다. 이 예술관에서는 사물의 모습이나 자연의 풍경들까지 절대적인 원형*이 따로 있으며 그 원형을 최대한 알맞게 모방하고 복원하여 감상자들에게 원형의 세계를 간접적으로나마 경험할 수 있게 하는 일을 예술로 본다. 이는 예술을 진리에 복속된 것, 진리와 하나가 되고자 하는 노력으로 여기는 시각이다. 플라톤은 이성을 통해 존재하는 모든 것들의 참모습을 탐구했기에 그림과 조각을 포함한 예술적 미메시스를 모두 추방해야 한다고 주장했다. 플라톤은 우주에는 우주 질서의 근원인 이데아가 있고, 이 이데아를 모방한 물질세계가 있다고 보았기 때문에 미메시스를 한계를 가지는 대상으로 인식하였다. 미메시스는 이 모방된 세계를 다시 모방하는 것이므로 완전한 실재에서 멀어져 있다고 본 것이다. 반면 아리스토텔레스는 미메시스를 통해 세상을 배우는 것을 인간 고유의 학습법으로 보았다. 미메시스는 일종의 선별과 선택의 작업이자 대상의 본질을 뽑아내 화폭 위에 응집시키는 정제˙와 정화의 작업으로 모방을 넘어서는 것이라고 생각했다. 이들의 뒤를 이어 나타난 르네상스의 원근법과 과학주의는 입체적인 지각 세계를 이상적으로 모방하고자 하는 데서 나온 예술 기법이다. 르네상스의 이상주의를 되살리려는 신고전주의 예술은 정확한 구도와 배치를 강조하는 엄격한 형식을 통해 이상적인 상태를 모방하고자 했고, 이를 넘어서려는 사실주의는 현실을 그대로 모방하고자 했다.

하지만 1839년에 사진술이 발명되면서 모방은 예술로서의 힘을 잃기 시작했다. 최초의 사진 전시회가 열린 뒤 유행한 '이제 회화는 죽었다'라는 말에서 회화의 죽음은 바로 '모방으로서의 회화'의 죽음을 뜻했다. 그 후 예술은 모방이 아니라 하나의 예술 작품이 독자적이면서 충만한 자기 세계를 구축하는 데서 성립한다는 생각이 퍼지기 시작했다. 이러한 상황에서 등장한 것이 바로 모더니즘이다. 화가들은 '재현'이라는 행위에 문제의식을 가졌고 대상의 '재현'을 포기함으로써 아름다움을 좇던 관습 역시 포기하게 된다. 예를 들어 기존엔 정면, 측면, 후면 등 하나의 시점만 그려냈다면 입체파는 원근법을 부정하고 사물을 바라보는 각각의 시점을 조각낸 다음 모두 하나의 평면에 담아내는 기법을 사용하였다. 19세기 이전의 서양 미술이 명암과 원근을 이용해 3차원의 세상을 2차원의 화폭에 담은 것과는 달리, 입체주의 화가들은 3차원의 대상을 여러 시점으로 분해해서 2차원의 화폭에 재구성하였다.

이처럼 예술에 대한 통념들은 새로운 예술관에 의해 파괴되고 있다. 새로운 예술관도 또 다른 예술관에 의해 통념으로 인식되고 파괴될 수 있다. 결국 단토의 말처럼 예술의 방향은 일정하지 않다. 특히 오늘날에는 과학 기술과 첨단 매체가 지속적으로 발전하고 있기 때문에 예술 장르 간의 경계는 더욱 허물어질 것이며, 기존의 통념들이 깨지면서 그 영역은 더욱 넓어질 것이다.

▶ 어휘 풀이
• 정제: 물질에 섞인 불순물을 없애 그 물질을 더 순수하게 함.

01 세부 정보 파악하기

윗글의 내용과 일치하지 않는 것은?

① 단토는 예술을 일률적으로 규정할 수 없다고 보았다.
② 포스트모더니즘은 합리성에 대한 의심에서 발생하였다.
③ 사실주의는 르네상스 시대의 예술보다 현실을 모방하려는 정도가 강해졌다.
④ 모더니즘은 재현을 버리고 사물을 주관적으로 재구성하여 표현하고자 하였다.
⑤ 입체파는 사실을 그대로 재현하는 모방을 포기하는 방법으로 작품의 아름다움을 추구하였다.

02 구체적 사례에 적용하기

㉮의 사례로 적절한 것은?

① 과거의 우수한 화풍들을 선택하고 그것을 하나의 화폭에 모두 담아내고자 하였다.
② 현실의 실재를 이상적으로 재현하기 위해 자연의 정확한 구도와 세밀한 색채 묘사 등 다양한 기법을 활용하였다.
③ 내면세계에 충실한 예술을 추구하기 위해 예술 기법의 연구보다 삶의 근원을 파악하기 위한 진리 탐구에 몰두하였다.
④ 기존에 낮은 수준으로 평가받았던 광고나 만화, 잡지 등을 작품에 이용하고, 관객들의 의견을 수용하기 위해 다양한 전시 공간을 준비하였다.
⑤ 인간의 얼굴 표정과 육체의 아름다움을 더 완벽하게 표현하기 위해 가장 완벽하다고 생각한 신(神)의 모습을 연구하고 예술의 재료로 차용하였다.

03 비판·반응의 적절성 평가하기

〈보기〉는 예술에 대한 ㉠의 입장을 정리한 것이다. 이를 통해 ㉡을 비판한 내용으로 적절하지 **않은** 것은?

┤ 보기 ├

　즉자는 내 앞에 있는 사물처럼 독립적이고 직접적인 존재다. 자연물과 사물, 심지어 인간도 즉자이다. 하지만 인간은 반성하고 사유하고 표현하기에 이러한 정신 활동이 인간을 스스로를 의식하는 존재로 만든다. 이처럼 인간은 이성을 가지고 있기 때문에 자신이 어떤 사람인지 생각하고, 외부에서 받아들이는 '나'와 내가 생각하는 '나'를 비교하고 통합하는 활동을 할 수 있다. 이를 토대로 개개인의 심리나 인식과 같은 주관적 정신이 통합되어 법, 도덕, 윤리와 같은 객관적 정신으로 나타나게 된다. 모든 인간은 하나의 작품을 창조할 때에도 자신의 고유한 자유를 객관화하여 실현하기에 스스로와 다른 이들이 모두 보고 감상할 수 있는 것이다.

① 즉자를 예술 작품으로 제작하는 과정에서 예술가의 고유한 자유가 제한될 것이다.
② 타인의 이해를 고려하지 않은 예술 작품은 객관적 정신의 반영 또한 어려울 것이다.
③ 자유를 객관화하여 작품으로 실현하는 과정이 없어 다른 이들의 감상을 제한할 것이다.
④ 반성과 사유가 아닌 단순한 감정에 치중한 예술가들은 스스로를 의식하는 존재로 나아가지 못할 것이다.
⑤ 주관성만을 강조하는 예술가들은 외부에서 받아들이는 '나'와 내가 생각하는 '나'를 통합할 수 없을 것이다.

04 비판·반응의 적절성 평가하기

다음은 〈헝클어진 머리의 여인〉에 대한 감상이다. 윗글을 참고할 때 ⓐ, ⓑ의 의견으로 적절하지 **않은** 것은?

레오나르도 다빈치,
〈헝클어진 머리의 여인〉

　르네상스 시대의 대표적인 화가인 레오나르도 다빈치의 그림 속 인물들에게서는 고통이나 분노, 슬픔의 표정을 찾기 힘들다. 〈헝클어진 머리의 여인〉에서도 미소를 머금은 얼굴에는 슬픔이나 원망, 외로움의 감정이 드리워져 있지 않다. 오히려 모든 인간들에게 따뜻한 사랑을 한없이 베풀 것 같은 신성한 기운마저 내뿜는다. 다빈치는 이 작품을 통해 인간의 가장 이상적인 얼굴과 표정을 나타내고자 하였다. 모든 인간의 내면에 깃든 선한 아름다움이 겉으로 드러나는 순간을 미소를 머금은 얼굴로 표현한 것이다.

① ⓑ: 다빈치의 그림으로 감상자들은 세상을 배울 수 있습니다.
② ⓐ: 사람들이 감상하는 예술 작품들은 모두 진리를 모방한 것이므로 올바른 학습 도구가 될 수 없습니다.
③ ⓑ: 다빈치의 그림을 감상하면서 사람들은 다빈치에 의해 정화된 인간의 선한 모습을 학습하게 됩니다.
④ ⓐ: 인간의 선한 마음이나 사랑을 이데아로 본다면 결국 다빈치의 그림도 이것을 모방한 물질세계에 불과합니다.
⑤ ⓑ: 인간의 사랑이 수많은 형태가 아닌 하나의 그림으로 완성되는 건 모방을 넘어선 예술가의 정제 작업으로 봐야 합니다.

🔍 지문 다시 보기

예술에 대한 통념 1	예술에 대한 통념 2	
인간 고유의 수준 높은 (　　) 활동의 산물	• 진정한 가치를 지닌 무언가를 (　　)하는 활동	• (　　) 예술관: 예술은 진리에 복속된 것

	플라톤	아리스토텔레스
	미메시스: (　　)를 모방한 물질세계를 다시 모방한 것	미메시스: 대상의 (　　)을 화폭 위에 응집시키는 정제와 정화 작업

↓ 독자적이면서 충만한 자기 세계 구축

통념 1의 변화		통념 2의 변화
모더니즘	포스트 모더니즘	모더니즘
• 다른 사람에게 이해되지 못하는 것이 수준 높은 예술을 의미함. • 표현주의: 미술가의 단순한 (　　)을 여과 없이 표현	• 인간의 (　　), 합리성에 대한 회의 • 절대 이념 거부, 개성, 자율성, 다양성, 대중성 추구	• (　　)과 아름다움의 관습 포기 • 입체파: 사물을 바라보는 각각의 시점을 하나의 평면에 담음.

정답 / 이성 / 모방 / 모방 / 이데아 / 이데아 / 본질 / 감정 **B**

Q1 다음 문장에 어울리는 어휘를 고르시오.

1. 이번 결과는 꾸준한 노력의 (생물 , 산물)이다.
2. 교통질서를 (확립 , 확정)하는 것이 최우선이다.
3. 그녀의 메달 획득은 우리나라의 (위험 , 위상)을 높였다.
4. 많은 사람들의 의견이 (여과 , 여가) 없이 수용되고 있다.
5. 우리나라는 자유민주주의에 (입지 , 입각)하여 세워진 나라이다.

Q2 다음 어휘의 의미 설명이 맞으면 ○, 틀리면 ×에 표시하시오.

1. 변질하다: 마음이 변하다.   (○ , ×)
2. 창안하다: 안이나 의견으로 내놓다.   (○ , ×)
3. 치중하다: 어떠한 것에 특히 중점을 두다.   (○ , ×)
4. 병치하다: 두 가지 이상의 것을 한곳에 나란히 두거나 설치하다. (○ , ×)
5. 선전하다: 주의나 주장, 사물의 존재, 효능 따위를 많은 사람들이 알고 이해하도록 잘 설명
   하여 널리 알리다.   (○ , ×)

Q3 다음 문장의 괄호 안에 어울리는 어휘를 골라 쓰시오.

유기적   감흥   선호   압도

예술에 대한 사람들의 생각은 각기 다르다. 보통 크기가 아주 큰 예술 작품은 우리를
(1.   )한다. 그러나 크기가 작다고 해서 사람들이 깊은 (2.   )을 느끼지 못
하는 것은 아니다. 크기가 작더라도 여러 그림이 한 주제 아래에서 (3.   )으로 구성
되어 있는 경우를 더 (4.   )하는 사람도 있다.

Q4 다음 밑줄 친 어휘와 바꿔 쓸 수 있는 것을 고르시오.

1. 가치관을 바로 세우다.   ① 확립하다   ② 정립하다   ③ 설립하다
2. 그 영화는 주제가 너무 어렵다.   ① 난감하다   ② 난처하다   ③ 난해하다
3. 과학과 미술의 차이는 너무 크다. ① 인접   ② 간극   ③ 위상
4. 주제에서 벗어난 내용은 쓸모없다. ① 무용하다   ② 무지하다   ③ 무례하다
5. 사회가 정보화 시대로 옮겨가고 있다. ① 이사하다   ② 이염되다   ③ 바뀌어가다

08강 사회 제재 읽기

어떻게 읽어야 할까?

▶ 사회 제재

• 이 제재는 경제, 법률, 일반 사회학 등의 개념이나 관점을 제시한 후, 이에 대한 이해를 전제로 하여 구체적 문제에 접근하는 전개 방식을 취하는 경우가 많으므로 이에 초점을 맞추어 독해하는 것이 중요하다.

• 경제, 법률, 일반 사회학 등에 관한 개념을 제시하고, 이에 대한 사실적 이해를 묻는 내용 확인 문제와 제시한 개념을 실제 상황에 적용하는 문제가 주로 출제된다.

> **독해 전략 1**
> 지문에 제시된 중심 화제 및 사회 현상 파악하기

> **독해 전략 2**
> 지문에 제시된 중요한 용어, 개념 파악하기

> **독해 전략 3**
> 사회 현상이나 이론에 대한 내용을 바탕으로 실제 상황에 적용해 보기

기출에서 개념 찾기

• 〈보기〉의 사례들 중 **소비자 정책**에 해당하는 것만을 있는 대로 고른 것은?

• 윗글을 바탕으로 할 때, 그로티우스의 **국제법** 사상에 대한 추론으로 적절하지 않은 것은?

핵심 정리

| 중심 화제
개인 정보 (   )

| 문단 정리
1문단: 개인 정보 보호법에서 정의하고 있는 (   )의 정의와 범위
2문단: 법적 보호를 받는 (   )을 지닌 정보와 (   )을 지닌 정보
3문단: 개인 정보 (   )에 관한 법적 제재

| 주제
(   )의 개념과 (   )에 대한 법적 제재

답 보호법 / 개인 정보 / 보호 / 특정성 / 특정 가능성 / 유출 / 개인 정보 / 법적 제재

| 사회 지문 맛보기 |

3월 고3 학력평가 A형

1 법에 의해 개인 정보가 제대로 보호받기 위해서는 먼저 법에서 정의하고 있는 개인 정보가 무엇인지부터 정확히 알아야 한다. '개인 정보 보호법'에서는 개인 정보를 "살아 있는 개인에 관한 정보로서 성명, 주민등록번호 및 영상 등을 통하여 개인을 알아볼 수 있는 정보를 말한다."라고 정의하면서, "해당 정보만으로는 특정 개인을 알아볼 수 없더라도 다른 정보와 쉽게 결합하여 알아볼 수 있는 것을 포함한다."라고 부연하고 있다. 즉, '특정성'을 지닌 정보는 물론 '특정 가능성'을 지닌 정보 역시 개인 정보로 보고 있는 것이다. 지문, 홍채, 서명, 주민등록번호, 휴대전화 번호 등은 특정성을 지닌 개인 정보이고, 나이, 직업, 거주지 주소 등은 특정 가능성을 지닌 개인 정보이다.

2 이처럼 '개인 정보 보호법'에서는 특정성을 지닌 정보는 물론 특정 가능성을 지닌 정보에 대해서도 법적으로 보호하고 있다. 특정 가능성을 지닌 정보가 다른 정보와 결합하게 되면 언제라도 특정성을 지니게 될 수 있다고 보기 때문이다. 현대 사회에서는 개인 정보의 유출이나 악용에 의해 한 개인이 엄청난 피해를 겪을 수 있다는 전제 하에, 실제로는 그러하지 않지만 그렇게 될 가능성이 높은 것에 대해서까지 법적으로 보호하고 있는 것이다.

3 개인 정보를 유출시키는 행위에 대해서는 당연히 법적인 제재를 받게 된다. 뿐만 아니라 '개인 정보 보호법'에서는 개인 정보 처리 담당자가 개인 정보의 안전성 확보에 필요한 조치를 해야 한다는 안전 조치 의무 규정을 두고 있다. 이에 따라 정보 처리 담당자가 다른 사람의 개인 정보를 입수한 후, 컴퓨터에 아무런 암호 장치 없이 저장하는 경우에는 과태료를 부과 받는다. 실제로 개인 정보가 유출된 것은 아니지만 개인 정보가 유출될 가능성이 있기 때문이다. 개인 정보 보호와 관련된 이러한 법률적 규제는 개인 정보의 중요성에 대한 사회적 인식을 반영하는 것이다.

| 독해 전략 적용하기 |

| 이것만은 꼭! |
사회 제재의 지문은 전문적인 내용을 다루는 경우가 많습니다. 따라서 평소 사회 지문을 독해할 때 나오는 단어들의 의미를 찾아보고 이해하는 것이 좋습니다.

전략1 윗글의 중심 화제에 대한 정보를 정리하여 빈칸에 알맞은 말을 쓰시오.

윗글의 중심 화제는 (　　　　　)에 관한 법이며, (　　　　　)과 특정 가능성 이라는 개념을 중심으로 중심 내용을 구체화하고 있다.

전략2 윗글의 내용을 정리하여 다음 빈칸을 채워 쓰시오.

개인 정보의 개념	개인 정보 유출에 대한 법적 제재
• ☐☐을 정확히 알아볼 수 있는 정보 → ☐☐☐을 지닌 정보 • 개인을 특정하기 어렵더라도 다른 정보와 쉽게 결합하여 알아볼 수 있는 정보 → ☐☐☐ ☐☐을 지닌 정보	• 정보 처리 담당자가 개인 정보를 저장할 때, ☐ ☐ 장치 없이 저장하면 과태료 부과 • 유출 ☐☐☐만으로도 처벌 가능

전략3 윗글을 바탕으로 〈보기〉의 사례 중 개인 정보 보호법의 처벌 대상인 회사를 고르고, 그 이유를 쓰시오.

┤ 보기 ├

　A사는 지문이나, 서명, 주민등록번호 등의 개인 정보 내부 관리 계획을 작성하였지만, 개인 컴퓨터에 암호화 없이 보관하였다.
　B사는 회원의 적립 카드를 발급하는 과정에서 손님의 주민등록번호를 받아 암호화하여 관리하였다.

• 회사: _____

• 이유: _____

_____

[01~03] 다음 글을 읽고 물음에 답하시오.

핵심 정리

| 중심 화제
광고의 규제 방식

| 문단 정리
1문단: 광고의 (   ) 및 (   )의 필요성
2문단: 피해 책임의 주체 ①
– (   ) 책임 부담 원칙
3문단: 피해 책임의 주체 ②
– (   ) 책임 부담 원칙
4문단: 광고 규제의 유형 ①
– (   ) 규제
5문단: 광고 규제의 유형 ②
– (   ) 규제

| 주제
광고 피해 책임의 (   )와 광고 (   )의 유형

▶ 어휘 풀이

• **요긴하다:** 꼭 필요하고 중요하다.

• **기만성:** 남을 속여 넘기려는 성질.

• **일환:** 서로 밀접한 관계로 연결되어 있는 여러 것 가운데 한 부분.

• **간주:** 상태, 모양, 성질 따위가 그와 같다고 봄. 또는 그렇다고 여김.

• **준수:** 전례나 규칙, 명령 따위를 그대로 좇아서 지킴.

상업 광고는 기업은 물론이고 소비자에게도 요긴하다[•]. 기업은 마케팅 활동의 주요한 수단으로 광고를 적극적으로 이용하여 기업과 상품의 인지도를 높이려 한다. 소비자는 소비 생활에 필요한 상품의 성능, 가격, 판매 조건 등의 정보를 광고에서 얻으려 한다. 광고를 통해 기업과 소비자가 모두 이익을 얻는다면 이를 규제할 필요는 없을 것이다. 그러나 광고에서 기업과 소비자의 이익이 상충되는 경우도 있고 광고가 사회 전체에 폐해를 낳는 경우도 있어, 다양한 규제 방식이 모색되었다.

이때 문제가 된 것은 과연 광고로 인한 피해를 책임질 당사자로서 누구를 상정할 것인가였다. 초기에는 '소비자 책임 부담 원칙'에 따라 광고 정보를 활용한 소비자의 구매 행위에 대해 소비자가 책임을 져야 한다고 보았다. 여기에는 광고 정보가 정직한 것인지와는 상관없이 소비자는 이성적으로 이를 판단하여 구매할 수 있어야 한다는 전제가 있었다. 그래서 기업은 광고에 의존하여 물건을 구매한 소비자가 입은 피해에 대하여 책임을 지지 않았고, 광고의 기만성[•]에 대한 입증 책임도 소비자에게 있었다.

책임 주체로 기업을 상정하여 '기업 책임 부담 원칙'이 부상하게 된 배경은 복합적이다. 시장의 독과점 상황이 광범위해지면서 소비자의 자유로운 선택이 어려워졌고, 상품에 응용된 과학 기술이 복잡해지고 첨단화되면서 상품 정보에 대한 소비자의 정확한 이해도 기대하기 어려워졌다. 또한 다른 상품 광고와의 차별화를 위해 통념에 어긋나는 표현이나 장면도 자주 활용되었다. 그리하여 경제적, 사회·문화적 측면에서 광고로부터 소비자를 보호해야 한다는 당위를 바탕으로 기업이 광고에 대해 책임을 져야 한다는 공감대가 확산되었다.

오늘날 행해지고 있는 여러 광고 규제는 이런 공감대 속에서 나온 것인데, 이는 크게 보아 법적 규제와 자율 규제로 나눌 수 있다. 구체적인 법 조항을 통해 광고를 규제하는 법적 규제는 광고 또한 사회적 활동의 일환[•]이라는 점에 근거한다. 특히 자본주의 사회에서는 기업이 시장 점유율을 높여 다른 기업과의 경쟁에서 승리하기 위하여 사실에 반하는 광고나 소비자를 현혹하는 광고를 할 가능성이 높다. 법적 규제는 허위 광고나 기만 광고 등을 불공정 경쟁의 수단으로 간주[•]하여 정부 기관이 규제를 가하는 것이다.

자율 규제는 법적 규제에 대한 기업의 대응책으로 등장했다. 법적 규제가 광고의 역기능에 따른 피해를 막기 위한 강제적 조치라면, 자율 규제는 광고의 순기능을 극대화하기 위한 자율적 조치이다. 여기서 광고는 기업의 마케팅 활동으로 한정되지 않고 사회의 가치와 문화에 영향을 끼치는 활동으로 간주된다. 그래서 광고주, 광고업계, 광고 매체사 등이 광고 집행 기준이나 윤리 강령 등을 정하고 이를 준수[•]하고자 한다. 광고에 대한 기업의 책임감에서 비롯된 자율 규제는 법적 규제를 보완하는 효과가 있다.

01 세부 정보 파악하기

윗글의 표제와 부제로 가장 적절한 것은?

① 광고 규제의 배경과 유형
　　– 피해 책임의 주체와 규제의 주체를 중심으로
② 광고 규제의 사회적 영향
　　– 규제의 도입 배경과 원인을 중심으로
③ 광고 규제의 필요성과 의의
　　– 시대에 따른 소비자의 역할을 중심으로
④ 광고 규제의 순기능과 역기능
　　– 문제점의 진단과 개선 방안을 중심으로
⑤ 광고 규제에 대한 대립적 시각
　　– 기업과 소비자의 이익 극대화 방안을 중심으로

02 정보 및 내용 추론하기

윗글을 통해 알 수 있는 내용으로 가장 적절한 것은?

① 광고 주체의 자율 규제가 잘 작동될수록 광고에 대한 법적 규제의 역할도 커진다.
② 기업의 이익과 소비자의 이익이 상충되는 정도가 클수록 법적 규제와 자율 규제의 필요성이 약화된다.
③ 시장 독과점 상황이 심각해지면서 기업 책임 부담 원칙이 약화되고 소비자 책임 부담 원칙이 부각되었다.
④ 첨단 기술을 강조한 상품의 광고일수록 소비자가 광고 내용을 정확히 이해하지 못한 채 상품을 구매할 가능성이 커진다.
⑤ 광고의 기만성을 입증할 책임을 소비자에게 돌리는 경우, 그 이유는 소비자에게 이성적 판단 능력이 있다는 전제를 받아들이지 않기 때문이다.

03 구체적 사례에 적용하기

윗글을 바탕으로 〈보기〉를 이해한 내용으로 적절하지 않은 것은?

| 보기 |

　광고 규제 중에는 소비자가 광고의 폐해에 직접 대응하는 소비자 규제가 있다. 이는 소비자야말로 불공정하거나 불건전한 광고의 직접적인 피해자라는 점에 근거한다. 이러한 광고들은 사회 전체에도 피해를 끼치기 때문에, 소비자 규제는 발생한 피해에 대응하는 것뿐만 아니라 피해가 예상되는 그릇된 정보의 유통 자체를 문제 삼기도 한다. 이때 규제의 주체로서 집단적 성격을 지니는 소비자는 법적 규제를 입안하거나 실행하는 주체는 아니다. 그래서 소비자 규제는 법적 규제와 자율 규제를 강화하도록 압박하는 방식을 취하며, 소비자의 권리 행사는 소비자 보호 운동의 형태로 나타난다.

① 소비자 규제는 소비자들의 힘을 극대화하기 위해서 소비자 책임 부담 원칙을 지지하겠군.
② 소비자 규제는 광고 규제의 효과 면에서 법적 규제와 자율 규제를 보완한다는 의의가 있군.
③ 소비자 규제의 주체는 광고의 폐해에 직접 대응하기 때문에 자율 규제의 주체와 긴장하는 관계에 있겠군.
④ 소비자 규제는 광고 주체들의 이기적인 행태를 견제하는 기능이 있다는 점에서 법적 규제와 공통점이 있군.
⑤ 소비자 규제는 경제적 측면만이 아니라 사회·문화적 측면에서도 광고에 의한 소비자의 피해를 줄일 수 있겠군.

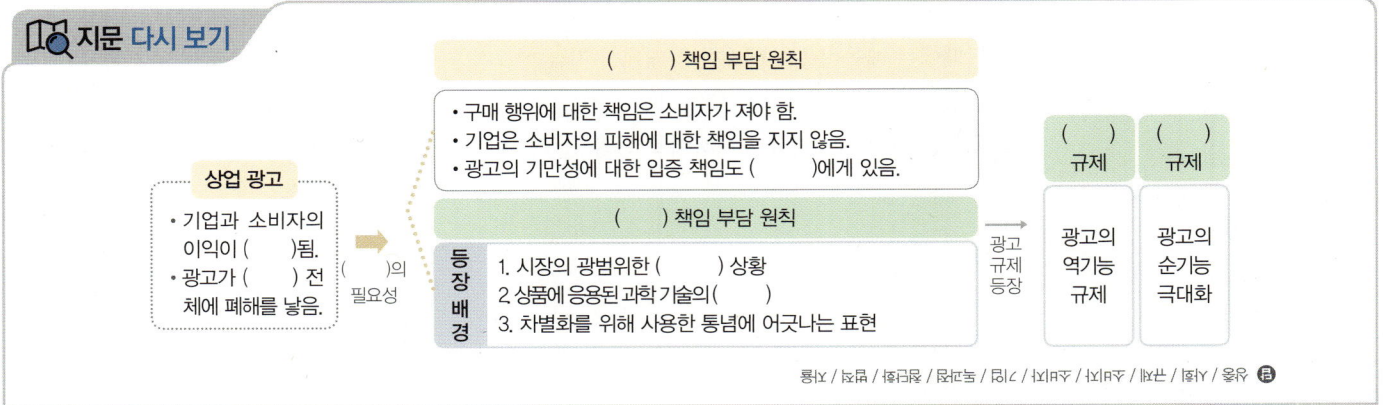

08강 사회 제재 읽기　**89**

[01~03] 다음 글을 읽고 물음에 답하시오.

핵심 정리

ㅣ중심 화제
(   )인 의사 결정의 방법

ㅣ문단 정리
1문단: (   )의 개념과 사례
2문단: (   )의 개념과 사례
3문단: (   )과 한계편익의 개념과 사례
4문단: 합리적 의사 결정을 위한 제언

ㅣ주제
합리적 의사 결정을 위한 기회비용 및 한계비용, 한계편익의 고려

우리는 주변에서 공연을 보러 갔는데 기대와는 달리 공연이 재미없고 지루하다고 느끼면서도 입장료가 아까워서 공연을 계속 봐야 한다고 우기는 사람들을 종종 목격한다. 이처럼 일상생활의 여러 의사 결정 과정에서 이미 돈을 지불하였다는 이유만으로 중단을 주저하는 경우가 자주 발생하는데, 이를 '매몰비용효과'라고 한다. '매몰비용'이란 이미 발생하여 회수*가 불가능한 비용을 말한다. 이미 지불하여 돌이킬 수 없는 일련의 비용들은 미래의 비용이나 편익에 아무런 영향을 미치지 못하는 비용들이다. 따라서 경제적 판단이 필요할 때, 이전에 투입된 비용이 합리적으로 지출되었든 비합리적으로 지출되었든 간에 전혀 고려 대상이 아니다.

그렇다면 어떻게 의사 결정을 해야 합리적인 결정이 될 수 있을까? 그것은 의사 결정 과정에서 매몰비용은 철저히 배제하고 '기회비용'에 대해 고려하는 것에서 답을 찾을 수 있다. 기회비용은 보통 '포기된 대안 중에서 가장 가치가 큰 것'을 의미한다. 즉 여러 개의 선택 대안이 있을 때 그중 어느 하나를 선택함으로써 나머지는 포기하게 되는데, 그 포기된 여러 가지 중에서 가장 가치가 큰 것을 기회비용이라고 하는 것이다. 예를 들어 어느 날 오후 시간을 어떻게 사용할 것인가를 고민하는 학생이 있다고 하자. 이 학생이 갖고 있는 대안은 공부하기, 이성 친구와의 데이트, 게임 등 세 가지가 있다. 이때 공부함으로써 얻는 가치란 좋은 성적이 될 것이고, 이성 친구와 데이트를 함으로써 얻는 가치는 데이트 과정에서의 즐거움, 그리고 게임을 함으로써 얻는 가치는 게임 과정에서 느끼는 재미일 것이다. 세 가지 대안의 가치를 수치로 표현할 때 그 값들이 각각 100, 90, 80이라면, 공부를 선택하지 않을 경우 기회비용이 100으로 가장 크므로 공부를 하는 것이 가장 합리적인 선택이 되는 것이다.

기회비용과 함께 합리적 의사 결정을 위해 알아야 할 개념이 있는데 이는 '한계비용'과 '한계편익*'이다. 이윤 극대화를 달성하기 위해서는 한계편익과 한계비용이 같아지는 수준에서 경제활동이 이루어져야 한다. 한계비용과 한계편익은 특정 경제 행위를 한 단위 추가할 때 발생하는 비용과 수입을 의미한다. 한계비용은 우리가 어떤 행위를 하나 더 할 경우에 추가적으로 드는 비용을 말한다. 반대로 한계편익은 우리가 어떤 행위를 하나 더 할 경우에 추가적으로 얻는 편익을 말한다. 만약 어떤 활동을 추가로 하나 더 할 때의 한계편익이 한계비용보다 크다면, 그 활동을 더 해야 한다. 예를 들어 회사가 자동차를 1대 더 생산함으로써 버는 한계편익이 1천만 원이고 한계비용이 9백만 원이라고 하자. 이 경우 자동차를 1대 더 생산하면 1백만 원의 이윤을 늘릴 수 있다. 따라서 이 회사는 자동차를 1대 더 생산해야 한다. 만약 한계편익이 한계비용보다 작으면 그 활동을 줄여야 한다. 결국 이 회사가 이익을 최대화할 수 있는 방법은 한계편익이 한계비용과 같아질 때까지 생산을 늘리거나 줄이는 것이다.

이처럼 일상생활 속에서 혹은 경제 상황 속에서 합리적인 의사 결정을 하기 위한 고민이 있을 때에는 매몰비용을 배제한 상태에서 지금 하고자 하는 일과 그 일을 함으로써 포기해야 하는 일들의 기회비용을 따지고, 자신이 하고자 하는 일이 한계편익과 한계비용의 관점에서 손해를 볼 일이 없는지를 고려하여 최선의 결정을 내려야 할 것이다.

▶ 어휘 풀이

● **회수:** 도로 거두어들임.

● **편익:** 지불 비용에 따라 얻게 되는 그 무엇(가치 또는 혜택).

01 글의 전개 방식 파악하기

윗글의 전개 방식으로 가장 적절한 것은?

① 통념의 응용 가능성에 대한 전망을 밝히고 있다.
② 문제점을 해결하기 위한 대책 마련을 촉구하고 있다.
③ 시간의 흐름에 따른 대상의 변화 양상을 제시하고 있다.
④ 상반되는 의견을 비판적으로 검증하고 이를 절충하고 있다.
⑤ 현실의 문제점을 제시한 후 구체적인 해결 방안을 다각적으로 설명하고 있다.

02 세부 정보 파악하기

윗글의 내용을 적절하게 이해한 것들끼리 바르게 묶인 것은?

> ㉠ 이전에 지출된 비용의 합리성은 합리적인 의사 결정의 고려 사항이 아니다.
> ㉡ 기회비용이란 선택을 받지 못했지만 선택할 수 있었던 대상들을 모두 지칭하는 개념이다.
> ㉢ 기회비용을 고려한 합리적인 선택을 위해서는 기회비용의 가치가 큰 쪽을 선택해야 한다.
> ㉣ 이윤의 극대화를 위해서는 한계비용이 한계편익보다 높은 쪽으로 가는 방향으로 선택해야 한다.

① ㉠, ㉡
② ㉠, ㉢
③ ㉡, ㉣
④ ㉠, ㉢, ㉣
⑤ ㉡, ㉢, ㉣

03 구체적 사례에 적용하기

윗글을 통해 〈보기〉를 설명한 것으로 적절하지 않은 것은?

> ┤ 보기 ├
>
> (가) 프랑스 정부는 1969년 콩코드 여객기 개발에 대한 많은 우려에도 불구하고 이미 지불된 금액 때문에 중단을 주저했고, 결국 1976년 여객기가 완성되었다. 하지만 비행기 기체 결함과 만성적인 적자로 2000년대 초반에 결국 사업을 중단했다.
> (나) 백화점 입점 매장은 규모가 증가할 때마다 추가적인 임대료를 지불해야 한다. 초기에는 매장을 늘려 고객들의 눈에 잘 띔으로써 얻는 수익이 임대료 부담보다 크겠지만 일정 규모 이상이 되면, 임대료 증가분의 부담이 더 커지기 때문에 오히려 매장 확대가 추가 이익 확보를 저해하는 요인이 된다.

① (가)의 경우 정부가 매몰비용을 배제하지 못해 결국 사업에 실패하게 된 것이겠군.
② (가)의 경우 기회비용을 고려하여 계획을 수정했다면 보다 합리적인 의사 결정을 할 수 있었겠군.
③ (나)의 경우 매장의 크기를 늘려 추가적인 임대료가 증가하는 것을 한계비용, 추가적인 수익이 발생하는 것을 한계편익으로 볼 수 있겠군.
④ (나)의 경우 지속적인 매장의 확대가 고객들의 눈에 잘 띄는 효과를 확대할 것이므로 한계비용을 계속해서 늘릴 때 한계편익도 지속적으로 증가하겠군.
⑤ (가)는 (나)와 달리 비행기 개발을 위한 한계비용이 지속적으로 지출되더라도 한계편익이 발생하기 어려운 상황이었겠군.

📖 지문 다시 보기

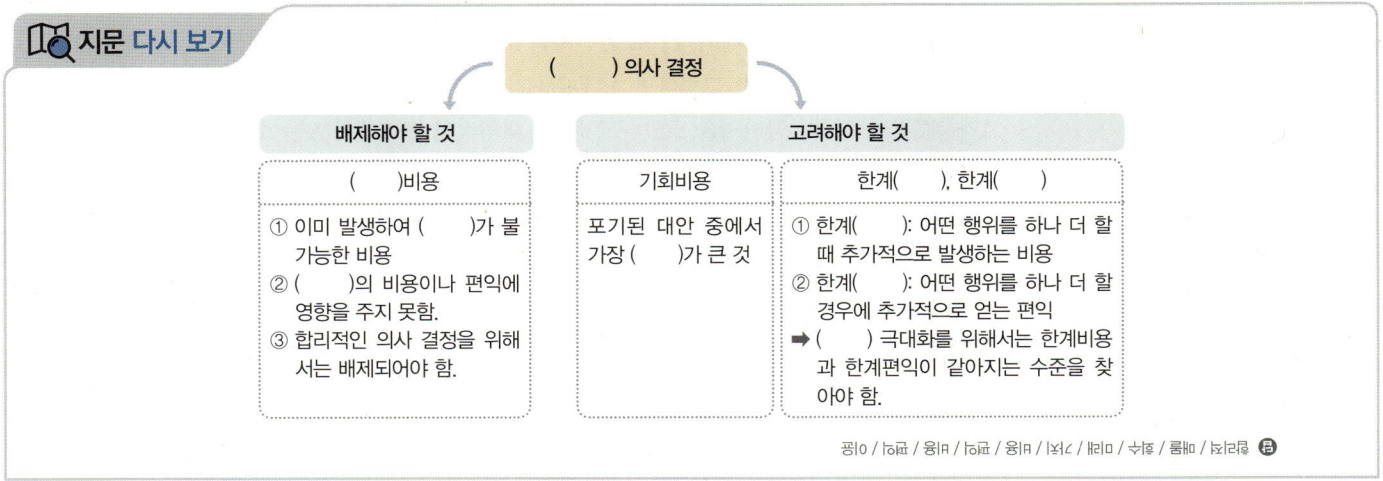

```
                          (     ) 의사 결정
                   ↙                        ↘
        배제해야 할 것                      고려해야 할 것

     (     )비용                  기회비용          한계(   ), 한계(   )

 ① 이미 발생하여 (   )가 불    포기된 대안 중에서   ① 한계(   ): 어떤 행위를 하나 더 할
    가능한 비용                가장 (   )가 큰 것      때 추가적으로 발생하는 비용
 ② (   )의 비용이나 편익에                         ② 한계(   ): 어떤 행위를 하나 더 할
    영향을 주지 못함.                                  경우에 추가적으로 얻는 편익
 ③ 합리적인 의사 결정을 위해                       ➡ (   ) 극대화를 위해서는 한계비용
    서는 배제되어야 함.                                과 한계편익이 같아지는 수준을 찾
                                                      아야 함.
```

[01~04] 다음 글을 읽고 물음에 답하시오.

A가 B로부터 돈을 대출받으면서 이를 갚기로 약정했다고 하자. 이 경우 A는 ㉠채무자, B는 A에게 대출금의 반환을 요구할 수 있는 ㉡채권자가 된다. 동시에 A는 B에게 채무의 이행을 보장하기 위한 수단을 제공할 수도 있는데, 이러한 수단을 담보라고 한다. 즉 A가 B에게 자신이 소유한 물건 중 값나가는 것을 담보물로 제공하는 것이다. 담보가 제공되면 A는 채무자인 동시에 ㉢담보권설정자, B는 채권자이자 ㉣담보권자가 된다. 채무자가 약속대로 채무를 이행하지 않는다면 채권자는 담보물을 경매에 부치거나 담보물에 대한 소유권을 취득하는 등 민법에서 정한 방법으로 채무 이행을 요구할 수 있다.

담보물이 될 수 있는 것은 건물이나 토지와 같은 부동산뿐 아니라 자동차나 가축 등 부동산 외의 물건인 동산, 그리고 채무자가 다른 사람에 대해 가진 채권 등 매우 다양하다. 그런데 동산의 경우 민법의 규정이 없음에도 불구하고 예전부터 관습처럼 '양도* 담보'를 설정하기도 한다. 양도 담보란 물건의 소유권을 채권자에게 이전하는 방법으로 담보권을 설정하는 것이다. 위 예에서 A가 B에게 돈을 대출받으면서 담보로 자신이 가진 금반지의 소유권을 B에게 넘긴다면 A는 B에게 양도 담보권을 설정하여 준 것이다. 그런데 양도 담보는 민법에서 정한 일반적인 담보권과는 다른 양상으로 설정되고 실행된다. 따라서 법학자들과 법원은 판례를 통해 양도 담보의 성질이나 이로 인해 발생할 수 있는 법률관계들을 정리하여 현실에서 적용하도록 하고 있다.

원칙적으로 담보권자는 채무자가 채무를 이행하지 않을 때 비로소 담보권을 실행할 수 있을 뿐 담보물을 사용할 수 있는 권리는 담보권설정자에게 있다. 그런데 동산 양도 담보의 경우 '양도'의 의미에서 알 수 있듯 동산의 소유권을 채권자에게 넘기는 방식으로 담보권 설정이 이루어진다. 하지만 담보권자와 담보권설정자 사이의 대내적인 관계에서는 여전히 소유권을 담보권설정자가 갖는 것으로 본다. 즉 대내적 소유자와 대외적 소유자가 달라지고, 대내적 관계에 따라 채무자는 여전히 담보물을 사용할 수 있다. 이러한 특성을 반영해 '점유* 개정'을 통해 동산 양도 담보가 이루어지는 경우가 대부분이다. 점유 개정이란 물건의 소유자가 소유권은 다른 사람에게 주지만 그 물건을 소지하고 사용할 권리는 기존의 소유자에게 남겨 두는 것으로, 물건을 실제로 넘겨주는 '현실인도'와 달리 실제 물건과 물건에 대한 소유권을 분리해 소유권을 관념*적으로만 넘겨주는 방식이다.

위와 같은 동산 양도 담보의 특성은 담보물 처분에 대한 문제를 야기하기도 한다. 예를 들어 A가 B로부터 돈을 빌리면서 자신이 소유한 금반지에 대해 점유 개정의 방식으로 양도 담보권을 설정해 주었다면 대외적으로 금반지의 소유자는 B이지만, A는 여전히 금반지를 끼고 다니면서 사용할 수 있다. 그렇다면 A 혹은 B가 이 금반지를 제3자에게 팔 수 있을까? 먼저 A가 제3자인 C에게 금반지를 팔았다고 하자. 대외적인 관계에서 A는 소유자가 아니므로 이 반지를 팔 권한이 없다. 즉 C와의 관계에서 A는 타인의 소유물을 판 것이 되고 원칙적으로 C는 소유자가 될 수 없다. 반면 B가 C에게 금반지를 팔았다면 C는 완전한 소유자로부터 물건을 산 것이므로 B와 C 사이의 매매에는 문제가 없다. 따라서 C는 금반지의 새로운 소유자가 되고, A에게 자신의 소유물인 금반지를 달라고 요구할 권리가 있다. 하지만 A와 B의 관계에서 B는 A의 대내적 소유권을 침해하여 소유물을 권한 없이 처분한 것이므로, A의 손해를 배상해 주어야 한다.

점유 개정에 의해 양도 담보권이 설정된 경우 외부에서는 채무자가 완전한 소유자가 아니라는 사실을 알기 어렵다. 이로 인해 채무자는 ㉮이중으로 담보권을 설정하는 유혹에 빠지기 쉽다. A가 B에게 돈을 빌리면서 금반지에 대해 양도 담보권을 설정해 주었음에도 불구하고 다른 사람에게 또 돈을 빌리면서 동일한 금반지에 대해 점유 개정의 방식으로 양도 담보권을 설정해 줄 위험이 있는 것이다. 이 경우, 원칙적으로는 가장 처음으로 담보권을 설정 받은 B가 진정한 담보권을 갖는다. 하지만 만약 A가 B 외의 다른 채권자에게 금반지를 현실적으로 넘겨준다면 그때에는 현실인도를 받은 자가 담보권자가 된다. 즉 점유 개정이 소유권을 현실적으로 나타내지 못한다는 문제를 감안하여 가장 처음으로 담보권을 설정 받은 자 외의 채권자들을 보호할 수 있는 방안을 마련해 놓고 있는 것이다.

01 세부 정보 파악하기

윗글을 통해 알 수 있는 내용으로 적절하지 않은 것은?

① 담보란 채무의 이행을 보장하기 위한 수단이다.
② 양도 담보권으로 인해 발생하는 문제는 민법이 아닌 판례에 의해 규율된다.
③ 물건을 소지하고 사용할 권리를 가진 사람과 소유권을 가진 사람이 다른 경우도 있다.
④ 이중으로 양도 담보권이 설정되는 경우, 처음 설정된 담보권이 유효한 것이 원칙이다.
⑤ 점유 개정이 이루어지면 양도 담보권을 설정한 사람과 물건을 사용할 수 있는 권리를 가진 사람이 달라진다.

02 정보 및 내용 추론하기

㉠~㉢에 대한 설명으로 가장 적절한 것은?

① ㉠이 ㉢이 된 경우에도 담보물을 계속 사용하도록 할 수 있다.
② ㉠이 채무를 이행하지 않으면 ㉢은 담보물을 통해 채무 이행을 청구할 수 있을 것이다.
③ 모든 ㉡은 담보권을 가지고, ㉠이 담보물을 사용하도록 허락할 수 있을 것이다.
④ ㉡은 자신이 소유한 물건에 담보권을 설정 받아 ㉣이 될 수 있을 것이다.
⑤ ㉡이 ㉣이 되면 바로 담보물의 소유자가 되지만 담보물을 사용할 수는 없을 것이다.

03 구체적 사례에 적용하기

윗글을 바탕으로 〈보기〉의 ⓐ~ⓓ를 이해한 내용으로 적절하지 않은 것은?

> ┤ 보기 ├
>
> 축산업을 하는 ⓐA는 B로부터 외상으로 돼지 사료를 구매하면서, 사료 값에 대한 담보로 자신이 기르는 돼지 100마리에 대해 B에게 점유 개정에 의한 방식으로 양도 담보권을 설정해 주었다. 하지만 돈이 필요했던 ⓑA는 이 돼지들을 C에게 팔았다. B가 이에 대해 불만을 표시하자, A는 B에게 자신이 가진 고급 시계에 대해 새로 ⓒ점유 개정 방식으로 양도 담보권을 설정해 주고 B에게 시계의 소유권을 넘겨주었다. A가 돈을 갚을 수 있을지 의심스러웠던 ⓓB는 D에게 이 시계를 팔아 버렸다.

① ⓐ로 인해 담보권이 설정된 돼지 100마리는 이전과 같이 A가 사육할 수 있다.

② ⓐ에도 불구하고 A와 B 사이에서 돼지 100마리에 대한 대내적 소유자는 A이다.

③ ⓑ에서 C는 무권리자와 거래를 한 것이다.

④ ⓒ로 인해 시계의 대외적 소유자는 B가 되었다.

⑤ ⓓ를 통해 D는 시계의 소유권을 갖게 되었지만 A의 요구가 있으면 A에게 시계의 소유권을 반환해야 한다.

04 비판·반응의 적절성 평가하기

〈보기〉를 참고할 때, ㉮에 대한 반응으로 가장 적절한 것은?

> ┤ 보기 ├
>
> 동산의 선의 취득이란 무권리자가 거래를 한 경우에도 그 거래의 상대방은 거래의 대상인 권리를 취득할 수 있도록 한 제도이다. 동산의 소유자가 아닌 사람이 동산을 판매하거나 담보권을 설정하는 거래를 했는데, 상대방은 자신이 무권리자와 거래한다는 사실을 몰랐다고 하자. 이 경우 거래에 대한 신뢰를 보호하기 위해 선의 취득이 인정된다. 따라서 그 상대방은 물건의 소유권이나 담보권을 취득하고, 진정한 권리자는 권리를 잃게 된다. 하지만 점유 개정을 통해서는 선의 취득을 할 수 없다. 선의 취득은 거래의 안전을 보장하기 위한 것인데, 점유 개정은 거래가 완전하게 이루어진 것인지 확인하기에 충분하지 않으므로, 진정한 권리자의 권리를 우선시하는 것이다.

① 갑이 을와 병에게 차례로 점유 개정의 방식으로 양도 담보권을 설정한 후 을에게 담보물을 현실인도한다면 병은 양도 담보권을 잃게 되겠군.

② 갑이 을에게 현실인도의 방식으로 양도 담보권을 설정한 후 병에게 점유 개정의 방식으로 양도 담보권을 설정한다면 을은 담보권을 선의 취득할 수 있겠군.

③ 갑이 을과 병에게 차례로 점유 개정의 방식으로 이중으로 양도 담보권을 설정한 후 을이 담보물을 현실인도 받는다면 을은 담보권을 선의 취득할 수 있겠군.

④ 갑이 을에게 점유 개정의 방식으로 양도 담보권을 설정한 후 병에게 양도 담보권을 설정하고 담보물을 현실인도한다면 병은 담보권을 선의 취득할 수 있겠군.

⑤ 갑이 을과 병에게 차례로 점유 개정의 방식으로 이중으로 양도 담보권을 설정한다면 을과 병 모두 선의 취득이 불가능하기 때문에 둘 모두 양도 담보권자가 될 수 없겠군.

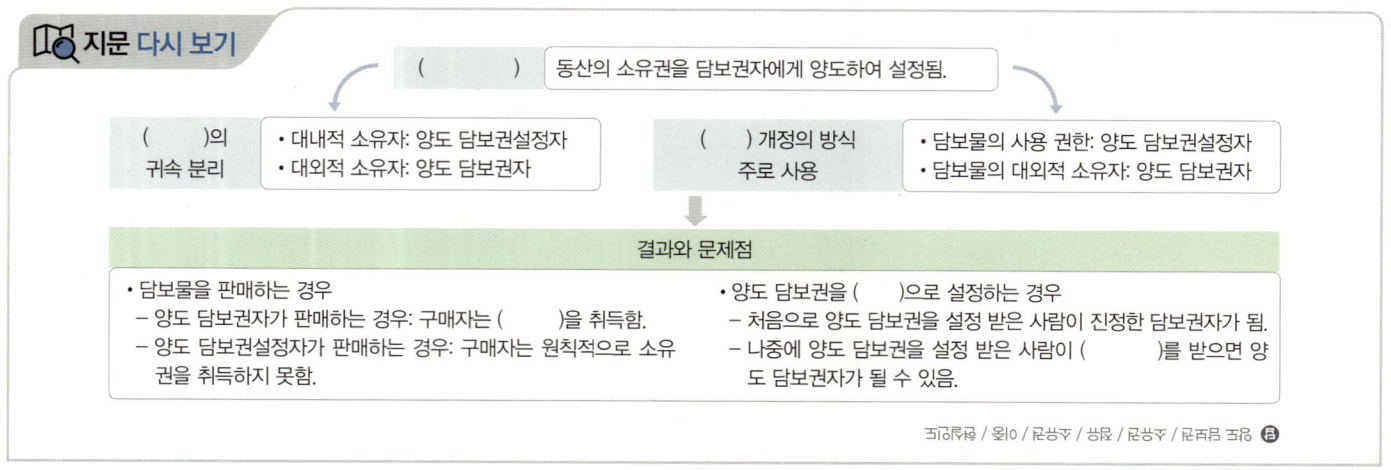

📖 지문 **다시 보기**

( )	동산의 소유권을 담보권자에게 양도하여 설정됨.

( )의 귀속 분리	・대내적 소유자: 양도 담보권설정자 ・대외적 소유자: 양도 담보권자	( ) 개정의 방식 주로 사용	・담보물의 사용 권한: 양도 담보권설정자 ・담보물의 대외적 소유자: 양도 담보권자

결과와 문제점
・담보물을 판매하는 경우 - 양도 담보권자가 판매하는 경우: 구매자는 ( )을 취득함. - 양도 담보권설정자가 판매하는 경우: 구매자는 원칙적으로 소유권을 취득하지 못함.	・양도 담보권을 ( )으로 설정하는 경우 - 처음으로 양도 담보권을 설정 받은 사람이 진정한 담보권자가 됨. - 나중에 양도 담보권을 설정 받은 사람이 ( )를 받으면 양도 담보권자가 될 수 있음.

Q1 다음 문장에 어울리는 어휘를 고르시오.

1. 잘못에 합당한 (조치 , 조정)를 내려야 한다.
2. 그는 그 약물을 (악용 , 활용)하여 사회를 혼란에 빠뜨렸다.
3. 그 장군에게 다가가는 동안 아무런 (제재 , 제정)도 받지 않았다.
4. 정부는 생필품의 수출입에는 관세 (부과 , 부여)를 없앨 예정이다.
5. 회사 기밀을 (유입 , 유출)하는 것은 직업 윤리에 어긋나는 일이다.

Q2 다음 어휘의 알맞은 의미를 찾아 연결하시오.

1. 강령 •
2. 점유 •
3. 독과점 •
4. 상정하다 •
5. 요긴하다 •

• ㉠ 꼭 필요하고 중요하다.
• ㉡ 독점과 과점을 아울러 이르는 말.
• ㉢ 물건이나 영역, 지위 따위를 차지함.
• ㉣ 어떤 정황을 가정적으로 생각하여 단정하다.
• ㉤ 정당이나 사회 단체 등이 그 기본 입장이나 방침, 운동 규범 따위를 열거한 것.

Q3 다음 문장에 어울리는 어휘를 골라 쓰시오.

모색	상충	약정	취득	편익

1. 나는 집주인과 매매 계약을 (   )했다.
2. 그는 운전면허증을 (   )하고 바로 차를 샀다.
3. 우리는 에너지의 사용으로 많은 (   )을 얻었다.
4. 우리나라와 그 나라는 이해관계가 (   )했을 때 서로 양보하지 않았다.
5. 지금이야말로 우리 사회의 병폐를 해결하기 위한 방안을 (   )해야 할 때이다.

Q4 다음 중 같은 의미로 사용되는 어휘를 고르시오.

1. 차기 대통령감으로 그 정치인이 떠오른다.   ① 부상하다   ② 부가하다   ③ 부인하다
2. 그는 그 일의 전후 관계를 덧붙여 설명했다.   ① 부정하다   ② 부연하다   ③ 부실하다
3. 소수의 의견을 대다수의 의견인 것처럼 여기다.   ① 간주하다   ② 간섭하다   ③ 주장하다

09강 경제 제재 읽기

어떻게 읽어야 할까?

> **경제 제재**
- 이 제재는 경제 이론이나 경제학의 개념, 경제적 상황과 관련된 문제적 현상을 다룬다. 전문적인 경제 용어가 다수 제시되므로 용어의 의미를 이해하며 독해하는 것이 중요하다.
- 이론이나 개념과 관련 있는 그래프나 수식, 표 등을 활용하여 문제를 출제하는 경우가 많으므로, 지문에서 해당 자료의 특징을 설명하는 부분을 찾아 그 내용에 근거하여 문제를 해결해야 한다.

독해 전략 1
생소한 경제 용어의 의미를 명확하게 이해하기

독해 전략 2
경제 이론이나 경제적 상황의 특징 파악하기

독해 전략 3
지문을 바탕으로 그래프, 표 등의 자료와 수식 정확하게 파악하기

기출에서 개념 찾기
- 윗글을 바탕으로 〈보기〉를 이해할 때 '**경제학자 병**'이 제안한 내용으로 가장 적절한 것은?
- 글로벌 **금융** 위기 이후에는, **정책 금리 인하**가 **경제 안정**을 훼손하는 요인이 될 수 있다고 보았다.

| 경제 지문 맛보기 |

[3월 고1 학력평가]

1 조세는 국가의 재정을 마련하기 위해 경제 주체인 기업과 국민들로부터 거두어들이는 돈이다. 그런데 국가가 조세를 강제로 부과하다 보니 경제 주체의 의욕을 떨어뜨려 경제적 순손실을 초래하거나 조세를 부과하는 방식이 공평하지 못해 불만을 야기하는 문제가 나타난다. 따라서 조세를 부과할 때는 조세의 효율성과 공평성을 고려해야 한다.

2 우선 조세의 효율성에 대해서 알아보자. 상품에 소비세를 부과하면 상품의 가격 상승으로 소비자가 상품을 적게 구매하기 때문에 상품을 통해 얻는 소비자의 편익˙이 줄어들게 되고, 생산자가 상품을 팔아서 얻는 이윤도 줄어들게 된다. 소비자와 생산자가 얻는 편익이 줄어드는 것을 경제적 순손실이라고 하는데 조세로 인하여 경제적 순손실이 생기면 경기가 둔화될 수 있다. 이처럼 조세를 부과하게 되면 경제적 순손실이 불가피하게 발생하게 되므로, 이를 최소화하도록 조세를 부과해야 조세의 효율성을 높일 수 있다.

3 조세의 공평성은 조세 부과의 형평성을 실현하는 것으로, 조세의 공평성이 확보되면 조세 부과의 형평성이 높아져서 조세 저항을 줄일 수 있다. 공평성을 확보하기 위한 기준으로는 편익 원칙과 능력 원칙이 있다. 편익 원칙은 조세를 통해 제공되는 도로나 가로등과 같은 공공재˙를 소비함으로써 얻는 편익이 클수록 더 많은 세금을 부담해야 한다는 원칙이다.

4 능력 원칙은 개인의 소득이나 재산 등을 고려한 세금 부담 능력에 따라 세금을 내야 한다는 원칙으로 조세를 통해 소득을 재분배하는 효과가 있다. 능력 원칙은 수직적 공평과 수평적 공평으로 나뉜다. 수직적 공평은 소득이 높거나 재산이 많을수록 세금을 많이 부담해야 한다는 원칙이다. 이를 실현하기 위해 특정 세금을 내야 하는 모든 납세자에게 같은 세율을 적용하는 비례세나 소득 수준이 올라감에 따라 점점 높은 세율을 적용하는 누진세를 시행하기도 한다.

핵심 정리

| 중심 화제
(   )의 효율성과 공평성

| 문단 정리
1문단: 조세의 개념
2문단: 조세의 (   )
3문단: 조세의 공평성 확보 기준 ①
4문단: 조세의 공평성 확보 기준 ②
5문단: (   ) 공평의 특징

| 주제
조세의 효율성 및 공평성의 특징과 (   ) 방법

▶ 어휘 풀이
- **편익**: 편리하고 유익함.
- **공공재**: 모든 사람들이 공동으로 이용할 수 있는 재화나 서비스.

출처 / 조미 / 홍룡표 / 수윤전 / 저홍

5 수평적 공평은 소득이나 재산이 같을 경우 세금도 같게 부담해야 한다는 원칙이다. 그런데 수치상의 소득이나 재산이 동일하더라도 실질적인 조세 부담 능력이 달라, 내야 하는 세금에 차이가 생길 수 있다. 예를 들어 소득이 동일하더라도 부양가족의 수가 다르면 실질적인 조세 부담 능력에 차이가 생긴다. 이와 같은 문제를 해결하여 공평성을 높이기 위해 정부에서는 공제 제도를 통해 조세 부담 능력이 적은 사람의 세금을 감면해 주기도 한다.

┃이것만은 꼭!┃

경제 지문에서는 중요한 경제 용어가 반복적으로 제시됩니다. 그렇기 때문에 경제 지문을 독해할 때는 반복되는 경제 용어의 의미를 정확하게 파악해야 합니다.

┃ 독해 전략 적용하기 ┃

전략 1 윗글에 제시된 주요 경제 용어를 바탕으로 빈칸을 채워 보시오.

(1) ☐☐ : 국가의 재정을 마련하기 위해 경제 주체로부터 거두어들이는 돈
(2) 조세의 공평성: 조세 ☐☐의 형평성을 실현하는 것
(3) ☐☐ 원칙: 세금 부담 능력에 따라 세금을 내야 한다는 원칙
(4) ☐☐☐ 공평: 소득이나 재산이 같을 경우 세금도 같게 부담해야 한다는 원칙

전략 2 다음 문장에 적절한 것을 주어진 개념 중에서 고르시오.

(1) 조세의 (효율성 , 공평성)은 소득 재분배를 목적으로 한다.
(2) 조세의 (효율성 , 공평성)은 조세가 경기에 미치는 영향과 관련되어 있다.
(3) 조세의 (효율성 , 공평성)은 납세자의 조세 저항을 완화하는 데 도움이 된다.

전략 3 윗글을 바탕으로 〈보기〉의 표를 해석한 내용이 적절하면 ○, 적절하지 않으면 ×에 표시하시오.

┤ 보기 ├

구분	소득 (만 원)	세율 (%)	공제액 (만 원)	납부액 (만 원)	공제 항목
A	3,000	5	0	150	공제 없음.
B	3,000	5	100	50	부양가족 2인

(1) A와 달리 B에게 공제 혜택을 부여함으로써 조세의 공평성이 약화되고 있다.

(○ , ×)

(2) B가 A와 달리 부양가족 공제를 받은 것은 실질적인 조세 부담 능력을 고려한 것이다.

(○ , ×)

[01~03] 다음 글을 읽고 물음에 답하시오.

핵심 정리

| 중심 화제
( )

| 문단 정리
1문단: 구독경제의 개념과 사례
2문단: 구독경제의 세 가지 ( )
3문단: 구독경제가 빠르게 ( )되는 이유
4문단: 구독경제의 장점
5문단: 구독경제의 ( )

| 주제
구독경제의 개념과 장단점

직장인 A 씨는 셔츠 정기 배송 서비스를 신청하여 일주일 간 입을 셔츠를 제공 받고, 입었던 셔츠는 반납한다. A 씨는 셔츠를 직접 사러 가거나 세탁할 필요가 없어져 시간을 절약할 수 있게 되었다. 이처럼 소비자가 회원 가입 및 신청을 하면 정기적으로 원하는 상품을 배송 받거나, 필요한 서비스를 언제든지 이용할 수 있는 경제 모델을 ㉠'구독경제'라고 한다.

신문이나 잡지 등 정기 간행물에만 적용되던 구독 모델은 최근 들어 그 적용 범위가 점차 넓어지고 있다. 이로 인해 사람들은 소유와 관리에 대한 부담은 줄이면서 필요할 때 사용할 수 있는 방식으로 소비를 할 수 있게 되었다. 이러한 구독경제에는 크게 세 가지 유형이 있다. 첫 번째 유형은 ⓐ정기 배송 모델인데, 월 사용료를 지불하면 칫솔, 식품 등의 생필품을 지정 주소로 정기 배송해 주는 것을 말한다. 두 번째 유형은 ⓑ무제한 이용 모델로, 정액 요금을 내고 영상이나 음원, 각종 서비스 등을 무제한 또는 정해진 횟수만큼 이용할 수 있는 모델이다. 세 번째 유형인 ⓒ장기 렌털 모델은 구매에 목돈이 들어 경제적 부담이 될 수 있는 자동차 등의 상품을 월 사용료를 지불하고 이용하는 것을 말한다.

최근 들어 구독경제가 빠르게 확산되고 있는데, 그 이유는 무엇일까? 경제학자들은 구독경제의 확산 현상을 '합리적 선택 이론'으로 설명한다. 경제 활동을 하는 소비자가 주어진 제약 속에서 자신의 효용*을 최대화하려는 것을 합리적 선택이라고 하는데, 이때 효용이란 소비자가 상품을 소비함으로써 얻는 만족감을 의미한다. 소비자들이 한정된 비용으로 최대한의 만족을 얻기 위해 노력한 결과가 구독경제의 확산으로 이어졌다는 것이다. 이것은 최근의 소비자들이 상품을 소유함으로써 얻는 만족감보다는 상품을 사용함으로써 얻는 만족감을 더 중요시한다는 것을 보여 준다고 할 수 있다.

구독경제는 소비자의 입장에서 소유하기 이전에는 사용해 보지 못하는 상품을 사용해 볼 수 있다는 장점이 있다. 구독경제를 이용하면 값비싼 상품을 사용하는 데 큰 비용을 들이지 않아도 되고, 상품 구매 행위에 들이는 시간과 구매 과정에 따르는 불편함 등의 문제를 해결할 수 있다. 생산자의 입장에서는 상품을 사용하는 고객들의 정보를 수집하고, 이를 통해 개별화된 서비스를 제공하여 고객과의 관계를 지속적으로 유지할 수 있다. 또한 매월 안정적으로 매출을 올릴 수 있다는 장점도 있다.

그러나 구독경제의 확산이 경제 활동의 주체들에게 긍정적인 면만 있는 것은 아니다. 소비자의 입장에서는 구독하는 서비스가 지나치게 많아질 경우 고정 지출이 늘어나 경제적으로 부담이 될 수 있다. 생산자의 입장에서는 상품이 소비자에게 만족감을 주지 못하거나 고객과의 관계를 지속적으로 유지하지 못할 경우 구독 모델 이전에 얻었던 수익에 비해 낮은 수익을 얻는 경우도 있다. 따라서 소비자는 합리적인 소비 계획을 수립하고 생산자는 건전한 수익 모델을 연구하여 자신의 경제 활동에 도움이 되는 방향으로 구독경제를 활용할 필요가 있다.

▶ **어휘 풀이**
• **효용**: 인간의 욕망을 만족시킬 수 있는 재화의 효능.

01 세부 정보 파악하기

윗글의 내용과 일치하지 <u>않는</u> 것은?

① 생산자는 구독경제를 통해 이용 고객들에게 개별화된 서비스를 제공할 수 있다.
② 소비자는 구독경제를 이용함으로써 상품 구매 행위에 드는 시간을 줄일 수 있게 되었다.
③ 소비자는 구독경제를 통해 회원 가입 시 개인 정보를 제공해야 하는 부담을 없앨 수 있다.
④ 생산자는 구독경제를 통해 고객과의 관계를 지속적으로 유지할 경우 안정적으로 매출을 올릴 수 있다.
⑤ 한정된 비용으로 최대한의 만족을 얻으려는 소비자의 심리가 구독경제 확산에 영향을 미치게 되었다.

02 구체적 사례에 적용하기

ⓐ~ⓒ에 해당하는 사례로 적절하지 <u>않은</u> 것은?

① ⓐ: 매월 일정 금액을 지불하고 정수기를 사용하는 서비스
② ⓐ: 월정액을 지불하고 주 1회 집으로 식재료를 보내 주는 서비스
③ ⓑ: 월 구독료를 내고 읽고 싶은 도서를 마음껏 읽을 수 있는 스마트폰 앱
④ ⓑ: 정액 요금을 결제하고 강좌를 일정 기간 원하는 만큼 수강할 수 있는 웹사이트
⑤ ⓒ: 월 사용료를 지불하고 정해진 기간에 집에서 사용할 수 있는 의료 기기

03 구체적 사례에 적용하기

윗글의 ㉠과 〈보기〉의 ㉡을 비교한 내용으로 가장 적절한 것은?

| 보기 |

ㄴ ㉡ '공유경제'는 한번 생산된 상품이나 서비스를 여럿이 공유해 사용하는 협력 소비를 통해 비용을 줄이고 소비자의 만족도를 높이는 경제 모델이다. 공유경제는 자원의 활용도를 높이고 자원의 불필요한 소비를 줄일 수 있어 친환경적이라는 평가를 받고 있다. 공유경제의 영역은 주택, 의류 등의 유형자원에서 시간, 재능 등의 무형자원으로 확장되고 있다.

① ㉠은 ㉡과 달리 여러 사람이 서비스를 공유하는군.
② ㉠은 ㉡과 달리 자원의 불필요한 소비를 줄일 수 있다는 점에서 친환경적이군.
③ ㉡은 ㉠과 달리 소비자에게 서비스를 주기적으로 제공하여 구매 비용을 줄이는군.
④ ㉠과 ㉡은 모두 유형자원보다 무형자원을 더 많이 활용하는군.
⑤ ㉠과 ㉡은 모두 소비자의 부담은 줄이면서 상품을 사용함으로써 얻는 효용에 관심을 가지는군.

📖🔍 지문 다시 보기

구독경제		합리적 선택 이론

구독경제
• 회원 가입 및 신청 후 정기적으로 원하는 상품을 (   ) 받거나, 필요한 서비스를 언제든지 이용할 수 있는 경제 모델
• 유형: ① 정기 배송 모델
　　　② 무제한 (   ) 모델
　　　③ 장기 렌털 모델

— 확산 이유 →

합리적 선택 이론
• 합리적 선택: 소비자가 주어진 제약 속에서 자신의 (   )을 최대화하려는 것
→ 한정된 비용으로 최대한의 만족을 얻기 위해 노력한 결과 = 구독경제의 확산

— 특성 →

장점	단점
• 소비자: 소유하기 이전에는 사용할 수 없는 상품 사용 가능, 상품 사용과 구매에 들이는 비용과 ( ) 문제 해결 • 생산자: 고객과의 관계 지속적 유지 가능, 안정적인 ( ) 확보	• 소비자: 고정 ( )이 늘어나 경제적 부담 • 생산자: 구독 모델 이전에 얻었던 수익에 비해 낮은 수익

정답 ❶ 배송 / 이용 / 효용 / 시간 / 매출 / 지출

[01~03] 다음 글을 읽고 물음에 답하시오.

물가 지수는 동일한 생활 수준을 유지하기 위한 생계비의 변화를 하나의 숫자로 나타낸 것이다. 경제학에서 사용되는 대표적인 물가 지수의 하나로 '소비자 물가 지수'가 있다. 소비자 물가 지수는 한 국가 안의 대표적인 소비자가 구입하는 재화와 서비스의 전반적인 비용을 나타내는 지표로, 시간 경과에 따른 생계비의 변동을 나타내는 데 쓰인다. 소비자 물가 지수가 상승하면 평균적인 가계[•]가 전과 같은 생활 수준을 유지하는 데 드는 비용이 증가한다.

소비자 물가 지수의 측정 방법은 다음과 같다. 우선 조사를 통해 대표적인 소비자가 어떤 물건의 가격을 가장 중요하게 여기는지 판별하여 물가 지수에 포함되는 품목, 즉 '재화 묶음'을 결정한다. 가령 호떡과 만두라는 두 가지 재화만 생산하는 가상적인 경제가 있다고 가정해 보자. 이곳의 대표적인 소비자의 지출 행태를 조사해 보니 호떡 4개와 만두 2개를 소비한다고 하자. 이 경우 재화 묶음은 '호떡 4개, 만두 2개'가 된다.

그 다음으로 각 시점에서 물가 지수에 포함되는 각 재화와 서비스의 가격을 알아낸다. 재화 묶음에 해당하는 재화와 서비스의 가격을 조사하면 소비자 물가 지수의 2단계 절차가 완료된다. 다음으로 가격 자료를 이용하여 각 시점에서 정해진 재화 묶음을 구입하는 데 소요되는 비용을 개당 가격과 개수를 곱하여 계산한다. 이 비용을 계산할 때 주목할 점은 물건의 가격만 변한다는 사실이다. 즉 소비자가 구입하는 재화 묶음을 고정함으로써 가격 변동의 효과를 가격 변동에 따라 동시에 일어날 수 있는 수량 변화의 효과와 분리하는 것이다.

마지막으로 기준 연도를 선정하고 물가 지수를 계산한다. 어떤 한 해를 기준 연도로 정하고 이 기준 연도를 나머지 연도와 비교하는 기준으로 삼는다. 물가 지수는 생계비의 변동을 측정하는 데 사용되기 때문에 기준 연도를 어느 해로 정하든 상관없다. 기준 연도에 해당하는 시점과 당해 연도 시점의 재화 묶음 가격의 비율을 구하면 동일한 생활 수준을 유지하기 위한 생계비의 변화를 측정할 수 있다. 이를 공식화하면 다음과 같다.

$$\text{소비자 물가 지수} = \frac{\text{당해 시점의 재화 묶음 구입 비용}}{\text{기준 시점의 재화 묶음 구입 비용}} \times 100$$

만약 2017년의 소비자 물가 지수가 175라면 정해진 재화 묶음을 구입하는 데 드는 2017년의 비용이 기준 연도의 175%라는 뜻이다. 달리 표현하면 기준 연도에 재화 묶음을 구입하는 데 100만 원이 소요되었다면 2017년에 동일한 재화 묶음을 구입하려면 175만 원이 든다는 것이다.

소비자 물가 지수는 경제의 전반적인 물가 상승 현상을 의미하는 인플레이션의 정도를 측정하는 데에 사용된다. '인플레이션율'은 물가 지수의 연간 변화율에 의해 계산되는데, 주로 소비자 물가 지수를 가지고 측정한다. 즉 첫해와 그 다음 해 사이의 인플레이션율은 다음 공식을 이용하여 계산할 수 있다.

$$\text{인플레이션율} = \frac{\text{다음 해의 물가 지수} - \text{첫해의 물가 지수}}{\text{첫해의 물가 지수}} \times 100$$

대개 신문이나 방송에서 '인플레이션율'이라고 말할 때에는 소비자 물가 지수의 연간 변화율을 의미하는 것이다.

▶ 어휘 풀이
• **가계:** 소비의 주체로 '가정'을 이르는
말.

01 세부 정보 파악하기

윗글에서 알 수 있는 내용이 <u>아닌</u> 것은?

① 재화 묶음은 각 국가마다 품목이 다를 수 있다.

② 대표적인 소비자가 달라지면 재화 묶음도 바뀔 수 있다.

③ 재화 묶음은 수입품을 제외하고 국내에서 생산된 재화로 한정한다.

④ 소비자 물가 지수는 어떤 재화의 가격 변동에 따른 수량의 변화 양상은 배제한다.

⑤ 언론에서 인플레이션에 대해 보도할 때에는 일반적으로 소비자 물가 지수의 연간 변화율에 주목한다.

02 구체적 사례에 적용하기

윗글을 바탕으로 〈보기〉를 설명한 내용으로 적절하지 <u>않은</u> 것은?

┤ 보기 ├

연도	A 재화의 가격	B 재화의 가격
2016	1,000원	1,000원
2017	2,000원	3,000원
2018	4,000원	2,000원
2019	5,000원	3,000원

*소비자 물가 지수에 포함되는 재화 묶음에 A 재화 1개와 B 재화 1개만 있다고 가정함.

*소비자 물가 지수는 2016년을 기준으로 함.

① 2016년의 소비자 물가 지수는 100이다.

② 2017년보다는 2018년의 소비자 물가 지수가 더 크다.

③ 인플레이션율은 2017년보다는 2018년이 수치가 더 높다.

④ 매년 소비자 물가 지수가 올라서 소비자들의 생계비 부담이 커지고 있다.

⑤ 인플레이션율을 고려한다면 2017년에 비해 2019년은 상대적으로 물가가 안정되었다고 볼 수 있다.

03 정보 및 내용 추론하기

윗글을 참고할 때, 〈보기〉의 밑줄 친 부분의 물음에 대한 답으로 가장 적절한 것은?

┤ 보기 ├

전년도와 다음 해 사이에 물가가 변동할 때 모든 물건 가격이 같은 비율로 변하지는 않는다. 어떤 물건의 가격은 많이 오르고 어떤 물건의 가격은 덜 오른다. 소비자들은 상대적으로 가격이 많이 오른 물건의 소비를 줄이고, 가격이 덜 오르거나 내린 물건의 소비는 늘리는데, 이것을 '대체 효과'라 한다. 그런데 대체 효과가 발생하여 소비자들이 '재화 묶음'에 속한 품목의 소비를 줄이고, '재화 묶음'에 속하지 않은 품목의 소비를 늘리는 현상이 발생한다면 어떻게 될까?

① 소비자 물가 지수의 정확도가 더욱 향상될 것이다.

② 소비자가 소비를 늘린 상품이 재화 묶음으로 결정될 것이다.

③ 재화 묶음의 구입 비용은 실제 비용보다 더 적게 나타날 것이다.

④ 인플레이션율의 증가는 소비자가 체감하는 정도와 일치할 것이다.

⑤ 생계비가 실제보다 더욱 많이 올랐다고 결과가 왜곡되어 나타날 것이다.

📖 지문 다시 보기

소비자 물가 지수 | 소비자가 구입하는 재화와 서비스의 전반적인 (　　)을 나타내는 지표

↓ 소비자 물가 지수의 측정 방법

[1단계] 소비자가 어떤 물건의 가격을 가장 중요하게 여기는지 판별하여 (　　) 묶음을 결정함.

[2단계] 각 시점에서 물가 지수에 포함되는 각 재화와 서비스의 (　　)을 알아냄.

[3단계] 가격 자료를 이용하여 각 시점에서 정해진 재화 묶음을 (　　)하는 데 소요되는 비용을 계산함.

[4단계] (　　) 연도에 해당하는 시점과 당해 연도 시점의 재화 묶음 가격의 비율을 구함.

기준 / 구입 / 가격 / 재화 / 비용 ：답정

[01~04] 다음 글을 읽고 물음에 답하시오.

핵심 정리

| 중심 화제
주식회사의 자본 운용

| 문단 정리
1문단: 주식회사 (　　) 항목의 분류
2문단: (　　) 발행에 따른 자본 확충
3문단: 자본 항목 (　　)에 대한 제한
4문단: 주식회사의 자본 (　　) 이유
5문단: 자본 운용에 제한이 있는 이유

| 주제
주식회사의 자본 운용 방식과 그에
대한 (　　)

주식회사의 자산은 부채°와 자본으로 이루어져 있다. 부채는 타인으로부터 대출 받은 자산이므로, 언젠가는 그 자산을 대출해 준 채권자에게 갚아야 하는 타인 자본이다. 반면 자본은 회사 자신의 자기 자본으로, 주식회사가 자본을 확충°하는 가장 본질적인 방법은 주식의 발행이다. 주식은 회사에 대한 지분을 나타낸다. 어떤 회사의 주식을 가진 주주는 그 회사에 자본을 제공하고 회사의 지분을 얻은 것이므로, 자신이 보유한 주식 비율에 상응하는 만큼 회사에게 이익을 나누어 줄 것을 요구할 수 있다. 주주와 채권자는 회사를 믿고 자본을 제공한 투자자에 해당하므로 회사는 이들 모두의 이익을 보호해야 할 의무가 있다. 이를 위해 회사는 자본을 자본금과 준비금, 이익 잉여금으로 분류하고 각 항목의 용도와 제한 내용에 맞게 자본을 운용°한다.

자본금의 액수는 회사가 발행하는 주식에 의해 결정된다. 회사는 주식을 발행할 때 1주당 액면가를 책정하는데, 액면가는 100원 이상이기만 하면 회사가 임의로 정할 수 있다. 이렇게 발행된 모든 주식의 수에 액면가를 곱한 것을 액면 총액이라고 하고, 액면 총액은 곧 자본금으로 분류된다. 그런데 주식 가격의 총액이 곧 액면 총액인 것은 아니다. 주식의 가격은 액면가 이상이면 된다는 조건만 있을 뿐 회사가 회사의 가치나 자본 조달의 필요성 등 여러 요소를 고려해 임의로 정할 수 있기 때문이다. 이때 발행 주식의 총액에서 액면 총액을 뺀 나머지 금액은 준비금으로 분류된다.

자본금과 준비금, 이익 잉여금은 각자 용도가 제한되어 있다. 자본금은 회사 재무의 기초가 되는 것으로, 채권자는 자본금을 기준으로 회사의 규모나 신용도를 판단하고 회사에 돈을 빌려줄 것인지 여부를 결정하게 된다. 또한 자본금은 채권자에게 부채를 갚는 용도로 사용될 담보 목적의 자산이기도 하다. 따라서 자본금은 회사가 임의로 사용해 감소시킬 수 없고, 채권자 보호를 위한 절차와 주주들의 동의를 얻는 절차를 거친 후에야 비로소 감소시킬 수 있다. 준비금은 자본금을 증액해야 할 필요가 있는 경우 등 회사의 재무 상태를 개선할 필요가 있는 상황을 대비해 보유하는 것으로, 사용처가 자본금에 준하여 엄격하게 제한된다. 반면 이익 잉여금은 회사가 영업을 통해 얻은 이익으로, 회사가 자유롭게 사용할 수 있다. 이는 주주에게 회사의 이익을 보유한 주식 비율에 비례하여 나누어 주는 이익 배당의 재원°으로도 사용할 수 있다.

이와 같이 주식회사의 자본은 항목에 따라 제한을 받을 뿐 아니라, 자본의 변동 역시 정해진 방식에 따라 이루어진다. 유상 증자, 즉 회사가 자본금을 늘리기 위해 새로 주식을 발행하는 경우나 이익 배당이 이루어지는 경우에는 회사에 실제로 현금이 들어오거나 지출이 늘어난다. 하지만 무상 증자나 주식 배당의 경우에는 자본 총액에는 변동이 없다. 무상 증자란 준비금으로 분류된 돈을 자본금으로 이동시키는 것이다. 이때 자본금과 발행 주식 수의 관계를 유지해야 하기 때문에 증가된 자본금에 상응하는 만큼의 주식을 액면가로 발행하여 주주들이 소유한 주식 비율에 비례하게 무상으로 분배하게 된다. 자본금을 증가시키는 또 다른 방법으로는 주식 배당이 있다. 주식 배당 역시 액면가로 발행한 주식을 주주들에게 배당하는 것이다. 주식 배당 시에는 현금으로도 이익 배당이 같이 이루어져야 한다. 다만 주식 배당이 이루어지면 배당된 주식의 총액만큼 이익 잉여금으로 분류된 돈이 자본금으로 옮겨 가기 때문에 주식의 총액에 해당하는 만큼에 대해서는 자본금이 증가한다.

회사의 자본 운용에서 채권자와 주주의 이해관계는 서로 다르다. 채권자의 입장에서는 자

▶ 어휘 풀이

• **부채**: 남에게 진 빚.

• **확충**: 늘리고 넓혀 충실하게 함.

• **운용**: 물건, 제도 등을 적절히 사용함.

• **재원**: 재화나 자금이 나오는 원천.

본금을 확충하는 것이 중요하지만, 주주의 입장에서는 이익 잉여금을 늘리는 것이 중요하기 때문이다. 그래서 자본의 각 항목별 분류뿐 아니라 항목 간 이동에서도 위와 같이 정해진 방식에 따라 변동이 이루어지도록 정하고 있는 것이다.

01 세부 정보 파악하기

윗글에서 알 수 있는 내용으로 적절하지 <u>않은</u> 것은?

① 주식회사의 자본 운용을 제한하는 데에는 채권자를 보호하려는 목적이 있다.

② 주식 배당이 이루어질 때에는 이익 잉여금이 감소하는 현상이 나타날 수 있다.

③ 새로 발행하는 주식의 액면가는 100원 이상이어야 하지만, 주식의 가격은 100원 미만일 수 있다.

④ 주주는 회사가 이익을 얻었을 때 자신의 지분에 해당하는 만큼의 이익을 나누어 달라고 요구할 수 있다.

⑤ 회사가 보유한 자본금을 감소시키고자 할 때는 채권자 보호를 위한 절차뿐 아니라 주주의 동의를 받는 절차도 거쳐야 한다.

02 정보 및 내용 추론하기

'자산의 변동'에 대한 이해로 적절한 것만을 〈보기〉에서 모두 고른 것은?

---| 보기 |---

ㄱ. 주식을 새로 발행하면 자본금이 늘어난다.

ㄴ. 주식을 새로 발행함으로써 준비금을 증가시킬 수 있다.

ㄷ. 주식을 새로 발행하여 자본에 해당하는 금액을 부채로 이동시킬 수 있다.

ㄹ. 회사로 현금이 유입되거나 지출이 늘어나지 않아도 자본 항목별 금액에 변화가 생길 수 있다.

① ㄱ, ㄴ

② ㄱ, ㄷ

③ ㄷ, ㄹ

④ ㄱ, ㄴ, ㄹ

⑤ ㄴ, ㄷ, ㄹ

다음은 주식회사의 자본 변동 현황을 표로 나타낸 것이다. (가), (나)와 같은 변동이 일어나는 원인을 바르게 제시한 것은?

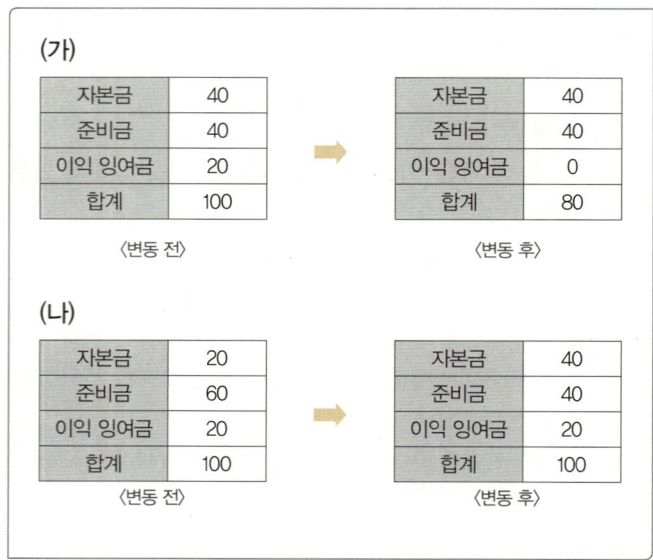

(가)

자본금	40
준비금	40
이익 잉여금	20
합계	100

〈변동 전〉

➡

자본금	40
준비금	40
이익 잉여금	0
합계	80

〈변동 후〉

(나)

자본금	20
준비금	60
이익 잉여금	20
합계	100

〈변동 전〉

➡

자본금	40
준비금	40
이익 잉여금	20
합계	100

〈변동 후〉

	(가)	(나)
①	이익 배당	주식 배당
②	이익 배당	유상 증자
③	이익 배당	무상 증자
④	유상 증자	무상 증자
⑤	유상 증자	주식 배당

윗글을 참고할 때, 〈보기〉에 대한 반응으로 가장 적절한 것은?

---| 보기 |---

A 회사는 현재 모든 주주가 가진 주식 1주당 새로 1주를 무상으로 교부하려고 한다. 주식을 교부하는 방법에는 무상 증자와 주식 배당뿐 아니라 주식 분할이 있다. 주식 분할이란 현재 회사가 가진 1주를 2개의 주로 나누면서, 1주의 액면가를 절반으로 나누는 것이다. 주식 분할이 이루어지면 주주가 가진 주식의 개수는 2배가 되지만 지분 비율에는 아무런 변화가 없다.

① 주식 분할은 무상 증자와 달리 회사의 실제 지출이 수반되겠군.
② 주식 분할은 무상 증자와 달리 자본금으로 분류된 금액을 증가시키겠군.
③ 주식 분할은 주식 배당과 달리 회사 자본의 항목 간에 돈이 이동하지 않겠군.
④ 주식 분할은 주식 배당과 달리 주주들로부터 특정한 대가를 받고 이루어지겠군.
⑤ 주식 분할은 주식 배당과 달리 1주당 액면가가 낮아져 주주들에게 손해를 입히겠군.

📖 지문 다시 보기

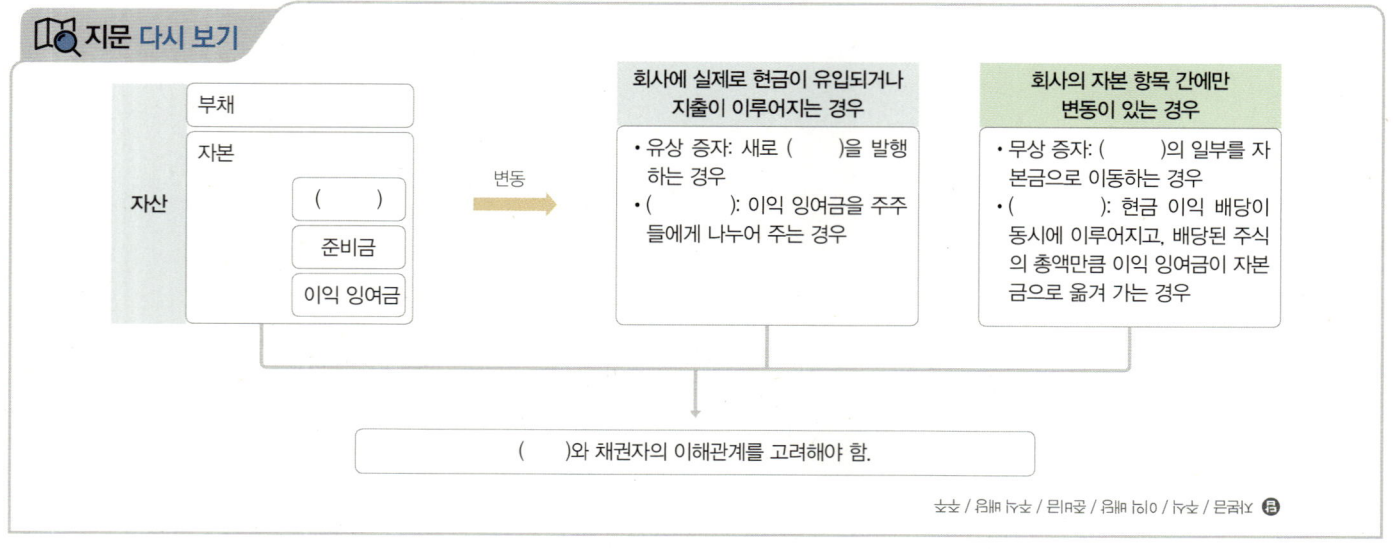

자산	부채
	자본
	( )
	준비금
	이익 잉여금

변동 ➡

회사에 실제로 현금이 유입되거나 지출이 이루어지는 경우
• 유상 증자: 새로 ( )을 발행하는 경우
• ( ): 이익 잉여금을 주주들에게 나누어 주는 경우

회사의 자본 항목 간에만 변동이 있는 경우
• 무상 증자: ( )의 일부를 자본금으로 이동하는 경우
• ( ): 현금 이익 배당이 동시에 이루어지고, 배당된 주식의 총액만큼 이익 잉여금이 자본금으로 옮겨 가는 경우

( )와 채권자의 이해관계를 고려해야 함.

| Q1 | 다음 문장에 어울리는 어휘를 고르시오.

1. 투자금에 맞는 이익 (배당 , 배정)을 요구하다.

2. 그는 자신의 (지분 , 부분)을 정리해서 탈퇴했다.

3. 연말 정산 때 기부금은 소득에서 (공수 , 공제)한다.

4. 그의 가게는 음식이 맛있다고 소문이 나서 (매입 , 매출)이 늘었다.

5. 공장을 설립할 수 있는 부지는 (무형 자산 , 유형 자산)에 해당한다.

| Q2 | 다음 어휘의 의미 설명이 맞으면 ○, 틀리면 ×에 표시하시오.

1. 생계비: 생활하는 데 드는 비용.   (○ , ×)

2. 재화: 사람이 바라는 바를 충족시켜 주는 모든 물건.   (○ , ×)

3. 재정: 수량이나 범위 따위를 제한하여 정함. 또는 그런 한도.   (○ , ×)

4. 서비스: 생산된 재화를 운반·배급하거나 생산·소비에 필요한 노무를 제공함.   (○ , ×)

5. 인플레이션: 통화량의 축소에 따라 물가가 하락하고 경제 활동이 침체되는 현상. (○ , ×)

| Q3 | 다음 문장의 괄호 안에 어울리는 어휘를 골라 쓰시오.

경기   담보   운용   조달   증자   정액 요금

1. 채권을 팔아 자본금을 (   )하였다.

2. 그 회사는 10억 원을 (   )하기로 결정했다.

3. (   ) 제도를 활용하니 통신비 부담이 줄었다.

4. 계획을 세우면 효과적인 자금 (   )이 가능하다.

5. 그는 자신의 집을 (   )로 설정하여 대출을 받았다.

6. (   ) 침체 때문에 실업 급여를 받는 사람들이 늘었다.

| Q4 | 다음 밑줄 친 어휘와 바꿔 쓸 수 있는 것을 고르시오.

1. 경제 성장이 느려지다.   ① 둔감하다   ② 둔갑하다   ③ 둔화되다

2. 각자 내야 할 회비를 늘리다.   ① 증가하다   ② 증액하다   ③ 증발하다

3. 정부가 소상공인에 대해 조세를 면제하다.   ① 감쇄하다   ② 감소하다   ③ 감면하다

10강 과학 제재 읽기

어떻게 읽어야 할까?

▶ 과학 제재

- 이 제재는 과학사나 물리학, 화학, 수학, 생물학, 지구 과학의 주요 개념이나 원리를 설명하고, 특정 개념을 중심으로 분석적 설명 방식을 드러내거나 인과나 과정의 설명 방식을 통해 원리를 제시하는 전개 방식을 취하는 경우가 많으므로 이에 초점을 맞추어 독해할 필요가 있다.
- 개념이나 이론 자체에 대한 이해를 묻는 문제나, 이를 바탕으로 〈보기〉에 적용하도록 하는 추론 문제가 주로 출제된다.

독해 전략 1
지문에 제시된 중요한 용어, 개념 파악하기

독해 전략 2
개념과 개념 사이의 관계 파악하기

독해 전략 3
관찰이나 실험의 과정이나 결과를 지문의 핵심 주제와 연결시켜 이해하기

기출에서 개념 찾기

- 윗글을 바탕으로 할 때, 〈보기〉의 '원판'의 회전 운동에 대한 이해로 적절하지 않은 것은?
- 〈보기〉는 '전정안반사'의 과정을 도식화한 것이다. 이에 대한 설명으로 적절하지 않은 것은?

핵심 정리

Ⅰ 중심 화제
(   )

Ⅰ 문단 정리
1문단: 전향력의 개념
2문단: 전향력의 (   ) 원인
3문단: (   )에 따른 전향력의 작용 ① – (   )에서 북위 30도로 물체 발사
4문단: 위도에 따른 전향력의 작용 ② – 북위 30도에서 북위 (   )로 물체 발사
5문단: 물체의 이동 (   )과 전향력의 관계

Ⅰ 주제
(   )의 발생 원인과 물체 운동의 (   )

정답 유용균/유용균/유류/유능/전력/80도/능능

Ⅰ 과학 지문 맛보기 Ⅰ

수능 B형

1 우주에서 지구의 북극을 내려다보면 지구는 시계 반대 방향으로 빠르게 자전하고 있지만 우리는 그 사실을 잘 인지하지 못한다. 지구의 자전 때문에 일어나는 현상 중 하나는 지구 상에서 운동하는 물체의 운동 방향이 편향되는 것이다. 이러한 현상의 원인이 되는 가상적인 힘을 전향력이라 한다.

2 전향력은 지구가 자전하기 때문에 나타난다. 구 모양인 지구의 둘레는 적도가 가장 길고 위도가 높아질수록 짧아진다. 지구의 자전 주기는 위도와 상관없이 동일하므로 자전하는 속력은 적도에서 가장 빠르고, 고위도로 갈수록 속력이 느려져서 남극과 북극에서는 0이 된다.

3 적도 상의 특정 지점에서 동일한 경도 상에 있는 북위 30도 지점을 목표로 어떤 물체를 발사한다고 하자. 이때 물체에 영향을 주는 마찰력이나 다른 힘은 없다고 가정한다. 적도 상의 발사 지점은 약 1,600km/h의 속력으로 자전하고 있다. 북쪽으로 발사된 물체는 발사 속력 외에 약 1,600km/h로 동쪽으로 진행하는 속력을 동시에 갖게 된다. 한편 북위 30도 지점은 약 1,400km/h의 속력으로 자전하고 있다. 목표 지점은 발사 지점보다 약 200km/h가 더 느리게 동쪽으로 움직이고 있는 것이다. 따라서 발사된 물체는 겨냥했던 목표 지점보다 더 동쪽에 있는 지점에 도달하게 된다. 이때 ㉠지구 표면의 발사 지점에서 보면, 발사된 물체의 이동 경로는 처음에 목표로 했던 북쪽 방향의 오른쪽으로 휘어져 나타나게 된다.

4 이번에는 북위 30도에서 자전 속력이 약 800km/h인 북위 60도의 동일 경도 상에 있는 지점을 목표로 설정하고 같은 실험을 실행한다고 하자. 두 지점의 자전하는 속력의 차이는 약 600km/h이므로 이 물체는 적도에서 북위 30도를 향해 발사했을 때보다 더 오른쪽으로 떨어지게 된다. 이렇게 운동 방향이 좌우로 편향되는 정도는 저위도에서 고위도로 갈수록 더 커진다. 결국 위도에 따른 자전 속력의 차이가 고위도로 갈수록 더 커지기 때문에 좌우로 편향되

는 정도는 북극과 남극에서 최대가 되고, 적도에서는 0이 된다. 이러한 편향 현상은 북쪽뿐 아니라 다른 방향으로 운동하는 모든 물체에 마찬가지로 나타난다.

5 전향력의 크기는 위도뿐만 아니라 물체의 이동하는 속력과도 관련이 있다. 지표를 기준으로 한 이동 속력이 빠를수록 전향력이 커지며, 지표 상에 정지해 있는 물체에는 전향력이 나타나지 않는다. 한편, 전향력은 운동하는 물체의 진행 방향이 북반구에서는 오른쪽으로, 남반구에서는 왼쪽으로 편향되게 한다.

| 이것만은 꼭! |

과학 제재의 지문을 독해할 때 배경지식을 적절하게 활용하여 지문에 대한 이해도를 높이는 것은 바람직하지만, 지문에 제시되어 있지 않은 내용까지 활용하여 문제를 풀려고 해서는 안 됩니다.

| 독해 전략 적용하기 |

전략1 빈칸에 들어갈 알맞은 말을 〈보기〉에서 찾아 쓰시오.

┤ 보기 ├

공전   자전   편향   가상적   현실적

(1) 전향력이란 지구 상에 운동하는 물체의 운동 방향이 (   )되는 현상의 원인인 (   )인 힘이다.

(2) 전향력이 발생하는 이유는 지구가 (   )하기 때문이다.

전략2 윗글에 제시된 개념들 사이의 관계를 정리하려고 한다. 괄호 안의 알맞은 표현에 ⬭를 표시하시오.

(1) 지구의 둘레는 위도가 (높을수록 / 낮을수록) 짧다.

(2) 자전하는 속력은 위도가 높을수록 (빠르다 / 느리다).

(3) 운동하는 물체의 편향 정도는 저위도에서 고위도로 갈수록 (커지며 / 작아지며), 극에서는 (최대 / 0)이고, 적도에서는 (최대 / 0)이다.

(4) 지표 기준으로 이동 속력이 빠를수록 전향력은 (커진다 / 작아진다).

전략3 ㉠에 대한 설명으로 적절하면 ○, 적절하지 않으면 ×에 표시하시오.

(1) 지구의 자전 때문에 발생하는 현상이다.   (○ , ×)

(2) 물체에 영향을 주는 마찰력이 존재하지 않기 때문에 발생한다.   (○ , ×)

(3) 지구의 위도에 따른 자전 속력의 차이가 발생하기 때문에 일어난다.   (○ , ×)

(4) 지구의 둘레가 적도에서 가장 길고 고위도일수록 짧아지는 것과 관련된 현상이다.   (○ , ×)

[01~03] 다음 글을 읽고 물음에 답하시오.

수능 A형

　우리 몸은 단백질의 합성과 분해를 끊임없이 반복한다. 단백질 합성은 아미노산을 연결하여 긴 사슬을 만드는 과정인데, 20여 가지의 아미노산이 체내 단백질 합성에 이용된다. 단백질 합성에서 아미노산들은 DNA 염기 서열에 담긴 정보에 따라 정해진 순서대로 결합된다. 단백질 분해는 아미노산 간의 결합을 끊어 개별 아미노산으로 분리하는 과정이다. 체내 단백질 분해를 통해 오래되거나 손상된 단백질이 축적되는 것을 막고, 우리 몸에 부족한 에너지 및 포도당을 보충할 수 있다.

　단백질 분해 과정의 하나인, 프로테아솜이라는 효소* 복합체에 의한 단백질 분해는 세포 내에서 이루어진다. 프로테아솜은 유비퀴틴이라는 물질이 일정량 이상 결합되어 있는 단백질을 아미노산으로 분해한다. 단백질 분해를 통해 생성된 아미노산의 약 75%는 다른 단백질을 합성하는 데 이용되며, 나머지 아미노산은 분해된다. 아미노산이 분해될 때는 아미노기가 아미노산으로부터 분리되어 암모니아로 바뀐 다음, 요소(尿素)*로 합성되어 체외*로 배출된다. 그리고 아미노기가 떨어지고 남은 부분은 에너지나 포도당이 부족할 때는 이들을 생성하는 데 이용되고, 그렇지 않으면 지방산으로 합성되거나 체외로 배출된다.

　단백질이 지속적으로 분해됨에도 불구하고 체내 단백질의 총량이 유지되거나 증가할 수 있는 것은 세포 내에서 단백질 합성이 끊임없이 일어나기 때문이다. 단백질 합성에 필요한 아미노산은 세포 내에서 합성되거나, 음식으로 섭취한 단백질로부터 얻거나, 체내 단백질을 분해하는 과정에서 생성된다. 단백질 합성에 필요한 아미노산 중 체내에서 합성할 수 없어 필요량을 스스로 충족할 수 없는 것을 필수아미노산이라고 한다. 어떤 단백질 합성에 필요한 각 필수아미노산의 비율은 정해져 있다. 체내 단백질 분해를 통해 생성되는 필수아미노산도 다시 단백질 합성에 이용되기도 하지만, 부족한 양이 외부로부터 공급되지 않으면 전체의 체내 단백질 합성량이 줄어들게 된다. 그러므로 필수아미노산은 반드시 음식물을 통해 섭취되어야 한다. 다만 성인과 달리 성장기 어린이의 경우, 체내에서 합성할 수는 있으나 그 양이 너무 적어서 음식물로 보충해야 하는 아미노산도 필수아미노산에 포함된다.

　각 식품마다 포함된 필수아미노산의 양은 다르며, 필수아미노산이 균형을 이룰수록 공급된 필수아미노산의 총량 중 단백질 합성에 이용되는 양의 비율, 즉 필수아미노산의 이용 효율이 높다. 일반적으로 육류, 계란 등 동물성 단백질은 필수아미노산을 균형 있게 함유하고 있어 필수아미노산의 이용 효율이 높은 반면, 쌀이나 콩류 등에 포함된 식물성 단백질은 제한아미노산을 가지며 필수아미노산의 이용 효율이 상대적으로 낮다.

　제한아미노산은 단백질 합성에 필요한 각각의 필수아미노산의 양에 비해 공급된 어떤 식품에 포함된 해당 필수아미노산의 양의 비율이 가장 낮은 필수아미노산을 말한다. 가령, 가상의 P 단백질 1몰*을 합성하기 위해서는 필수아미노산 A와 B가 각각 2몰과 1몰이 필요하다고 하자. P를 2몰 합성하려고 할 때, A와 B가 각각 2몰씩 공급되었다면 A는 필요량에 비해 2몰이 부족하게 되어 P는 결국 1몰만 합성된다. 이때 A가 부족하여 합성할 수 있는 단백질의 양이 제한되기 때문에 A가 제한아미노산이 된다.

▶ 어휘 풀이

• **효소**: 동식물 및 미생물의 생체 세포 내에서 생산되는 고분자 유기 화합물을 통틀어 이르는 말.

• **요소(尿素)**: 포유류의 오줌에 함유되어 있는 질소 화합물. 체내에서 단백질이 분해되어 생성되며 녹기 쉽고 빛깔이 없음.

• **체외**: 몸의 밖.

• **몰**: 물질의 양을 나타내는 단위.

01 세부 정보 파악하기

윗글의 내용과 일치하지 <u>않는</u> 것은?

① 체내 단백질의 분해를 통해 오래되거나 손상된 단백질의 축적을 막는다.

② 유비퀴틴이 결합된 단백질을 아미노산으로 분해하는 것은 프로테아솜이다.

③ 아미노산에서 분리되어 요소로 합성되는 것은 아미노산에서 아미노기를 제외한 부분이다.

④ 세포 내에서 합성되는 단백질의 아미노산 결합 순서는 DNA 염기 서열에 담긴 정보에 따른다.

⑤ 성장기의 어린이에게 필요한 필수아미노산 중에는 체내에서 합성할 수 있는 것도 포함되어 있다.

02 정보 및 내용 추론하기

윗글을 읽고 이해한 내용으로 적절하지 <u>않은</u> 것은?

① 필수아미노산을 제외한 다른 아미노산도 제한아미노산이 될 수 있겠군.

② 체내 단백질을 분해하여 얻어진 필수아미노산의 일부는 단백질 합성에 다시 이용되겠군.

③ 체내 단백질 합성에 필요한 필수아미노산은 음식물의 섭취나 체내 단백질 분해로부터 공급되겠군.

④ 제한아미노산이 없는 식품은 단백질 합성에 필요한 필수아미노산이 균형 있게 골고루 함유되어 있겠군.

⑤ 체내 단백질 합성과 분해의 반복 과정에서, 외부로부터 필수아미노산의 공급이 줄어들면 체내 단백질 총량은 감소하겠군.

03 구체적 사례에 적용하기

윗글을 바탕으로 할 때, 〈보기〉의 실험에 대한 이해로 적절하지 <u>않은</u> 것은?

┤ 보기 ├

가상의 단백질 Q를 1몰 합성하는 데 필수아미노산 A, B, C가 각각 2몰, 3몰, 1몰이 필요하다고 가정하자.

단백질 Q를 2몰 합성하려고 할 때 (가), (나), (다)에서와 같이 A, B, C의 공급량을 달리하고, 다른 조건은 모두 동일한 상황에서 최대한 단백질을 합성하는 실험을 하였다.

(가): A 4몰, B 6몰, C 2몰
(나): A 6몰, B 3몰, C 3몰
(다): A 4몰, B 3몰, C 3몰
(단, 단백질과 아미노산의 분해는 없다고 가정한다.)

① (가)에서는 단백질 합성을 제한하는 필수아미노산이 없겠군.

② (가)에서는 (다)에 비해 단백질 합성에 이용된 필수아미노산의 총량이 많겠군.

③ (나)에서는 (다)에 비해 합성된 단백질의 양이 많겠군.

④ (나)와 (다) 모두에서는 단백질 합성을 제한하는 필수아미노산이 B가 되겠군.

⑤ (나)에서는 (다)에 비해 단백질 합성에 이용되지 않고 남은 필수아미노산의 총량이 많겠군.

📖 지문 다시 보기

단백질의 합성
아미노산을 연결하여 긴 사슬을 만드는 과정

단백질의 분해
아미노산 간의 결합을 끊어 개별 아미노산으로 분리하는 과정

단백질 합성에 필요한 (   ) 생성 방법
1. 세포 내에서 (   )
2. 음식으로 섭취한 단백질에서 얻음.
3. 체내 단백질을 분해하는 과정에서 생성

( )	( )
• 스스로 필요량을 충족할 수 없음. → 반드시 음식물을 통해 섭취	• 단백질 합성에 필요한 해당 필수아미노산의 양이 가장 낮은 필수아미노산

프로테아솜에 의해 단백질이 아미노산으로 분해

( )	남은 아미노산
↓	↓
암모니아	• 에너지, ( ) 생성
↓	• 지방산 합성에 이용
체외 배출	• 체외 배출

[01~03] 다음 글을 읽고 물음에 답하시오.

핵심 정리

l 중심 화제
우주의 팽창과 평균밀도

l 문단 정리
1문단: 아인슈타인의 '우주상수'와 우주의 (   )
2문단: 우주의 (   )와 미래 예측
3문단: (   )과 암흑에너지
4문단: 우리 우주가 (   ) 우주일 가능성이 높은 이유

l 주제
우주의 팽창과 평균밀도를 통해 살펴본 우주의 미래

우주는 언제, 어떻게 태어나서 앞으로 어떤 모습으로 변화해 갈 것인가? 1920년대 천문학자 허블의 관측에 의해 처음으로 우주가 팽창한다는 사실이 확인됐다. 아인슈타인은 한동안 이를 인정하지 않고, 우주가 수축하지도 팽창하지도 않는다고 믿었다. 그런데 그가 연구한 일반상대성이론은 우주가 결국 중력에 의해 수축하게 될 것이라는 결론을 말해 주고 있었다. 아인슈타인은 고민 끝에 수축을 막는 힘으로서 인위적 '우주상수'를 도입하여 자신의 신념을 지키고자 하였다. 그럼에도 불구하고 이후 우주 팽창의 객관적 증명이 더욱 확고해지자 아인슈타인은 자신이 고안한 우주상수를 '일생일대의 실수'라고 말하게 된다. 즉, 우주는 여지없이 팽창하고 있었던 것이다.

우주의 미래는 우주의 평균밀도가 어떤 값을 지니고 있느냐에 따라 세 가지 경우로 예측해 볼 수 있다. 우주의 평균밀도를 Ω(오메가)로 표시한다고 할 때, 첫 번째로 $\Omega < 1$인 경우, 우주의 밀도는 임계밀도* 보다 작아서 팽창이 끝없이 이어지는 '열린 우주' 상태가 된다. 이때 두 평행선은 서로 만나지 않으며, 삼각형 내각의 합은 180°보다 작은 음의 곡률*을 갖게 된다. 한편 $\Omega > 1$이라면 중력값이 충분히 큰 경우로서 우주는 일정 시점에서 팽창을 멈추고 다시 수축하는 '닫힌 우주'가 된다. 이때 우리 우주의 종말은 '대함몰'로 끝나고 만다. 이런 경우 평행선은 어딘가에서 반드시 만나며, 삼각형 내각의 합은 180°보다 큰 양의 곡률을 갖게 된다. 마지막으로 $\Omega = 1$인 경우를 떠올려 볼 수 있다. 이때 우주는 열린 우주와 닫힌 우주의 중간 상태를 절묘하게 유지하면서 영원히 팽창하게 된다. 이런 우주 공간에서는 삼각형 내각의 합은 180°가 되며 곡률이 없는 '평탄한 우주' 상태를 유지하게 된다.

우주의 미래를 예측하기 위해 필요한 Ω값은 암흑물질이나 암흑에너지의 변수에 따라 크게 달라질 수 있다. '암흑물질'이란 우주에 널리 분포하는 물질로 전자기파, 즉 빛과 상호 작용하지 않으면서 질량을 가지는 물질을 총칭*한다. 또한 '암흑에너지'란 우주에 널리 퍼져 있으며 척력*으로 작용해 우주를 가속 팽창시키는 역할을 하는 존재를 의미한다. 이들에 대해서는 아직까지 정확히 규명*된 바가 없지만 암흑물질과 암흑에너지는 전체 우주의 구성 요소 중 96%를 차지하고 있음이 밝혀졌고 둘 간의 비율은 약 3 : 7 정도로 추정하고 있다. 암흑물질은 우주를 수축시키는 작용을, 암흑에너지는 우주를 팽창시키는 작용을 한다. 따라서 이들의 실체와 관계에 대한 과학적 규명이 이루어진다면 우주의 미래는 보다 분명히 예측 가능해질 것이다.

한편 Ω의 값은 이미 잘 알려진 항성들의 질량만을 고려해도 0.01 이상의 값이 산출되며, Ω의 값은 1을 기준으로 크게 벗어나지는 않을 것으로 예상한다. Ω의 값이 1로부터 일정 수치 이상 벗어났다면 137억년이라는 우주의 나이 동안 그 편차는 증폭되었을 것이다. 지금의 우리 우주를 경험적으로 살펴볼 때, ㉠우리 우주는 너무 오래 전에 수축하여 단기간 내 소멸하지도 않았고, 반대로 매우 빠른 속도로 팽창하여 은하나 별들이 생성될 시간적 여유조차 갖지 못했던 것은 아님을 알 수 있다. 이것은 우주가 팽창을 시작할 초기 조건에서 팽창력과 중력의 힘 겨루기가 믿을 수 없을 정도로 정확하게 균형적인 관계를 이루고 있었음을 의미하며, 우리 우주가 곡률이 없는 평탄한 우주일 가능성이 매우 높다는 사실을 함축한다.

▶ 어휘 풀이

• 임계밀도: 우주의 팽창을 멈추게 하는 특별한 우주 밀도의 값.

• 곡률: 곡선이나 곡면의 각 점에서의 구부러진 정도를 표시하는 값. 평면에서는 무한대이고, 구나 원에서는 그 반지름과 같음.

• 총칭: 전부를 한데 모아 두루 일컬음.

• 척력: 두 물체가 서로 밀어내는 힘.

• 규명: 어떤 사실을 자세히 따져서 바로 밝힘.

01 세부 정보 파악하기

윗글의 내용과 일치하지 <u>않는</u> 것은?

① 우주의 팽창을 경험적으로 처음 입증한 사람은 허블이다.
② Ω>1의 경우, 우주는 어느 시점부터 수축하게 되는 '닫힌 우주'가 된다.
③ 아인슈타인은 우주의 수축을 인정하지 않기 위해 '우주상수'를 도입했다.
④ 암흑물질은 전자기파와의 상호 작용을 통해 우주를 수축시키는 역할을 한다.
⑤ 암흑에너지와 암흑물질의 상대적 비율은 7 : 3 정도로, 이 둘은 전체 우주의 96%를 차지하고 있다.

02 정보 및 내용 추론하기

㉠에서 추론한 내용으로 적절한 것은?

① 우리 우주에 언젠가 음의 곡률이 발생하여 삼각형 내각의 합이 180°도보다 작아졌음을 의미하는군.
② 우리 우주에 언젠가 양의 곡률이 발생하여 평행선이 서로 만나는 상황이 발생했었음을 의미하는군.
③ 우리 우주의 밀도가 임계밀도보다 작아서 팽창이 끝없이 이어지는 '열린 우주'가 되었음을 의미하는군.
④ 우리 우주의 밀도가 임계밀도보다 커서 팽창이 수축으로 전환되는 '닫힌 우주'가 되었음을 의미하는군.
⑤ 우리 우주는 곡률이 거의 발생하지 않아 삼각형 내각의 합이 언제나 180°도로 일정하였음을 의미하는군.

03 구체적 사례에 적용하기

윗글을 바탕으로 〈보기〉에 대해 탐구한 내용으로 옳지 <u>않은</u> 것은?

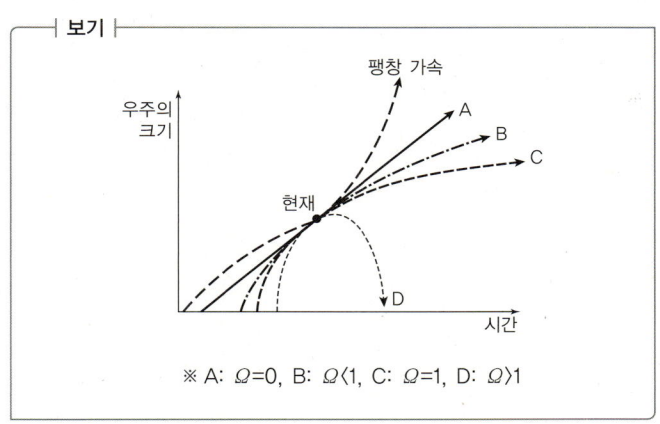

※ A: Ω=0, B: Ω<1, C: Ω=1, D: Ω>1

① A는 현재 항성들의 질량만을 고려한다고 해도 현실적으로 발생할 수 없는 경우로군.
② B는 우주의 중력값이 충분하지 않아 우주의 팽창이 끊임없이 이루어지는 경우로군.
③ C는 우리 우주의 미래에 가장 근접한 경우로, 공간이 팽창되더라도 평행선이 서로 만나지 않는 경우로군.
④ D는 우주의 밀도가 임계밀도보다 큰 경우로 우주는 공간의 수축을 계속하다가 '대함몰'의 결론을 맞겠군.
⑤ A는 B에 비해 일정한 비율로 우주 공간의 팽창이 일어나는 경우로서 '평탄한 우주'의 전형적 특징을 보여 주는군.

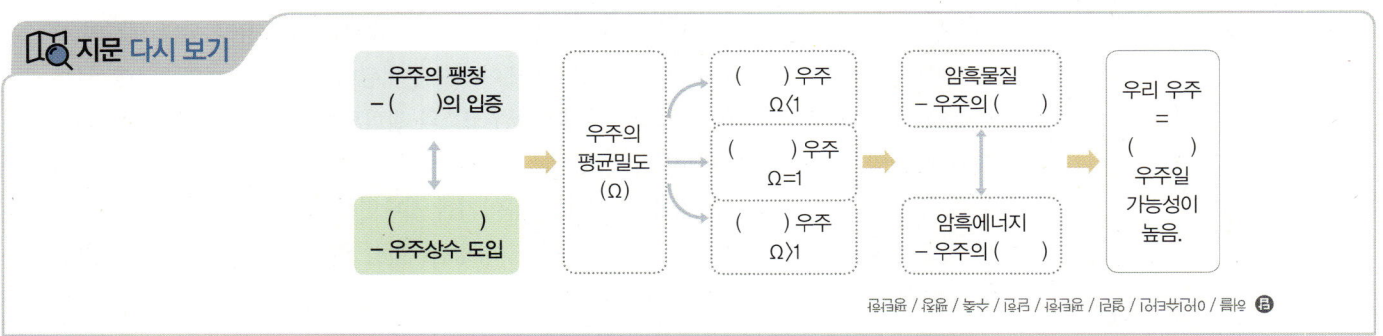

📖 지문 다시 보기

우주의 팽창
- ( )의 입증

( )
- 우주상수 도입

우주의 평균밀도 (Ω)

( ) 우주 Ω<1
( ) 우주 Ω=1
( ) 우주 Ω>1

암흑물질
- 우주의 ( )

암흑에너지
- 우주의 ( )

우리 우주 = ( ) 우주일 가능성이 높음.

[01~04] 다음 글을 읽고 물음에 답하시오.

핵심 정리

ㅣ 중심 화제
유산균의 (　　)

ㅣ 문단 정리
1문단: 발효의 개념과 (　　　)
의 종류
2문단: 유산균의 긍정적 효과 ① –
건강한 (　　) 환경 조성
3문단: (　　　) 활성화에 도움이
되는 프락토올리고당
4문단: 유산균의 긍정적 효과 ② –
유당불내증 완화
5문단: 유산균 (　　) 시 유의점

ㅣ 주제
유산균 (　　) 과정이 인체에 미치
는 긍정적 효과와 섭취 시 유의점

우리의 세포는 산소 호흡을 통해 다량의 에너지를 만들어 낸다. 하지만 일부 미생물은 산소를 이용하지 않고 분해 산물*을 생성한다. 이것을 '무산소 호흡'이라고 하는데 이는 인간 생활에 유용한 물질을 생성하는 경우인 '발효'와 그렇지 않은 경우인 '부패'로 나눌 수 있다. 발효 중에서도 젖산이 분해 산물인 경우를 젖산 발효라고 한다. 젖산 발효는 당(糖)의 종류인 포도당 및 다른 이당류들을 산소를 사용하지 않고 젖산으로 분해하는 것이다. 동형 젖산 발효는 포도당($C_6H_{12}O_6$)이 락토바실러스라는 세균에 의해 피루브산($C_3H_4O_3$)으로 분해되고, 여기에 수소가 결합하여 젖산($C_3H_6O_3$)이 만들어지는 과정을 겪는다. 이와 달리 포도당이 미생물에 의해 발효되어 젖산뿐만 아니라 이산화 탄소, 아세트산, 에탄올과 같은 다른 물질들이 함께 생성되는 경우는 이형 젖산 발효라고 한다. 두 과정은 모두 미생물에 의해 유기물이 분해되면서 유용한 물질이 생산된다. 발효 식품 중에는 젖산에 의해 신맛만 나는 것도 있지만 김치처럼 신맛과 함께 '톡' 쏘는 맛이 함께 느껴지는 경우가 있는데 이것은 발효 과정에서 발생하는 물질들의 차이에서 기인*하는 것이다.

락토바실러스는 발효 과정에서 생산되는 산물에 의해 젖산균 또는 유산균이라고 불리는데, 섭취 후 인체에 나타나는 긍정적인 반응들에 의해 큰 주목을 받게 되었다. 젖산과 유산의 '산(酸)'은 산성을 나타내는 말로 pH라는 단위를 통해 나타낸다. 용액 속에 수소 이온이 많을수록 작은 값의 pH를 갖고, 수소 이온이 적을수록 큰 값의 pH를 갖는다. pH 값이 7보다 작아질수록 농도가 높은 산성으로 본다. 즉 유산균은 장내의 pH를 저하시켜 유해균이 자라기 힘든 산성 환경을 만들어 주는 것이다. 유산균에서 긍정적 효과를 얻기 위해서는 균들이 소화액과 쓸개즙에 죽지 않고 장(腸) 내에 정착할 수 있어야 하는데, 수소 이온이 많은 소화 효소에 의해 균의 90% 이상은 사멸하게 된다. 이 과정에서 균이 생존하여 소장과 대장까지 도달할 경우 장 내에서 젖산을 만드는데, 이것이 대장 질환을 일으키는 병원균이나 부패균의 성장을 막아 건강한 대장 환경을 조성하게 된다.

유산균의 장내 정착에는 프락토올리고당이 도움이 된다. 우리가 설탕을 먹으면 위와 소장을 거쳐 위액과 소장액에 의해 포도당과 과당으로 분리된 후 혈액 속으로 흡수된다. 흡수된 당은 에너지원으로 사용되고, 남은 것은 지방으로 전환되어 비상시의 에너지원으로 비축된다. 대부분이 혈액에 흡수되는 일반적인 당과 달리 프락토올리고당은 극히 소량만이 위산에 의해 분해되고 혈액에 흡수되며 대부분은 대장에 도달하여 장내 유익균에 의해 발효되고 단쇄지방산을 생성한다. 이 역시 pH를 저하시켜 유익균을 늘리고 유해균을 감소시키는 데 도움을 주기 때문에 유해균에 의해 떨어진 장의 연동* 운동을 촉진시킨다.

이와 유사한 원리로 락토바실러스는 유당불내증에도 도움을 준다. 한국인은 어릴 때는 괜찮지만 성인이 되면 75% 이상이 유당불내증을 겪는데, 이는 우유와 같은 제품에 들어 있는 유당, 즉 락토스를 제대로 소화시키지 못해서 발생한다. 소장 내벽에 있는 융털 상피 세포의 세포막에서는 ㉠락토스를 소화시키는 효소인 락테이스가 분비된다. 락테이스는 락토스를 글루코스와 갈락토스로 분해하며, 효소로 분해된 글루코스와 갈락토스는 소장의 융털을 통해 흡수된다. 만약 락토스가 분해되지 않으면, 가스를 생성할 수 있는 장내 부패균의 먹이가 되어 복통, 설사 등의 이상 증상을 겪을 수 있다. 영유아기를 지나면서 유당을 소화할 일이 적어지며 락토스를 소화하는 효소의 작용도 줄어든다. 유당은 설탕, 엿당과 함께 대표적인 이당류 중 하나이기에 장내 유산균의 먹이가 되어 젖산으로 바뀌게 된다. 이 과정에서 부패균이 억제

▶ 어휘 풀이

• **산물**: 일정한 곳에서 생산되어 나오는 물건.

• **기인**: 일이 일어나는 원인.

• **연동**: 동물의 위나 장의 수축 운동.

풀류
/낢듀 / 곤귯샹 / 융ㅂ / 풀류 궂즁 / 풀류 🅑

되는 것은 물론 이들의 먹이 또한 감소시킬 수 있다. 이러한 과정을 통해 유산균이 유당불내증에 도움을 주는 것이다.

물론 긍정적인 효과가 많은 유산균을 섭취할 때도 주의해야 할 점은 있다. ⓒ아밀라아제는 탄수화물을 포도당으로 분해하는 소화 효소로, 고등 동물의 침 속에 든 성분이다. 음식물을 섭취하면 침 분비 속도와 양이 증가하고 입 안에서 탄수화물이 아밀라아제에 의해 분해되며 포도당이 만들어진다. 이 포도당이 입 안에 남아 있을 경우 유산균과 반응하여 입 안을 산성 환경으로 만들고, 이 산에 의해 치아 표면이 부식될 수 있다. 유산균은 영하에서는 활동을 하지 않다가 섭씨 8도 이상이 되면 서서히 움직여 37도 전후로 가장 왕성하게 대사를 일으킨다. 45도가 넘어가면 활동이 억제되고 60도 이상에서는 사멸한다. 따라서 입 안에서 유산균의 활동이 활발해질 수 있는 만큼 유산균을 먹은 뒤엔 물로 입을 헹구는 것이 좋다.

01 세부 정보 파악하기

윗글의 내용과 일치하지 않는 것은?

① 젖산 발효는 분해 산물에 따라 이형과 동형으로 구분된다.
② pH가 감소할 때 수소 이온 농도는 증가하므로 둘은 반비례 관계이다.
③ 프락토올리고당은 에너지를 생산할 뿐만 아니라 발효 과정을 거쳐 장의 운동을 촉진한다.
④ 유당은 소장 내벽에 존재하는 세포들의 산소 호흡에 의해 분해된 후 유산균의 먹이가 된다.
⑤ 사람의 체온은 탄수화물의 분해 산물과 유산균의 반응을 활발하게 만들어 입 안을 산성으로 만든다.

02 세부 정보 파악하기

㉠, ⓒ에 대한 이해로 적절하지 않은 것은?

① ㉠은 당의 한 종류이고 ⓒ은 소화 효소의 한 종류이다.
② ㉠은 소화 효소에 의해 분해되고 흡수되지만 ⓒ은 영양소를 분해하는 소화 효소이다.
③ ㉠은 유산균과 직접 반응하지만 ⓒ은 유산균과 반응하는 물질이 만들어지는 과정에 관여한다.
④ ㉠은 소화 효소의 분비를 감소시켜 소화를 억제시키지만 ⓒ은 음식물에 의해 분비가 증가하여 소화를 촉진한다.
⑤ ㉠은 외부에서 유입되고 분해되어 인체 기관에 흡수되지만 ⓒ은 내부에서 분비되어 섭취물의 소화와 흡수를 돕는다.

03 비판·반응의 적절성 평가하기

〈보기〉는 유산균 제품 포장지의 광고 문구와 제품 설명이다. 윗글을 참고할 때 이를 수정·보완하는 계획으로 적절하지 않은 것은?

┤ 보기 ├

최고의 유산균 락토캡
프리바이오틱스를 양질의 락토바실러스와 함께 담았습니다.

장내 유익한 미생물의 생장을 촉진하거나 활성화시키는 성분인 프리바이오틱스, 그래서 락토바실러스에 최고의 프리바이오틱스인 프락토올리고당을 함께 넣었습니다. 성인과 유아 모두 맛있게 섭취할 수 있는 '락토캡'으로 장내 환경을 개선하고 프리바이오틱스의 힘을 확인하세요.

[제품명] 락토캡
[원료명 및 함량] 프락토올리고당, 포도당, 락토바실러스, 유당 혼합분말
[권장 섭취량 및 섭취 방법] 1일 1회, 1회 1포씩 입 안에서 녹여 섭취하십시오.

① 프락토올리고당이 일반 설탕과 달리 왜 유산균의 생장에 더 효과적인지 설명을 덧붙여야겠어.
② 유산균 본연의 기능이 나타나지 않아 프락토올리고당 광고처럼 느껴져. 유산균의 긍정적 영향을 추가해야겠어.
③ 유산균이 포도당에 의해 치아를 부식시킬 수 있으니 섭취 방법에 섭취 후 물로 입을 헹구는 것을 추가해야겠어.
④ 프락토올리고당과 미생물의 발효 과정에서 발생하는 산성 물질이 장내 환경을 어떻게 개선하는지 설명을 추가해야겠어.
⑤ 소비자들이 친근감을 느낄 수 있도록 제품이 김치와 같은 젖산 발효에 의해 다양한 맛이 느껴진다는 내용도 추가해야겠어.

04 정보 및 내용 추론하기

윗글을 읽고 추가로 학습할 내용으로 적절하지 않은 것은?

① 유산균의 대사가 활성화되는 온도에서 얼마나 보관이 가능한 것인지 확인해야겠군.
② 젖산균이 생존할 수 있는 수소 이온 농도와 각종 소화 효소의 농도를 비교해서 확인해야겠군.
③ 젖산 발효 식품들 중 신맛과 함께 다른 맛이 나는 경우는 발효 과정에서 어떤 물질이 발생한 것인지 확인해야겠군.
④ 젖산균과 유해균이 무산소 호흡을 통해 대장에서 생성하는 물질을 비교하고 생성물이 인체에 미치는 영향을 확인해야겠군.
⑤ 젖산 발효는 산소를 이용하지 않고 분해 산물을 생성한다고 했는데 대장 내 환경 자체에 산소가 없는 것인지 확인해야겠군.

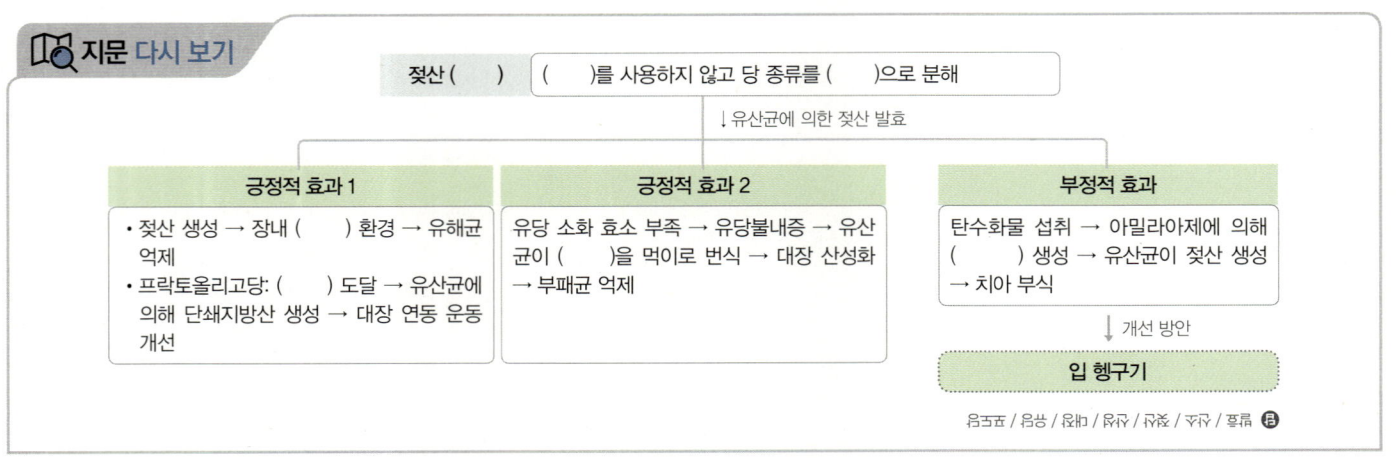

📖 지문 다시 보기

젖산 (　　) ｜ (　　)를 사용하지 않고 당 종류를 (　　)으로 분해

↓ 유산균에 의한 젖산 발효

긍정적 효과 1	긍정적 효과 2	부정적 효과
• 젖산 생성 → 장내 (　　) 환경 → 유해균 억제 • 프락토올리고당: (　　) 도달 → 유산균에 의해 단쇄지방산 생성 → 대장 연동 운동 개선	유당 소화 효소 부족 → 유당불내증 → 유산균이 (　　)을 먹이로 번식 → 대장 산성화 → 부패균 억제	탄수화물 섭취 → 아밀라아제에 의해 (　　) 생성 → 유산균이 젖산 생성 → 치아 부식

↓ 개선 방안

입 헹구기

음효표 / 음성 / 왕바 / 유산 / 단산 / 우산 / 로류 **립**

| Q1 | 다음 문장에 어울리는 어휘를 고르시오.

1. (편차 , 합계)가 크지 않아 데이터의 신뢰도가 높다.
2. 목재가 (수축 , 팽창)하여 이전보다 길이가 길어졌다.
3. 국제 증시가 국내에도 큰 (변수 , 변화)로 작용하였다.
4. 식량을 (비축 , 소비)해야 비상 상황에 대비할 수 있다.
5. 직접 관찰하는 등 (추상적 , 경험적)으로 터득한 노하우들이 많다.

| Q2 | 다음 어휘의 의미 설명이 맞으면 ○, 틀리면 ×에 표시하시오.

1. 적도: 지축의 양쪽 끝.   (○ , ×)
2. 지표: 지구의 표면. 또는 땅의 겉면.   (○ , ×)
3. 자전: 한 천체가 다른 천체의 둘레를 주기적으로 도는 일.   (○ , ×)
4. 위도: 지구 위의 위치를 나타내는 좌표축 중에서 가로로 된 것.   (○ , ×)
5. 경도: 지구 위의 위치를 나타내는 좌표축 중에서 세로로 된 것.   (○ , ×)

| Q3 | 다음 문장에 어울리는 어휘를 골라 쓰시오.

가속	보충	체내	총량	축적	효율

1. 공부 시간의 (   )이 생각보다 많지 않다.
2. 유모차가 비탈을 내려가며 (   )되기 시작했다.
3. 몸 안에 지방이 늘어 (   )되면 건강에 좋지 않다.
4. 격한 운동을 할 때는 수분 (   )이 가장 중요하다.
5. (   )이 좋은 기계는 단시간에 많은 일을 처리할 수 있다.
6. (   )에서 일어나는 일들은 우리 눈에 보이지는 않지만 느낄 수 있는 경우도 있다.

| Q4 | 다음 밑줄 친 어휘와 바꿔 쓸 수 있는 것을 고르시오.

1. 면학 분위기를 <u>만들다</u>.   ① 조장하다   ② 조성하다   ③ 조립하다
2. 땀이 온몸에서 <u>나오다</u>.   ① 분비되다   ② 만들어지다   ③ 형성되다
3. 사람들의 태도가 한쪽으로 <u>치우치다</u>.   ① 편성되다   ② 편협하다   ③ 편향되다

11강 기술 제재 읽기

어떻게 읽어야 할까?

▶ 기술 제재
- 이 제재는 정보 통신 기술과 산업 공학 기술 등 어떤 기술이 구현되는 원리나 공정 등을 사실적이고 객관적으로 설명한다. 특히 실생활과 관련이 있는 기술이나 사회적 관심이 높은 핵심 기술이 주로 출제된다.
- 설명 대상이 되는 기술과 그 구현 과정을 정확하게 파악하고, 이를 구체적 상황에 적용할 수 있어야 한다.

독해 전략 1	독해 전략 2	독해 전략 3
핵심 기술의 개념과 특징 정확하게 파악하기	기술의 원리가 구현되는 과정 순차적으로 이해하기	기술의 원리나 공정을 자료에 적용하여 이해하기

기출에서 개념 찾기
- 동일한 내부 **네트워크**에 연결된 **컴퓨터**들의 사설 **IP 주소**는 서로 달라야 한다.
- 다음은 **대저울의 원리**를 나타낸 그림이다. 윗글과 그림을 관련지어 이해한 〈보기〉의 내용에서 적절한 것만을 고른 것은?

핵심 정리

┃ 중심 화제
자동 재전송 요구 방식,
(   ) 방식

┃ 문단 정리
1문단: 데이터 오류 검출 및 (   ) 방식
2문단: 자동 (   ) 요구 방식의 특징
3문단: 순방향 오류 정정 방식의 특징

┃ 주제
(   ) 오류 검출 및 복구 방식의 종류와 특징

▶ 어휘 풀이
- **열잡음**: 수신기나 전송 선로 또는 전파 매체에서 전자 운동이 열에너지에 의해 동요하여 발생하는 잡음.

┃ 기술 지문 맛보기 ┃

1 무선 통신 시스템에서 전파로 전송되는 신호는 때에 따라 왜곡될 수도 있고, 안테나 통신 장비에서 발생하는 다양한 열잡음*으로 원하지 않는 신호가 더해질 수도 있다. 이처럼 데이터 전송 과정에서 오류가 생기면 수신기는 잘못된 신호를 받아 정확한 정보 전달이 어려워진다. 이런 경우에 추가 데이터를 함께 보내서 오류가 발생한 데이터를 검출하거나 복구하는 방식을 사용하는데, 이는 크게 자동 재전송 요구 방식과 순방향 오류 정정 방식으로 나눌 수 있다.

2 먼저 자동 재전송 요구 방식은 송신기에서 데이터를 전송할 때 데이터 중 1의 개수가 홀수이면 1을, 짝수이면 0의 추가 데이터를 송신 정보 데이터와 함께 보낸다. 수신기에서 받은 수신 정보 데이터의 1의 개수와 추가 데이터의 값을 비교하여 두 값이 다르면 수신기는 전송된 데이터 속에 오류가 있음을 알게 된다.

3
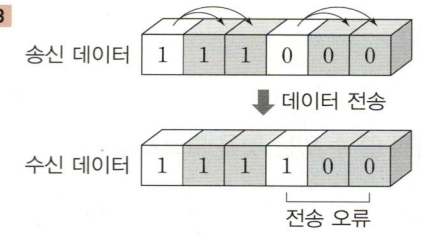

다음으로 순방향 오류 정정 방식은 송신기에서 전송할 데이터를 위의 그림처럼 각각 두 번씩 복사한 추가 데이터를 송신 정보 데이터와 함께 전송하는 방식이다. 데이터 전송에 오류가 발생한 경우, 수신기는 수신 데이터에서 복사된 데이터들과 비교하여 다른 값으로 전송됐는지를 확인해 오류가 발생한 위치를 알 수 있다. 만약 수신 데이터가 1인데 복사된 데이터들의

값이 모두 0이라면 실제 전송된 데이터는 1이 아닌 0으로, 오류를 고칠 수 있다. 이처럼 순방향 오류 정정 방식은 복사된 추가 데이터를 이용해 수신기가 단독으로 오류를 정정할 수 있다.

| 독해 전략 적용하기 |

전략 1　윗글에 제시된 핵심 기술의 특징을 정리하여 빈칸을 채워 보시오.

자동 재전송 요구 방식	순방향 오류 정정 방식
• 데이터 중 1의 개수가 ☐☐이면 1을, ☐☐이면 0의 추가 데이터를 함께 전송함. • ☐의 개수와 추가 데이터의 값을 비교하여 두 값이 다르면 오류가 있음을 알게 됨.	• 추가 데이터를 ☐☐ 정보 데이터와 함께 전송함. • ☐☐ 데이터와 복사된 데이터를 비교하여 다른 값으로 전송되었으면 오류가 있음을 알고 정정함.

전략 2　'순방향 오류 정정 방식'의 작동 과정을 설명한 내용인 ㉠~㉣을 순서에 따라 알맞게 배열하시오.

㉠ 수신기에서 수신 데이터와 복사 데이터 값 비교하기
㉡ 수신기가 복사된 추가 데이터를 이용해 오류 정정하기
㉢ 추가 데이터를 송신 정보 데이터와 함께 수신 데이터로 전송하기
㉣ 송신기에서 전송할 데이터를 두 번씩 복사한 추가 데이터 생성하기

(　　→　　　　→　　　　→　　)

전략 3　〈보기〉가 '순방향 오류 정정 방식'의 수신 데이터라 할 때, 송신 데이터로 적절한 것은?

─| 보기 |─
1 0 0 1 1 1 0 1 1

① 0 0 0 1 1 1 0 1 1

② 0 0 0 1 1 1 1 1 1

③ 1 0 0 1 1 1 0 1 1

④ 1 1 1 1 1 1 0 1 1

⑤ 1 1 1 0 0 0 1 1 1

[01~03] 다음 글을 읽고 물음에 답하시오.

핵심 정리

| 중심 화제
( )

| 문단 정리
1문단: 제책 기술의 등장 배경
2문단: 제책 초기 – ( ) 기술
3문단: 18세기 말 – ( )를 사용
해 매는 기술
4문단: 20세기 중반 이후 – ( )
기술

| 주제
제책 기술의 등장 배경과 발전 과정

종이가 개발되기 전, 인류는 동물의 뼈나 양피지 등에 필요한 정보를 기록해 왔다. 하지만 담긴 정보량에 비해 부피가 방대하였고 그로 인해 보존과 가독에 어려움을 겪었다. 그런데 종이의 개발로 부피가 줄어들면서 종이로 된 책이 주된 기록 매체가 되었고 책의 보존성과 가독성, 휴대성 등을 더욱 높이기 위한 제책 기술의 발달이 요구되었다.

서양은 종이 책을 만들기 시작했을 때 제지 기술이 동양에 비해 미숙했고 질 나쁜 종이로 책을 제작해야 했기에 책의 내구성을 높이기 위한 기술이 필요했다. 그래서 표지에 가죽을 씌우거나 나무판을 덧대는 방법을 개발했는데 이를 양장(洋裝)이라 한다. 양장은 내지 묶기와 표지 제작을 따로 한 후에 합치는 방법이다. 내지는 실매기 방식을 활용해 실로 단단히 묶고, 표지는 판지에 천이나 가죽 등의 마감 재료를 접착하여 만든다. 표지와 내지를 결합할 때는 책등*과 결합되는 내지 부분에 접착제를 발라 책등에 붙인다. 또한 내지보다 두껍고 질긴 종이인 면지를 표지와 내지 사이에 접착제로 붙여 이어 줌으로써 책의 내구성을 높인다. 표지 부착 후에는 가열한 쇠막대로 앞뒤 표지의 책등 쪽 가까운 부분을 눌러 홈을 만들어 책의 펼침성이 좋도록 한다.

18세기 말에 유럽은 산업 혁명으로 인쇄가 기계화되면서 대량 생산을 위한 기반이 갖추어지고, 경제의 발전으로 일부 계층에만 국한*됐던 독서 인구가 확대되어 제책 기술도 대량 생산이 가능한 방식으로 발전해야 했다. 이를 위해 간편하게 철사를 사용해 매는 제책 기술이 개발되었는데 처음에는 '옆매기'라 불리는 기술을 사용하였다. 그러나 옆매기는 책장 넘김이 용이하지 않아 '가운데매기'라 불리는 중철(中綴)이 주된 방식으로 자리 잡았다. 중철은 인쇄지를 포개놓고 책장이 접히는 한가운데 부분을 ㄷ자형 철침을 이용해 매었는데, 보통 2개의 철침으로 표지와 내지를 고정하지만 표지나 내지가 한가운데서부터 떨어지는 경우가 잦아 철침을 4개로 박기도 하였다. 중철은 광고지, 팸플릿 등 오랜 보관이 필요 없거나 분량이 적은 인쇄물에 사용해 왔으며, 중철된 책은 쉽게 펼치거나 넘길 수 있고 두루마리처럼 말아서 간편하게 휴대할 수도 있다.

20세기 중반에는 화학 접착제가 개발되며 무선철(無線綴)이라는 제책 기술이 등장했다. 이름처럼 실이나 철사 없이 화학 접착제만으로 책을 묶는 방식이다. 이 방법은 자동화가 가능해 대량 생산에 더욱 적합했고, 생산 단가가 낮아지면서 판매 가격을 낮출 수 있어 책의 대중화에 기여했다. 그리고 1990년대에는 습기경화형 우레탄 핫멜트가 개발되면서 개발 초보다 내구성이 더욱 강화된 책을 만들게 되었다. 무선철 기술은 지금도 계속 보완, 발전하고 있으며 그로 인해 오늘날 대부분의 책은 무선철 방식으로 제작되고 있다.

▶ 어휘 풀이

• **책등:** 책을 매어 놓은 쪽의 표지 부분.
• **국한:** 범위를 일정한 부분에 한정함.

01 세부 정보 파악하기

윗글의 표제와 부제로 가장 적절한 것은?

① 제책 기술의 발전과 한계
　– 문제점 진단과 보완 방안을 중심으로
② 제책 기술 현대화의 경향
　– 화학 접착제의 개발을 중심으로
③ 제책 기술의 등장 배경과 유형
　– 책 묶기 방식의 발전 과정을 중심으로
④ 제책 기술의 발전과 사회적 영향
　– 기술 개발의 방향과 문제점을 중심으로
⑤ 제책 기술의 필요성과 의의
　– 책의 내구성 향상 단계를 중심으로

02 구체적 사례에 적용하기

〈보기〉는 양장 에 따라 제작한 책의 단면이다. ㉠～㉤에 대한 설명으로 적절하지 않은 것은?

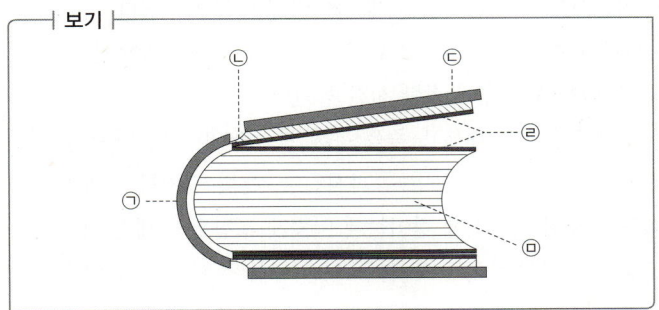

┤ 보기 ├

① ㉠은 접착제를 활용하여 ㉤과 결합되도록 하였다.
② ㉡은 가열한 쇠막대로 눌러 펼침성을 향상시켰다.
③ ㉢은 따로 제작한 뒤 실매기를 통해 ㉣과 결합시켰다.
④ ㉣은 ㉤보다 튼튼한 종이를 사용해 책의 내구성을 높였다.
⑤ ㉤은 실로 묶은 후 ㉣을 활용하여 ㉢과 결합시켰다.

03 구체적 사례에 적용하기

윗글과 〈보기〉를 고려할 때, 제책 회사가 제시할 의견으로 가장 적절한 것은?

┤ 보기 ├

　올해 문집 제작을 위한 요구 사항을 말씀드립니다. 작년에 제작된 문집은 간편하게 말아서 휴대가 가능했지만 표지의 한가운데가 떨어지는 문제가 있었습니다. 이에 대한 보완이 필요하며 올해는 분량이 100쪽 이상 증가한 점과 학생들이 오래도록 문집을 보관하고 싶어 하는 점을 고려해 주시기 바랍니다. 또한 문집 제작 비용을 절감하는 방향으로 제안서를 보내 주시기 바랍니다.

① 표지가 쉽게 떨어지지 않게 철침으로 옆을 묶겠습니다.
② 분량이 증가한 점을 고려하여 내지와 표지를 별도로 제작한 후 묶겠습니다.
③ 표지와 내지의 결합력을 높이기 위해 철침을 2개에서 4개로 늘려 묶겠습니다.
④ 오래도록 보관할 수 있게 실매기를 한 후 튼튼한 면지를 접착제로 붙이겠습니다.
⑤ 책의 단가를 낮추고 내구성을 높이기 위해 성능이 좋은 화학 접착제를 사용하여 묶겠습니다.

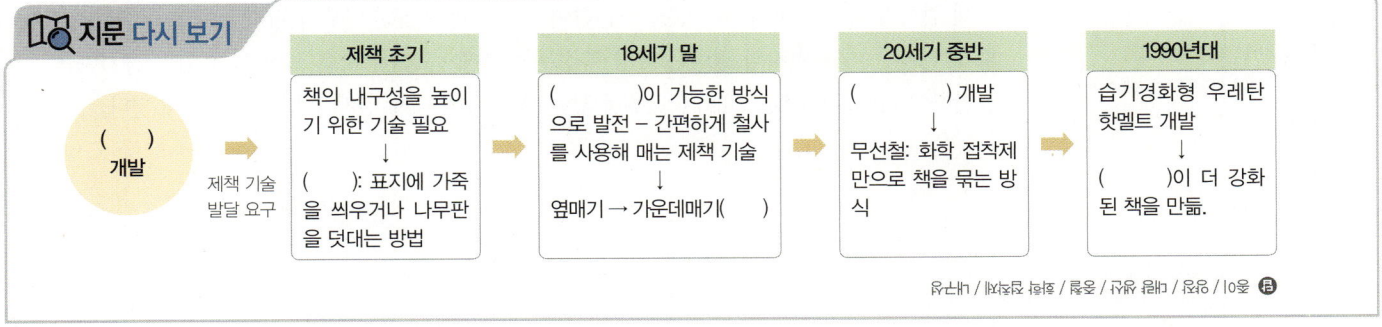

📖 **지문 다시 보기**

( ) 개발	제책 초기	18세기 말	20세기 중반	1990년대
제책 기술 발달 요구	책의 내구성을 높이기 위한 기술 필요 ↓ ( ): 표지에 가죽을 씌우거나 나무판을 덧대는 방법	( )이 가능한 방식으로 발전 – 간편하게 철사를 사용해 매는 제책 기술 ↓ 옆매기 → 가운데매기( )	( ) 개발 무선철: 화학 접착제만으로 책을 묶는 방식	습기경화형 우레탄 핫멜트 개발 ↓ ( )이 더 강화된 책을 만듦.

[01~03] 다음 글을 읽고 물음에 답하시오.

핵심 정리

| 중심 화제
(   )

| 문단 정리
1문단: 미세 먼지(   )의 필요성
2문단: (   )을 활용한 미세 먼지 측정
3문단: 미세 먼지 농도 측정 과정 ①
– (   ) 채취
4문단: 미세 먼지 농도 측정 과정 ②
– (   ) 산출

| 주제
미세 먼지 농도의 (   )

미세 먼지는 세계보건기구(WHO)가 인정하는 1급 발암 물질로 국민 건강에 지대한 악영향을 미치는 물질이다. 연구 결과에 따르면 미세 먼지가 세제곱미터당 $10\mu g$ 증가할 때 사망률이 0.44% 증가한다고 하므로, 미세 먼지 농도를 세제곱미터당 $50\mu g$ 줄인다면 사망률을 2.2% 낮출 수 있는 셈이다. 하지만 대부분의 국민들은 물론 환경 당국조차도 미세 먼지를 단순히 호흡기 질환에 좋지 않은 물질 정도로 가볍게 생각한다는 데 문제의 심각성이 있다. 그래서 환경 단체 등에서는 미세 먼지 문제를 국가적 재난으로 인식하고 미세 먼지가 국민 건강에 심각한 위해*를 가할 수 있는 물질임을 널리 알려 국민들에게 경각심을 갖게 해야 한다고 주장한다. 그리고 자기 주변의 미세 먼지 농도에 대해 객관적이고 과학적인 측정이 가능한 가정용 미세 먼지 측정기의 보급을 확산시켜 미세 먼지를 줄이기 위한 노력을 기울여야 한다고 덧붙인다.

미세 먼지는 대기 중의 지름 $10\mu m$ 이하인 작은 먼지를 말하는 것으로, 이러한 미세 먼지의 농도를 측정하기 위해 개발된 것이 미세 먼지 측정기이다. ㉠이 기기들은 주로 베타선 흡수법을 사용하여 미세 먼지의 농도를 측정하는데, 베타선 흡수법은 대기 중의 미세 먼지를 포집*한 여과지에 베타선(β−ray)을 투과*시켜 베타선 세기가 감쇄*되는 정도를 측정하여 미세 먼지의 농도를 측정하는 방법이다. 이때 미세 먼지의 농도는 단위 면적당 포집된 미세 먼지의 질량에 의한 베타선의 흡수량으로 결정되므로, 농도의 값은 미세 먼지가 포집되지 않은 여과지를 통과한 베타선 세기와 포집 후 여과지를 통과한 베타선 세기의 비에 의해 좌우된다.

우선 ㉡미세 먼지의 농도를 측정하기 위해서는 분석에 쓰일 재료인 시료를 채취해야 한다. 시료가 되는 일정한 양의 공기가 흡인 펌프에 의해 일정한 시간 동안 시료 흡입부로 들어오면, 분립 장치에서는 시료의 공기 속 입자 물질을 내부 노즐을 통해 가속한 후, 충돌판에 충돌시켜 $10\mu m$보다 큰 입자만 포집하고 그보다 작은 것들은 통과시킨다. 분립 장치를 통과한 미세 먼지는 아래로 떨어져 긴 테이프 형태의 여과지에 쌓이는데 이렇게 포집된 미세 먼지는 베타선 광원과 베타선 감지기에 의해 그 질량이 측정된 후 자동 이송 구동 장치에 의해 밖으로 배출된다. 베타선 흡수법에서 방사선인 베타선을 광원으로 사용하는 이유는 베타선이 어떤 물질을 통과할 때, 그 물질의 질량이 커질수록 베타선의 세기가 감쇄하는 성질이 있기 때문이다.

베타선 광원에서 비춰진 베타선은 여과지 위에 포집된 미세 먼지를 통과하여 베타선 감지기에 도달하게 되는데, 이때 베타선의 일부가 미세 먼지 입자에 의해 흡수되거나 소멸되기 때문에, 감지된 베타선의 세기는 미세 먼지가 없는 여과지를 통과한 베타선의 세기보다 작을 수밖에 없고 이 둘의 값은 차이가 발생한다. 베타선 감지기는 이 두 가지 베타선의 세기를 데이터 신호로 바꾸어 연산* 장치에 보내고, 연산 장치는 이러한 데이터 신호를 수치로 환산한 후 미세 먼지가 흡수한 베타선의 양을 고려하여 여과지에 포집된 미세 먼지의 질량을 구한다. 이렇게 얻어진 미세 먼지의 질량은 유량 측정부를 통해 측정한, 시료 포집 시 흡입된 공기량을 감안하여 ppb(parts per billion) 단위를 갖는 대기 중의 미세 먼지 농도로 나타나게 된다.

▶ 어휘 풀이

• **위해**: 위험과 재해를 아울러 이르는 말.
• **포집**: 여러 가지 방법으로 일정한 물질 속에 있는 미량 성분을 분리하여 잡아 모으는 일.
• **투과**: 광선이 물질의 내부를 통과함. 또는 그런 현상.
• **감쇄**: 줄어 없어짐. 또는 줄여 없앰.
• **연산**: 식이 나타낸 일정한 규칙에 따라 계산함.

01 세부 정보 파악하기

윗글에서 알 수 있는 내용으로 적절하지 않은 것은?

① 보통 지름 $10\mu m$를 초과하는 먼지는 미세 먼지로 여기지 않는다.

② 대기 중 미세 먼지보다 실내 미세 먼지가 사망률에 더 큰 영향을 미친다.

③ 환경 당국에서는 아직 미세 먼지 문제를 국가적 재난으로 인식하지 않고 있다.

④ 베타선 감지기는 여과지를 통과한 베타선을 통해 데이터 신호를 생성하는 장치이다.

⑤ 가정용 미세 먼지 측정기를 널리 보급하면 미세 먼지를 줄이고자 노력할 가능성이 높아진다.

02 정보 및 내용 추론하기

㉠의 이유로 가장 적절한 것은?

① 베타선 흡수법이 다른 방법을 사용하는 것보다 경제적이므로

② 베타선을 활용하면 아주 적은 양의 공기로도 농도를 측정할 수 있으므로

③ 여과지를 투과하는 베타선의 특수한 성질이 농도 측정에 중요하게 활용되므로

④ 베타선 흡수법 이외의 방법은 지름 $10\mu m$보다 큰 먼지만 측정할 수 있으므로

⑤ 여과지를 통과한 미세 먼지까지도 베타선이 흡수하여 농도를 가장 정확하게 측정할 수 있으므로

03 구체적 사례에 적용하기

〈보기〉는 ㉡을 구하는 식과 그 기호를 설명한 것이다. 이에 대한 이해로 적절하지 않은 것은?

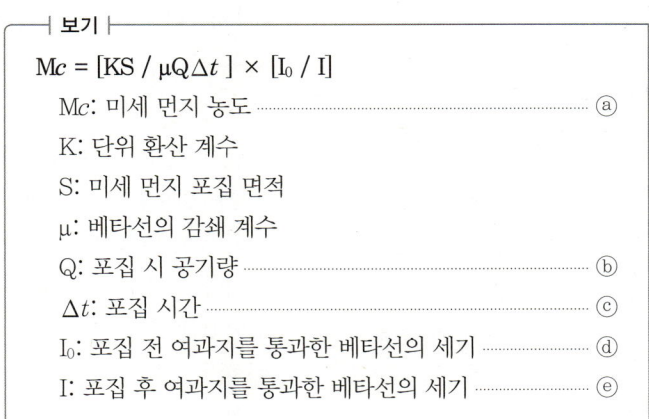

보기

$$Mc = [KS / \mu Q \Delta t] \times [I_0 / I]$$

Mc: 미세 먼지 농도 ⋯⋯⋯⋯⋯⋯⋯⋯⋯⋯⋯⋯ ⓐ

K: 단위 환산 계수

S: 미세 먼지 포집 면적

μ: 베타선의 감쇄 계수

Q: 포집 시 공기량 ⋯⋯⋯⋯⋯⋯⋯⋯⋯⋯⋯⋯ ⓑ

Δt: 포집 시간 ⋯⋯⋯⋯⋯⋯⋯⋯⋯⋯⋯⋯⋯⋯ ⓒ

I_0: 포집 전 여과지를 통과한 베타선의 세기 ⋯⋯ ⓓ

I: 포집 후 여과지를 통과한 베타선의 세기 ⋯⋯⋯ ⓔ

① ⓐ는 분립 장치를 통과한 먼지의 농도만 계산한 것이겠군.

② ⓑ와 ⓒ는 ⓐ를 산출하기 위한 기준을 세우는 데 필요하겠군.

③ ⓓ와 ⓔ는 베타선 감지기에서 데이터 신호로 바뀌겠군.

④ ⓔ는 여과지에 쌓인 미세 먼지에 의해 결정되겠군.

⑤ 연산 장치를 통해 환산한 $[I_0 / I]$의 값은 미세 먼지가 존재한다면 1보다 작겠군.

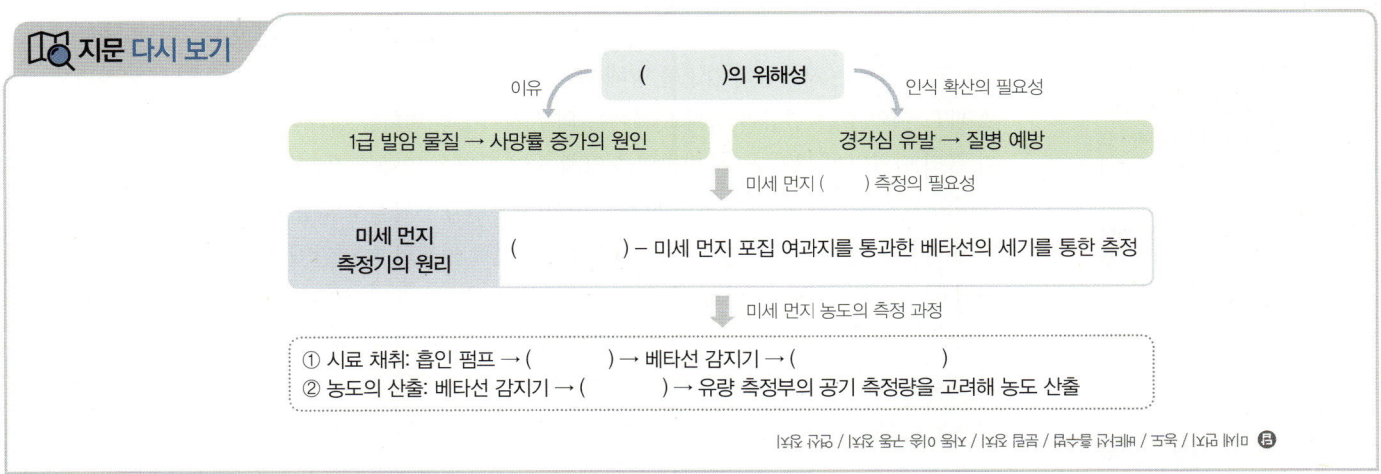

📖 **지문 다시 보기**

( )의 위해성

이유 ← → 인식 확산의 필요성

1급 발암 물질 → 사망률 증가의 원인 | 경각심 유발 → 질병 예방

⬇ 미세 먼지 ( ) 측정의 필요성

| 미세 먼지 측정기의 원리 | ( ) – 미세 먼지 포집 여과지를 통과한 베타선의 세기를 통한 측정 |

⬇ 미세 먼지 농도의 측정 과정

① 시료 채취: 흡인 펌프 → ( ) → 베타선 감지기 → ( )
② 농도의 산출: 베타선 감지기 → ( ) → 유량 측정부의 공기 측정량을 고려해 농도 산출

미세 먼지 / 농도 / 베타선 흡수법 / 분립 장치 / 연산 장치 위 순서 옳음 / 유량 장치 🅑

[01~04] 다음 글을 읽고 물음에 답하시오.

일반적으로 열차는 선로와 바퀴 사이의 마찰력 때문에 속도를 내는 데 일정한 한계를 지닌다. 하지만 1970년대부터 거듭된 연구의 결과로 운항이 가능해진 자기 부상 열차는 에너지 손실의 최소화, 지속적인 부상 원리와 추진 원리의 확보라는 과제를 해결하면서 이 한계를 극복했다.

먼저 열차를 띄울 때 에너지 손실을 최소화하기 위해서 납, 알루미늄, 특수 합금 같은 초전도*체(超傳導體)를 사용한다. 철이나 구리 전자석은 코일에 전류가 흐를 때 항상 저항이 일어나고 많은 열로 인한 에너지 손실이 발생하기 때문에 0.5 테슬라* 이상의 강한 자기장을 얻기 어렵다. 그러나 초전도체는 액체 헬륨에 담기면 온도가 영하 270℃ 정도로 낮아지고 전기 저항이 0인 초전도 상태가 되어 전기 회로에서 전력 손실이 생기지 않는다. 초전도체가 된 코일에 한번 전류를 흘리면 저항이 없어져 전류가 감쇠하지 않고 계속 돌게 되고, 1~20 테슬라 정도의 자기장을 지속시킨다. 초전도 전자석을 실은 열차는 도체 위를 5㎝ 정도 뜬 채로 시속 500km로 달릴 수 있다.

한편, 열차의 부상 원리에는 반발식과 흡인식 두 가지가 있다. 우선 열차 안에 탑재된 초전도 자석과 지상 선로에 설치된 코일 사이에 작용하는 전자기적 힘을 이용하는 것이 ㉠반발식이다. 이것은 전기와 자기에 관련된 두 가지 법칙을 바탕으로 개발되었다. 첫째는 도선을 감은 코일에 자석을 넣으면 코일을 가로지르는 자기장에 변화가 일어나고, 코일 내에 유도 전류가 발생한다는 패러데이의 법칙이다. 이때 자석이 빠르게 움직일수록, 코일에 도선을 많이 감을수록 강한 전류가 흐른다. 이를 전자기 유도의 법칙이라고도 한다. 둘째는 패러데이의 법칙 이후에 나온 렌츠의 법칙이다. 렌츠의 법칙은 전자기 유도의 방향에 관한 법칙으로, 전자기 유도로 만들어진 전류는 외부 자기장 변화를 방해하는 방향으로 흐른다는 것이다. 코일을 향하여 자석을 움직이면 코일 속을 지나는 자기장이 증가한다. 이때 코일에 유도되는 전류는 자석의

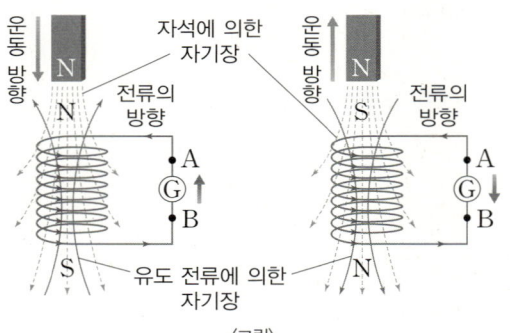

〈그림〉

자기장 증가를 방해하는 방향으로 흐른다. 〈그림〉처럼 자석의 N극을 코일에 가까이 하면 코일에는 유도 전류가 발생하고, 이때 코일의 자기장 방향은 자석의 자기장 방향에 반발하여 자석의 운동을 방해하는 N극의 자기장이 생긴다는 것이다. 반대로 자석을 코일에서 빼면 코일 속을 지나는 자기장은 감소한다. 이때 코일에 유도되는 전류는 자기장의 감소를 방해하는 방향으로 흐른다. 도체판에 열차의 자석을 접근시킬 때도 이와 같은 현상이 생겨 도체에는 외부 자기장의 변화를 방해하는 방향으로 유도 전류가 흘러 반발력이 생긴다. 이 반발력을 크게 하여 무거운 열차를 지속적으로 띄울 수 있다.

이와 달리 ㉡흡인식은 초전도 전자석이 아니라 구리 전자석을 사용하여 열차를 띄운다. 선로에 자석을 깔고 열차 차체와 연결된 전자석을 선로 아래의 빈 공간에 오도록 놓는다. 그러면 열차 차체와 연결된 전자석과 선로의 자석 사이에 서로 끌어당기는 힘인 인력이 생기고, 전자석이 선로 쪽으로 붙으려고 하면서 연결된 열차를 부상시킨다. 흡인식에서도 코일을 감은 양과 전류의 세기를 조절하여 자력의 세기에 변화를 줌으로써 부상 간격을 유지할 수 있다. 즉 전자석과 선로의 간격이 멀면 더 센 전류를 공급하여 일정한 간격으로 열차를 부상시킨다.

[A]
　　선로에 닿지 않은 열차가 고속의 추진력을 얻기 위해서는 열차에 장착한 선형 모터를 활용해야 한다. 선로 양편 벽면에 추진 코일을 설치하고 여기에 특수한 전류를 흘리면 극성*이 고정되어 있는 선형 모터와 달리 각 코일의 극성인 N극과 S극이 순간순간 바뀌게 된다. 벽면 코일이 S극일 때는 열차의 선형 모터에 설치된 초전도 전자석의 N극과 서로 당기는 힘이 작용하고, 바로 뒤의 코일은 N극이 되어 초전도 전자석의 N극을 밀어내면서 열차를 앞으로 가게 한다. 열차가 이 S극의 코일을 지나면 전류가 코일의 S극을 N극으로 바꾼다. 그러면 열차 선형 모터의 N극을 밀어내는 과정을 다시 반복하며 열차는 추진력을 얻어 달릴 수 있다.

▶ **어휘 풀이**

• **극성**: 전극의 양극과 음극, 자석의 남극과 북극이 가지고 있는 서로 다른 성질.

01 글의 전개 방식 파악하기

윗글의 내용 전개 방식으로 가장 적절한 것은?

① 자기 부상 열차의 추진 원리를 분류하여 설명하고 있다.
② 통시적 관점에서 자기 부상 기술의 발전 과정을 설명하고 있다.
③ 전문가의 견해를 인용하여 자기 부상 열차의 장단점을 분석하고 있다.
④ 기존의 문제점을 해결한 자기 부상 열차의 과학적, 기술적 방법을 제시하고 있다.
⑤ 서로 다른 자기 부상 원리를 대조하고 이를 통합한 새로운 기술을 소개하고 있다.

02 세부 정보 파악하기

윗글에서 알 수 있는 내용으로 적절하지 <u>않은</u> 것은?

① 렌츠의 법칙은 패러데이의 법칙을 기반으로 하여 등장한 법칙이다.
② 구리는 저항이 일어나 열이 발생하기 때문에 초전도 상태로 만들기 어렵다.
③ 자기 부상 열차는 기존 열차의 한계를 극복하여 더 빠른 속도로 달릴 수 있다.
④ 초전도체는 일단 전류가 흐르면 감쇠하지 않아 계속 전류를 공급하지 않아도 된다.
⑤ 초전도체는 그 자체로 전기 저항이 0인 물체이므로 특별한 처리 과정을 거치지 않는다.

⊙, ⓛ에 대해 추론한 내용으로 적절하지 <u>않은</u> 것은?

① ⊙은 열차와 선로의 간격이 멀어지면 인력이 생긴다.

② ⊙은 열차의 속도가 증가할수록 반발력이 커진다.

③ ⓛ에서는 전류의 세기와 자력의 세기가 반비례한다.

④ ⊙과 ⓛ은 코일에 감는 도선의 양을 통해 부상 간격을 조절할 수 있다.

⑤ ⊙에 비해 ⓛ은 강한 자기장을 얻기 어려워 열차를 부상시키는 힘의 세기가 약하다.

[A]를 바탕으로 〈보기 1〉과 같은 모형을 만들어 자기 부상 열차의 추진 실험을 할 때, 이에 대한 적절한 반응을 〈보기 2〉에서 모두 고른 것은?

┤ 보기 1 ├

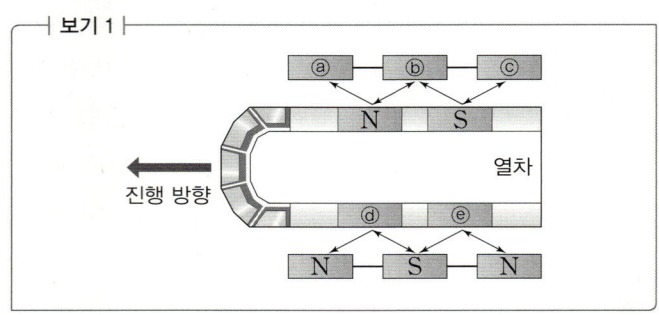

진행 방향

열차

┤ 보기 2 ├

ㄱ. ⓐ, ⓑ, ⓒ는 초전도 전자석으로 특수한 전류를 흘려보내야 열차가 추진할 수 있겠군.

ㄴ. ⓐ, ⓒ, ⓓ는 S극, ⓑ, ⓔ는 N극이 되어야 열차가 추진 방향으로 나아갈 수 있겠군.

ㄷ. ⓓ, ⓔ는 선형 모터로, 이것이 추진 코일의 극성을 변환시킴으로써 열차가 추진 방향으로 나아가게 되겠군.

ㄹ. ⓓ, ⓔ의 극성은 고정되고, ⓐ, ⓑ, ⓒ의 극성은 매 순간 변화되어야 열차가 추진 방향으로 나아갈 수 있겠군.

① ㄱ, ㄴ   ② ㄴ, ㄹ

③ ㄷ, ㄹ   ④ ㄱ, ㄴ, ㄷ

⑤ ㄱ, ㄷ, ㄹ

📖🔍 **지문 다시 보기**

자기 부상 열차 개발 → 해결한 과제	에너지 손실 최소화	부상 원리 확보		추진 원리 확보
	초전도체 사용: 전기 (　　)이 0인 초전도 상태에는 전력 손실 X	**반발식** · (　　) 전자석 이용 · 패러데이의 법칙=전자기 유도의 법칙 · 렌츠의 법칙: 전자기 유도로 만들어진 (　　)는 외부 자기장 변화를 방해하는 방향으로 흐름. ↓ (　　)을 방해하는 유도 전류가 흐를 때 생기는 반발력 이용	**흡인식** · 구리 전자석 이용 · 열차의 전자석과 선로 자석 사이의 (　　) 이용	극성이 변하지 않는 선형 모터와 극성이 순간순간 변하는 추진 (　　) 이용

Q1 다음 문장에 어울리는 어휘를 고르시오.

1. 방송 (매개 , 매체)의 힘은 생각보다 강력하다.
2. 그의 경력을 (감안 , 감소)하여 연봉을 결정했다.
3. 지진으로 폐허가 된 도시를 (복구하다 , 복사하다).
4. 가로쓰기가 세로쓰기에 비하여 (가독성 , 추진력)이 높다.

Q2 다음 어휘의 알맞은 의미를 찾아 연결하시오.

1. 도체 •
2. 유도 •
3. 저항 •
4. 초전도 •
5. 마찰력 •

• ㉠ 도체에 전류가 흐르는 것을 방해하는 작용.
• ㉡ 열 또는 전기의 전도율이 비교적 큰 물체를 통틀어 이르는 말.
• ㉢ 어떤 종류의 금속 또는 합금을 냉각할 때, 매우 낮은 온도에서 전기 저항이 사라져 전류가 장애 없이 흐르는 현상.
• ㉣ 전기장이나 자기장 속에 있는 물체가 그 전기장이나 자기장 따위의 영향을 받아 전기나 자기를 띠는 것. 또는 그 작용.
• ㉤ 접촉하고 있는 두 물체가 상대 운동을 하려고 하거나 상대 운동을 하고 있을 때, 그 운동을 저지하는 방향으로 작용하는 저항력.

Q3 다음 문장에 어울리는 어휘를 골라 쓰시오.

국한	기여	단가	내구성	제지 기술

(1.   )의 놀라운 발전은 물속에서도 읽을 수 있는 방수 처리가 된 도서의 출간에 크게 (2.   )했다. 물에 젖어도 찢어지지 않는 등 (3.   )이 좋다는 장점이 있지만 (4.   )가 높다는 단점도 있다. 방수 처리가 되어 출간되는 도서들은 판매율이 높은 것들에 (5.   )되어 있는 실정이다.

Q4 다음 밑줄 친 어휘와 바꿔 쓸 수 있는 것을 고르시오.

1. 배에 보급품을 싣다.   ① 탑재하다   ② 탑승하다   ③ 편승하다
2. 틀린 숫자를 고치다.   ① 정리하다   ② 정정하다   ③ 정제하다
3. 그가 미친 영향이 크다.   ① 소소하다   ② 적당하다   ③ 지대하다
4. 기존의 회장 선출 방식에 반대하다. ① 유발하다   ② 선발하다   ③ 반발하다
5. 정화되지 않은 폐수가 강으로 밀려나오다. ① 송출되다   ② 배출되다   ③ 수출되다

12강 융합 제재 읽기

[01~04] 다음 글을 읽고 물음에 답하시오.

9월 고1 학력평가

핵심 정리

ㅣ중심 화제
니체의 예술 철학. (   )

ㅣ문단 정리
1문단: (   )에 대한 서양 철학자들의 견해
2문단: 서양 철학의 주류적 입장을 비판한 (   )의 철학
3문단: (   )의 '힘에의 의지'를 드러내는 역할을 강조한 니체
4문단: 니체의 철학이 표현주의에 미친 영향
5문단: 표현주의의 의의

ㅣ주제
니체의 철학적 견해와 그 영향을 받은 (   )의 특징과 의의

어휘 풀이

● **형이상학적 이원론:** 세계를 경험의 세계와 경험을 초월한 세계로 나누고, 사물의 본질과 존재의 근본 원리를 사유를 통해 연구하는 이론.

서양 철학은 ㉠존재에 대한 물음에서 시작되었다. 고대 그리스 철학자 파르메니데스는 있는 것은 있고 없는 것은 없다고 말했다. 그는 어떤 존재가 있다가 없어지고 없다가 있게 되는 일은 불가능하다며 존재의 생성과 변화, 소멸을 부정했다. 그에게 존재는 영원하며 절대적이고 불변성을 가지는 것이었다. 이에 반해 헤라클레이토스는 존재의 생성과 변화를 긍정했다. 그는 존재하는 모든 것이 변화의 과정 중에 있으며 끊임없이 생성과 소멸을 반복하는 것이라고 생각했다. 존재에 대한 두 철학자의 견해는 플라톤의 이데아론에 영향을 주었다. 플라톤은 존재를 끊임없이 변하는 존재와 영원히 변하지 않는 존재로 나누었다. 그는 우리가 경험하는 현실 세계의 존재는 변한다고 생각했다. 그리고 현실 세계에 존재하는 모든 것의 근원을 이데아로 상정하고 이데아를 영원하고 불변하는 존재, 그 자체로 완전한 진리로 여겼다. 반면에 현실 세계의 존재는 이데아를 모방한 것일 뿐 이데아와 달리 불완전하다고 보았다. 또한 감각을 통해 인식할 수 있는 현실 세계의 존재와 달리 이데아는 오직 이성에 의해서만 인식할 수 있다는 이성 중심의 사유를 전개했다. 플라톤의 이러한 철학적 견해는 이후 서양 철학의 주류가 되었다.

그러나 플라톤의 견해를 바탕으로 한 서양 철학의 주류적 입장은 근대에 이르러 니체에 의해 강한 비판을 받았다. 헤라클레이토스의 견해를 받아들인 니체는 영원히 변하지 않는 존재, 절대적이고 영원한 진리는 없다고 주장했다. 또한 우리가 살고 있는 현실 세계가 유일한 세계라면서 '신은 죽었다'라고 선언하며 형이상학적 이원론●이 말하는 진리, 신 중심의 초월적 세계, 합리적 이성 체계 모두를 부정했다. 니체는 형이상학적 이원론이 진리를 영원불변한 것으로 고정하고, 현실 너머의 이상 세계와 초월적 대상을 생명의 근원으로 설정함으로써 인간이 현실의 삶을 부정하도록 만들었다고 보았다. 그래서 생명의 근원과 삶의 의미를 상실한 인간은 허무에 직면하게 되었다는 것이다.

니체는 허무에서 벗어나기 위해서는 생명의 본질을 회복해야 한다고 했다. 그는 인간이 자신의 삶을 지탱할 수 있게 하는 것을 '힘에의 의지'로 보았다. 니체가 말하는 '힘에의 의지'는 주변인이나 사물을 자기 마음대로 지배하고 억압하려는 의지가 아니라 자기 극복을 이끌어 내고 생명의 상승을 지향하는 의지로 이해할 수 있다. 니체는 이러한 '힘에의 의지'가 생성과 변화의 끊임없는 과정 중에서 창조적 생성 작용을 하는데, 그 최고의 형태가 예술이라고 했다. 그는 본능에 내재한 감성을 바탕으로 하는 예술적 충동을 중시하였고, 예술가의 창작 활동을 인간의 삶의 가치 상승을 도와주는 '힘에의 의지'로 보았다. 그는 예술을 통해 생명력을 회복하고 허무를 극복할 수 있음을 강조한 것이다.

이러한 니체의 철학적 견해는 20세기 초의 예술가들에게 많은 영향을 주었는데, 특히 회화에서 독일의 표현주의가 니체의 철학을 수용했다. 표현주의는 전통적인 사실주의 미학을 따르지 않았다. 사실주의 미학은 형이상학적 이원론에 근거하여 존재와 진리의 참모습을 모방

하는 것을 예술의 목적으로 받아들이는 재현의 미학이었다. 그러나 니체의 철학적 관점에서 예술을 이해한 표현주의 화가들은 예술의 목적을 대상의 재현이 아니라 인간의 감정과 충동을 표현하는 것으로 생각했다. 그들은 사실주의 미학에서 이성보다 열등한 것이라고 여겼던 감정을 존재의 본질을 드러내는 것으로 보았다. 그들이 생각하는 인간의 감정은 시시각각 변화하며 생성과 소멸을 반복하는 것이었기에 그림을 그리는 동안에도 매 순간 변화하는 감정을 중시했다. 그래서 대상의 비례와 고유한 형태를 왜곡하고, 색채도 실제보다 더 강하게 과장해서 그리거나 대비되는 원색을 대담하게 사용하는 등의 방법을 통해 자신의 감정과 충동을 표현했다. 또한 원근법에 얽매이지 않는 화면 구성을 보임으로써 작품에서 드러나는 공간이 현실 공간의 재현이 아니라 화가 자신의 감정을 표현하기 위한 상징과 의미를 생산하는 공간이라는 인식을 드러냈다.

　표현주의 화가들은 이성과 합리성의 가치를 추구하던 당시 사회의 분위기에 반발하며 예술가로서의 감정적, 주관적인 표현을 예술이 추구해야 하는 가치로 보았다. 그들은 자유로운 형태와 색채로 자신들이 가지고 있던 내면의 불안, 공포, 고뇌 등을 예술로써 극복하려고 노력하면서 강한 생명력을 보여 주었다. 결국 화가의 내면을 적극적으로 표현했던 표현주의는 니체의 철학을 근거로 예술에 대한 새로운 해석을 보여 주었다고 할 수 있다.

01 글의 전개 방식 파악하기
윗글에 대한 설명으로 가장 적절한 것은?

① 니체의 철학적 개념을 예술 양식의 발전 단계에 따라 정리하고 있다.
② 예술에 대한 니체의 견해가 시대에 따라 달리 평가받는 원인을 분석하고 있다.
③ 예술에 대한 니체의 시각과 서양 철학의 주류적 입장의 장단점을 비교하고 있다.
④ 예술에 대한 여러 철학자들의 견해가 니체에 의해 통합되는 과정을 살펴보고 있다.
⑤ 서양 철학의 주류적 입장을 부정하는 니체의 철학이 예술에 미친 영향을 설명하고 있다.

02 세부 정보 파악하기
㉠에 대한 이해로 가장 적절한 것은?

① 헤라클레이토스와 니체는 ㉠이 변화한다고 생각했다.
② 파르메니데스와 플라톤은 ㉠이 불완전하다고 여겼다.
③ 플라톤과 헤라클레이토스는 영원히 변하지 않는 ㉠이 있다고 보았다.
④ 파르메니데스는 헤라클레이토스와 달리 ㉠의 생성을 긍정했다.
⑤ 플라톤은 니체와 달리 ㉠의 근원을 감각을 통해 인식할 수 있다고 보았다.

03 세부 정보 파악하기

윗글에 나타난 표현주의 화가들 의 생각으로 적절하지 않은 것은?

① 인간의 감정을 존재의 본질을 드러내는 것으로 인식했다.
② 존재와 진리의 참모습을 모방하는 것이 중요하다고 여겼다.
③ 시시각각 변화하며 생성과 소멸을 반복하는 감정을 중시했다.
④ 예술가로서의 주관적 표현을 예술이 추구해야 하는 가치라고 생각했다.
⑤ 작품에서 드러나는 공간을 화가의 감정을 표현하기 위한 공간으로 인식했다.

04 구체적 사례에 적용하기

윗글에 나타난 니체의 사상과 연결 지어 〈보기〉의 작품을 감상한 내용으로 가장 적절한 것은?

┤ 보기 ├

독일 표현주의 화가인 키르히너의 〈해바라기와 여인의 얼굴(1906)〉은 창가에 놓인 해바라기 꽃병과 여인의 모습을 그린 작품으로 화가의 내면이 잘 표현되었다는 평가를 받는다. 해바라기는 노란색, 꽃병은 녹색, 배경은 주황색의 화려한 원색으로 그려져 있고, 해바라기 앞의 여인은 슬프고 우울해 보인다. 활짝 핀 해바라기의 윤곽은 빨갛고 두터운 선으로 그려져 해바라기의 노란색과 대비를 이루고 있다. 또한 여인보다 뒤에 있는 해바라기 꽃병이 더 크게 그려진 화면 구성을 보이고 있다.

① 여인을 슬프고 우울해 보이게 그린 것을 보니 인간은 결코 허무를 극복할 수 없다는 니체의 철학과 관련된 것으로 볼 수 있겠군.
② 해바라기를 강조한 화면 구성을 보니 현실 너머의 이상 세계를 생명의 근원이라고 여긴 니체의 견해가 반영된 것으로 볼 수 있겠군.
③ 해바라기의 노란색과 윤곽의 빨간색을 대비한 것을 보니 초월적 세계를 재현한 것이 현실 세계라는 니체의 입장과 관련된 것으로 볼 수 있겠군.
④ 해바라기, 꽃병, 배경 등을 화려한 원색으로 그린 것을 보니 감성을 바탕으로 한 예술적 충동을 중요하게 여겼던 니체의 생각에 영향을 받은 것으로 볼 수 있겠군.
⑤ 해바라기 꽃병과 여인을 원근법에 어긋나게 그린 것을 보니 인간은 자기 주변의 사물을 지배해야 한다는 의지를 강조한 니체의 주장이 수용된 것으로 볼 수 있겠군.

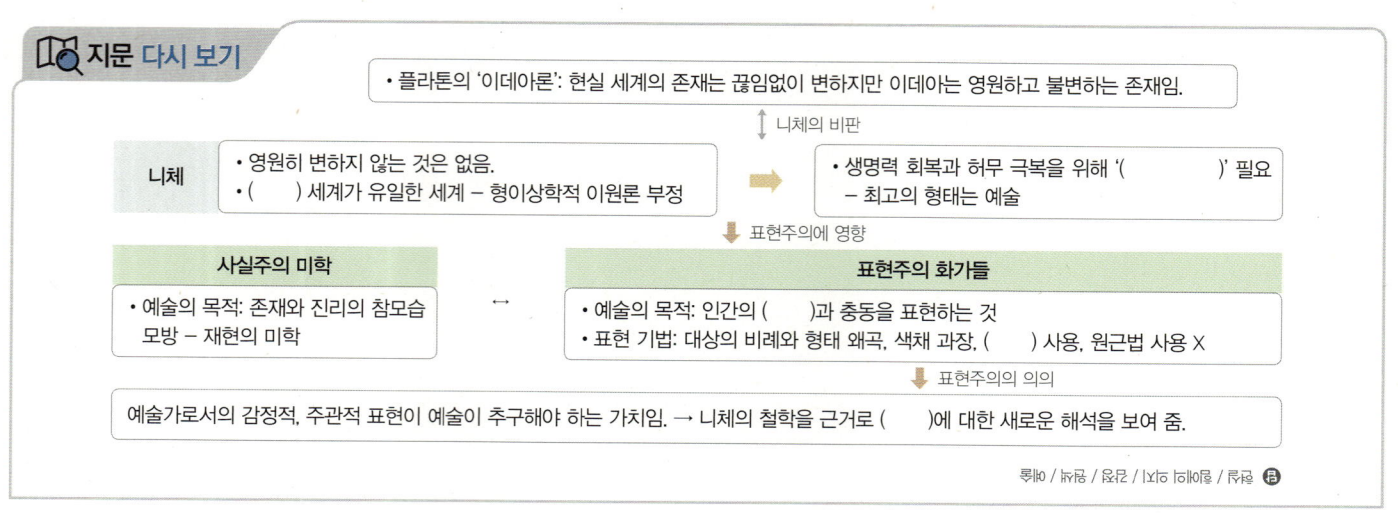

📖 지문 다시 보기

• 플라톤의 '이데아론': 현실 세계의 존재는 끊임없이 변하지만 이데아는 영원하고 불변하는 존재임.

↕ 니체의 비판

| 니체 | • 영원히 변하지 않는 것은 없음.
• (   ) 세계가 유일한 세계 – 형이상학적 이원론 부정 | ➡ | • 생명력 회복과 허무 극복을 위해 '(   )' 필요
 – 최고의 형태는 예술 |

⬇ 표현주의에 영향

사실주의 미학		표현주의 화가들
• 예술의 목적: 존재와 진리의 참모습 모방 – 재현의 미학	↔	• 예술의 목적: 인간의 ( )과 충동을 표현하는 것 • 표현 기법: 대상의 비례와 형태 왜곡, 색채 과장, ( ) 사용, 원근법 사용 X

⬇ 표현주의의 의의

예술가로서의 감정적, 주관적 표현이 예술이 추구해야 하는 가치임. → 니체의 철학을 근거로 (   )에 대한 새로운 해석을 보여 줌.

정답 현실 / 예술 의지 / 감정 / 강렬한 색채 / 예술

[01~04] 다음 글을 읽고 물음에 답하시오.

　　자연이 내는 잡음은 음높이가 없기 때문에 우리는 그 소리를 음악으로 느끼지 않는다. 잡음은 진동수가 제각각인 수많은 소리 파동들이 어떤 규칙성도 알아보기 힘들게 겹쳐진 결과이기 때문이다. 현대 음악의 작곡가 중에서는 잡음으로 음악을 만들려는 시도를 한 작곡가도 있었다. 여러 종류의 자동차를 부수는 소리를 이용해 작곡을 하였기 때문에 사람들은 이 곡에서 처음부터 끝까지 자동차를 부수는 잡음만을 들었다. 그런데 이상하게도 사람들은 이 곡을 혼란스러운 잡음이 아니라 하나의 완성된 음악으로 인지*하였다. 왜냐하면 사람들의 귀는 음악적인 소리와 그렇지 않은 소리, 즉 음악적인 음과 잡음을 구분하여 인지할 수 있었기 때문이다. 아무리 시끄러운 잡음이라도 이것이 작곡가의 손을 거쳐 규칙적으로 배열되면 사람들에게 하나의 완성된 음악으로, 즉 잡음이 '음악적인 소리'로 인지되는 것이다. 그렇다면 우리는 음악적인 소리를 어떻게 인지하는 것일까?

　　조율이 정확하게 되어 있는 피아노의 '도' 건반을 누르면 사람들은 '도' 음만을 듣고 있다고 생각한다. 하나의 건반을 누르면 우리 뇌에서는 그것을 하나의 음으로 인지하기 때문이다. 그러나 조율이 잘 된 악기가 내는 가장 깨끗한 음조차도 기본적으로는 늘 두 개 이상의 진동을 포함하고 있다. 즉 우리가 하나의 음이라고 생각하는 음도 여러 진동수의 소리가 섞인 기본음과 배음들의 혼합물이라는 것이다. 배음은 기본음 진동수의 정수배*의 진동수를 갖는 부속음을 말하는데, 기본음과 배음이 혼합되더라도 우리 귀에는 무질서한 소리가 아니라 질서 정연한 음악적 소리가 들린다. 왜냐하면 우리의 뇌는 기본음과 배음의 혼합물에서 기본음만을 인지하기 때문이다.

[A]
　　기타의 현을 예로 들어 보자. 기타 현은 단순히 앞뒤로 떠는 것이 아니라 복잡한 패턴으로 운동한다. 그 패턴에는 기본 진동 외에 다른 진동들도 포함된다. 예를 들어 현의 중앙이 고정된 상태에서도 양쪽 절반이 서로 반대 방향으로 움직이는 진동도 포함되는데, 이 진동은 기본 진동보다 두 배 빠르다. 이 밖에도 이런 고정점이 두 개, 세 개 등인 진동들도 포함된다. 이런 추가 진동들이 있기 때문에 진동수가 기본음 진동수의 정수배, 즉 두 배, 세 배, 네 배 등인 음들이 기본음에 중첩되는 것이다. 기본음의 진동수가 220Hz*라면, 배음의 진동수는 그 정수배인 440Hz, 660Hz, 880Hz이다. 기본음이 음(−)의 값을 가질 리가 없으므로, 기본음의 진동수가 높아지면 배음의 진동수도 함께 높아진다.

　　물론 기타 현이 진동할 때 우리 고막에 도달*하는 소리 신호는 2개나 3개가 아니라 단 하나다. 여러 배음들이 포개져서 이룬 복잡한 파동 중 한 음이 도달하는 것이다. 그렇다면 우리는 왜 기타의 여러 음을 듣지 않고 한 음만을 들을까? 해답은 혼합 방식에 있다. 배음들은 기본음보다 음량이 더 작다. 만약 배음들과 기본음의 음량이 같은 크기라면 우리는 실제로 여러 음을 들을 것이다. 또한 연주자가 악기를 세게 연주하면 기본음과 배음의 음량이 동시에 높아지는데, 이렇게 하더라도 결국 우리 귀에는 기본음만이 크게 들리게 된다. 이렇게 배음들이 혼합되는 방식이 악기의 음색을 결정한다. 배음들은 단조로운 기본음에 거친 질감을 부여하여 음악의 특색을 살린다. 다만 매끄러운 음에 약간의 거친 음을 더하더라도 듣기 싫은 소리가 되지 않도록 미묘한 소리만을 더하는 것이다.

　　뇌 과학적 측면에서 볼 때, 온갖 진동수들이 섞인 소리에서 기본음을 알아내려는 것은 뇌의 기본적 작용이자 욕구이다. 심지어 우리 뇌는 전혀 존재하지 않는 음까지 듣기도 한다. 여러 음이 혼합된 상태에서 기본음을 제거한 나머지를 들려주더라도 우리의 청각은 제거된 기본음

핵심 정리

| 중심 화제
음악적인 소리

| 문단 정리
1문단: (　　　)과 음악적인 소리를 구분하여 인지하는 인간
2문단: 우리의 뇌가 인식하는 (　　　)
3문단: 기본음에 중첩되는 (　　　)
4문단: 우리가 기본음만을 듣게 되는 이유
5문단: 제거된 기본음을 복원해서 듣는 (　　　)의 작용
6문단: 음악적인 소리를 구분할 수 있는 이유

| 주제
음악적인 소리와 그렇지 않은 소리를 구분할 수 있는 (　　　)

▶ **어휘 풀이**
● **인지**: 어떤 사실을 인정하여 앎.
● **정수배**: 두 배, 세 배와 같은, 정수(整數) 단위의 갑절.
● **Hz**: 진동수의 국제단위. 1초 동안의 진동 횟수이다.
● **도달**: 목적한 곳이나 수준에 다다름.

을 복원해서 듣는 것이다. 예를 들어 440Hz, 660Hz, 880Hz가 함께 울릴 때, 이 진동수들이 배음 진동수라면 기본 진동수는 220Hz일 수밖에 없으므로 우리의 뇌는 기본 진동수인 220Hz를 추가로 지각한다.

이처럼 악기 소리에서 '음'을 인식할 수 있는 이유는 우리의 뇌가 기본음과 배음들의 혼합 속에서 기본음을 인식할 수 있고, 그 속에서 듣기 좋고 규칙적인 음의 질서를 찾아 음악적인 소리로 판별*할 수 있기 때문이다. 또한 잡음을 듣고 음높이를 판별하기 어려운 이유는 여러 가지 배음이 극히 불규칙하고 무질서하게 섞여 있기 때문이다. 결국 기본음을 구성해서 들을 수 있는 뇌의 능력 때문에 우리는 ㉠음악적인 소리와 ㉡그렇지 않은 소리를 구별할 수 있다.

01 세부 정보 파악하기

윗글에서 확인할 수 있는 내용이 아닌 것은?

① 악기의 음색이 결정되는 방식
② 악기를 연주할 때 우리 고막에 도달하는 소리 신호의 개수
③ 사람들이 음악적 음과 잡음을 구분하여 들을 수 있는 이유
④ 연주자가 악기를 세게 연주할 때 기본음과 배음의 음량 변화
⑤ 다양한 진동수들이 섞인 소리를 들을 때 뇌에서 일어나는 변화

02 세부 정보 파악하기

㉠과 ㉡에 대한 설명으로 가장 적절한 것은?

① ㉠은 ㉡과 달리 음량을 조절할 수 없다.
② ㉠은 ㉡과 달리 다양한 진동수를 가진 수많은 소리 파동들이 불규칙적으로 생성된다.
③ ㉡은 ㉠과 달리 배음이 극도의 불규칙성을 띠며 혼합되어 있다.
④ ㉡은 ㉠과 달리 기본음을 제거하고 소리를 들으려는 뇌의 기본적 욕구 때문에 발생한다.
⑤ ㉠과 ㉡은 모두 다양한 진동수의 음이 무질서하게 배열되어 있어 음높이에 대한 판별이 어렵다.

03 정보 및 내용 추론하기

윗글을 참고할 때, A의 질문에 대한 B의 답변으로 가장 적절한 것은?

> A: 우리가 사용하는 전화는 약 300Hz 이상의 소리들만 전달하는데, 이 소리들은 평균적인 중년 남성의 기본음보다 높다. 중년 남성의 목소리가 전화기를 통해 전달된다면 대부분의 중년 남성 목소리의 기본음보다 높은 아이 목소리의 기본음으로 전달될 수도 있는 것이다. 그럼에도 불구하고 우리는 전화할 때 중년 남성의 목소리를 아이의 목소리로 착각하지 않는다. 그 이유는 무엇인가?
>
> B: _____

① 중년 남성의 목소리는 300Hz 이상의 진동수에서만 인지될 수 있기 때문입니다.

② 전화기는 기본음과 배음을 구별하여 기본음이 잘 들리도록 해 주는 기계이기 때문입니다.

③ 우리의 청각은 누락된 기본음인 중년 남성의 낮은 목소리를 복원해서 들을 수 있기 때문입니다.

④ 중년 남성의 목소리가 가지는 배음은 기본음보다 더 커서 전화기를 통해 잘 전달되기 때문입니다.

⑤ 중년 남성의 목소리는 아이의 목소리보다 기본음이 낮아서 전화기를 통해서 들으면 더 선명하게 들리기 때문입니다.

04 구체적 사례에 적용하기

[A]를 참고하여 〈보기〉를 이해한 내용으로 적절하지 <u>않은</u> 것은?

> ┤ 보기 ├
>
> 현악기는 줄을 진동시켜서 소리를 낸다. 진동수는 줄에서 진동이 퍼져 나가는 속도와 줄의 길이, 굵기에 의해 정해진다. 조율할 때 줄을 당기는 힘을 크게 하면 진동이 퍼지는 속도가 증가하여 진동수가 커진다. 예를 들어 기타는 줄의 고정된 끝으로부터 어느 정도 떨어진 지점을 손가락으로 눌러 줄의 길이를 조절하여 음을 낼 수 있는데, 멀리 떨어진 지점을 누를수록 진동수가 증가하여 음높이가 높아진다. 줄은 굵기가 굵어질수록 진동수가 감소하는데, 진동수가 감소할수록 기타의 현은 낮은 음을 낸다. 또한 줄을 진동시키는 것만으로는 소리의 크기가 작아서 기타에 공명판을 달아 소리를 크게 만든다.

① 공명판을 달아 현의 소리를 증폭시킨다면 기본음이 크게 들릴 것이다.

② 기타를 연주할 때 굵기가 가는 줄을 칠수록 배음의 높이가 낮아질 것이다.

③ 줄을 당기는 힘을 작게 하여 조율하면 기본음과 배음의 음높이가 모두 낮아질 것이다.

④ 기타 현이 고정된 끝으로부터 멀리 떨어진 지점을 누르면 기본음과 배음의 음높이가 모두 높아질 것이다.

⑤ 기타 현에서 진동수가 120Hz인 기본음을 연주할 경우, 진동수가 240Hz, 360Hz, 480Hz 등의 배음들이 동시에 소리 날 것이다.

📖 지문 다시 보기

우리는 어떻게 음악적인 소리를 인지할까?

↓

기본음과 배음의 특성	• 음 = 여러 (　　　)가 섞인 기본음과 배음의 혼합물 • (　　　): 기본음 진동수의 정수배가 되는 부속음 • 진동수가 기본 진동수의 정수배인 음들이 기본음에 중첩됨. • 기본음의 진동수가 높아지면 배음의 진동수도 높아짐.

⬇ 우리의 (　　　)는 기본음만 인지

이유
• 혼합 방식: 기본음보다 음량이 작은 배음 → (　　　)만 크게 들림. • 누락된 기본음을 (　　　)해서 들음.

⬇

기본음과 배음들의 혼합 속에서 기본음을 인식하고 규칙적인 음의 질서를 찾아 (　　　)적인 소리로 판별

정답 │ 배음 / 청각 / 기본음 / 복원 / 음악

[01~06] 다음 글을 읽고 물음에 답하시오.

인간은 수많은 기호 체계 속에서 살아간다. 특정한 이미지와 형태의 결합으로 한 나라를 대표하는 국기나 몇 가지 상징적인 표시와 순차적인 색의 변화로 교통의 흐름을 원활하게 하는 교통 표지판 등은 모두 하나의 기호 체계이다. 언어 역시 음성이나 문자와 같은 형식으로 의미를 전달한다는 점에서 기호 체계라고 할 수 있다. 그런데 여기서 짚어 봐야 할 문제는 언어의 형식과 언어의 의미가 결합하는 관계가 결코 필연적*이지 않다는 것이다. 예를 들어, 우리말의 '어머니'는 영어로 'mother', 불어로는 'mere', '독일어로는 'mutter' 등과 같이 표현된다. 그 의미는 동일하지만, 그 형식은 서로 다르다. 다시 말해, 언어의 형식과 의미의 관계는 언어를 사용하는 사회에 따라 얼마든지 달라질 수 있다는 것이다.

스위스의 기호학자 소쉬르는 언어 기호의 형식과 의미 사이에 어떠한 필연적 연관성도 없다는 점을 좀 더 세분화하여 접근한다. 그는 단어 '나무'를 표현할 때 쓰는 문자나 음성이 그 표현을 접하고 머릿속에 떠올리는 '나무'의 개념과 분리되어 있다고 지적한다. 누군가 자신의 머릿속에 있는 나무를 생각하고 '나무'라는 단어를 말한다 하더라도 그것을 듣는 사람이 생각하는 나무의 모습은 다를 수 있으므로, 그것을 그대로 전달하기란 쉽지 않다는 것이다. 그래서 소쉬르는 언어 기호를 사물과 명칭의 결합이라고 보아서는 안 된다고 주장한다. 그는 언어 기호를 음성과 문자와 같이 전달할 수 있는 형식적인 부분인 기호 표현과 이를 접한 독자나 청자의 내부에 형성되는 개념적인 부분인 기호 의미로 구분하여 이해한다.

소쉬르는 언어 기호를 ㉠기호 표현인 '기표'와 ㉡기호 의미인 '기의'의 관계로 이야기하면서, 언어 기호가 만들어 내는 의미를 언어의 '차이성'에 주목하여 설명한다. 그는 기표와 기의의 결합은 필연적이지 않고 자의적이기 때문에 언어 기호는 그 자체로 정해진 의미를 갖는 것이 아니라고 말한다. 대신 언어 기호는 체계 내의 다른 기호와의 대립관계, 즉 차이에 의해 그 기호의 의미를 갖게 된다는 것이다. 예를 들어, 빨간 신호등(기표)은 다른 파란 혹은 노란 신호등(기표)과 함께 교차로에 걸리게 됨으로써 처음으로 '멈춤(기의)'이라는 의미를 갖게 된다는 것이다.

하나의 언어 기호가 전달하는 의미가 명확하게 이해되기 위해서, 우리의 정신은 발화의 맥락을 파악하여 그 기호 체계 내에서 언어 기호가 갖는 차이점들을 가늠해 보고, 부적격한 의미들을 제거한다. 예를 들면, '나는 먹는다'라는 현재 시제는 '나는 먹었다'라는 과거 시제의 기의에 대립됨으로써 존재한다. 나아가 '나는 먹는다'는 '나는 먹었다'에 대립될 뿐만 아니라 '나는 삼킨다', '나는 씹는다' 등의 유사한 의미 영역과 대립되며, 심지어 음식의 의미 영역을 벗어나는 '나는 춤춘다', '나는 노래한다' 등에도 대립되기 때문에 발화의 맥락과 관계없는 의미 맥락을 제거함으로써 그 맥락과 의미를 가지게 되는 것이다. 이렇듯 기호의 대립적 본성은 상호 의존성의 토대 위에 언어 기호의 의미를 도출*한다.

20세기 초 피카소의 콜라주에서 사람의 머리를 기타나 유리병 모양으로 대치*하기 위해 사용되는 일련의 작업은 소쉬르의 진술을 직접적으로 구현한 것으로 보인다. 피카소 이전의 조각은 깎거나 주조하는 방식으로 하나의 덩어리를 주변 공간에서 분리시키는 방식으로 구성했다. 하지만 1912년 작품인 〈기타〉에서 피카소는 조각의 새로운 재료로 빈 공간을 도입한다. 하나의 기호로 변형된

피카소, 〈기타〉

정답 및 해설 / 22쪽

돌출된 원통은 기타의 구멍을 대신하고, 또 다른 기호로 변형된 빈 공간은 기타의 외부 형상을 대신한다. 몸체 중 일부는 입체로 구성하되, 그 입체의 바깥 표면으로 비물질적 요소인 빈 공간을 대립시킴으로써 기타를 직관하게 한 것이다. 이렇게 ㉮피카소는 조각의 기표가 반드시 실체적일 필요가 없음을 드러낸다. 텅 빈 공간도 하나의 기표가 될 수 있으며, 그 자체로 모든 종류의 다른 기표와 결합할 수 있음을 드러낸 것이다. 이는 기표와 기의로 구성된 기호의 의미 작용은 오로지 같은 체계 내에 있는 다른 기호와의 차이에 의해서만 정의될 뿐, 기호 그 자체로는 빈 공간처럼 아무것도 의미하지 않는다는 점에서 소쉬르에 대답하는 것이다.

　비슷한 시기에 몬드리안은 1920년부터 줄곧 자신의 회화를 검은 수평선과 수직선, 원색 평면, 무채색 평면과 같은 몇 개의 요소로 환원시켰으며 이 제한된 기호 안에서 극히 다양한 작품들을 생산했다. 그의 작품에서 드러나는 균형과 불균형, 색채의 생동감, 리듬감 있는 스타카토의 강렬한 형식미는 전통적으로 작품을 해석하는 도상학*적이고 상징주의적인 해석에 대한 논의를 거부하는 방식으로 발전했다. 이런 형식 체계의 조화가 도출해 내는 다양한 기호 체계들은 회화적 요소에 단 하나의 의미를 고정하는 오래된 관습에서 ⓐ벗어난다. 오히려 역설적이게도 몬드리안의 이 제한된 기호들은 임의의 체계에서 조합할 수 있는 경우의 수가 무한함을 입증했다. 몬드리안이 창조한 새로운 회화적 기호는 소수의 요소와 대칭 규칙 같은 몇몇의 규칙만으로도 상호 의존적인 여러 대립 항을 생성하기 때문이다. 그렇게 몬드리안 작품의 상징인 사각형들은 중심부의 사각형에 대한 주변 사각형의 변용*에 따라 끊임없이 의미의 변화를 만들어 낸다.

▶ **어휘 풀이**
* **도상학**: 주로 기독교나 불교의 미술 따위에서, 조각이나 그림에 나타난 여러 형상의 종교적 내용을 밝히는 학문.
* **변용**: 용모가 바뀜. 또는 그렇게 바뀐 용모.

01 글의 전개 방식 파악하기

윗글의 전개 방식으로 가장 적절한 것은?

① 시간적 순서에 따라 특정 이론의 변화 과정을 제시하고 있다.
② 대립되는 두 이론을 소개하고 각 이론의 장단점을 비교하고 있다.
③ 특정 이론에 대해 설명하면서 구체적 사례를 통해 이해를 돕고 있다.
④ 특정 이론을 비판적으로 검토하여 그 이론에 대한 한계를 드러내고 있다.
⑤ 특정 이론이 보편적으로 받아들여지게 된 배경을 집중적으로 조명하고 있다.

02 세부 정보 파악하기

㉠과 ㉡을 중심으로 윗글을 이해한 내용으로 적절하지 않은 것은?

① ㉠은 의사소통을 할 때 사용하는 음성이나 문자 등을 가리킨다.
② ㉡은 ㉠을 접하고 나서 내부에 형성되는 개념을 의미한다.
③ ㉡은 ㉠을 접한 모든 사람들이 동일하게 떠올리는 형상이다.
④ ㉠과 ㉡이 결합하여 언어 기호를 형성한다.
⑤ ㉠과 ㉡이 결합하는 방식은 우연적이고 자의적이다.

03 정보 및 내용 추론하기

㉮가 의미하는 바로 가장 적절한 것은?

① 실체가 없는 기표라도 그 자체로 의미를 가질 수 있다.
② 다른 기표와 결합하는 기표는 실체가 없는 것이어야 한다.
③ 조각이 상징하는 의미가 반드시 실체를 갖는 것일 필요는 없다.
④ 실체가 없는 기표도 다른 기표와의 결합을 통해 의미를 만들어 낼 수 있다.
⑤ 조각의 형상은 실체가 없는 기표와 분리시키는 방식으로도 구성할 수 있다.

04 구체적 사례에 적용하기

윗글을 참고할 때, 〈보기〉를 이해한 내용으로 적절하지 <u>않은</u> 것은?

┤ 보기 ├

몬드리안, 〈빨강, 파랑, 검정, 노랑, 회색의 구성〉

① 중심부의 사각형과 주변부의 사각형이 상호 의존하면서 대립하고 있군.
② 선과 평면과 같은 소수의 단순한 요소만으로 리듬감을 만들어 내고 있군.
③ 소수의 단순한 요소들을 대칭 규칙에 따라 배열하여 균형미를 느끼게 하는군.
④ 수평선과 수직선, 원색 평면과 무채색 평면 등이 각각의 기표로서 기능하는군.
⑤ 다채로운 사각형의 조합을 통해 국가 간의 조화를 기원하는 상징적 의미를 드러내는군.

05 비판·반응의 적절성 평가하기

윗글과 〈보기〉를 통해 이끌어 낼 수 있는 반응으로 적절하지 않은 것은?

> **보기**
>
> 구조주의는 사물의 의미가 사물 자체의 속성에 의해서가 아니라, 사물들 간의 관계에 따라 결정된다는 것을 전제로 한다. 세계 속에서 사물은 언제나 다른 사물들과 유기적인 관계를 맺으며, 그 관계망 안에서 사물이 지니는 차별적 위치에 따라 사물의 의미는 규정되기도 하고 변화하기도 한다는 것이다.

① 구조주의는 개별 사물들이 지니는 관계망 안에서 의미를 규정하려는 시도를 하겠군.

② 구조주의적 관점에서 몬드리안의 회화 속 기호들은 그 자체로 아무런 의미도 가지고 있지 않겠군.

③ 구조주의에 따르면 사물의 의미란 사물들 간의 유기적 관계 속에서 결정되는 것으로 개별 사물들 간의 유사성에서 발생한다고 할 수 있겠군.

④ 언어가 개별로서가 아닌 전체 기호 체계 안에서 다른 기호들과의 관계에 따라 규정된다는 측면에서 구조주의는 소쉬르의 언어 이론과 맞닿아 있겠군.

⑤ 구조주의적 관점에서 피카소의 〈기타〉는 공간이라는 비사물을 기호로 변형시켜 사물과 비사물의 대립적 구조 안에서 그 의미를 성립시킨 작품이겠군.

06 어휘의 의미 파악하기

문맥상 의미가 ⓐ와 가장 가까운 것은?

① 도시에서 벗어나자, 바다가 보이기 시작했다.

② 그녀는 바쁜 일과에서 벗어나 여행을 떠났다.

③ 그는 자꾸 요점에서 벗어난 이야기만을 하였다.

④ 그들은 가난에서 벗어나기 위해 열심히 일했다.

⑤ 그는 케케묵은 관행에서 벗어나 변화를 시도했다.

🔍 지문 다시 보기

언어의 (   )과 의미의 관계

⬇ 접근

소쉬르	• 기표: 음성, 문자처럼 전달이 가능한 기호의 형식적 부분 • ( ): 독자나 청자의 내부에서 형성되는 기호의 개념적 부분	• 언어 기호가 만들어 내는 의미 → '언어의 ( )'에 주목 • 언어 기호는 체계 내의 다른 기호와의 차이에 의해 의미를 가짐.

⬇ 의미 도출

기호 체계 안에서 발화 맥락과 관계 없는 (   ) 맥락 제거

→ 예술에 나타난 기호

피카소	몬드리안
( )이 기표로 기능하며 다른 종류의 기표와 결합	제한된 기호들이 임의의 ( )에서 조합하여 의미를 생성

⬇

기호 그 자체로는 아무것도 의미하지 않음.	조합의 경우가 무한함.

| Q1 | 다음 문장에 어울리는 어휘를 고르시오.

1. 큰 문제에 (직진하다 , 직면하다).

2. 새 이론은 많은 한계를 (내재 , 내면화)하고 있다.

3. 동물과 인간의 가장 큰 차이는 (이치 , 이성)의 유무이다.

4. 우주에서는 지금도 수명을 다한 별들이 (소멸 , 손실)되고 있다.

5. 타인의 비판을 무비판적으로 (수용 , 수정)하는 것은 바람직하지 않다.

| Q2 | 다음 어휘의 알맞은 의미를 찾아 연결하시오.

1. 기의 •   • ㉠ 낱낱의 부분이 짜임새 있게 조직된 전체.

2. 기표 •   • ㉡ 말에 있어서 소리로 표시되는 의미를 이르는 말.

3. 기호 •   • ㉢ 사람이나 사물 따위의 이름. 또는 그것을 일컫는 이름.

4. 명칭 •   • ㉣ 귀로 들을 수 있는 소리로써 의미를 전달하는 외적 형식을 이르는 말.

5. 체계 •   • ㉤ 어떠한 뜻을 나타내기 위하여 쓰이는 부호, 문자, 표지 따위를 통틀어 이르는 말.

| Q3 | 다음 문장에 어울리는 어휘를 골라 쓰시오.

누락	인지	조율	판별	자의적	단조

1. 매일 반복되는 일상이 (   )롭다.

2. 법을 (   )으로 해석해서는 안 된다.

3. (   )이 잘 된 악기는 그 소리가 아름답다.

4. 현실을 (   )하고 대처 방안을 구상해야 한다.

5. 물품 목록에서 (   )되는 것이 없도록 다시 한번 확인해야 한다.

6. 쉽게 (   )하기 어려운 문제를 만나면 타인에게 도움을 구해야 한다.

| Q4 | 다음 밑줄 친 어휘와 바꿔 쓸 수 있는 것을 고르시오.

1. 결백을 <u>증명하다</u>.   ① 해명하다   ② 설명하다   ③ 입증하다

2. 경제 발전의 <u>기반</u>을 마련하다.   ① 토대   ② 토양   ③ 토지

3. 심오한 의미가 시 속에 <u>담기다</u>.   ① 내밀하다   ② 내포되다   ③ 드러나다

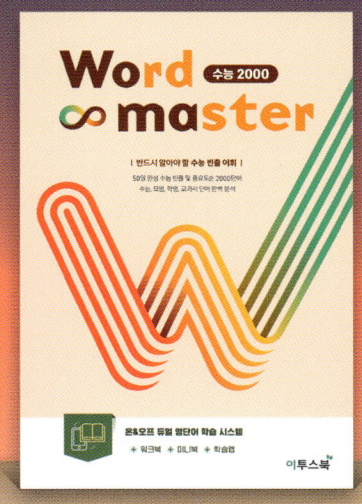

531
PROJECT

효과 빠른 약점 처방전

국어 독서 독해 S

정답과 해설

이투스북

빠르게
S

531
PROJECT

국어 독서 독해 S

정답과 해설

문제 유형별 실전 대비 Ⅰ

01강 사실적 읽기 ①
세부 정보 파악하기

어떻게 풀어야 할까?

| 대표 유형 맛보기 | 정답 ⑤

정답 풀이

3문단에서 물건의 소유권이 양도되려면 양도인과 양수인이 유효한 계약을 하고 이에 더하여 소유권 양도를 공시해야 한다고 하였다. 따라서 가방의 소유권을 양도하는 유효한 계약을 하더라도 공시 방법이 갖춰지지 않으면 소유권이 이전되지 않는다.

오답 풀이

① 1문단에서 점유는 물건에 대한 사실상의 지배 상태를 뜻한다고 하였으므로 가방을 실제로 사용하고 있는 사람은 그 가방의 점유자가 된다.

② 1문단에서 점유자와 소유자가 항상 일치하지는 않는다고 하였다. 가방을 점유하고 있더라도 그 가방을 사용·수익·처분할 수 있는 권리가 없다면 소유자로 볼 수 없기 때문이다.

③ 3문단에서 물건의 소유권이 양도되려면 양도인과 양수인이 유효한 양도 계약을 하고 소유권 양도를 공시해야 하는데, 소유권 양도는 점유 인도로 공시된다고 하였다. 따라서 가방의 소유권이 유효한 계약으로 완전히 이전되려면 점유 인도로 공시해야 함을 알 수 있다.

④ 2문단을 통해 피아노, 금반지, 가방 등과 같은 대부분의 동산은 점유에 의해 소유권이 공시된다는 것을 알 수 있다.

| 대표 유형 해결하기 |

1단계
① 사용, 점유자
② 점유, 소유자
③ 소유권, 유효한 계약으로 이전, 점유 인도
④ 소유권, 알게 해 주는 방법, 점유
⑤ 유효한 계약, 공시 방법, 소유권 이전

2단계
① 1문단
② 1문단
③ 3문단
④ 2문단
⑤ 3문단

3단계
① 사용, 점유자
② 일치
③ 점유 인도
④ 공시
⑤ 양도, 공시

---

01 ②   **02** ②   **03** ⑤

01 정답 ② ─────────────────[세부 정보 파악하기]

정답 풀이

1문단에서 스피노자가 정신과 신체를 서로 다른 것이 아니라 하나로 보았음을 제시하고 있을 뿐, 정신과 신체의 유래에 대해서는 언급하지 않았다.

오답 풀이

① 1문단에서 '실존하는 모든 사물은 자신의 존재를 유지하기 위해 노력하는데, 이것이 바로 그 사물의 본질인 코나투스'라며 스피노자가 언급한 코나투스의 의미를 제시하고 있다.

③ 2문단에서 스피노자가 감정을 신체의 변화에 대한 표현으로 보았음을 설명하며 감정과 신체의 관계에 대해 이야기하고 있다.

④ 2문단에서 감정과 코나투스의 상관 관계를 밝힌 스피노자의 견해를 소개하며 감정과 코나투스의 관계를 설명하고 있다.

⑤ 1문단에서 인간이 자신의 충동을 의식할 수 있다는 점에서 동물과 차이가 있음을 밝히며, 인간의 충동을 욕망(코나투스)이라고 본 스피노자의 관점을 설명하고 있다.

02 정답 ② ─────────────────[세부 정보 파악하기]

정답 풀이

3문단에 따르면, 스피노자는 '사물이 다른 사물과 어떤 관계를 맺느냐에 따라 선이 되기도 하고 악이 되기도 한다'고 보았다. 따라서 스피노자는 선악을 사물 자체가 가지고 있는 성질이라고 보지 않을 것이다.

오답 풀이

① 3문단에서 스피노자는 선을 자신에게 기쁨을 주는 모든 것으로 보았음을 알 수 있다.

③ 4문단에서 스피노자는 코나투스가 타자와의 관계에 영향을 받는다고 보았으므로, 선악에 대한 판단은 타자와의 관계에 따라 달라진다고 생각했음을 알 수 있다.

④ 3문단에서 스피노자는 악을 자신의 신체적 활동을 감소시키는 것으로 생각했음을 확인할 수 있다.

⑤ 4문단에 따르면, 스피노자는 '코나투스는 타자와의 관계에 영향을 받으므로 인간에게는 타자와 함께 자신의 기쁨을 증가시킬 수 있는 공동체가 필요하다.'라고 하였다. 따라서 스피노자는 기쁨의 관계 형성이 가능한 공동체가 선의 추구를 위해 필요하다고 볼 것이다.

03 정답 ⑤ ─────────────────[구체적 사례에 적용하기]

정답 풀이

〈보기〉에서 쇼펜하우어는 욕망을 부정하면서 욕망을 절제해야 한다고 하였지만, 4문단에서 스피노자는 코나투스인 욕망을 긍정하고 욕망에 따라 행동하라고 하였다. 따라서 쇼펜하우어는 스피노자와 달리 인간이 욕망에서 벗어나야 한다고 보고 있다.

오답 풀이

① 〈보기〉에서 쇼펜하우어는 욕망을 부정적으로 판단하고 있으나, 4문단에서 스피노자는 욕망을 긍정적으로 판단하고 있다.

② 〈보기〉에서 쇼펜하우어는 욕망을 절제해야 한다고 하였으나, 4문단에서 스피노자는 인간은 욕망에 따라 행동해야 한다고 하였다.

③ 〈보기〉에서 쇼펜하우어는 삶을 '욕망의 결핍이 주는 고통의 시간'이라고 하였다. 그러나 4문단에서 스피노자는 욕망을 긍정하고 욕망에 따라 행동하라고 하였을 뿐 삶을 무엇이라고 여겼는지는 나타나지 않는다.

④ 〈보기〉에서 쇼펜하우어는 욕망을 인간과 세계의 본질로 보고 있고, 1문단에서 스피노자는 코나투스 즉 욕망이 사물의 본질이라고 하였으므로, 쇼펜하우어와 코나투스 모두 인간의 욕망을 본질로 보고 있다.

실/전/으/로/뛰/어/넘/기·1

01 ②　　　　**02** ②　　　　**03** ⑤

01　정답 ②　　　　　　　　[세부 정보 파악하기]

정답 풀이

ⓒ '파지 과정'은 단순히 관찰한 공격행동을 머릿속에 기억하는 과정으로 이때 인지적 시연이 이루어지기는 하지만, 이는 단지 기억을 강화하기 위한 것일 뿐 이를 실제로 공격행동을 하기 위한 것으로 보는 것은 적절하지 않다.

오답 풀이

① [A]의 '관찰 대상과 연령이 비슷할수록 그와 같은 행동이 학습되기 쉽다는 특징이 있다.'라고 한 내용으로 미루어 보아, 반대로 관찰자와 관찰 대상의 나이 차이가 크면 학습이 덜 일어날 것으로 볼 수 있다.

③ 파지 과정에서는 '인간의 인지 능력이 작용하기 때문에 인지적 시연이 공격행동에 대한 기억에 영향을 미친다.'라고 한 데서 알 수 있다.

④ 행동재생 과정은 '머릿속에 저장된 공격행동을 신체적 움직임을 통해 한번 실행해 보는 단계'라고 한 데서 알 수 있다.

⑤ 동기부여 과정에서는 '다른 사람이 공격행동을 한 후 보상을 받는 것을 관찰하는 것으로도 동기가 부여될 수 있다.'라고 한 데서 알 수 있다.

02　정답 ②　　　　　　　　[세부 정보 파악하기]

정답 풀이

이 글은 모방범죄라는 사회적 현상(문제)이 일어나는 원인에 대한 이론적 접근을 통해 중심 화제인 '공격행동'을 바라보는 반두라와 돌라드의 견해를 설명하고 있다. 인간이 공격행동을 일으키는 이유를 3문단에서는 반두라의 견해를 중심으로, 5문단에서는 돌라드의 견해를 중심으로 설명하

고 있으므로 표제는 '인간이 공격행동을 하는 이유', 부제는 '반두라와 돌라드의 견해를 중심으로'가 가장 적절하다.

오답 풀이

① 1, 2문단에서 영상 매체가 모방범죄에 영향을 미친다는 사실을 언급하고 있지만, 이는 글 전체의 내용을 대표하지 못하는 부분적인 내용으로 볼 수 있다.

③ 3문단에서 반두라의 견해를 바탕으로 공격행동이 일어나는 과정을 설명하고 있지만 인지적인 측면에서 언급하고 있을 뿐 외부의 요인을 중심으로 언급하고 있지는 않다.

④ 1문단에서 모방범죄의 개념을, 1, 2문단에서 모방범죄의 특징에 해당하는 내용을 언급하고 있기는 하지만 이는 부분적인 내용일 뿐, 글 전체의 내용을 대표할 수 있는 것으로 보기 어렵다.

⑤ 3문단에서 공격행동에 작용하는 인지적 원리를 설명하고 있지만, 이는 반두라의 견해를 중심으로 설명한 것일 뿐 여러 견해를 비교하며 설명하고 있지는 않다.

03　정답 ⑤　　　　　　　　[비판·반응의 적절성 평가하기]

정답 풀이

5문단의 내용을 통해 좌절 반응의 정도가 약하면 공격행동의 충동 강도가 약해진다는 것을 알 수 있지만, 좌절 반응의 정도와 분노 조절 장애자의 분노 표출의 인과 관계에 대해서 추론할 수 있는 근거는 찾을 수 없다.

오답 풀이

① 〈보기〉에서 대중매체에서 이슈화된 특정 사건 이후에 그와 유사한 형태의 모방범죄가 연쇄적으로 발생하는 경향을 보인다고 한 것과 이 글의 1문단에서 대중매체가 폭력 행위에 영향을 미친다고 한 데서 추론할 수 있다.

② 4문단의 사회 학습 이론이 모방범죄라는 사회 현상을 설명해 준다는 내용을 통해 추론할 수 있다.

③ 〈보기〉에서 분노 조절 장애가 공격적인 행동을 유발한다고 하고 있고, 이 글의 5문단에서 돌라드가 공격행동을 개인의 욕구 좌절에서 비롯된 것으로 설명하고 있다는 내용을 통해 알 수 있다.

④ 3문단에서 반두라가 인간의 공격행동이 관찰을 통해 학습한 것이라고 한 것과 이를 인지적 차원에서 분석한 내용을 통해 알 수 있다.

실/전/으/로/뛰/어/넘/기·2

01 ④　　**02** ③　　**03** ⑤　　**04** ②

01　정답 ④　　　　　　　　[세부 정보 파악하기]

정답 풀이

1문단에서 알고리즘의 시간복잡도는 주어진 데이터의 개수를 기준으로 삼아 나타낸다고 하였다. 시간복잡도를 표시하는 점근적 표시 방법 중 빅

오 표시법 $O(g(n))$과 오메가 표시법 $\Omega(g(n))$을 보더라도 데이터의 개수 (n)를 활용하므로 데이터의 개수는 알고리즘의 시간복잡도를 나타낼 때 기본적으로 고려해야 할 요소임을 알 수 있다.

오답 풀이

① 1문단에서 컴퓨터는 알고리즘을 통해 문제를 해결하고, 컴퓨터가 사용할 수 있는 메모리 공간은 한정되어 있다고 하였다. 따라서 알고리즘은 컴퓨터 메모리 공간의 제약을 받는다고 할 수 있다.

② 2문단에서 점근적 표시 방법은 입력되는 데이터의 개수가 충분히 많은 경우에 알고리즘을 수행하는 데 걸리는 시간의 상한 혹은 하한을 나타내는 것이라고 하였다. 즉 점근적 표시 방법은 입력되는 데이터의 개수가 많은 경우를 전제하고 있는 것이다.

③ 3문단에 따르면, 빅오 표시법은 알고리즘의 수행 시간이 표시된 시간 이하라는 의미로, 수행 시간의 상한을 나타낸다. 반면 오메가 표시법은 알고리즘의 수행 시간이 표시된 시간 이상이라는 의미로, 수행 시간의 하한을 나타낸다. 따라서 빅오 표시법과 오메가 표시법은 반대의 의미를 갖는다.

⑤ 2문단에서 시간복잡도의 점근적 표시 방법은 알고리즘을 수행하는 데 걸리는 시간의 상한 혹은 하한을 나타내는 것이라고 하였다.

02 정답 ③ ──────────────[정보 및 내용 추론하기]

정답 풀이

3문단을 통해 빅오 표시법 $O(g(n))$은 알고리즘의 수행 시간의 상한을 나타내는 것임을 알 수 있다. 또한 4문단에서 빅오 표시법 $O(g(n))$에서 $g(n)$은, 선택 정렬 알고리즘의 수행 시간을 나타내는 식에서 가장 높은 차수 이상의 차수를 갖는 식이 될 수 있다고 하였다. 선택 정렬 알고리즘의 수행 시간을 나타내는 식을 $(n^2-n)/2$라고 할 때, 이 식에서 가장 높은 차수는 n^2이다. 따라서 선택 정렬 알고리즘의 시간복잡도를 나타내는 빅오 표시법 $O(g(n))$에서 $g(n)$은 이 n^2 이상의 차수를 갖는 식이 되어야 하므로, $O(n)$이 될 수는 없다.

오답 풀이

① 3문단을 통해 오메가 표시법 $\Omega(g(n))$은 알고리즘의 수행 시간의 하한을 나타내는 것임을 알 수 있다. 또한 4문단에 따르면, 오메가 표시법 $\Omega(g(n))$에서 $g(n)$은, 선택 정렬 알고리즘의 수행 시간을 나타내는 식 $(n^2-n)/2$에서 가장 높은 차수인 n^2 이하의 차수를 갖는 식이 될 것이다. 따라서 선택 정렬 알고리즘의 시간복잡도를 나타내는 오메가 표시법에 따라 $\Omega(n)$으로 표현할 수 있다.

② 오메가 표시법 $\Omega(g(n))$에서 $g(n)$은, 선택 정렬 알고리즘의 수행 시간을 나타내는 식 $(n^2-n)/2$에서 가장 높은 차수인 n^2 이하의 차수를 갖는 식이 될 것이다. 따라서 선택 정렬 알고리즘의 시간복잡도를 나타내는 오메가 표시법에 따라 $\Omega(n^2)$으로 표현할 수 있다.

④ 빅오 표시법 $O(g(n))$에서 $g(n)$은, 선택 정렬 알고리즘의 수행 시간을 나타내는 식 $(n^2-n)/2$에서 가장 높은 차수인 n^2 이상의 차수를 갖는 식이 것이다. 따라서 선택 정렬 알고리즘의 시간복잡도를 나타내는 빅오 표시법에 따라 $O(n^2)$으로 표현할 수 있다.

⑤ 빅오 표시법 $O(g(n))$에서 $g(n)$은, 선택 정렬 알고리즘의 수행 시간을 나타내는 식 $(n^2-n)/2$에서 가장 높은 차수인 n^2 이상의 차수를 갖는

식이 될 것이다. 따라서 선택 정렬 알고리즘의 시간복잡도를 나타내는 빅오 표시법에 따라 $O(n^3)$으로 표현할 수 있다.

03 정답 ⑤ ──────────────[구체적 사례에 적용하기]

정답 풀이

4문단에서 선택 정렬 알고리즘이 입력된 데이터를 두 번째로 확인할 때에는 이미 배열로 옮겨진 데이터를 제외한 나머지 데이터를 확인한다고 하였다. 따라서 데이터를 두 번째 확인할 때는 〈보기〉의 입력으로 주어진 데이터 중 가장 큰 수인 54를 제외한 나머지 숫자를 확인할 것이다.

오답 풀이

① 알고리즘이 큰 숫자부터 빈자리로 이동시킨다는 가정을 하면, 주어진 입력 데이터 중에서 제일 큰 숫자인 54가 8번째 칸에 가장 먼저 채워질 것임을 알 수 있다.

② 가장 작은 숫자가 가장 마지막에 [배열]로 이동되기 때문에 가장 마지막으로 옮겨지는 숫자는 5이다.

③ 4문단에서 숫자를 이동하는 데 걸리는 시간은 n, 즉 입력된 데이터의 개수에 비례한다고 하였으므로, 데이터를 [배열]로 옮길 때 역시 입력된 데이터의 개수에 비례하는 시간이 들 것이다. 데이터를 옮기는 작업을 하나당 한 번씩 수행해야 하기 때문이다.

④ 4문단의 '선택 정렬 알고리즘이 매 단계에서 확인해야 하는 숫자의 개수는 한 개씩 줄어든다.'를 통해 알 수 있다.

04 정답 ② ──────────────[구체적 사례에 적용하기]

정답 풀이

ㄴ. 알고리즘 X의 수행 시간을 $\Omega(g_1(n))$으로 나타내기 위해서는 n이 기준값 이상일 때 $f_1(n)$이 $g_1(n)$에 특정 상수를 곱한 값 이상이 되어야 한다. 〈보기〉의 그래프를 보면, n이 r 이상일 때 $f_1(n)$은 $g_1(n)$에 A를 곱한 값 이상이 된다. 즉 기준값과 특정 상수의 조합으로 r, A를 찾을 수 있는 것이다. 따라서 알고리즘 X의 수행 시간을 $\Omega(g_1(n))$으로 나타낼 수 있다.

ㄷ. 알고리즘 Y의 수행 시간은 $f_2(n)$이다. 〈보기〉의 그래프를 보면, n이 q 이상이 되면 $f_2(n)$은 $g_1(n)$에 A를 곱한 값 이하가 된다. 또, n이 s 이상이 되면 $f_2(n)$은 $g_2(n)$에 B를 곱한 값 이하가 된다. 따라서 알고리즘 Y의 수행 시간을 $O(g_1(n))$ 혹은 $O(g_2(n))$ 둘 다 사용하여 나타낼 수 있다.

오답 풀이

ㄱ. $O(g_2(n))$은 알고리즘의 수행 시간이 $g_2(n)$에 특정 상수를 곱한 값 이하가 된다는 의미이다. 따라서 알고리즘 X의 수행 시간이 $g_2(n)$에 B를 곱한 값 이상일 때에는 빅오 표시법을 사용할 수 없다. 이 경우에는 오메가 표기법을 사용해야 한다.

ㄹ. 점근적 표시법은 n의 값이 기준값 이상인 경우를 전제한 표시법이므로, n이 s 이하인 부분의 정보를 통해서는 사용할 수 없다. 또한 $\Omega(g_2(n))$은 알고리즘의 수행 시간이 $g_2(n)$에 특정 상수를 곱한 값 이상이 된다는 의미이므로 알고리즘 Y의 수행 시간이 $g_2(n)$에 B를 곱한 값 이하라는 이유로 오메가 표시법을 사용하는 것은 적절하지 않다.

·어휘 TEST·

Q1 | 1. 정렬 2. 효율 3. 산출 4. 비례 5. 상한

Q2 | 1. ⓒ 2. ㉠ 3. ㉣ 4. ㉤ 5. ⓒ

Q3 | 1. 통지 2. 빈도 3. 동산 4. 유효 5. 연쇄적 6. 상해

Q4 | 1. ③ 2. ① 3. ②

Q1 해설 ▶ 2. '효율'은 '들인 노력과 결과의 비율.'의 뜻이고, '효력'은 '약 따위를 사용한 후에 얻는 보람.'의 뜻이다.

Q3 해설 ▶ 6. '상해'는 '남의 몸에 상처를 내어 해를 끼침.'의 뜻이다.

Q4 해설 ▶ 1. '모방하다'는 '다른 것을 본뜨거나 본받다.'의 뜻이다. '모략 하다'는 '사실을 왜곡하거나 속임수를 써 남을 해롭게 하다.'의 뜻이고, '모 색하다'는 '일이나 사건 따위를 해결할 수 있는 방법이나 실마리를 더듬어 찾다.'의 뜻이다.

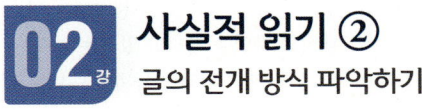

02강 사실적 읽기 ②
글의 전개 방식 파악하기

어떻게 풀어야 할까?

| 대표 유형 맛보기 | 정답 ①

정답 풀이

이 글은 진경산수화의 개념과 특징을 소개한 후, 그 대표적 화가인 겸재 정선과 단원 김홍도의 작가 의식을 비교하며 설명하고 있다. 그리고 정선 의 〈구룡폭도〉와 김홍도의 〈구룡연〉에 나타난 특징을 분석하며 작가 의식 이 그림에 어떻게 반영되어 있는지를 연관 지어 서술하고 있다.

오답 풀이

② 정선과 김홍도의 작품에 드러난 특징을 설명하고 있지만, 이를 묻고 답 하는 문답 형식으로 설명하지는 않았다.

③ 작품에 반영된 작가 의식을 드러내고 있을 뿐, 작품에 대한 여러 관점 의 이론을 제시하지는 않았다.

④ 정선과 김홍도의 화풍을 제시하고 있지만, 화풍의 변천 과정이나 여기 서 나타난 문제점을 제시하지는 않았다.

⑤ 작품의 예술적 특징을 드러내고 있지만 글쓴이가 직접 설명하고 있을 뿐 전문가의 평을 제시하지 않았으며 따라서 이를 근거로 예술적 특징 을 강조하지 않았다.

| 대표 유형 해결하기 |

1단계
(1) – ⓒ
(2) – ㉠
(3) – ㉤
(4) – ⓒ
(5) – ㉣

2단계
(1) 예시
(2) 비교
(3) 대등 관계

3단계 진경산수화, 비교, 작가 의식

기/출/로 다/지/기

01 ⑤   **02** ③   **03** ③

01 정답 ⑤ ———————— [글의 전개 방식 파악하기]

정답 풀이

1문단에서 아리스토텔레스의 목적론을 소개한 뒤, 2문단에서 이 이론에 대한 근대 사상가들의 비판을 제시하고, 3문단에서 근대 사상가들의 비판 에 대한 일부 현대 학자들의 반박을 제시하였다. 또한 4문단에서 17세기 의 물질론·환원론과 상반되는 아리스토텔레스의 목적론의 성격을 제시하 면서 5문단에서 아리스토텔레스의 목적론의 의의를 밝히고 있다.

오답 풀이

① 2문단에서 아리스토텔레스의 목적론에 대한 근대 사상가들의 비판적 견해를 제시하고 있지만, 이를 대립되는 두 이론을 소개한 것으로 볼 수 없다. 각 이론의 장단점을 비교한 내용도 찾을 수 없다.

② 2문단에서 아리스토텔레스의 목적론에 대한 근대 사상가들의 비판적 견해를 제시하고, 3문단에서 근대 사상가들의 비판적 견해에 대한 일 부 현대 학자들의 반박을 제시하고 있지만, 이들을 절충하는 방안을 모 색하고 있지는 않다.

③ 아리스토텔레스의 목적론에 대한 근대 사상가들의 비판적 견해와 근대 사상가들의 비판적 견해에 대한 일부 현대 학자들의 반박을 제시하고 있지만, 이러한 비판의 타당성을 검토하거나 새로운 이론을 도출하고 있지는 않다.

④ 2문단에서 아리스토텔레스의 목적론에 대한 근대 사상가들의 비판적 견 해를 제시하고, 3문단에서 이러한 비판적 견해에 대한 일부 현대 학자들 의 반박을 제시하고 있으며, 4문단에서는 17세기의 물질론·환원론에 대 해 설명하고 있다. 이들이 모두 아리스토텔레스의 목적론을 비판한 것은 아니므로 목적론의 부당성을 주장하고 있다는 진술은 적절하지 않다.

02 정답 ③ ———————— [세부 정보 파악하기]

정답 풀이

1문단에서 아리스토텔레스는 '자연물이 단순히 목적을 갖는 데 그치는

것이 아니라 목적을 실현할 능력도 타고'난다고 믿었음을 알 수 있으므로, 아리스토텔레스의 견해에 따르면 본성적 운동의 주체는 본성을 실현할 능력을 갖고 있다고 할 수 있다.

오답 풀이

① 2문단에서 아리스토텔레스는 인간만이 이성을 지닌다고 생각했다고 하였으므로, 동물인 개미의 본성적 운동은 이성에 의한 것이라고 보지 않을 것이다.

② 1문단에서 아리스토텔레스는 '자연물이 단순히 목적을 갖는 데 그치는 것이 아니라 목적을 실현할 능력도 타고나며', '그 본성적 목적의 실현은 운동 주체에 항상 바람직한 결과를 가져온다'고 믿었음을 알 수 있으므로 적절하게 이해한 내용이 아니다.

④ 1문단에서 아리스토텔레스는 '모든 자연물이 목적을 추구하는 본성을 타고나며, 외적 원인이 아니라 내재적 본성에 따른 운동을 한다'는 생각을 지녔음을 알 수 있다. 따라서 자연물인 낙엽의 운동 역시 본성적 목적 개념으로 설명될 것이다.

⑤ 1문단에 '아리스토텔레스는 모든 자연물이 목적을 추구하는 본성을 타고나며, 외적 원인이 아니라 내재적 본성에 따른 운동을 한다'고 보는 견해(목적론)를 제시하였다는 설명이 있으므로 적절하지 않다.

03 정답 ③ ─────────────── [구체적 사례에 적용하기]

정답 풀이

4문단에 따르면, 아리스토텔레스는 '자연물의 물질적 구성 요소를 알면 그것의 본성을 모두 설명할 수 있다는 엠페도클레스의 견해를 반박하였다. 또 〈보기〉에서 '창발론은 복잡성의 수준이 한 단계씩 오를 때마다 구성 요소에 관한 지식만으로는 예측할 수 없는 특성들이 나타난다는 이론'이라고 하였다. 따라서 마이어는 아리스토텔레스처럼 생명체의 특성들은 구성 요소들에 관한 지식만으로 예측할 수 없다고 볼 것임을 알 수 있다.

오답 풀이

① 4문단에 따르면, '아리스토텔레스는 자연물의 물질적 구성 요소를 알면 그것의 본성을 모두 설명할 수 있다는 엠페도클레스의 견해를 반박'하였고, 〈보기〉에서 '창발론은 복잡성의 수준이 한 단계씩 오를 때마다 구성 요소에 관한 지식만으로는 예측할 수 없는 특성들이 나타난다는 이론'이라고 하였다. 이를 통해 아리스토텔레스는 엠페도클레스의 물질론적 견해를 적절하다고 보지 않았고, 마이어 역시 엠페도클레스와는 다른 견해를 가지고 있음을 알 수 있다.

② 4문단에 따르면, 아리스토텔레스는 '자연물이 단순히 물질로만 이루어진 것이 아니'라고 하였고, 〈보기〉에서 '마이어는 여전히 생명체가 물질만으로 구성된다고' 본다고 하였다. 따라서 마이어는 자연물이 물질만으로 구성된다고 보고 있으나, 아리스토텔레스는 자연물이 단순히 물질로만 이루어진 것이 아니라고 보았으므로 물질론에 동의한다고 볼 수 없다.

④ 1문단에서 아리스토텔레스는 모든 자연물이 목적을 추구하는 본성을 타고난다고 보았음을 알 수 있고, 〈보기〉에서 마이어는 생명체가 미리 정해진 목적을 수행한다고 생각하였음이 드러난다. 마이어는 아리스토텔레스와 같이 모든 자연물이 목적 지향적으로 운동한다고 본 것이다.

⑤ 4문단에 따르면, 아리스토텔레스는 자연물의 본성이 단순히 물리·화학적으로 환원되지 않는다고 하였고, 〈보기〉에서 마이어는 생명체가 물

리·화학적 법칙으로 모두 설명되지는 않는다고 보았음을 알 수 있다. 따라서 마이어는 아리스토텔레스와 같이 모든 자연물의 본성에 대한 물리·화학적 환원을 인정하지 않는다고 볼 수 있다.

실/전/으/로/뛰/어/넘/기·1

01 ④   **02** ④   **03** ③

01 정답 ④ ─────────────── [글의 전개 방식 파악하기]

정답 풀이

제자백가의 두 견해로 한비자와 양주의 사상을 소개하고, 이 두 철학이 어떤 면에서 입장 차이를 보이고 있는지 대조하면서 글을 전개하고 있다.

오답 풀이

① 제자백가 철학은 하나의 관점을 지닌 특정한 이론이 아니다. 또한 이 글은 서로 상반된 입장을 보여 주는 한비자와 양주의 견해를 비교·대조하는 구성 방식을 취하고 있어, 하나의 이론이 다양하게 분화하는 과정을 보여 주지 않는다.

② 문답 형식은 질문하고 답변하는 형식을 의미하는데, 이 글에서는 묻고 답하는 형식이 사용되고 있지 않다.

③ 이 글은 상반된 두 입장의 차이점을 주로 밝히고 있을 뿐, 그중 어느 하나가 더 뛰어나다는 식으로 두 대상의 우열을 가리고 있지는 않다.

⑤ 서로 다른 두 이론(견해)은 차이점에 따라 대조되고 있을 뿐, 두 이론이 통합되어 새로운 이론이 도출되고 있는 것은 아니다.

02 정답 ④ ─────────────── [세부 정보 파악하기]

정답 풀이

3문단에서 양주는 '절대 군주 체제에서 개인적 삶은 그 자체가 목적이 아닌 수단으로 전락할 수 있다는 점을 경계하고, 개인은 국가 지향적 이념에 사로잡혀 자신을 희생해서는 안 된다고 역설했다.'라고 하였다. 따라서 개인적 삶이 수단으로 전락할 수 있는 위험을 지적한 것은 법치주의가 아니라 양주의 위아주의임을 알 수 있다.

오답 풀이

① 3문단의 '사회의 모든 문화와 제도 역시 인위적인 허식에 불과하고'를 통해 사회 제도와 문화를 부정적으로 보는 양주의 인식을 확인할 수 있다.

② 1문단의 '제자백가 철학은 춘추 전국 시대의 분열과 혼란을 극복하려는 과정에서 발생하였다.'에서 확인할 수 있다.

③ 2문단의 '나라가 엄중한 상벌 체계를 잘 확립하면 벌을 피하고 상을 얻기 위해 정해진 법도를 지키게 될 것이라고 확신했다.'를 통해 확인할 수 있다.

⑤ 4문단의 '양주는 국가와 같은 외적 존재가 개인의 삶에 개입하는 것 자체에 대해 부정적 견해를 피력하였다.'에서 확인할 수 있다.

03 정답 ③ ──────────── 「 비판·반응의 적절성 평가하기 」

정답 풀이

이 글에 따르면, 한비자는 양주와 달리 법치주의를 주장하였으므로 법률의 중요성을 강조했다고 볼 수 있다. 한편 〈보기〉에서 노자는 법률이 인간의 삶을 인위적으로 규정하는 허상에 불과하다고 파악하고 있다. 따라서 〈보기〉의 노자는 법률의 중요성을 강조한 한비자가 법률이 인간의 삶을 인위적으로 규정하는 허상에 불과함을 깨닫지 못했다고 평가할 것이다.

오답 풀이

① 한비자는 법치주의를 바탕으로 한 절대군주론을 주장한 사상가이므로, 인위적 법률이나 제도의 영향력을 최소화하려는 '무위(無爲)'에 따른 통치 방법에 대해 비판적 관점을 보일 것이다.
② 양주는 '바람직한 사회를 위해서 개인적 삶을 희생하라'는 국가 지향적 이념 자체의 정당성을 문제 삼은 사상가이므로 적절하지 않은 평가이다.
④ 국가와 같은 외적 존재보다 개인적 삶의 가치를 더 우위에 둔 것은 한비자의 견해가 아니라 양주의 견해에 해당한다.
⑤ 〈보기〉에서 노자는 사회의 법률, 제도, 행정, 도덕 등을 모두 작위적 산물이나 허상으로 파악하고 있다. 따라서 노자가 말한 '자연의 원리와 합치되는 인생'은 사회의 인위적 작용이 없는 상태를 의미한다고 볼 수 있다. 따라서 이 상황 속에서 자연의 원리에 보다 가까운 것은 한비자의 견해가 아니라 양주의 견해에 해당한다.

실/전/으/로/뛰/어/넘/기 · 2

| 01 ③ | 02 ② | 03 ④ | 04 ② |

01 정답 ③ ──────────── 「 글의 전개 방식 파악하기 」

정답 풀이

이 글은 경제 위기에 따라 채권 시장에서 발생할 수 있는 문제의 원인을 분석하고, 이를 해결하기 위해 정부가 할 수 있는 대응 방안에 대해 설명하고 있다.

오답 풀이

① 이 글은 채권 시장의 혼란을 해결하기 위한 정부의 대응 방안에 대한 것으로, 특정한 이론을 설명하고 있지 않다.
② 이 글에서 권위 있는 사람의 말을 인용한 부분은 찾을 수 없다.
④ 2문단에서 채권의 개념을, 5문단에서 기준 금리의 개념을 설명하고 있지만 이와 대비되는 새로운 개념은 나타나 있지 않다.
⑤ 3문단에서 A 회사 채권에 대한 사례를 설명하고 있으나, 이는 의문에 대한 답변으로 제시한 것이 아니다.

02 정답 ② ──────────── 「 세부 정보 파악하기 」

정답 풀이

4문단에서 경제 상황이 좋지 않으면 개인들에게 대출을 해 주는 은행들이 발행할 채권들의 금리도 상승하고 이 경우 은행들이 개인들에게 부담을 전가하게 된다고 하였다. 또한 6문단에서 경제 주체들이 경제 위기의 상황이 심각하다고 느끼면 현금에 대한 수요가 높아져 금리 인하의 효과가 나타나지 않을 수 있다고 하였다. 따라서 기준 금리가 낮아져도 현금 수요가 높아져 채권 매도가 증가할 경우 새로 발행하는 채권의 금리가 높아지게 되고, 이로 인해 은행들의 대출 금리가 상승할 수 있다.

오답 풀이

① 5문단에서 기준 금리는 중앙은행에서 경제 상황의 변화에 따라 일정 기간마다 결정하며, 중앙은행으로부터 통화를 공급받은 금융 기관들이 개인이나 기업들과의 거래에 기준 금리를 활용한다고 하였다. 따라서 기준 금리가 정부와 기업이 발행한 채권 금리를 활용하여 추후에 결정된다는 내용은 적절하지 않다.
③ 2문단에서 채권은 매수 주체에게 지급하는 이자가 확정되어 있으며 채권을 발행한 당사자는 매수자에게 이자를 지급해야 한다고 하였으므로, 시장에서 거래되는 액면가에 관계없이 매수자가 받게 되는 이자는 동일할 것이다.
④ 6문단에서 정부가 채권을 담보로 시장에 현금을 공급하는 것은 금리 인하의 효과가 나타나지 않을 경우 이를 개선하기 위한 것이라고 하였다. 3문단에서는 경제 상황이 좋지 않을 경우 현금 수요의 증가로 채권 매도가 증가하고 채권의 가격이 하락한다고 하였다. 따라서 정부가 채권을 담보로 현금을 공급하는 것은 채권의 가격 하락을 막기 위함이라고 볼 수 있다.
⑤ 6문단을 통해 기준 금리가 인하되어도 채권 시장의 상황이 개선되지 않을 수 있음을 알 수 있다. 이 경우 4문단에서 설명하듯이, 은행의 이자 부담이 증가하여 이를 개인에게 전가하게 되고 이에 따라 개인의 대출 이자 비용도 증가하게 된다.

03 정답 ④ ──────────── 「 비판·반응의 적절성 평가하기 」

정답 풀이

㉠은 회사에서 신규 발행하는 채권에 한해 경제 위기 이전의 회사채 금리 수준으로 정부가 매입해 주는 프로그램이다. 따라서 ㉠이 실행되기 이전에 이미 채권을 가지고 있는 보유자들은 이 정책의 혜택을 받을 수 없다. 다시 말해, ㉠은 기존 채권 보유자들이 자금을 마련하는 데 도움을 주는 정책이라 할 수 없다.

오답 풀이

① 3문단에서 시장에서 회사채 수요가 줄어들면 회사채의 금리가 높아지고 이는 기업의 비용 증가로 이어져 기업들은 자금 조달에 어려움을 겪을 수 있다고 하였다. 따라서 ㉠을 통해 정부가 회사채를 직접 매입한다면 기업의 자금 확보를 도울 수 있다.
② 3문단에서 경제 위기 상황에서는 새롭게 발행하는 회사채를 더 높은 금리로 발행해야 판매된다고 하였다. ㉠을 시행하여 회사채를 경제 위기 이전의 금리 수준으로 매입하면, 기업들이 낮은 금리로 채권을 발행할 수 있기 때문에 기업이 부담해야 할 이자 비용을 직접적으로 줄여 줄 수 있다.
③ 4문단에서 기업들의 채권 발행 금리가 상승하면 고용 불안정이 야기되고 이는 다시 소비 감소를 불러오며 악순환이 이어진다고 하였다. 따라서 ㉠을 통해 기업들의 회사채 금리 상승을 막으면 여러 경제 주체에게 일어날 수 있는 어려움을 개선할 수 있다.
⑤ 6문단에서 기준 금리 인하에도 자금 경색이 풀리지 않을 경우 이를 보

완하기 위한 방안으로 ㉠과 같이 회사채를 직접 매입하는 방법을 사용한다고 하였다.

04 정답 ② ———————————— [구체적 사례에 적용하기]

정답 풀이

2문단에서 모든 채권은 매수 주체에게 지급하는 이자가 확정되어 있다고 하였다. 따라서 환매 조건부 채권 창구를 이용하여 미래에 지급받을 이자를 안전하게 보존한다는 설명은 적절하지 않다.

오답 풀이

① 〈보기〉에서 금리 인하에도 불구하고 채권의 가치가 계속 하락하고 있어 시장 안정화를 위해 환매 조건부 채권 거래를 허용하였다고 하였고, 이는 미국 국가 채권을 최초 액면가로 매입한 뒤 일정 기간 뒤에 이를 되사는 것이라 하였다. 또한 해외 중앙은행들은 환매 조건부 채권 창구를 통해 현금(달러)을 대출받을 수 있다고 하였다. 따라서 환매 조건부 채권 창구를 이용하는 주체들은 인하된 가격에 채권을 거래하지 않고도 현금(달러)을 마련할 수 있을 것이다.
③ 3문단에서 경제 주체들이 현금을 원할 경우 채권을 매도하려는 수요가 많아져 채권이 초과 공급되고 이로 인해 채권의 가치가 떨어진다고 하였다. 따라서 환매 조건부 채권 창구를 설립해 채권을 매입하더라도 시장에서 계속 현금(달러)을 원할 경우 채권이 초과 공급되어 채권의 시장 가치는 하락할 것이다.
④ 3문단에서 경제 주체들이 현금을 구하기 위해 채권을 매도하면 시장에 채권이 초과 공급된다고 하였다. 이러한 상황이 발생했을 때 환매 조건부 채권 창구에서 채권을 매입해 보관하면 시장에 공급되는 채권의 수량을 조절할 수 있을 것이다.
⑤ 6문단에서 경제 주체들이 경제 위기 상황이 심각하다고 느낄 경우 금리 인하에도 현금 수요가 줄어들지 않는다고 하였다. 따라서 달러 유동성이 개선되지 않는 이유는 시장 참여자들이 경제 위기 상황이 심각하다고 인식했기 때문임을 알 수 있다.

·어휘 TEST·					
Q1 ㅣ 1. 운용	2. 전가	3. 부채	4. 경색된	5. 조달하는	
Q2 ㅣ 1. ○	2. ○	3. ×	4. ○	5. ○	
Q3 ㅣ 1. 근간	2. 본질	3. 정점	4. 기강	5. 화법	6. 교조적
Q4 ㅣ 1. ①	2. ②	3. ③			

Q1 해설 ▶ 4. '경질되다'는 '어떤 직위에 있는 사람이 다른 사람으로 바뀌다.'의 뜻, '경색되다'는 '소통되지 못하고 막히다.'의 뜻이다.

Q2 해설 ▶ 3. '공박하다'는 '남의 잘못을 몹시 따지고 공격하다.'의 뜻이다.

Q3 해설 ▶ 6. '교조적'은 '역사적 환경이나 구체적 현실과 관계없이 어떠한 상황에서도 절대로 변하지 않는 진리인 듯 믿고 따르는 것.'의 뜻이다.

03강 추론적 읽기 ①
정보 및 내용 추론하기

어떻게 풀어야 할까?

ㅣ 대표 유형 맛보기 ㅣ 정답 ⑤

정답 풀이

2문단을 통해 방위조약의 경우 동맹국의 전쟁에 개입해야 한다는 강제성이 있기 때문에 동맹국 간의 정치·외교적 관계는 가장 가까우나 자율성은 가장 낮으며, 동맹국 간의 자율성은 '방위조약 〈 중립조약 〈 협상' 순임을 알 수 있다. 또한, 2문단에서 제시한 연구를 통해 동맹의 평균 수명의 길이는 '방위조약 〉 중립조약 〉 협상' 순임을 알 수 있다. 이를 바탕으로 하여 동맹은 양국의 동맹관계가 가깝고 자율성이 낮을수록 그 수명이 연장된다는 결론을 추론할 수 있다.

ㅣ 대표 유형 해결하기 ㅣ

1단계 동맹관계, 자율성, 수명

2단계 (1) 관계, 자율성
(2) 자율성
(3) 수명

3단계 ㉠ 방위조약, 중립조약, 협상
㉡ 협상, 중립조약, 방위조약
㉢ 방위조약, 중립조약, 협상
㉮: 낮을수록, 연장

기/출/로/다/지/기

01 ①   **02** ⑤   **03** ③

01 정답 ① ———————————— [정보 및 내용 추론하기]

정답 풀이

5문단에서 '스피커에서 재생되는 소리의 크기는 보이스 코일에 흐르는 전류의 변화에 따라 달라진다.'라고 하였고, 〈보기〉를 통해 이퀄라이저는 특정 주파수 대역의 음을 세게 하거나 약하게 하는 장치임을 알 수 있다. 따라서 클래식 음악을 감상할 때 스피커에서 나오는 저음을 강화하려면 저음 대역에 해당하는 전류의 세기를 크게 해야 함을 알 수 있다.

오답 풀이

② 스피커의 저음을 강화하는 것과 진폭은 직접적 관련이 없다.
③ 4문단에서 전류의 방향이 전환됨에 따라 보이스 코일이 받는 힘이 이전과 반대 방향으로 작용한다고 하였을 뿐 저음을 강화할 수 있는지는 알 수 없다.

④ 스피커의 저음을 강화하는 것과 진동수는 직접적 관련이 없다.

⑤ 스피커의 저음을 강화하는 것과 진동수와 진폭은 직접적 관련이 없다.

02 정답 ⑤ ──────────────────── [세부 정보 파악하기]

정답 풀이

5문단의 '자기장(B)과 전류(I)의 세기가 커짐에 따라 보이스 코일에 작용하여 진동판을 진동시키는 힘(F)은 커진다.'에서 전류와 자기장의 상호 작용으로 보이스 코일에 작용하는 힘이 생긴다는 것을 알 수 있다. 따라서 보이스 코일이 받은 힘이 전류와 자기장의 상호 작용을 유도한다는 것은 반대로 설명한 것이므로 적절하지 않다.

오답 풀이

① 3문단에서 '폴피스는 전류가 흐르면서 보이스 코일에서 발생하는 열을 영구 자석과 탑 플레이트로 분산시켜 식혀 주는 역할을 한다.'라고 하였으므로, 전류는 보이스 코일에서 열을 발생시킨다는 것을 알 수 있다.

② 3문단에서 보빈은 보이스 코일에 고정되어 있다고 하였으므로, 보이스 코일과 보빈은 동일한 방향으로 움직일 것이다.

③ 4문단에서 '진동판의 반복 운동은 전류의 방향이 계속해서 바뀌는 교류 전류를 보이스 코일에 흘려줌으로써 이루어'지고 이렇게 '진동판이 위아래로 반복 운동을 하며 소리가 재생'된다고 하였다. 따라서 전류의 방향이 변하지 않으면 진동판도 움직이지 않고, 그렇게 되면 소리도 재생되지 못할 것이다.

④ 3문단에서 '보이스 코일은 보빈에 감겨 있는 도선으로, 이 코일에 전류가 흐르면 영구 자석이 형성하는 자기장과 상호 작용을 하여 생성되는 힘이 보이스 코일을 위아래로 움직이게 한다.'라고 하였다. 따라서 보이스 코일에 전류를 흘려주면 보이스 코일이 힘을 받는다고 할 수 있다.

03 정답 ③ ──────────────────── [구체적 사례에 적용하기]

정답 풀이

4문단의 '영구 자석에서 나오는 자기장의 방향은 동일하지만'을 통해 영구 자석에서 나오는 자기장의 방향은 보이스 코일에 흐르는 전류의 방향과 상관없이 동일함을 알 수 있다. 따라서 ⓒ는 보이스 코일에 흐르는 전류의 영향을 받아 자기장을 반대 방향으로 전환시킨다고 볼 수 없다.

오답 풀이

① 3문단의 '댐퍼는 스피커의 외형을 이루는 단단한 프레임에 보빈을 지지시켜 보빈에 감겨 있는 보이스 코일이 위아래로 원활하게 움직일 수 있도록 보이스 코일의 중심을 잡아 준다.'를 통해 알 수 있다.

② 3문단의 '영구 자석은 자기장을 형성하고, 탑 플레이트는 이 자기장을 보이스 코일 방향으로 제어하는 역할을 한다.'를 통해 알 수 있다.

④ 3문단의 '보이스 코일에 고정되어 있는 보빈은 보이스 코일이 받는 힘을 진동판에 그대로 전달하여 소리를 재생하게 한다.'를 통해 알 수 있다.

⑤ 3문단에 따르면, 보빈은 보이스 코일에 고정되어 있고, 4문단에서 '영구 자석에서 나오는 자기장의 방향은 동일하지만 보이스 코일에 흐르는 교류 전류의 방향이 전환됨에 따라 보이스 코일이 받는 힘이 이전과 반대 방향으로 작용하게 된다.'라고 하였다. 따라서 교류 전류의 방향이 전환됨에 따라 보이스 코일에 고정되어 있는 보빈이 움직일 것이다.

실/전/으/로/뛰/어/넘/기·1

01 ②　　　　**02 ④**　　　　**03 ⑤**

01 정답 ② ──────────────────── [정보 및 내용 추론하기]

정답 풀이

㉠은 『승정원일기』가 어떤 문제의 전례나 사실 여부를 참고하는 데 빈번하게 이용되었다는 것인데 그 이유는 5문단에서 밝힌 대로 자료의 정확성에 있다. 자료의 이러한 정확성은 2문단에 제시된 바와 같이 주서들이 국정을 논의하고 처결하는 모든 자리에 입시해 그 내용을 기록했기 때문에 가능했다. 따라서 ㉠의 이유는 현장에서 있었던 국정의 상황을 거의 가감하지 않고 그대로 기록하였기 때문이라고 할 수 있다.

02 정답 ④ ──────────────────── [세부 정보 파악하기]

정답 풀이

『승정원일기』는 매일의 날씨까지 기록한 미시사의 보고라 할 수 있는 역사 자료이다. 이 때문에 글쓴이는 『승정원일기』에 적힌 날씨 기록을 통해 당대의 인구나 정치, 경제 분야의 변동까지 살펴볼 수 있는 기회를 갖게 되었다고 설명하고 있다. 따라서 『승정원일기』가 기상 현상과 관련해 인구·경제 변동의 문제를 직접 기록했다고는 볼 수 없다.

오답 풀이

① 1문단의 '일기의 작성은 승정원의 2명의 주서가 담당했고, 그들은 조선 시대 공식적 사관인 예문관의 한림(翰林)과 동일한 지위와 기능을 인정받았다.'에서 확인할 수 있다.

② 3문단의 '그 내용은 각 관서에서 국왕에게 올린 문서와 국왕의 처결, 인사행정, 여러 상소와 장계, 국왕의 거동(擧動) 등 국왕이 관련된 거의 모든 업무가 담겨 있다.'에서 확인할 수 있다.

③ 1문단의 '현재는 인조 때인 1623년부터 순종 1910년까지 288년 동안을 기록한 책이 남아 있다.'를 통해 알 수 있다.

⑤ 2문단을 통해 주서는 다른 사관의 기록과 대조해 그 내용을 보충했으며, 한 달 단위로 묶어 책으로 만들었음을 알 수 있다.

03 정답 ⑤ ──────────────────── [구체적 사례에 적용하기]

정답 풀이

〈보기〉는 『승정원일기』의 한 사례로 영조의 건강 상태와 관련해 약방 도제조 신하와 문답을 나누는 내용이다. 3문단의 '끝으로, 일기의 핵심이라고 할 수 있는 그날의 국정을 자세하게 기록'이라는 언급을 통해 국왕의 국정이 가장 핵심적인 내용임을 알 수 있으므로 정치적 사안보다 일상생활의 기록을 더 중시했다고 볼 수 없다.

오답 풀이

① 3문단에서 『승정원일기』는 제일 첫머리에 날짜와 날씨를 적었다고 하였다. 따라서 〈보기〉의 '영조 1년 10월 1일(신미) 맑음'은 『승정원일기』의 첫 부분으로 일기의 날짜와 날씨를 기록한 것이다.

② 3문단에서 『승정원일기』의 첫머리 다음에는 그날 근무한 승지와 주서의 이름을 기록했다고 하였다. 따라서 〈보기〉의 '좌목'의 주서들인 '이수익'과 '민기'는 해당 일기의 날짜인 '영조 1년 10월 1일'의 일을 기록한 사람들이다.

③ 이광좌나 남취명의 말을 참고한다면 국왕뿐 아니라 대비 등의 안부를 묻는 장면도 있으며, 이는 3문단의 '국왕을 비롯한 왕비·대비·세자 등의 안부를 적었다.'를 통해서도 확인할 수 있다.

④ 4문단에 따르면, 『영조실록』보다 『승정원일기』에 역사적 사건이 더 충실하고 상세하게 묘사되었음을 알 수 있다. 따라서 약방 도제조가 국왕께 문안을 묻는 과정이 『승정원일기』에 더 자세하게 기록되었을 것으로 판단할 수 있다.

실/전/으/로/뛰/어/넘/기·2

01 ③   **02** ②   **03** ③   **04** ⑤

01 정답 ③ ────────────────── [정보 및 내용 추론하기]

정답 풀이

4문단에서 말레비치는 '예술은 예술 외적인 모든 요소에서 독립하여 오로지 예술 자체만의 논리로 이루어진 순수한 창작이 되어야 한다고 주장했다.'라는 내용을 통해 예술가의 창작 행위 이외의 일체의 모든 요소를 부정했음을 알 수 있다.

오답 풀이

① 1문단에 따르면, 칸딘스키는 예술 작품이 특정 대상의 재현물이 되는 것을 부정하고, 관념이나 감정 등의 정신적인 것을 전달해야 한다고 보았다.

② 2문단에 따르면, 형식주의적 추상 미술은 미술의 재현성을 부정하는 입장이다. 이러한 입장이 플라톤의 형상론에 대한 응답이라고 하였으므로, 플라톤은 실제와 같은 느낌을 불러일으키는 예술 작품을 저급하다고 느낄 것이라 추론해 볼 수 있다.

④ 7문단을 통해 칸딘스키가 추구했던 회화의 정신주의가 말레비치 이후에 물질주의로 변화했음을 알 수 있다.

⑤ 1문단에서는 칸딘스키가 미술의 재현성이 아닌 정신적인 힘을 강조했다고 하였다. 2문단에서는 플라톤의 형상론이 재현성과 유사성을 부정하는 형식주의적 추상 미술의 관점과 맥을 같이한다고 하였다. 4문단에서 말레비치는 예술 외적인 요소에서 독립하여 예술 자체만의 논리로 이루어진 순수한 창작을 추구했다고 하였다. 따라서 이들은 모두 모두 재현성과 유사성을 바탕으로 하는 미술을 부정적으로 인식했다고 볼 수 있다.

02 정답 ② ────────────────── [세부 정보 파악하기]

정답 풀이

7문단에서 말레비치 이후의 추상 미술이 개념 미술로 발전했음을 밝히고 있을 뿐, 개념 미술의 예술적 특징에 대해 언급하고 있지는 않다.

오답 풀이

① 1문단에서 현대 미술이 난해한 이유를 추상성 때문이라고 설명하고 있다.

③ 6문단에서 형식주의적 추상 미술의 목적은 '예술 자체의 진화를 위한 순수성의 추구'라고 밝히고 있다.

④ 4문단에서 말레비치의 〈흰 배경에 검은색 사각형〉이라는 작품이 '미술의 죽음과 새로운 탄생을 알리는 하나의 상징물'로 이해되고 있음을 이야기하고 있다.

⑤ 1문단에서 칸딘스키는 추상 미술을 통해 관념이나 감정 등 정신적인 것을 전달할 수 있다고 생각했다는 것을 확인할 수 있다.

03 정답 ③ ────────────────── [세부 정보 파악하기]

정답 풀이

1, 2문단에서는 정신성의 회복을 중시했던 추상 미술이 미술 자체의 형식을 중시하는 형식주의적 추상 미술로 변질되었다고 설명하고 있다. 이를 통해 볼 때, 형식주의적 추상 미술은 현대적인 철학적 사유를 제시한다고 볼 수 없다.

오답 풀이

① 6문단에서는 형식주의적 추상 미술의 목적을 '오로지 예술 자체의 진화를 위한 순수성의 추구'라고 언급하고 있다.

② 3문단에서는 미술이 하나의 언어 체계이며, 그 언어의 기호 체계에 따라 의미를 전달하게 된다고 설명하고 있다. 이와 더불어 미술은 쉽게 개념화되거나 정의내릴 수 없는 상징적 의미가 있다고도 밝히고 있다.

④ 2문단에서 형식주의적 추상 미술이 선과 색과 형태만을 통해서 인간에게 미적인 경험을 가능케 하고자 했음을 확인할 수 있다. 이러한 형식주의적 추상 미술이 미니멀리즘으로 발전했다는 내용으로 볼 때, 형식주의적 추상 미술은 기교를 지양하고 최소 단위의 질료 요소만을 사용하여 단순함을 추구한다는 것을 알 수 있다.

⑤ 6문단에 따르면, 라인하르트의 〈추상〉은 말레비치의 작품과 모양만 비슷할 뿐, 아무런 에너지도 느껴지지 않는 기호에 불과하다. 이는 라인하르트의 〈추상〉이 기존의 작품과는 다른 발상이나 창작 과정을 거치지 않았기 때문으로 볼 수 있다. 이를 통해 형식주의적 추상 미술에서는 작품의 예술성을 인정받기 위해서는 기존의 작품과는 다른 독창성이 있어야 한다고 봄을 알 수 있다.

04 정답 ⑤ ────────────────── [비판·반응의 적절성 평가하기]

정답 풀이

〈보기〉는 앤디 워홀의 실크 스크린을 예로 들어 아무런 의미도 없고 감동을 자아낼 수 없는 것은 예술이 아니라고 주장하고 있다. 또한 상상을 불러일으키지 않는 작품은 무의미하다고 보고 있는데, 이는 미술에서 상징을 통해 의미를 전달하는 과정을 제거한 형식주의적 추상 미술을 비판하는 관점이라 할 수 있다. 이러한 관점에서는 형식주의적 추상 미술이 의미 없는 이미지의 나열로 작품의 미적 가치를 상실했다고 비판할 수 있다.

오답 풀이

① 물적 대상에 사상을 부여하는 것은 형식주의적 추상 미술이 추구하는 경향으로 볼 수 없다.

② 예술이 인공적 이미지라는 것은 형식주의적 추상 미술과는 관련성이 없는 내용이다.

③ 6문단에서 형식주의적 추상 미술은 외적인 것을 배제하고 예술 자체의 순수성을 추구한다고 하였으므로, 상품성을 중시하는 입장과는 거리가 있다.

④ 자연 속 형상의 완벽한 반복이 존재하지 않는다는 것은 형식주의적 추상 미술과는 관련성이 없는 내용이다.

· 어휘 TEST ·

Q1 | 1. 파기　2. 견제　3. 편승　4. 공조　5. 패권

Q2 | 1. ○　2. ○　3. ×　4. ○　5. ○

Q3 | 1. 사안　2. 처결　3. 관장　4. 보고　5. 국정　6. 기술

Q4 | 1. ①　2. ①　3. ③

Q1 해설 ▶ 5. '패권'은 '어떤 분야에서 우두머리나 으뜸의 자리를 차지하여 누리는 공인된 권리와 힘.'의 뜻이고, '패배'는 '겨루어서 짐.'의 뜻이다.

Q2 해설 ▶ 3. '물체가 몹시 울리어 흔들림. 또는 물체 따위를 흔듦.'은 '진동'의 뜻이다. '진폭'의 뜻은 '진동하고 있는 물체가 정지 또는 평형 위치에서 최대 변위까지 이동하는 거리. 진동하는 폭의 절반.'이다.

Q3 해설 ▶ 2. '처결'은 '결정하여 조처함.'의 뜻이다.

Q4 해설 ▶ 2. '결부되다'는 '일정한 사물이나 현상이 서로 연관되다.'의 뜻이다. '결속되다'는 '뜻이 같은 사람끼리 서로 단결되다.', '결집되다'는 '한 곳에 모여 뭉치다.'의 뜻이다.

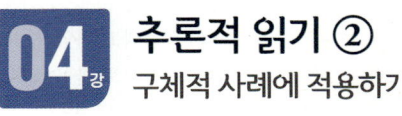

04강 추론적 읽기 ②
구체적 사례에 적용하기

어떻게 풀어야 할까?

| 대표 유형 맛보기 | 정답 ⑤

정답 풀이

　3문단에서 '영역성의 원리'는 안과 밖이라는 공간 영역을 조성하여 외부인의 침범 기준을 명확히 확립하는 것을 말한다고 하였다. 〈보기〉에서 학

교에 CCTV를 설치한 것은 학생들의 안전을 위함일 뿐, 이를 통해 안과 밖이라는 공간 영역이 조성되는 것은 아니므로 영역성의 원리가 활용되었다고 볼 수 없다.

오답 풀이

① 3문단에서 '접근 통제의 원리'는 사람들의 통행을 일정한 경로로 유도하여 허가받지 않는 사람들의 출입을 통제하거나 차단하는 것을 말한다고 하였다. 〈보기〉에서 후문을 폐쇄한 것은 '접근 통제의 원리'를 활용하여 사람들의 통행을 정문으로 유도하기 위한 것이다.

② 3문단에서 '자연적 감시의 원리'는 공간과 시설물에 대한 가시권을 확보하고 범죄자의 은폐 장소를 최소화시킴으로써 내·외부인의 행동을 주변 사람들이 관찰하도록 만드는 것이라고 하였다. 따라서 〈보기〉에서 학교 담장을 허문 것은 '자연적 감시의 원리'를 활용하여 시설물에 대한 가시권을 확보하기 위한 것이라고 볼 수 있다.

③ 3문단에서 '유지 및 관리의 원리'는 공공장소와 시설물을 처음 설계된 대로 지속적으로 유지하고 관리하는 것이라고 하였다. 〈보기〉에서 동아리를 조직해 운영하는 것은 '유지 및 관리의 원리'를 활용하여 개선된 학교 환경을 지속시키려는 것이다.

④ 3문단에서 '활동의 활성화 원리'는 공공장소 및 시설에 대한 내부인들의 활발한 사용을 유도하여 근방의 범죄를 감소시키는 것이라고 하였다. 〈보기〉에서 다양한 운동 시설을 설치한 것은 '활동의 활성화 원리'를 활용하여 운동 시설의 활발한 사용을 통해 외진 장소에서의 범죄 발생률을 낮추려는 것이다.

| 대표 유형 해결하기 |

1단계 (1) 가시권, 은폐
(2) 통행
(3) 공간 영역, 기준
(4) 사용
(5) 유지

2단계 (1) ㉣
(2) ㉠
(3) ㉡
(4) ㉢
(5) ㉤

3단계 영역성의 원리

기/출/로/ 다/지/기

01 ③　　**02** ②　　**03** ①

01 정답 ③ ──────── [구체적 사례에 적용하기]

정답 풀이

　1문단에서 '활성화 에너지가 낮아지면 반응 속도가 빨라지고, 활성화 에너지가 높아지면 반응 속도가 느려지게 된다.'라고 하였다. 〈보기〉의 그래

프에서 ⓐ는 활성화 에너지가 제일 크므로 반응 속도는 가장 느리고, ⓒ는 활성화 에너지가 제일 작으므로 반응 속도는 가장 빠르며, 활성화 에너지가 중간인 ⓑ의 반응 속도는 ⓐ와 ⓒ의 중간이다. 따라서 ⓑ와 ⓒ만을 비교할 때 생성물을 만들어 내는 화학 반응 속도는 ⓒ가 ⓑ보다 빠르다.

오답 풀이

① 1문단에서 '활성화 에너지를 낮추는 것이 정촉매이고, 활성화 에너지를 높이는 것이 부촉매'라고 하였다. 따라서 〈보기〉의 그래프에서 ⓐ가 촉매가 없는 그래프라면, ⓑ와 ⓒ는 ⓐ보다 활성화 에너지가 낮으므로 활성화 에너지를 낮추는 정촉매를 넣은 그래프임을 알 수 있다.

② 1문단에서 '활성화 에너지를 낮추는 것이 정촉매이고, 활성화 에너지를 높이는 것이 부촉매'라고 하였다. 따라서 〈보기〉의 그래프에서 ⓒ가 촉매가 없는 그래프라면, ⓐ와 ⓑ는 ⓒ보다 활성화 에너지가 높으므로 활성화 에너지를 높이는 부촉매를 넣은 그래프임을 알 수 있다.

④ 〈보기〉의 그래프에서 ⓐ, ⓑ, ⓒ의 활성화 에너지의 값이 모두 다른 것을 확인할 수 있으므로 적절하지 않다.

⑤ 〈보기〉의 그래프에서 ⓐ, ⓑ, ⓒ의 활성화 에너지의 값이 모두 다르다는 것은 반응 속도가 모두 다름을 의미하므로, 생성물을 만들기 위해 필요한 시간 또한 다를 것임을 알 수 있다.

02 정답 ② ———————————— [세부 정보 파악하기]

정답 풀이

이 글에서는 1문단에서 '촉매', 2문단에서 '효소', 3문단에서 '저해제'에 대해 설명하고 있으므로, 표제와 부제에 이 핵심어들이 모두 들어가 있어야 한다. 이 글은 생체 내 효소의 촉매 반응의 원리에 대해 설명하고 있으므로, 표제로는 '생체 내 효소의 촉매 반응'이 적절하다. 또한 이를 보충하기 위한 부제에는 효소 작용의 원리와 저해제에 대한 내용이 들어가야 하므로, 부제로는 '효소의 작용과 저해제의 기능을 중심으로'가 적절하다.

오답 풀이

① '촉매의 개념과 종류'는 1문단에만 해당하는 내용이고, 이 글에 '활성화 에너지'와 반응 속도의 관계에 대한 내용은 제시되어 있지만 '반응의 방향성'에 대한 내용은 제시되지 않았다.

③ 표제와 부제에 '저해제'에 대한 내용이 없고, 이 글에서 촉매와 효소를 화학적으로 정의한 내용은 제시되지 않았다. 또한 부제에 언급된 '반응 전후의 상태 및 기질 특이성'은 효소에 국한되는 내용이므로 적절하지 않다.

④ 표제는 효소에 대한 내용만 담고 있고, 부제에서 언급한 '주변 온도와 기질의 농도가 미치는 영향'은 이 글에 제시되지 않았다.

⑤ 표제는 글 전체에 대한 내용이 아니라 효소에 대한 것만 언급하고 있는데, 이 글은 촉매제 역할을 하는 효소의 작용 원리를 설명하고 있어 효소의 여러 가지 역할을 다루고 있다고 볼 수 없다. 또한 표제와 부제에 저해제에 대한 내용이 빠져 있으므로 적절하지 않다.

03 정답 ① ———————————— [세부 정보 파악하기]

정답 풀이

3문단에서 ㉠ '경쟁적 저해제'와 ㉡ '비경쟁적 저해제'를 나누는 기준은

'효소 반응을 방해하는 방식'이라고 하였으므로, ㉠과 ㉡은 모두 효소 반응을 방해하는 물질임을 알 수 있다. ㉠은 기질과 유사한 3차원적 입체 구조를 지니고 있어 기질이 결합할 효소의 활성 부위에 기질 대신에 ㉠이 결합하여 효소·기질 복합체의 형성을 저해한다고 하였다. 반면 ㉡은 효소의 활성 부위가 아닌 다른 부위에 결합하여 효소의 입체 구조를 변형시켜 효소의 활성 부위에 기질이 결합하지 못하게 한다고 하였다. 따라서 ㉠과 달리 ㉡이 효소의 입체 구조를 변형시킴을 알 수 있다.

오답 풀이

② 3문단에서 ㉠과 ㉡을 나누는 기준은 '효소 반응을 방해하는 방식'이라고 하였으므로, ㉠과 ㉡은 모두 효소 반응을 방해하는 물질임을 알 수 있다. 효소 반응으로 생기는 결과물이 '효소·기질 복합체'이므로, ㉠과 ㉡은 모두 효소·기질 복합체의 형성을 방해함을 알 수 있다.

③ 3문단에서 '경쟁적 저해제는 기질과 유사한 3차원적 입체 구조를 지니고 있다'고 하였고, '비경쟁적 저해제는 효소의 활성 부위가 아닌 효소의 다른 부위에 결합하여 효소의 입체 구조를 변형시킨다고 하였으므로, ㉠만이 기질과 유사한 입체 구조를 가지고 있음을 알 수 있다.

④ 3문단에서 '경쟁적 저해제는 기질과 유사한 3차원적 입체 구조를 지니고 있'어 기질이 결합할 효소의 활성 부위에 대신 결합한다고 하였다. 이에 비해 '비경쟁적 저해제는 효소의 활성 부위가 아닌 효소의 다른 부위에 결합하여 효소의 입체 구조를 변형시'킨다고 하였다. 따라서 ㉡만이 효소의 활성 부위가 아닌 곳에 결합함을 알 수 있다.

⑤ 3문단에서 '경쟁적 저해제는 기질의 농도가 증가하면 저해 효과는 감소한다.'라고 하였고, '비경쟁적 저해제가 작용하는 경우에는 기질의 농도가 증가해도 저해 효과는 감소하지 않는다.'라고 하였다. 따라서 기질의 농도 증가가 저해 효과에 영향을 미치는 것은 ㉠뿐임을 알 수 있다.

실/전/으/로/ 뛰/어/넘/기 · 1

| 01 ③ | 02 ④ | 03 ⑤ |

01 정답 ③ ———————————— [구체적 사례에 적용하기]

정답 풀이

4문단에서 오류 논증의 결론이 우연히 참이 될 수 있지만 논증의 전제들이 결론을 참으로 보장할 만큼 충분한 근거가 되지 않는다고 하였다. 또한 연역 논증에서 전제가 거짓인 경우는 건전한 연역 논증으로 볼 수 없다고 하였다. (나)의 논증은 정언 삼단 논법을 따랐기 때문에 연역 논증과 유사한 느낌을 주지만 전제들이 결론을 뒷받침하지 못하므로 오류 논증에 해당한다.

오답 풀이

① 2문단에서 결론의 술어로 사용되는 개념을 대개념, 결론의 주어로 사용되는 개념을 소개념, 결론에서는 나오지 않고 전제에서만 등장하는 개념을 매개념이라 하였다. 따라서 (가)에서는 P가 대개념, S가 소개념, M이 매개념에 해당한다.

② 2문단에서 연역 논증이 건전하다는 평가를 받기 위해서는 전제가 참이

어서 결론을 결정적으로 뒷받침하여야 한다고 하였다. 따라서 결론이 참이라고 하더라도 전제들이 거짓이면 건전하다는 평가를 받을 수 없다.

④ 4문단에서 어떤 논증이 논리적으로는 아무런 결함이 없더라도 전제들 중 일부가 거짓이라면, 결론의 참이 결코 보장되지 않는다고 하였다. 따라서 전제들이 거짓인 (나)의 논증에서는 결론이 참으로 보장되었다고 볼 수 없다.

⑤ 전제들과 결론 간의 유사성은 3문단의 귀납 논증에서 확인할 수 있으므로 〈보기〉와는 연관이 없으며, 전제들이 거짓인 것과 결론이 참인 것 역시 유사성과는 거리가 멀다.

02 정답 ④ ───────────[글의 전개 방식 파악하기]

정답 풀이

이 글에서는 '논증'이라는 중심 화제에 대해 그 판단 근거를 논증의 구조에서 찾을 수 있음을 언급한 뒤, 논증의 구조를 구분하는 기준을 제시하고 이에 따라 논증을 연역 논증, 귀납 논증, 오류 논증으로 나누어 체계적으로 그 내용을 설명하고 있다.

오답 풀이

① 이 글에서 다루어지는 대상은 모두 논증의 하위 영역에 속한 것들이다. 연역 논증과 귀납 논증을 서로 다른 이론으로 보더라도 이를 통합하여 새로운 논증 이론을 제시하고 있지 않으므로 적절하지 않다.

② 중심 화제인 논증에 대해 이해하기 쉽도록 상세하게 설명하고 있기는 하지만 논증 과정에서 나타나는 문제의 해결 방안을 제시하거나 구체적인 자료를 활용하지는 않았다.

③ 논증이라는 중심 화제가 시대의 흐름에 따라 변화하는 과정이 제시되지는 않았다.

⑤ 중심 화제의 개념은 밝히고 있지만 일화를 제시하지 않았으며, 논증의 필요성을 역설하지도 않았다.

03 정답 ⑤ ───────────[세부 정보 파악하기]

정답 풀이

3문단에 따르면, 약한 귀납 논증은 전제들이 참이면 결론도 참일 확률이 약간 높은 경우에 해당하는 것이므로, 결국 결론이 거짓이 되는 것은 아니다.

오답 풀이

① 1문단의 '논증의 구조는 구체적인 여타의 지식을 참고하지 않고도 해결되는 일반적인 것이어야 한다.'를 통해 알 수 있다.

② 2문단에서 '전제가 결론을 결정적으로 뒷받침한다는 것은 논증의 전제들이 참이어서 결론도 참이 된다는 것'이라고 하였고 이러한 특성을 지닌 논증을 건전한 연역 논증이라고 하였다. 따라서 연역 논증의 전제가 결론을 결정적으로 뒷받침한다면 항상 건전한 연역 논증으로 볼 수 있다.

③ 3문단에서 귀납 논증은 관찰된 사례의 수가 클수록, 관찰된 사례가 다양할수록, 결론의 범위가 좁을수록, 전제에서 언급된 내용과 결론에서 언급된 내용이 지니는 유사성이 클수록 강한 귀납 논증이 되고, 강한

귀납 논증은 전제들이 참이면 결론도 참일 확률이 아주 높다고 하였으므로 적절하다.

④ 1문단의 '논증을 판단할 때는 논증의 전제들이 참인가에 대한 것과 이 전제들이 논증의 결론을 바르게 도출하게 만드는가를 염두에 두어야 한다.'를 통해 알 수 있다.

실/전/으/로/ 뛰/어/넘/기 · 2
01 ④   02 ⑤   03 ④   04 ③

01 정답 ④ ───────────[구체적 사례에 적용하기]

정답 풀이

5문단에서 미성년자와 거래한 상대방은 미성년자의 부모에게 사후적으로 미성년자의 행위에 대해 동의할 것인지에 대해 확답을 요구할 수 있다고 하였다. 이때 부모가 대답이 없다면 미성년자의 행위에 대해 동의한 것으로 본다. 따라서 B가 C에게 거래에 동의할 것인지 물었지만 C가 답을 하지 않으면 거래는 완전히 유효하게 된다.

오답 풀이

① 4문단에서 취소권의 행사로 거래가 무효가 되면 미성년자와 거래의 상대방은 모두 각자 이행 받은 것을 반환해야 한다고 하였는데, 이때 미성년자는 사용하던 상태 그대로 상품을 반환하면 된다고 하였다.

② 3문단에서 부모가 범위를 정해 사용을 허락한 재산에 대해서는 미성년자 혼자 거래할 수 있다고 하였다. 이때 범위는 사용 목적이 아닌 재산의 범위이므로, C가 2백만 원을 사용하도록 허락했다면 A가 이 돈을 다른 곳에 사용했더라도 거래는 유효하다.

③ 4문단에 따르면, 미성년자의 독단적인 거래는 원칙적으로 취소할 수 있으므로 A가 미성년자임을 B가 알고 있는 상황에서 A의 부모인 C는 거래를 취소할 수 있다. 또한 5문단을 통해 이 경우 미성년자와 거래한 상대방인 B에게 철회권이 인정되지 않음을 알 수 있다.

⑤ 5문단에서 미성년자가 상대방에게 적극적인 수단을 사용해 속임수를 써서 거래를 한 경우에 법률 행위는 완전히 유효하다고 하였다. 따라서 A가 증거를 위조해 B를 속였다면 거래는 유효하고, 아무도 취소 또는 철회하지 못한다.

02 정답 ⑤ ───────────[세부 정보 파악하기]

정답 풀이

3문단에서 미성년자가 독자적으로 할 수 있는 법률 행위에는 미성년자에게 이익만을 주는 것이 있으며 이때 이익만을 주는지 여부는 경제적인 관점이 아니라 법률적인 관점에서 판단한다고 하였다. 따라서 시가보다 낮은 가격이어서 경제적으로는 이익이 되더라도, 미성년자가 대가를 지불해야 하는 이상 순수하게 이익만을 주는 행위라고 할 수 없으므로 이 매매 계약은 유효하지 않다.

① 2문단에서 혼인을 하지 않은 만 19세 미만의 미성년자는 행위능력이 없는 제한능력자로 평가된다고 하였으므로 만 19세 미만이라도 혼인을 했으면 행위능력이 있다고 인정됨을 알 수 있다.

② 5문단에서 제한능력자에 대한 규정은 미성년자에 대한 보호와 거래에 대한 신뢰의 보호 사이에 균형을 맞추기 위한 규정이라고 하였다. 이는 미성년자를 보호하기 위해 미성년자가 한 거래를 무조건 취소 가능한 것으로 규정한다면 거래에 대한 신뢰가 훼손되고, 반대로 항상 거래가 유효하다면 미성년자 보호가 미흡하게 되기 때문이다. 따라서 미성년자 보호와 거래에 대한 신뢰의 보호는 충돌하는 가치라고 할 수 있다.

③ 1문단에서 계약이 유효하기 위해서는 당사자 모두가 자신이 어떠한 계약을 체결하고 있는지 그 행위의 의미나 결과를 이해할 능력이 있어야 한다고 하였다.

④ 3문단에서 자녀가 아르바이트를 하면서 얻은 독자적 소득을 사용하는 것에 대해서는 부모의 묵시적 허락이 있는 것으로 본다고 하였다.

03 정답 ④ ──────────────[비판·반응의 적절성 평가하기]

ㄱ. 5문단에서 미성년자가 속임수를 쓴 것으로 판단되는 경우 미성년자 측에서는 거래를 취소할 수 없다고 하였다. 따라서 속임수의 의미를 현재와 같이 엄격하게 판단하여 적극적인 수단을 사용한 경우에만 취소권을 박탈하는 것은 미성년자 측에서 취소권을 행사할지 여부를 결정할 수 있도록 하는 것이므로 미성년자 보호에 유리하다.

ㄴ. 5문단에서 미성년자의 부모가 거래의 효력을 인정한 후에는 거래 상대방은 거래의 효력을 부인할 수 없다고 하였다. 즉 거래 상대방으로서는 언제 취소권이 행사될지 모르는 불안정한 상태에서 벗어나게 되어 거래의 효력을 부인하는 철회권을 사용하지 못하게 되는 것이다.

ㄷ. 4문단에서 거래가 취소되는 경우 미성년자는 취소된 당시의 상태 그대로 물건을 반환하면 되지만 상대방은 원래 상태로 회복하여 반환하여야 하고, 매매 대금의 경우 법에서 정한 이자를 더하여 반환해야 한다고 하였다. 따라서 반환 범위에 대한 규정은 미성년자와 거래한 상대방에게 불리하다.

ㄹ. 4문단에 따르면, 취소권은 미성년자의 부모뿐 아니라 미성년자에게도 발생한다. 따라서 거래 당사자는 미성년자임에도 불구하고 미성년자의 부모만 거래의 효력을 부정할 수 있는 것은 아니다. 다만 미성년자가 자발적으로 거래를 하였음에도 불구하고 미성년자의 부모가 이를 취소할 수 있도록 한 규정에 대해서는 미성년자 부모의 판단을 중시한 것이라고 할 수 있다.

04 정답 ③ ──────────────[세부 정보 파악하기]

4문단에서 ㉡ '행위능력'이 없는 미성년자가 독단적으로 법률 행위를 한 경우 이 법률 행위는 취소의 대상이 된다고 하였다. 즉 취소권을 행사

했을 때에만 법률 행위가 무효가 되는 것이다. 반면 1문단에 따르면 ㉠ '의사능력'이 없는 의사무능력자의 법률 행위는 당사자의 의사와 상관없이 무효이다.

① 2문단에 따르면, 의사능력이 결여되었는지는 상황에 따라 달라지므로 특정한 상황에서 의사능력이 없는 것으로 평가된 사람은 그와 관련한 법률 행위를 할 수 없다. 반면 행위능력은 객관적인 기준에 따라 정해지는데, 행위능력이 없다고 평가되는 미성년자의 경우 부모가 허락한 재산을 사용해 거래를 하거나 자신에게 이익만을 주는 법률 행위는 할 수 있다.

② 1문단에서 의사능력이란 자신이 하는 행위의 의미와 결과를 합리적으로 판단하고 의사를 결정할 수 있는 능력이라고 하였으므로, 의사능력이 결여된 사람은 자신이 하는 법률 행위의 의미를 독자적으로 파악할 능력이 없다. 또한 2문단에서 행위능력이란 독자적으로 유효하게 법률 행위를 할 수 있는 능력이라고 하였으므로 행위능력이 없는 사람 역시 법률 행위의 의미를 독자적으로 파악하지 못한다고 볼 수 있다.

④ 의사능력과 행위능력 모두 법률 행위의 의미를 이해할 수 있는 능력이라고 할 수 있다. 행위능력이 있더라도 의사능력이 없다고 판단된다면 법률 행위는 무효가 된다. 따라서 의사능력과 행위능력이 모두 있어야 유효하게 법률 행위를 할 수 있다.

⑤ 2문단에 따르면, 의사능력을 갖추었는지 여부는 개별적인 상황에 따라 판단해야 한다. 하지만 행위능력을 갖추었는지 여부는 객관적인 기준을 통해 알 수 있다.

·어휘 TEST·				
Q1 | 1. 반	2. 안녕	3. 증여	4. 사후	5. 유사성
Q2 | 1. ㉢	2. ㉤	3. ㉣	4. ㉥	5. ㉠
Q3 | 1. 체결	2. 활성화	3. 은폐	4. 금전	5. 의사	6. 저해
Q4 | 1. ①	2. ②	3. ②		

Q1 해설 ▶ 3. '증여'는 '당사자의 일방이 자기의 재산을 무상으로 상대편에게 줄 의사를 표시하고 상대편이 이를 승낙함으로써 성립하는 계약.'의 뜻이다.

Q3 해설 ▶ 1. '체결'은 '계약이나 조약 따위를 공식적으로 맺음.'이라는 뜻이다.

Q4 해설 ▶ 1. '부인하다'는 '어떤 내용이나 사실을 옳거나 그러하다고 인정하지 않다.'라는 뜻이다.

05강 비판적 읽기
비판·반응의 적절성 평가하기

어떻게 풀어야 할까?

| 대표 유형 맛보기 | 정답 ①

정답 풀이

〈보기〉의 디오게네스는 자연에 따르는 삶을 통해 인간은 궁극적인 행복을 얻을 수 있다고 하였다. 그래서 그는 사람들이 지켜야 할 모든 사회적 관습이나 권위에서 벗어나야 한다고 강조하였다. 반면 뮐러는 '공동체적 삶을 통해 실현할 수 있는 에우다이모니아'라는 개념을 제시하며, 행복은 공동체 속에서 인간이 자유를 누리면서도 이성을 발휘하여 책임 있는 행동을 함으로써 얻게 되는 것이라고 보았다. 그래서 그는 인간이 공동체를 떠나서 에우다이모니아를 구하려고 해서는 안 된다고 하였다. 따라서 뮐러는 디오게네스가 사회적 삶, 즉 공동체에서 인간이 가져야 할 책임을 간과하고 있다고 반응할 것이다.

오답 풀이

② 디오게네스는 모든 사회적 관습이나 권위에서 벗어나야 한다고 했으므로 공동체 일원으로서의 자유를 추구한다는 반응은 적절하지 않다.

③ 디오게네스는 자연을 따라야 할 대상으로 보고 있으므로 자연을 변화시키는 것을 중시한다는 반응은 적절하지 않다.

④ 디오게네스는 모든 사회적 관습이나 권위에서 벗어나야 궁극적인 행복을 얻을 수 있다고 보았으므로 역사적 상황에 관심을 두려는 삶의 태도를 부정적으로 볼 것이다. 따라서 디오게네스가 역사적 상황의 변화를 인정하며 행복을 추구하고 있다는 반응은 적절하지 않다.

⑤ 디오게네스는 공동체 안에서의 자유가 아닌 공동체 밖에서의 자유를 추구하고 있다.

| 대표 유형 해결하기 |

1단계 뮐러, 디오게네스

2단계 공동체, 이성, 관습, 권위

3단계 ① 공동체
② 일원
③ 자연
④ 사회적 관습
⑤ 자유

기/출/로/다/지/기

01 ③   **02** ⑤   **03** ⑤

01 정답 ③ ──────── [비판·반응의 적절성 평가하기]

정답 풀이

〈보기〉에서 버스의 측면이 보이도록 촬영한 것은 '버스에 타고 있는 사람들의 여러 가지 자세와 인체 골격의 다양한 모습을 드러내'기 위해서라고 하였다. 3문단에 따르면, 엑스레이가 투과되지 않는 효과는 오브제의 재질과 두께와 연관된 것이지 촬영 각도에 따른 것이 아니다.

오답 풀이

① 엑스레이 아트는 물체를 투과하는 엑스레이를 활용하여 만든 예술 작품이다. 〈보기〉의 작품에서도 물체를 투과하는 엑스레이를 이용해 일상적 시선으로는 볼 수 없는 인체 골격의 모습을 보여 주고 있다.

② 3문단에서 엑스레이 아트에서는 작품 창작 의도를 구현하기 위해 오브제의 일부 구성 요소만 선택하여 보여 줄 수도 있다고 하였다. 〈보기〉의 작품에서 바퀴나 차체 등의 일부 구성 요소만 선택된 것은 필요하지 않은 부분은 배제하려는 작가의 의도가 반영된 결과이다.

④, ⑤ 3문단에서 엑스레이 필름보다 큰 오브제는 오브제를 여러 부분으로 나누어서 촬영한다고 하였고, 4문단에서 큰 오브제를 여러 날에 걸쳐 촬영할 경우 컴퓨터 그래픽 작업을 통해 명도를 보정한 뒤 여러 사진들을 하나의 사진으로 합성한다고 하였다. 〈보기〉의 작품은 엑스레이 필름보다 큰 버스를 오브제로 삼아 만들어진 것이므로 작가는 오브제를 여러 부분으로 나누어 여러 날에 걸쳐 촬영했을 것이고, 이 여러 사진들을 컴퓨터 그래픽 작업을 통해 명도를 보정하여 하나의 사진으로 합성했을 것이다.

02 정답 ⑤ ──────── [세부 정보 파악하기]

정답 풀이

이 글에서는 1문단에서 엑스레이 아트의 등장 배경과 개념을, 2문단에서 엑스레이 아트의 작품 사례를, 3문단과 4문단에서 엑스레이 아트의 창작 방법을, 5문단에서 엑스레이 아트에 대한 평가를 설명하고 있다. 엑스레이 아트의 발전 양상에 대한 내용은 찾아볼 수 없다.

오답 풀이

① 1문단에서 '엑스레이 아트는 엑스레이 사진을 활용하여 만든 예술 작품을 의미한다.'라고 엑스레이 아트의 개념을 제시하고 있다.

② 2문단에서 엑스레이 아트의 작품 사례로, 닉 베세이의 「튤립」과 「셀피」를 들어 설명하고 있다.

③ 3문단에서는 오브제의 특성을 고려해 엑스레이 사진을 찍는 방법에 대해, 4문단에서는 엑스레이 사진을 찍은 후 이루어지는 컴퓨터 그래픽 작업에 대해 설명하고 있다.

④ 1문단에서 '최근 예술 분야에서는 과학 기술을 이용하여 새로운 장르를 개척하려는 시도가 이루어지고 있'는데 이러한 배경을 바탕으로 엑스레이 아트가 등장했다고 설명하며 엑스레이 아트의 등장 배경에 대해 언급하고 있다.

03 정답 ⑤ ──────── [정보 및 내용 추론하기]

정답 풀이

2문단을 통해 엑스레이 아트는 엑스레이를 활용하여 오브제 내부에 주목하게 하는 작품이라는 것을 알 수 있고, 5문단에서는 엑스레이 아트가 기존의 예술 작품과는 다른 미적 감수성을 불러일으킨다는 점에서 현대 예술의 외연을 넓히는 데 기여하였다는 평가를 받고 있음을 확인할 수 있다. 이를 통해 볼 때 엑스레이 아트는 겉으로 드러나지 않는 오브제의 내부를 의도적으로 보여 주어 예술의 영역을 확장한 예술이라는 의의를 지닌다고 할 수 있다.

오답 풀이
① 4문단을 통해 오브제를 찍은 사진에 의도적인 변형을 가하기도 한다는 것을 알 수 있지만, 작품의 사례에서 드러나듯 엑스레이 아트는 오브제의 실체를 감추는 것이 아니라 오히려 드러내는 예술이라고 할 수 있다.
② 3, 4문단을 통해 엑스레이 아트는 실존하는 대상을 엑스레이로 찍은 후 그 결과물에 컴퓨터 그래픽 작업을 하여 작품을 완성한다는 것을 알 수 있다. 따라서 엑스레이 아트는 실존하지 않는 대상을 그래픽 작업으로 만들지 않는다.
③ 2문단을 통해 엑스레이 아트는 인체나 사물의 외양을 그대로 드러낸 것이 아니라 보이지 않는 내부를 드러냄으로써 창작 의도를 나타내는 예술임을 알 수 있다.
④ 2~4문단을 통해 엑스레이 아트는 눈에 보이지 않을 만큼 작은 오브제를 가시화하는 예술이 아니라, 오브제의 보이지 않는 내부를 드러내거나 항공기 동체와 같이 크기가 큰 대상을 오브제로 삼기도 하는 예술임을 알 수 있다.

실/전/으/로/뛰/어/넘/기·1

01 ④	02 ②	03 ④

01 정답 ④ ─────────────── [비판·반응의 적절성 평가하기]

정답 풀이
3문단을 보면, 유럽 통합의 시초라 할 수 있는 '유럽석탄철강공동체'는 산업 자원의 공동 관리뿐 아니라 유럽방위공동체도 제안하게 된다. 그러나 이 제안은 프랑스 의회의 비준 실패와 영국의 참여 거부로 무산되는데, 이것이 프랑스와 영국이 공동으로 유럽석탄철강공동체가 제안한 유럽방위공동체를 무산시켰음을 의미하지는 않는다.

오답 풀이
① 3문단에 따르면, 유럽 통합의 시작은 유럽석탄철강공동체로, 이는 석탄과 철강이라는 산업 자원을 효율적으로 관리하려는 필요성에서 비롯되었다.
② 4문단을 보면, '유럽경제공동체'는 '석탄과 철강에서의 기능적 통합이 모든 경제 부분으로 확대된다는 의미를 갖는다.'라고 제시하고 있다.
③ 5문단에서 스톡홀름 협정으로 관세 동맹뿐 아니라 공동으로 농업 정책을 추진하는 '공동농업정책'을 출범시켰음을 확인할 수 있다.
⑤ 6문단을 보면, 네덜란드 마스트리히트에서 열린 유럽이사회에서 '유럽연합조약'이 체결됨으로써 유럽 통합은 '공동체'에서 '연합'으로 질적 전환을 이루게 되었고, 실질적 유럽 통합이 실현되었음을 알 수 있다.

02 정답 ② ─────────────── [글의 전개 방식 파악하기]

정답 풀이
이 글은 지역 통합의 개념을 설명한 후, 유럽 통합의 예를 들어 지역 통합의 필요성을 설명하고 있다. 즉, 유럽이 경제, 정치, 외교 등의 통합을 이루어 냄으로써 평화를 보장받고 미국이나 소련에 대항하는 새로운 질서를 구축하게 된 구체적 사례를 통해 지역 통합의 필요성을 제시한다는 점

에서 ㄱ을 확인할 수 있다. 또한 유럽 통합의 역사적 전개 과정을 시대 순으로 설명하고 있다는 점에서 ㄹ을 확인할 수 있다.

03 정답 ④ ─────────────── [정보 및 내용 추론하기]

정답 풀이
㉠은 국가들이 자신의 주권을 포기하면서까지 초국가적 통합체를 형성하는 이유나 필요성을 묻고 있다. 이 글에서는 유럽 연합을 예로 들어 평화 보장 및 안정과 번영 추구, 미국이나 소련에 맞설 새로운 질서 구축을 위해 유럽 연합이라는 지역 통합이 이루어졌음을 설명하고 있다. 따라서 ㉠에 대해 통합을 통한 새로운 질서 구축을 이유로 제시할 수 있을 것이다.

오답 풀이
① 이 글은 지역 통합의 필요성을 제시한 대표적 사례로 '유럽 연합'에 대해 설명하고 있는데, 유럽 연합이 지역 통합을 통해 국가 간의 차별 정책을 철폐하고자 한 사실은 제시되어 있지 않다.
② 이 글은 국가들이 초국가적 통합체를 형성하려는 움직임을 '유럽 연합'을 사례로 들어 설명하고 있다. 2문단에서는 유럽 연합이 평화를 보장받고 안정과 번영을 추구하며, 새로운 세계 질서를 구축하려는 의도로 초국가적 통합체를 형성했다고 하였다. 그러나 국가들이 초국가적 통합체를 형성하려는 이유가 개별 국가 자체의 경쟁력을 높이기 위한 것이라는 내용은 찾을 수 없다.
③ 이 글에서는 유럽 연합이 지역 통합의 과정에서 다양한 의사 결정 기구를 발족·출범했음을 확인할 수 있다. 하지만 유럽 연합이 만든 의사 결정 기구는 지역 통합 과정에 속한 국가들의 이익을 도모하기 위한 것이지, 한 국가의 이익을 도모하기 위해 창설한 기관이라 할 수 없다.
⑤ 이 글에 제시된 유럽 연합의 사례를 통해 국가 간에 통합이 이루어지면 국가 통합체를 중심으로 시장이 개편되므로, 개별 국가들은 독립적인 시장을 구축하기 어렵게 됨을 알 수 있다.

실/전/으/로/뛰/어/넘/기·2

01 ④	02 ②	03 ⑤	04 ⑤

01 정답 ④ ─────────────── [비판·반응의 적절성 평가하기]

정답 풀이
〈보기〉에서 ⓔ 'Massive Mimo' 기술은 기지국의 데이터를 대용량으로 고속 전송하기 위해 '안테나'를 수십 개 이상 사용한다고 하였으며, 4문단에서 중계기는 기지국에서 받은 신호를 다시 증폭해 다른 기기로 재전송한다고 하였다. 기지국과 중계기의 역할이 다르고 고주파를 사용할수록 전파 도달 거리가 짧아지므로 기지국에서 아무리 많은 안테나를 사용하여 데이터를 송수신하여도 중계기가 없다면 통신이 어려워진다. 따라서 기지국의 안테나가 중계기를 대체할 것이라고 볼 수는 없다.

오답 풀이
① 3문단에서는 이동 통신 외에도 다양한 분야에서 전파를 사용하고 있다고 하였다. 만약 전파를 사용하는 분야가 더욱 늘어난다면, 사용하는 주파수 간에 간섭이 발생할 수 있으므로 다른 분야의 주파수와 겹치지 않도록

신호를 정밀하게 제어하는 장비인 ㉠ 'RF필터'의 수요가 증가할 것이다.

② 3문단에 따르면, 이동 통신뿐 아니라 군사, 방송 등 다양한 분야에서 주파수를 할당받아 사용한다고 하였다. 고주파를 사용하는 분야가 증가한다는 것은 넓은 대역폭을 사용하는 주체들이 증가한다는 의미이므로 간섭 신호는 더욱 증가할 것이다. 따라서 이를 확인할 수 있는 ㉡ '계측 장비'의 사용도 늘어날 것이다.

③ 4문단에서 광케이블을 통하여 데이터를 전송하는 DAS를 사용하면 음영 지역을 가장 확실하게 해소할 수 있다고 하였다. 따라서 데이터 송수신의 단절이 치명적인 기관은 DAS를 선호할 것이며, DAS 시스템에서 이용하는 ㉢ '광트랜시버'의 수요 또한 증가할 것이다.

⑤ 1문단에서 사물 인터넷은 인터넷으로 사물을 연결하는 것이라고 하였으므로 물리적 대상을 연결하여 데이터를 송수신하는 것임을 알 수 있다. 이 기술을 활용하는 기기가 증가할수록 데이터 지연 없이 안전하게 운영되는 것이 중요하므로 신호를 정밀하게 제어하는 ㉣ '빔포밍' 기술에 대한 수요는 더욱 늘어날 것이다.

02 정답 ② ────────────────[세부 정보 파악하기]

정답 풀이

2문단에서 고주파일수록 매질, 즉 장애물에 의해 신호 세기인 진폭이 감소하는 감쇠가 크게 발생한다고 하였다. 따라서 고주파일수록 중간에 장애물이 많으면 통신 신호의 세기는 더 크게 감소하게 된다.

오답 풀이

① 2문단에서 파장이 긴 저주파는 회절 현상이 잘 일어나 장애물을 피하기 쉽고 매질을 통과할 때 신호의 세기가 감소하는 감쇠가 잘 발생하지 않는다고 하였다. 따라서 건물이 밀집한 도심에서는 파장이 긴 주파수가 통신에 유리할 것이다.

③ 2문단에서 고주파일수록 감쇠가 크게 발생한다고 하였으므로 고주파일수록 신호의 세기가 약해지고 전파 도달이 어려워진다.

④ 2문단에서 많은 매질을 통과한 전파일수록 신호의 세기인 진폭이 감소하게 된다고 하였다. 하지만 파동의 수가 줄어든다는 설명은 나타나 있지 않으므로 매질 통과와 파동 수의 상관관계에 대해서는 알 수 없다.

⑤ 2문단에서 주파수에서 전파의 속도는 빛의 속도인 30만 km로 같다고 하였으므로 주파수의 파장에 따라 속도가 다르다고 볼 수 없다.

03 정답 ⑤ ────────────────[정보 및 내용 추론하기]

정답 풀이

5G는 LTE에 비해 고주파를 사용하는데, 2문단에서 고주파는 전파 도달 거리가 짧다고 하였다. 따라서 고주파를 사용하는 5G에서는 전파를 사용자에게 원활하게 전달하기 위해 중간에 전파를 증폭할 수 있는 중계기가 더 많이 필요할 것이다.

오답 풀이

① 3문단에서 대역폭이 넓으면 데이터 전송 속도가 더 빨라진다고 하였지만, 대역폭의 종류가 많은 것은 데이터 전송 속도와 관련이 없다. 종류가 많아져도 오히려 대역폭이 좁은 것들이 늘어난다면 속도 향상에 도움이 되지 못할 것이다.

② 3문단에서 데이터 통신 속도를 향상시키기 위해서는 넓은 대역폭이 필

요하다고 하였으므로, 통신사들은 주파수에 관계없이 넓은 대역폭을 선호할 것이다.

③ 2문단에서 진폭은 고주파일수록 매질을 통과할 때 더 크게 감소한다고 하였다. 하지만 A사와 B사는 동일한 주파수를 사용하므로 B사가 진폭의 감소가 더 크다고 볼 수 없다.

④ 2문단에서 고주파일수록 직진성이 강하고 회절 현상이 잘 일어나지 않아 직선 영역에서의 통신만 가능하다고 하였다. 따라서 고주파는 복잡하고 좁은 골목에서는 원활한 통신이 어려울 것이다.

04 정답 ⑤ ────────────────[구체적 사례에 적용하기]

정답 풀이

보험사 고객들의 데이터를 활용하여 중앙 서버에서 상품을 설계하였고 보험 설계사들은 개인의 기기인 스마트폰을 통해 이 정보를 공유하고 있다. 이는 서버에서 제공하는 정보를 개인의 기기에서 이용하여 원하는 작업을 수행하는 클라우드 컴퓨팅의 사례로 볼 수 있다.

오답 풀이

① 말단 기기인 헬스장 운동 기구에서 운동 시간과 몸무게로 소모 열량 데이터를 계산하고, 중앙 서버는 이를 토대로 다음날 운동 계획을 처리하므로 엣지 컴퓨팅의 사례로 볼 수 있다.

② 말단 기기인 마트의 계산기에서 상품 판매 현황 데이터를 처리하고, 중앙 서버는 이 데이터를 토대로 진열대의 앞쪽에 전시할 상품을 통보하므로 엣지 컴퓨팅의 사례로 볼 수 있다.

③ 말단 기기인 공장의 기계가 작업 시간과 발열 현황 데이터를 처리하고, 중앙 서버는 이 데이터를 토대로 과부하 상태를 파악해 기계의 동작을 조절하므로 엣지 컴퓨팅의 사례로 볼 수 있다.

④ 말단 기기인 자동차는 센서를 통해 체온과 실내 온도, 운전자의 동공 크기 데이터를 측정하여 계기판에 표기하고, 중앙 서버는 이 데이터를 토대로 차량 온도를 제어하므로 엣지 컴퓨팅의 사례로 볼 수 있다.

· 어휘 TEST ·

Q1	1. 탐닉	2. 투과	3. 훈육	4. 향유	5. 개척
Q2	1. ○	2. ×	3. ○	4. ○	5. ○
Q3	1. 이해관계		2. 배제		3. 영리적
	4. 철폐		5. 탐색		6. 외연
Q4	1. ③	2. ①	3. ②		

Q1 해설 ▶ 1. '탐닉'은 '어떤 일을 몹시 즐겨서 거기에 빠짐.'을 뜻하고, '은닉'은 '남의 물건이나 범죄인을 감춤.'을 뜻한다.

Q2 해설 ▶ 2. '감쇠'는 '힘이나 세력 따위가 줄어서 약하여짐.'을 뜻하고, '양이나 수치가 늚.'은 '증가'의 뜻이다.

Q3 해설 ▶ 6. '외연'은 '일정한 개념이 적용되는 사물의 전 범위.'를 뜻한다.

 인문 제재 읽기

어떻게 읽어야 할까?

| 독해 전략 적용하기 |

전략 1 (1) ○   (2) ○   (3) X

전략 2 세계, 세계, 정신 / 존재, 세계, 정신

전략 3-1 ㉠ 감각 경험   ㉡ 객관적   ㉢ 세계

전략 3-2 ㄱ

기 /출 /로 /다 /지 /기

01 ②   **02** ④   **03** ⑤

01 정답 ② ──────────────── [세부 정보 파악하기]

정답 풀이

1문단에서 에피쿠로스 자연학의 목적, 2문단에서 에피쿠로스의 이신론적 관점을 바탕으로 한 신과 인간의 관계, 3문단에서 인간의 영혼과 육체의 관계, 4문단에서 우주와 인간의 세계에 대한 이해, 5문단에서 에피쿠로스 윤리학의 의의에 대해 이야기하고 있다. 따라서 이 글의 표제로는 '에피쿠로스 사상의 목적과 의의'가, 부제로는 '신, 인간, 우주에 대한 이해를 중심으로'가 적절하다.

오답 풀이

① 에피쿠로스 사상의 성립 배경은 1문단에만 제시되어 있으므로 글 전체의 표제로는 적절하지 않다. 또한 이 글은 인간과 자연의 관계보다는 우주와 인간의 세계에 대한 신의 관여를 중심으로 내용을 전개하고 있다.

③ 이 글에 에피쿠로스의 사상을 비판하는 내용은 제시되어 있지 않으며, 에피쿠로스의 사상이 지닌 한계나 사상의 발전적 계승에 대한 내용도 드러나 있지 않다.

④ 이 글에 에피쿠로스의 사상을 둘러싼 논쟁과 이견은 제시되어 있지 않다.

⑤ 이 글에 에피쿠로스 사상의 현대적 수용과 효용성에 대한 내용은 제시되어 있지 않으며, 행복과 쾌락의 상관성에 대한 내용도 드러나 있지 않다.

02 정답 ④ ──────────────── [정보 및 내용 추론하기]

정답 풀이

1문단에서 에피쿠로스는 신에 의해 우주가 운행된다는 믿음은 잘못된 것이라고 보았음을 알 수 있다. 2문단을 통해 ㉠ '이신론적 관점'은 신들이 인간사에 개입하지 않는다고 보았음을 알 수 있고, 4문단을 통해 ㉡ '자연학'은 우주와 인간의 세계에 신의 관여가 없다고 보았음을 알 수 있다. 따라서 ㉠과 ㉡ 모두 신에 의해 우주가 운행된다는 인간의 잘못된 믿음에서 벗어날 수 있는 근거를 제공함을 알 수 있다. 또한 5문단을 통해 에피쿠로스는 ㉢ '윤리학'을 바탕으로 인간이 행복 실현을 추구할 수 있는 방안을 제시하였음을 알 수 있다.

오답 풀이

① 1문단에서 인간이 두려움을 갖는 배경으로 '신에 의해 우주가 운행된다고 믿는 결정론적 세계관'을 제시했다. ㉠은 신이 인간사에 개입하지 않는다고 보는 관점이므로 인간이 두려움을 갖는 이유를 제시한다고 볼 수 없다.

② 2문단의 '신은 우주들 사이의 중간 세계에 살며 인간사에 개입하지 않는다.'를 통해 ㉠은 신에 의해 우주가 운행된다고 믿는 결정론적 세계관을 부정했음을 알 수 있고, 5문단의 '자신의 삶을 자율적이고 주체적으로 살 수 있는 길을 열어 주었다.'를 통해 ㉢은 사후에 대해 탐구하는 방법이 아닌, 삶을 주체적으로 살 수 있는 방법을 제시했음을 알 수 있다.

③ ㉠이 영혼과 육체의 관계를 어떻게 보는지는 이 글에 제시되어 있지 않다. 3문단에 ㉡이 영혼과 육체의 관계를 어떻게 보고 있는지 나와 있으나, 인간이 이를 탐구하는 이유를 제시하고 있지는 않다.

⑤ 2문단에 ㉠이 생각하는 신의 존재 방식이나 존재 위치가 언급되어 있을 뿐, 인간의 존재 이유나 존재 위치에 대한 탐색의 결과에 관한 내용은 찾아볼 수 없다. 또한 1문단과 5문단을 통해 ㉢이 ㉡을 토대로 인간이 삶에서 행복에 이를 수 있도록 하는 방안을 제시한다는 것은 알 수 있지만, ㉢이 우주 근원의 연구 방법을 제시한다고 볼 수는 없다.

03 정답 ⑤ ──────────────── [비판·반응의 적절성 평가하기]

정답 풀이

ㄴ. 4문단에 따르면, 에피쿠로스는 원자가 우연적인 운동을 하며 이러한 원자들에 의해 이루어진 우주 역시 우연의 산물이라고 보았다. 이를 바탕으로 에피쿠로스는 우주에 속한 인간의 삶 역시 우연의 산물이므로 필연성에 얽매이지 않고 자유 의지를 발휘해야 한다고 하였다. 하지만 인간의 삶이 우연적인 것과 인간이 자유 의지를 발휘하는 것은 직접적인 관련성이 없다는 점에서 비판의 여지가 있다.

ㄷ. 3문단에 따르면, 에피쿠로스는 '육체가 소멸하면 영혼도 함께 소멸하게 되어 인간은 사후에 신의 심판을 받지 않으므로, 살아 있는 동안 인간은 사후에 심판이 있다고 생각하여 두려워할 필요가 없게 된다.'라고 보았다. 하지만 인간이 죽음을 두려워하는 이유가 사후 세계 이외의 요소, 즉 죽음에 이르는 고통 때문이라면 죽음에 대한 인간의 두려움은 해소될 수 없다고 에피쿠로스를 비판할 수 있다.

ㄹ. 1문단에서 '고대 그리스 사람들은 신에 의해 우주가 운행된다고 믿는 결정론적 세계관 속에서 신에 대한 두려움이나, 신이 야기한다고 생각

되는 자연재해나 천체 현상 등에 대한 두려움을 떨치지 못했다.'라고 하였다. 만약 에피쿠로스의 생각처럼 신이 자연재해를 야기한 것이 아니라고 당대 사람들이 인식한다고 해도, 당대 사람들이 자연재해 자체를 두려워한다면 이에 대한 두려움에서 벗어날 수 없다고 에피쿠로스를 비판할 수 있다.

오답 풀이

ㄱ. 4문단에 따르면, 에피쿠로스는 '우주와 인간의 세계에 신의 관여는 없으며, 인간의 삶에서도 신의 섭리는 찾을 수 없다.'라고 보았다. 따라서 에피쿠로스가 신의 섭리에 따라 인간의 삶을 이해하려고 했다는 것은 적절하지 않다.

실/전/으/로/뛰/어/넘/기 · 1

01 ⑤   **02** ④   **03** ②

01 정답 ⑤ ──────── [세부 정보 파악하기]

정답 풀이

3문단에서 원시적 상태의 무지와 구별되는 '망(忘)'에 대한 설명으로, '일정한 분별력은 지녔으나 그것을 잊어야 한다.'라는 점을 언급하고 있다. 또한 원시적 상태의 무지는 '지식이 전혀 없는' 것으로 설명하였으므로, 이를 종합해 볼 때 일정한 분별력을 갖출 때 원시적 상태의 무지가 이루어질 수 있다고 볼 수 없다.

오답 풀이

① 1문단에서 중국 춘추전국 시대에 대해 이야기하며 '유가와 도가는 당시 널리 영향력을 미쳤던 대표적 학파'라고 하였으므로 적절하다.
② 2문단에서 '유가(儒家)의 경우, 인간이 올바른 인식에 도달하고자 한다면 지식을 점층적으로 축적해 나가는 것이 필수적이라고 주장하였다.'라고 하였으므로 유가는 꾸준히 지식을 축적해야 올바른 깨달음에 도달할 수 있다고 볼 것이다.
③ 3문단의 '도가(道家)는 최고의 인식에 도달하는 방법으로 지식 자체를 과감하게 포기할 것을 적극 권장했다.'를 통해 알 수 있다.
④ 4문단의 '유가는 사람이 올바른 삶을 살기 위해 갖추어야 할 도덕적 자질로, '인(仁)'과 '의(義)'의 자각과 실천을 강조'하였다고 한 내용을 통해 알 수 있다.

02 정답 ④ ──────── [세부 정보 파악하기]

정답 풀이

3문단에 따르면, ㉠ '무지'는 최고의 인식에 도달하는 방법으로 도가가 주장한 것이고, 5문단을 보면, ㉡ '집의'는 올바른 인식과 삶에 도달하는 방법으로 유가가 내세운 것이다. 또한, 4문단에서 도가는 유가를 비판하기 위해 '방내인'과 '방외인'의 구분법을 제시하였고 유가를 '방내인'의 범주로 해석하였음을 확인할 수 있다. 그러므로 '방내인'이 사회의 내적 질서

유지를 힘쓰는 것과 관련된 개념은 도가가 주장한 ㉠이 아니라 유가가 내세운 ㉡에 해당한다.

오답 풀이

① 3문단에 따르면, '무지(無智)'는 지식이 전혀 없는 원시적 상태의 무지와 구별되며, 일정한 분별력은 지녔으나 그것을 잊어야 한다는 의미의 인식 상태인 '망(忘)'의 상태에서 얻어지는 것이라고 하였다. 또한 원시적 무지 상태와 달리 '망'의 인식 상태에서는 자각을 할 수 있다는 차이가 있다고 하였다.
② 5문단에 따르면, ㉡은 참된 지식을 바탕으로 의로운 행위를 쌓는 것을 의미한다. 한편, 2문단에서 '격물치지(格物致知)' 등의 방법론에 따라 학습의 추구와 의식적 각성이 끊임없이 이루어질 때 인간은 비로소 최고 수준의 인식적 깨달음에 도달할 수 있다'고 하였으므로 '집의'의 바탕이 되는 참된 지식은 격물치지를 통해 얻는다고 볼 수 있다.
③ 5문단에서 '오히려 둘의 최종적 목표는 매우 유사한 것'이라고 하였는데, 도가는 '나를 잊고 만물과 혼연일체가 되는 경지를 얻는 것', 유가는 '자아의 사적 욕망을 초극하고 만물과 더불어 혼연일체가 되는 것'을 궁극적 목표로 삼았다고 하였다.
⑤ ㉡은 유가에서 궁극적 목표를 달성하고자 하는 방법이며, '의로운 행위를 쌓는 것'이다. 하지만 ㉠은 도가의 방법으로 일정한 분별력은 있으나 그것을 잊은 '망(忘)'의 상태로서 궁극적 목표를 달성하고자 하는 것이다. 그러므로 ㉡은 ㉠과 달리 바람직한 행위를 지속적으로 쌓아 나감으로써 궁극적 목표를 달성하고자 한다고 볼 수 있다.

03 정답 ② ──────── [구체적 사례에 적용하기]

정답 풀이

4문단에서 도가는 유가의 관점을 비판하며 이들이 '호들갑스럽게 세속의 예의를 차리고, 주변 사람의 이목을 지나치게 의식'하고 있다고 보았다. '주변의 반응'을 살피는 행동은 주변 사람의 이목을 의식하는 것으로, 형식에 구애받지 않는 자유를 강조했던 도가의 관점에서 볼 때 이와 같은 행동은 굳이 집착할 필요가 없는 대상이 된다.

오답 풀이

① ⓐ '폭넓은 독서'를 통해 올바른 인식을 갖추고자 수행하는 것은 지식을 점층적으로 축적해 나가는 것을 필수적으로 여긴 '유가'의 관점으로 볼 수 있다.
③ ⓒ '정해진 규칙'은 사회 내적인 것에 구애되는 '방내인'이 주목할 만한 가치이다.
④ ⓓ '어진 행동'은 '인(仁)'의 가치에 해당하는 행위라고 볼 수 있다. 4문단을 보면 이는 '유가'에서 올바른 삶을 살기 위해 갖추어야 할 도덕적 자질로 강조한 것이다. '도가'는 이러한 유가의 입장에 반대하며 인위적 행위를 최소화하는 '무위(無爲)'적 삶을 권장했다.
⑤ 도가의 입장에서 ⓔ '큰 변화'는 지식을 버림으로써 나를 잊고 만물과 혼연일체가 되는 경지이다. 의로운 행위를 축적하는 것은 '유가'의 관점이다.

01 ④   **02** ⑤   **03** ④   **04** ⑤

01 정답 ④ ——————————————[세부 정보 파악하기]

정답 풀이

　3문단에서는 근대의 궁정에서 벌어진 권력 투쟁에서 승리하기 위해서 '상대의 진의를 파악하며 앞으로 일어날 일까지 계산하고 분석'해야 했다고 설명하고 있다. 따라서 근대의 궁정에서는 발 빠른 대처보다는 일의 전후 관계를 살피며 고찰하는 전략이 필요했음을 알 수 있다.

오답 풀이

① 1문단에서 중세 시대 사람들의 인식에는 항상 환상이 중첩되어 있었다고 하였다. 이를 통해 중세 시대 사람들은 현실에 환상적 믿음을 더해 세상을 인식했음을 알 수 있다.

② 2문단에서 중세 사람들은 감정의 기복이 심했다고 하였고, 3문단에서 근대 사람들은 안정성을 바탕으로 문화의 다양화를 이루었다고 하였다. 따라서 중세에는 불안정한 성향의 사람이 많았고, 근대에는 안정적인 성향의 사람들이 많았음을 알 수 있다.

③ 4문단에서는 근대의 사람들을 '과학적 합리성에 바탕을 둔 사유의 인간'이라 정의하고 있는데, 이를 다시 '호모 사피엔스, 호모 이코노미쿠스, 호모 라보란스'로 설명하고 있다.

⑤ 6문단에서 놀이를 하지 않게 되면서 사유인은 학문적 성취에 몰두하여 상상력이 사라지고 경제인은 희노애락이 돈 버는 즐거움으로 귀결되었다고 하였다.

02 정답 ⑤ ——————————————[정보 및 내용 추론하기]

정답 풀이

　㉠은 인간이 이치에 맞게 이성적이고 논리적인 사고를 하는 합리적인 동물이 아니라 그들의 비합리적인 행동을 그럴듯하게 꾸며 내는 합리화를 하는 동물이라는 것이다. 따라서 인간은 자신의 부당한 행위를 그럴듯한 근거를 들어 타당한 것처럼 만든다는 내용이 적절하다.

오답 풀이

① ㉠은 인간이 이성보다는 감정이 강한 특성이 있다는 내용이다.

② ㉠은 감정에 의해 자신의 행위를 합리화하는 인간의 특성을 보여 주는 내용으로, 주술적 사고에 익숙한 특성을 나타내는 내용으로 볼 수 없다.

③ ㉠은 자신의 행위를 합리화하는 인간의 특성을 강조한 표현으로, 현실과 환상을 중첩하여 세상을 생각하는 특성을 설명한 내용으로 볼 수 없다.

④ ㉠은 자신의 비합리적 행동을 합리화하는 인간의 특성을 나타낸 표현으로, 이성과 감성을 융합해 사고하며 인정받으려는 인간의 욕구와는 아무런 관련이 없다.

03 정답 ④ ——————————————[구체적 사례에 적용하기]

정답 풀이

　ⓐ '마시멜로 실험'은 충동적인 감정을 이해관계에 따른 인내심으로 통제하는 인간의 행위에 대한 실험이다. 따라서 돈이나 대인 관계 등과 같은 이해관계가 아닌 자신이 가진 신앙의 문제 때문에 술을 참은 신앙인은 ⓐ와 같은 통제 방식이 드러난 사례에 해당하지 않는다.

오답 풀이

① 직원은 월급을 받아 생계를 꾸릴 수 있는 공간인 직장에서 해고될까 봐 사장에게 아무런 말도 하지 못하고 있으므로 ⓐ와 같은 통제 방식이 드러난 사례에 해당한다.

② 회사원은 업무상 다른 사람의 도움을 받아야 하는 이해관계가 있기에 동료의 말에 상처를 입어도 참고 넘어가고 있으므로 ⓐ와 같은 통제 방식이 드러난 사례에 해당한다.

③ 세입자는 집주인이 소음 공해를 일으키지만 월세라는 '돈'의 이유로 항의하지 못하고 있으므로 ⓐ와 같은 통제 방식이 드러난 사례에 해당한다.

⑤ 택시 기사는 갑자기 끼어든 차 때문에 충동적으로 화가 났지만 시간이 지체되어 택시 운행에 방해가 될까 봐 양보하였으므로 ⓐ와 같은 통제 방식이 드러난 사례에 해당한다.

04 정답 ⑤ ——————————————[비판·반응의 적절성 평가하기]

정답 풀이

ㄱ. 6문단에서 놀이를 하지 않게 되면서 사유인은 상상력이 사라졌다고 하였다. 이에 대해 즐거움을 얻는 것이 주목적인 놀이를 통해 상상력을 기를 수 있느냐로 비판할 수 있다.

ㄴ. 5문단에서 이성보다 감정이 힘이 세다는 주장을 소개하고 있으므로 이 주장이 타당한 근거를 가지고 있는지 비판할 수 있다.

ㄹ. 5문단에서 이성을 통해 감정을 통제하는 것이 불가능하다고 하였으므로 이성으로 타인에 대한 미움과 증오를 통제하는 것이 가능하다는 내용으로 비판할 수 있다.

오답 풀이

ㄷ. 4문단에서 중세에는 주술적 사고를, 근대에는 과학적 사고를 하며, 두 시대는 사고방식이 다르다고 언급하고 있으므로 비판 내용으로 적절하지 않다.

· 어휘 TEST ·

Q1 | 1. 초극   2. 축적   3. 상이   4. 각성   5. 점층적

Q2 | 1. ×   2. ○   3. ○   4. ○   5. ×

Q3 | 1. 귀결   2. 중첩   3. 진의   4. 이견   5. 귀환   6. 단초

Q4 | 1. ③   2. ②   3. ②

Q1 해설 ▶ 4. '각성'은 '깨어 정신을 차림.'의 뜻이고, '경각'은 '잘못을 하지 않도록 정신을 차리고 깨어 있음.'의 뜻이다.

Q2 해설 ▶ 1. '응전'은 '상대편의 공격에 맞서서 싸움. 또는 상대편의 도전에 응하여 싸움.'의 뜻이다. '정면으로 맞서 싸움을 걺.'은 '도전'이 가지는 의미이다.

5. '신념'은 '굳게 믿는 마음.'의 뜻이다. '자기의 의견을 바꾸거나 고치지 않고 굳게 버팀. 또는 그렇게 버티는 성미.'는 '고집'이 가지는 의미이다.

Q3 해설 ▶ 1. '귀결'은 '어떤 결말이나 결과에 이름. 또는 그 결말이나 결과.'의 뜻이다.

Q4 해설 ▶ 1. '탈피하다'는 '일정한 상태나 처지에서 완전히 벗어나다.'의 뜻이다.

07강 예술 제재 읽기

어떻게 읽어야 할까?

｜독해 전략 적용하기｜

전략 1 연관성, 반복 / 변화, 주제

전략 2 통일성은 작품에 대한 안정감을 부여하기도 하지만, 자칫 지나치면 감상자의 입장에서 그 작품은 답답하고 밋밋하게 느껴질 수 있다.

전략 3 (1) ○ (2) ○ (3) X

기/출/로/다/지/기

01 ④   **02** ①   **03** ⑤

01 정답 ④ ─────────────[세부 정보 파악하기]

정답 풀이

2문단에서 '인상주의 화가들은 색이 빛에 의해 시시각각 변화하기 때문에 대상의 고유한 색은 존재하지 않는다고 생각하였다.'라고 하였다. 따라서 인상주의 화가인 모네도 대상의 고유한 색은 존재하지 않는다고 생각하였을 것이다. 한편 5문단에 따르면, 원근법에서 벗어나려고 한 것은 모네가 아니라 세잔이다.

오답 풀이

① 1문단의 '사진이 등장하면서 회화는 대상을 사실적으로 재현하는 역할을 사진에 넘겨주게 되었고, 그에 따라 화가들은 회화의 의미에 대해 고민하게 되었다.'라는 내용에서 알 수 있다.

② 1문단에서 전통적인 회화에서는 사실주의적 회화 기법이 중시되었다고 하였으므로, 전통 회화는 사실적인 묘사를 중시했음을 알 수 있다.

③ 3문단에서 모네의 작품은 대상의 윤곽이 뚜렷하지 않아 색채 효과가 형태 묘사를 압도하는 듯한 느낌을 준다고 하였다.

⑤ 6문단에서 세잔은 자연을 관찰하고 분석하여 사물은 본질적으로 구, 원통, 원뿔의 단순한 형태로 이루어졌다는 결론에 도달하였다고 하였다.

02 정답 ① ─────────────[정보 및 내용 추론하기]

정답 풀이

5문단에서 세잔은 '대상을 전통적 원근법에 억지로 맞추지 않고 이중 시점을 적용하여 대상을 다른 각도에서 바라보려 하였'다고 하였고, 〈보기〉에서 입체파 화가들은 사물의 본질을 표현하고자 대상을 여러 각도에서 바라보는 관점으로 사물을 해체하였다가 화폭에 재구성하는 방식을 취했다고 하였다. 따라서 대상의 본질을 드러내기 위해 다양한 각도에서 바라보아야 한다는 세잔의 관점이 입체파 화가들에게 직접적인 영향을 미쳤다고 평가할 수 있다.

오답 풀이

② 6문단에 따르면, 세잔은 대상을 복잡한 형태로 추상화하여 대상의 전체적인 느낌을 부각하는 방법이 아니라 사물의 형태를 단순화하고, 윤곽선을 강조하여 대상의 존재감을 부각하는 방법을 사용하였음을 알 수 있다.

③ 4문단에서 후기 인상주의 화가들은 사실적 회화에서 벗어나는 새로운 방법을 추구했다고 하였으므로 후기 인상주의 화가인 세잔이 사물을 최대한 정확하게 묘사하기 위해 노력했다고 볼 수는 없다. 또한 5문단에서 세잔이 대상을 전통적 원근법에 억지로 맞추지 않았다고만 하였을 뿐이므로, 전통적 원근법을 독창적인 방법으로 변용했다고 보는 것은 적절하지 않다.

④ 세잔이 자연을 관찰하고 분석한 것은 맞지만, 시시각각 달라지는 자연을 관찰하고 분석하여 대상의 인상을 그려 내는 화풍은 2문단에 제시된 '빛에 따라 달라지는 사물의 색채와 그에 따른 순간적 인상을 표현'하고자 하는 인상주의에 가깝다.

⑤ 4문단에 따르면, 세잔이 속한 후기 인상주의에서는 회화를 지각되는 세계를 재현하는 것이 아니라 대상의 본질을 구현하는 것으로 보았다. 따라서 세잔이 지각되는 세계를 있는 그대로 표현하기 위한 방안을 창안했다고 평가할 수 없다.

03 정답 ⑤ ─────────────[구체적 사례에 적용하기]

정답 풀이

3문단에서 '모네 역시 대상을 '눈에 보이는 대로' 표현하려 했다는 점에서 이전 회화에서 추구했던 사실적 표현에서 완전히 벗어나지는 못했다는 평가를 받았다.'라고 하였다. 또한 4문단에서 '후기 인상주의 화가들은 재현 위주의 사실적 회화에서 근본적으로 벗어나는 새로운 방식을 추구하였다.'라고 하였다. 따라서 후기 인상주의 화가인 세잔의 작품인 (나)는 사실적인 재현에서 완전히 벗어났다는 평가를 받을 수 있겠으나, 모네의 작품인 (가)는 그러한 평가를 받기 어려울 것이다.

오답 풀이

① 3문단에서 모네는 '빛에 의한 대상의 순간적 인상을 포착하여 대상을 빠른 속도로 그려 내었'고, 그 결과 그의 작품은 '대상의 윤곽이 뚜렷하지 않아 색채 효과가 형태 묘사를 압도하는 듯한 느낌을 준다.'라고 하였다. 따라서 모네의 작품인 (가)에서 포도의 형태를 뚜렷하지 않게 그린 것은 빛에 의한 순간적인 인상을 표현한 것으로 볼 수 있다.

② 5문단에서 세잔은 '질서 있는 화면 구성을 위해 대상의 선택과 배치가 자유로운 정물화를 선호하였다.'라고 하였다. 따라서 세잔의 작품인 (나)는 질서 있게 화면을 구성하기 위해 의도적으로 대상이 선택되고 배치된 것으로 볼 수 있다.

③ 3문단에서 모네의 작품은 '대상의 윤곽이 뚜렷하지 않아 색채 효과가 형태 묘사를 압도하는 듯한 느낌을 준다.'라고 하였고, 6문단에서 세잔의 작품은 '윤곽선을 강조하여 대상의 존재감을 부각하려 하였다.'라고 하였다. 따라서 모네의 작품인 (가)와 달리 세잔의 작품인 (나)에 있는 정물들의 뚜렷한 윤곽선은 대상의 존재감을 부각시키기 위해 사용한 것으로 볼 수 있다.

④ 3문단에서 모네는 '빛에 의한 대상의 순간적 인상을 포착하여 대상을 빠른 속도로 그려 내었다. 그에 따라 그림에 거친 붓 자국과 물감을 덩어리로 찍어 바른 듯한 흔적이 남아 있는 경우가 많았다.'라고 하였다. 따라서 모네의 작품인 (가)의 식탁보의 거친 붓 자국은 대상에서 느껴지는 인상을 빠른 속도로 그려 낸 결과로 볼 수 있다.

실/전/으/로/ 뛰/어/넘/기·1

01 ④   **02** ④   **03** ④

01 정답 ④ ——————————[글의 전개 방식 파악하기]

정답 풀이

이 글은 20세기 초반 파리에 살던 이탈리아 출신 화가들이 형성한 '오르피즘'의 회화적 경향과 그 특징을 주로 설명하고 있다. 특히, 오르피즘을 대표하는 인물인 들로네의 작품 세계를 중심으로 오르피즘의 경향과 특성을 설명하고 있다.

오답 풀이

① 핵심 제재인 '오르피즘'이 형성된 배경이나 그 어원에 대한 내용은 언급되었지만, 오르피즘의 발전 과정은 드러나 있지 않다.

② 이 글에서는 오르피즘의 문제점이나 그에 대한 해결 방안은 언급되지 않았다.

③ 오르피즘을 대표하는 들로네의 여러 작품 경향성에 대해 설명하고 있지만, 분류의 방법을 사용한 것은 아니다.

⑤ 오르피즘의 특징과 미술사적 의의에 대해 설명하고 있을 뿐, 한계에 대한 내용은 언급되지 않았다.

02 정답 ④ ——————————[세부 정보 파악하기]

정답 풀이

오르피즘은 20세기 초반 입체파, 미래파 등의 작품 경향을 수용하면서 태동하였다. 3문단에 따르면, 들로네가 1912년 이전에 제작한 작품은 후기 인상주의와 큐비즘의 영향에서 오르피즘으로 이행하는 과정을 잘 보여 주고 있다. 하지만 들로네가 큐비즘의 한계를 인식하고 동적인 운동감을 바탕으로 한 작품으로 이를 극복했다는 내용은 확인하기 어렵다.

오답 풀이

① 1문단의 '많은 파리 시민들은 에펠탑에 열광했는데, 특히 후기 인상주의자나 신인상주의에서는 앞으로 도래할 20세기의 희망이자 상징으로 해석했다.'라는 내용을 통해 확인할 수 있다.

② 2문단의 '오르피즘은 1912년 기욤 아폴리네르가 로베르 들로네의 몽환적이면서도 미래적인 그림을 보고 붙인 용어였다.'라는 내용을 통해 확인할 수 있다.

③ 2문단의 '입체파의 조형화된 요소와 미래파의 동적인 요소, 그리고 화려한 색채를 감각적으로 구사'했다는 내용을 바탕으로 오르피즘의 경향을 파악할 수 있다.

⑤ 4문단에 따르면, 들로네는 처음에는 구상 작품을 그렸고, 오르피즘을 구체화하면서 현대 미술사에서 추상의 세계를 확립하게 되었다.

03 정답 ④ ——————————[구체적 사례에 적용하기]

정답 풀이

3문단에 따르면, 들로네는 〈에펠탑〉의 연작 시리즈를 그리면서 점차 추상의 길로 나아가는 모습을 보여 준다. 또한 4문단에서 '처음에는 구상 작품을 그렸으나 점차 빛의 스펙트럼 분광에 심취하면서 색채만으로 대상의 운동감을 나타낼 수 있다고 믿었고, 색채만으로 모든 것을 표현하려는 시도를 하였다.'라고 하였으므로 무채색 위주로 색을 사용하려는 경향을 보일 것이라고 볼 수 없다.

오답 풀이

① 〈보기〉에 제시된 그림은 다양한 색면으로 구성되어 있는데, 4문단에 따르면, 다양한 색면 구성은 '마치 음악을 보고 듣는 듯한 느낌'을 준다고 하였으므로 적절하게 이해했다고 볼 수 있다.

② 2문단에서 에펠탑이 상징하는 테크놀로지와 기계주의의 미학은 오르피즘(orphism)을 중심으로 재해석되었고, 오르피즘은 1912년 기욤 아폴리네르가 로베르 들로네의 몽환적이면서도 미래적인 그림을 보고 붙인 용어라고 하였다. 이를 통해 들로네의 작품에 에펠탑이 등장하는 것은 들로네 역시 당시 화가들과 마찬가지로 에펠탑을 테크놀로지와 기계주의 미학의 상징으로 여겼기 때문임을 알 수 있다.

③ 3문단에서 들로네는 보색 대비법을 활용하면 조화로운 색채 구성이 구축된다는 사실을 알게 되었다고 하였다. 〈보기〉의 작품에도 이러한 보색 대비법이 사용된 것을 확인할 수 있다.

⑤ 4문단에서 들로네는 '점차 빛의 스펙트럼 분광에 심취하면서 색채만으로 대상의 운동감을 나타낼 수 있다고 믿었고, 색채만으로 모든 것을 표현하려는 시도를 하였다.'라고 하였으므로 태양에서 오는 빛의 운동감을 태양이 물체에 비춘 색채로써 표현한 것임을 알 수 있다.

실/전/으/로/뛰/어/넘/기·2

| 01 ⑤ | 02 ④ | 03 ① | 04 ④ |

---

01 정답 ⑤ ──────────── [세부 정보 파악하기]

정답 풀이

5문단에서 모더니즘은 대상의 재현, 즉 모방을 포기함으로써 아름다움을 좇던 관습 역시 포기했다고 하였다. 따라서 모더니즘을 따랐던 입체파가 모방을 포기하는 방법으로 작품의 아름다움을 추구했다는 설명은 적절하지 않다.

오답 풀이

① 1문단에서 단토는 예술 작업이 무한하게 다양한 방식으로 자유롭게 이루어질 수 있다고 하였다. 따라서 단토는 예술을 일률적으로 규정할 수 없다고 보았을 것이다.

② 3문단에서 포스트모더니즘은 2차 세계대전을 겪으면서 인간의 이성과 합리성을 통한 완전한 이상향에 대해 회의를 품으면서 탄생한 것으로 나타난다.

③ 4문단에서 르네상스는 원근법과 과학주의로 지각 세계를 이상적으로 모방하고자 했고, 신고전주의는 르네상스의 이상주의를 되살리기 위해 이상적인 상태를 모방하고자 했다고 하였다. 사실주의는 이들을 넘어서서 현실을 그대로 모방하고자 하였으므로 르네상스 시대의 예술보다 현실을 모방하려는 정도가 더 강해졌다고 볼 수 있다.

④ 5문단을 통해 모더니즘의 등장으로 대상의 재현을 포기하고 대상을 여러 시점으로 분해해서 재구성하려는 경향이 나타났음을 알 수 있다.

---

02 정답 ④ ──────────── [구체적 사례에 적용하기]

정답 풀이

3문단에서 ㉮ '포스트모더니즘'은 절대 이념을 거부하고 개성, 자율성, 다양성, 대중성을 중시하여 미술을 고급 활동과 수준 낮은 활동으로 나누는 것에 대해 반발했다고 하였다. 따라서 기존에 낮은 수준으로 평가받았던 다양한 매체를 작품에 이용하고, 관객의 의견을 수용하기 위해 전시 형태를 다양화한 것은 포스트모더니즘의 사례로 적절하다.

오답 풀이

① 과거의 우수한 화풍을 작품의 기준으로 삼는 것은 절대 이념을 거부하는 포스트모더니즘의 특성과 맞지 않는다.

② 정확한 구도와 세밀한 묘사로 현실을 이상적으로 재현하는 것은 이상향에 대한 회의를 품고 개성과 자율성을 존중하는 포스트모더니즘의 사례에 해당하지 않는다.

③ 진리 탐구에 몰두하여 삶의 근원을 파악하는 것은 인간의 이성과 합리성에 회의를 품는 포스트모더니즘과 어울리지 않는다.

⑤ 포스트모더니즘은 개성을 중시하고 절대 이념을 거부하기 때문에 신의 모습을 예술의 재료로 차용하는 것은 포스트모더니즘의 사례에 해당하지 않는다.

---

03 정답 ① ──────────── [비판·반응의 적절성 평가하기]

정답 풀이

3문단에 따르면, 표현주의 역시 인간의 감정이라는 즉자를 예술 작품으로 제작하는 것이기에 제작 과정은 헤겔의 입장과 크게 다르지 않을 것이다. 그러나 표현주의는 미술가의 단순한 감정을 여과 없이 극단적으로 표현하려는 경향이 강했다고 하였고, 〈보기〉의 헤겔은 모든 인간이 하나의 작품을 창조할 때 자신의 고유한 자유를 객관화하여 실현한다고 하였다. 따라서 표현주의는 인간의 주관성을 강조하며 개인의 감정을 여과 없이 드러내는 것이므로 헤겔의 입장과 같이 고유한 자유를 가지고 작품을 제작하는 것으로 볼 수 있다.

오답 풀이

② 3문단에서 표현주의는 주관성을 강조하고 단순한 감정을 표현하는 경향이 강하다고 하였다. 하지만 헤겔은 작품 속에 개인의 주관적 정신이 통합된 객관적 정신이 나타날 수 있어야 한다고 보았다. 따라서 표현주의는 헤겔의 입장에서 객관적 정신의 반영이 부족한 것으로 비판받을 수 있다.

③ 헤겔은 인간이 작품을 창조할 때 자신의 자유를 객관화해야 다른 이들이 감상할 수 있다고 하였다. 그러나 표현주의는 주관성을 강조하였기 때문에 헤겔로부터 자유를 객관화하는 과정이 없어 다른 이들이 감상하기 어려울 것이라고 비판받을 것이다.

④ 헤겔은 반성과 사유를 통해 스스로를 의식할 수 있기에 외부에서 받아들이는 '나'와 내가 생각하는 '나'를 비교하고 통합할 수 있다고 보았다. 이를 통해 객관성을 획득할 수 있는 것인데, 표현주의는 타인의 이해를 염두에 두지 않고 자신의 주관적인 감정만을 강조하였으므로 객관성을 획득하지 못했을 것이다. 따라서 헤겔은 표현주의 예술가들이 스스로를 의식하는 존재로 나아가지 못할 것이라고 비판할 것이다.

⑤ 헤겔은 외부에서 받아들이는 '나'와 내가 생각하는 '나'를 통합하는 과정에서 객관성을 획득할 수 있다고 하였다. 하지만 표현주의는 주관성에 치중하고 있기 때문에 두 가지 '나'를 통합할 수 없다고 비판받을 것이다.

---

04 정답 ④ ──────────── [비판·반응의 적절성 평가하기]

정답 풀이

4문단에서 플라톤은 예술 작품을 우주 질서의 근원인 이데아를 모방한 물질세계를 다시 한번 모방한 것으로 보며, 완전한 실재에서 멀어져 있다고 보았다. 따라서 플라톤은 예술 작품을 이데아를 모방한 물질세계를 다시 모방한 것으로 보았을 것이다.

오답 풀이

① 4문단에서 아리스토텔레스는 예술 작품을 통해 세상을 배운다고 하였으므로 감상자들이 다빈치의 그림을 통해 세상을 배울 수 있다고 볼 것이다.

② 4문단에서 플라톤은 물질세계가 이데아를 모방한 것이고 예술 작품은 이 물질 세계를 다시 모방한 것이므로 완전한 실재에서 멀어져 있어 추방해야 된다고 보았다.

③ 4문단에서 아리스토텔레스는 미메시스를 대상의 본질을 뽑아내 화폭 위에 응집시키는 정제와 정화의 작업으로 보았다. 따라서 다빈치에 의

해 표현된 그림은 인간의 다양한 모습들을 정화한 뒤 본질만 남은 것으로 볼 수 있고, 이를 통해 사람들은 다빈치가 표현한 인간의 선한 모습을 학습할 수 있게 된다.

⑤ 4문단에서 아리스토텔레스는 미메시스를 일종의 선별과 선택의 작업이자 대상의 본질을 뽑아내 화폭 위에 응집시키는 정제와 정화의 작업으로 보았다. 따라서 인간의 사랑을 하나의 작품으로 표현하는 건 모방을 넘어선 정제 작업으로 볼 수 있다.

· 어휘 TEST ·

Q1	1. 산물	2. 확립	3. 위상	4. 여과	5. 입각
Q2	1. X	2. X	3. O	4. O	5. O
Q3	1. 압도	2. 감흥	3. 유기적	4. 선호	
Q4	1. ②	2. ③	3. ②	4. ①	5. ③

Q1 해설 ▶ 2. '확립'은 '체계나 견해, 조직 따위가 굳게 섬. 또는 그렇게 함.'의 뜻이고, '확정'은 '일을 확실하게 정함.'의 뜻이다.

Q2 해설 ▶ 2. '안이나 의견으로 내놓다.'는 '제안하다'의 뜻이고, '창안하다'의 뜻은 '어떤 방안, 물건 따위를 처음으로 생각하여 내다.'이다.

Q4 해설 ▶ 1. '정립하다'는 '바로 서다, 또는 바로 세우다.'의 뜻이고, '설립하다'는 '기관이나 조직체 따위를 만들어 일으키다.'의 뜻이다.

08강 사회 제재 읽기

어떻게 읽어야 할까?

| 독해 전략 적용하기 |

전략1 개인 정보 보호, 특정성

전략2 개인, 특정성, 특정 가능성, 암호, 가능성

전략3 A. 개인을 알아볼 수 있는 정보를 수집한 후, 이를 암호화하지 않았기 때문에 '개인 정보 보호법'의 처벌 대상이 된다.

기/출/로/다/지/기

01 ①   **02** ④   **03** ①

01 정답 ①   [세부 정보 파악하기]

정답 풀이

1문단에서 '광고 규제'의 배경에 대해 언급한 후, 2문단과 3문단에서 광고로 인한 피해 책임의 주체가 소비자에서 기업으로 옮겨 간 이유에 대해 설명하고, 4문단과 5문단에서는 광고 규제의 주체에 따라 법적 규제와 자율 규제로 광고 규제의 유형을 분류하여 설명하였다. 따라서 표제는 '광고 규제의 배경과 유형', 부제는 '피해 책임의 주체와 규제의 주체를 중심으로'로 하였을 때 전체의 내용과 핵심 정보를 포괄할 수 있다.

오답 풀이

② 광고의 사회적 영향은 언급되어 있지만 광고 규제의 사회적 영향은 구체적으로 제시되지 않았다. 또한 규제의 도입 배경과 원인은 언급되어 있지만, 이것이 글 전체의 내용을 포괄한다고 보기에는 무리가 있다.

③ 광고 규제의 의의는 제시되지 않았으며, 소비자 외에 기업의 역할에 대한 내용도 나와 있으므로 부제가 글 전체의 내용을 포괄하지 못한다.

④ 광고 규제의 순기능은 규제 유형별 특징에서 언급이 되어 있지만 광고 규제의 역기능은 언급되지 않았다.

⑤ 광고 규제의 유형이 나뉘 제시되었지만 대립적인 입장이 아니다. 이는 자율 규제가 법적 규제를 보완한다는 설명을 통해서도 알 수 있다.

02 정답 ④   [정보 및 내용 추론하기]

정답 풀이

3문단에서 '상품에 응용된 과학 기술이 복잡해지고 첨단화되면서 상품 정보에 대한 소비자의 정확한 이해도 기대하기 어려워졌다.'라고 하였으므로, 첨단 기술을 강조한 광고일수록 소비자가 광고 내용을 정확히 이해하

지 못한 채 상품을 구매할 가능성이 커질 것임을 알 수 있다.

오답 풀이

① 5문단에서 '광고에 대한 기업의 책임감에서 비롯된 자율 규제는 법적 규제를 보완하는 효과가 있다.'라고 하였다. 따라서 광고 주체의 자율 규제가 잘 작동될수록 광고에 대한 법적 규제의 역할이 커지는 것이 아니라 축소된다고 보아야 한다.

② 1문단에서는 광고에서 기업과 소비자의 이익이 상충되는 경우나 광고가 사회 전체에 폐해를 낳는 경우 광고에 대한 규제가 필요하다고 하였다. 따라서 기업의 이익과 소비자의 이익이 상충되는 정도가 클수록 법적 규제와 자율 규제의 필요성은 약화되는 것이 아니라 강화될 것이다.

③ 3문단에서 기업 책임 부담 원칙이 부상한 배경은 시장의 독과점 상황이 광범위해지면서 소비자의 자유로운 선택이 어려워졌기 때문이라고 하였다. 따라서 시장 독과점 상황이 심각해지면서 기업 책임 부담 원칙이 강화되고 소비자 책임 부담 원칙이 약화되었다고 보아야 한다.

⑤ 2문단에서 초기에 소비자 책임 부담 원칙이 대두된 것은 소비자가 광고의 적절성을 이성적으로 판단하여 구매할 수 있어야 한다는 전제가 있었기 때문이라고 하였다. 따라서 광고의 기만성을 입증할 책임을 소비자에게 돌리는 경우, 그 이유는 소비자에게 이성적 판단 능력이 있다는 전제를 받아들이지 않기 때문이 아니라, 소비자에게 이성적 판단 능력이 있다고 전제하기 때문이다.

03 정답 ① ─────────── [구체적 사례에 적용하기]

정답 풀이

〈보기〉에서 소비자 규제는 '소비자야말로 불공정하거나 불건전한 광고의 직접적인 피해자라는 점에 근거한다.'라고 하였다. 따라서 소비자 규제는 광고 정보를 활용한 구매 행위에 대해 소비자가 책임을 져야 한다는 '소비자 책임 부담 원칙'의 입장과는 대비되는 설명임을 알 수 있다.

오답 풀이

② 〈보기〉에서 '소비자 규제는 법적 규제와 자율 규제를 강화하도록 압박하는 방식'을 취한다고 하였으며, 소비자의 측면에서 바라보는 관점이 추가되었으므로 소비자 규제가 법적 규제와 자율 규제를 보완함을 알 수 있다.

③ 소비자 규제의 주체는 소비자이며, 자율 규제의 주체는 기업이다. 〈보기〉에 따르면, 소비자 규제는 자율 규제를 강화하도록 압박하는 방식을 취한다고 하였으므로 소비자와 기업은 긴장 관계에 놓인다고 할 수 있다.

④ 4문단에서 법적 규제는 다른 기업과의 경쟁에서 승리하기 위해 사실에 반하는 광고나 소비자를 현혹하는 광고를 하는 것을 불공정 경쟁으로 보아 규제를 하는 것이라고 하였고, 〈보기〉에서는 소비자 규제가 불공정하거나 불건전한 광고 때문에 발생할 수 있는 피해를 막고자 하는 것이라고 제시하고 있으므로, 이기적인 행태를 견제하는 기능을 공통점으로 볼 수 있다.

⑤ 〈보기〉에 따르면, 소비자 규제는 광고 폐해에 직접 대응함으로써 경제적 측면에서의 소비자 피해를 줄이는 데 기여한다. 또한 그릇된 정보의 유통 자체를 문제 삼는 등 사회적 측면에서의 소비자 피해를 줄이는 역할을 한다. 소비자 규제를 통한 소비자의 권리 행사는 소비자 보호 운

동으로 나타난다고 하였는데, 이는 소비자 규제가 문화적 측면에서도 영향을 발휘하는 것으로 이해할 수 있다.

실/전/으/로/뛰/어/넘/기·1

01 ⑤	02 ②	03 ④

01 정답 ⑤ ─────────── [글의 전개 방식 파악하기]

정답 풀이

합리적인 의사 결정과 관련된 현실의 문제점(매몰비용으로 인한 비합리적 선택)을 제시한 후, 매몰비용의 배제, 기회비용, 한계비용과 한계편익의 고려 등 구체적인 해결 방안을 다각도로 제시하며 설명하였다.

오답 풀이

① 사람들에게 종종 나타나는 문제 상황을 제시하였을 뿐, 통념이 제시되지 않았으며, 응용 가능성에 대한 전망도 나타나지 않는다.

② 대책 마련을 촉구하는 내용이 아니라 실제 문제 상황에 대한 구체적인 해결 방안을 제시하고 있다.

③ 시간의 흐름에 따른 합리적인 의사 결정의 변화 양상이 나타나지 않는다.

④ 특별히 상반되는 의견이 나타나지 않아 이를 비판적으로 검증하거나 절충하고 있지도 않다.

02 정답 ② ─────────── [세부 정보 파악하기]

정답 풀이

㉠ 1문단에서 이전에 투입된 비용, 즉 매몰비용은 '합리적으로 지출되었든 비합리적으로 지출되었든 간에 전혀 고려 대상이 아니다.'라고 하였다.

㉢ 2문단에서 '포기된 여러 가지 중에서 가장 가치가 큰 것을 기회비용'이라고 하였고, 예시에서 포기했을 때 발생하는 기회비용이 가장 큰 공부를 선택하는 것이 합리적이라고 하였으므로 합리적인 선택을 위해서는 기회비용의 가치가 큰 쪽을 선택해야 한다.

오답 풀이

㉡ 2문단에서 '기회비용'이란 '포기된 대안 중에서 가장 가치가 큰 것'을 의미한다고 하였으므로, 선택할 수 있었던 모든 대상을 지칭하는 개념이 아니다.

㉣ 3문단에서 이윤의 극대화를 위해서는 한계비용과 한계편익이 같아지는 수준을 만들어 내야 한다고 하였다. 한계비용이 한계편익보다 높은 쪽으로 간다면 손해를 보게 될 것이다.

03 정답 ④ ——————————— [구체적 사례에 적용하기]

정답 풀이

(나)에서는 입점 초기에는 매장을 늘릴 때 추가 임대료보다 매장을 확장하여 얻는 추가적인 수익이 컸지만 일정 규모 이상으로 매장 규모가 커지면 임대료 증가가 추가적인 수익보다 더 높아지는 현상이 나타나므로 계속해서 매장의 크기를 늘리는 것이 이익을 확보하는 데 문제가 된다고 하였다. 따라서 한계비용(임대료 증가)을 계속 늘린다고 해서 한계편익(추가적인 수익)이 지속적으로 증가하는 것은 아니다.

오답 풀이

① (가)에서는 프랑스 정부가 이미 투자된 금액, 즉 매몰비용 때문에 개발을 강행하여 완성했지만 여러 문제들로 콩코드 여객기 사업을 중단하게 되었으므로 매몰비용을 배제하지 못해 사업에 실패했다고 볼 수 있다.

② (가)에서는 매몰비용을 배제하지 못하여 문제가 발생한 것이므로, 매몰비용을 배제하고 포기된 대안 중에서 가장 가치가 큰 대안인 기회비용을 고려하여 계획을 수정하였다면 보다 합리적인 의사 결정을 할 수 있었을 것이다.

③ (나)에서 한계비용은 어떤 행위를 하나 더 할 때 추가적으로 발생하는 비용이므로 추가적인 임대료로 볼 수 있고, 한계편익은 어떤 행위를 할 때 추가적으로 얻는 편익이므로 추가적인 수익으로 볼 수 있다.

⑤ (나)에서는 한계비용이 지출되더라도 추가적인 수익이 큰 상황이 있었지만, (가)는 이미 우려들이 많았던 상황에서 매몰비용을 배제하지 못하고 지속적으로 투자한 후 결국 사업을 중단하게 된 경우로, 한계비용이 지속적으로 지출되었어도 수익이 발생하기는 어려운 상황이었음을 짐작할 수 있다.

실/전/으/로/뛰/어/넘/기·2

01 ⑤	02 ①	03 ⑤	04 ④

01 정답 ⑤ ——————————— [세부 정보 파악하기]

정답 풀이

3문단에서 점유 개정으로 양도 담보권을 설정하는 경우 양도 담보권을 설정한 사람이 소유권은 다른 사람에게 주지만 물건을 소지하고 사용할 권리는 기존의 소유자가 갖는다고 하였다. 따라서 점유 개정을 통해 양도 담보권을 설정하면 설정한 사람과 물건을 사용할 수 있는 권리를 가진 사람이 동일하다.

오답 풀이

① 1문단에서 담보는 채무의 이행을 보장하기 위한 수단이라고 하였다.

② 2문단에서 양도 담보는 민법의 규정이 없음에도 불구하고 예전부터 관습처럼 설정되어 온 것이며, 판례를 통해 양도 담보의 성질이나 이로 인해 발생하는 법률관계를 정리한다고 하였다. 따라서 양도 담보권에 대한 문제는 판례에 의해 규율될 것이다.

③ 3문단에서 점유 개정이란 물건의 소유자가 소유권은 다른 사람에게 주지만 그 물건을 사용할 권리는 기존의 소유자가 갖는 것이라고 하였다.

따라서 이 경우 물건을 사용할 권리를 가진 사람과 소유자가 달라진다.

④ 5문단에서 양도 담보권을 설정하는 경우 원칙적으로 가장 처음 담보권을 설정 받은 사람이 담보권을 갖는다고 하였다.

02 정답 ① ——————————— [정보 및 내용 추론하기]

정답 풀이

1문단에서 채권자가 자신의 소유물을 담보로 제공하면 채무자는 담보권설정자가 된다고 하였다. 3문단에 따르면, 점유 개정의 방식으로 양도 담보가 이루어진다면 채무자는 여전히 담보물을 사용할 수 있다. 따라서 ㉠ '채무자'는 ㉢ '담보권설정자'가 된 이후에도 담보물을 계속 사용할 수 있다.

오답 풀이

② 1문단에 따르면, 채무자가 채무를 이행하지 않으면 ㉡ '채권자'이자 ㉣ '담보권자'가 담보물을 통해 채무의 이행을 받을 수 있음을 알 수 있다.

③ 1문단에 따르면, ㉡ '채권자'와 ㉠ '채무자' 관계에서 반드시 담보권이 설정되어야 하는 것은 아니며, 채무의 이행을 보장하기 위한 수단으로 담보권을 설정할 수 있을 뿐이다.

④ 1문단에 따르면, 채권자는 채무자에게 채무의 이행을 요구할 권리가 있는 사람이다. 따라서 담보물은 ㉡ '채권자' 소유의 물건이 아니라 채무자 소유의 물건이어야 하고, 이 경우 채권자는 ㉣ '담보권자'가 된다.

⑤ 1문단에 따르면, 담보는 채무 이행을 보장하기 위한 수단이다. 담보가 제공되어 ㉡ '채권자'가 ㉣ '담보권자'가 되더라도 바로 담보물의 소유자가 되는 것이 아니라 약속대로 채무를 이행하지 않았을 때 담보물을 경매에 부치거나 소유권을 취득할 수 있다.

03 정답 ⑤ ——————————— [구체적 사례에 적용하기]

정답 풀이

4문단을 통해 대내적 소유자가 아니라 대외적 소유자와 매매를 해야 소유권을 가질 수 있으며, 대외적 소유자가 대내적 소유자의 동의 없이 다른 사람에게 담보물을 판 경우에 대내적 소유자는 대외적 소유자에게 이에 대한 손해 배상을 요구할 수 있음을 알 수 있다. ⓓ에서 B는 대외적인 소유자이므로 B와 거래한 D는 시계에 대한 소유권을 갖는다. 점유 개정의 방식으로 담보권설정자가 물건을 가지고 있었던 경우에도 담보권자와 거래한 상대방은 소유권을 갖게 됨과 동시에 담보권설정자에게 자신에게 물건을 넘길 것을 요구할 권리가 있다. 따라서 D는 A의 요구에 따를 의무가 없고, A가 B에게 이에 대한 책임을 추궁할 경우 B는 A에게 손해 배상의 방식으로 문제를 해결할 수 있을 뿐이다.

오답 풀이

① ⓐ에서 A는 점유 개정의 방식으로 B에게 돼지 100마리에 대해 양도 담보권을 설정해 주었다. 점유 개정은 담보권설정자가 담보물을 소지하고 사용할 수 있으므로 A는 돼지 100마리를 이전과 같이 사육할 수 있다.

② 4문단에 따르면, 양도 담보권이 설정된 경우 담보권자와 담보권설정자 사이에서 담보물의 대내적 소유자는 담보권설정자이다. 따라서 ⓐ와

같이 양도 담보권이 설정되었음에도 불구하고 돼지 100마리에 대한 대내적인 소유자는 담보권설정자인 A이다.
③ 양도 담보권이 설정되면 대외적인 소유자는 양도 담보권자이다. 따라서 ⓑ에서 담보권설정자인 A와 거래한 C는 물건을 팔 권리가 없는 사람과 거래한 것이다.
④ ⓒ에서 양도 담보권이 설정되면 대외적인 소유자는 양도 담보권자가 되므로 B가 시계의 대외적 소유자가 된다.

04 정답 ④ ───────── [비판·반응의 적절성 평가하기]

정답 풀이

5문단에서 이중으로 양도 담보권이 설정된 경우 처음에 담보권을 설정받은 사람이 진정한 담보권자가 된다고 하였다. 그러나 두 번째로 담보권을 설정해 준 채권자에게 현실적으로 담보물을 넘기면 두 번째 채권자가 담보권자가 되는데, 〈보기〉에 따르면 이것은 담보권의 선의 취득이 이루어졌기 때문이다. 즉 두 번째로 담보권을 설정 받은 병은 현실인도를 받아 담보권을 선의 취득할 수 있다.

오답 풀이

① 갑이 을과 병에게 차례로 점유 개정의 방식으로 양도 담보권을 설정한다면 진정한 담보권자는 을뿐이다. 을에게 담보물을 현실인도하더라도 병은 담보권자가 아니므로 잃을 권리가 없다.
② 을은 처음으로 담보권을 설정 받은 사람이므로 선의 취득과 무관하게 진정한 담보권자가 된다.
③ 갑이 을과 병에게 차례로 점유 개정의 방식으로 양도 담보권을 설정한 후, 나중에 병에게 담보물을 현실인도하면 병은 담보권을 선의 취득한다. 하지만 을이 담보물을 현실인도 받는다면 이것은 선의 취득의 문제가 아니고, 진정한 양도 담보권에게 담보물이 현실인도되었을 뿐이다.
⑤ 〈보기〉에서 점유 개정을 통해서는 선의 취득이 불가능하다고 하였다. 따라서 갑이 을과 병에게 이중으로 점유 개정의 방식으로 양도 담보권을 설정한다면 둘 다 선의 취득을 할 수 없고, 이에 따라 먼저 양도 담보권을 설정 받은 을이 양도 담보권자가 된다.

· 어휘 TEST ·

Q1 | 1. 조치　2. 악용　3. 제재　4. 부과　5. 유출
Q2 | 1. ⓜ　2. ⓒ　3. ⓛ　4. ⓔ　5. ⓐ
Q3 | 1. 약정　2. 취득　3. 편익　4. 상충　5. 모색
Q4 | 1. ①　2. ②　3. ①

Q1 해설 ▶ 2. '악용'은 '알맞지 않게 쓰거나 나쁜 일에 씀.'의 뜻이고, '활용'은 '충분히 잘 이용함.'의 뜻이다.
Q3 해설 ▶ 4. '상충'은 '사물이 서로 어울리지 아니하고 마주침.'의 뜻이다.
Q4 해설 ▶ 2. '부연하다'는 '이해하기 쉽도록 설명을 덧붙여 자세히 말하다.'의 뜻이다.

09강 경제 제재 읽기

어떻게 읽어야 할까?

| 독해 전략 적용하기 |

전략 1 (1) 조세　(2) 부과　(3) 능력　(4) 수평적
전략 2 (1) 공평성　(2) 효율성　(3) 공평성
전략 3 (1) X　(2) O

기/출/로/다/지/기

01 ③　　**02** ①　　**03** ⑤

01 정답 ③ ───────── [세부 정보 파악하기]

정답 풀이

1문단에서 구독경제는 소비자가 '회원 가입 및 신청'을 함으로써 상품을 배송 받거나 필요한 서비스를 이용할 수 있는 경제 모델이라고 하였다. 또 4문단에서 생산자는 구독경제를 통해 '상품을 사용하는 고객들의 정보를 수집'한다고 하였다. 이로 보아 소비자는 구독경제를 통해 회원 가입 시 개인 정보를 제공해야 하는 부담을 져야 한다는 것을 알 수 있다.

오답 풀이

① 4문단에서 구독경제를 이용하면 '생산자의 입장에서는 상품을 사용하는 고객들의 정보를 수집하고, 이를 통해 개별화된 서비스를 제공'할 수 있다고 하였다.
② 4문단에서 구독경제를 이용하면 소비자의 입장에서는 '상품 구매 행위에 들이는 시간과 구매 과정에 따르는 불편함 등의 문제를 해결할 수 있다.'라고 하였다.
④ 4문단에서 구독경제를 이용하면 '생산자의 입장에서는 상품을 사용하는 고객들의 정보를 수집하고, 이를 통해 개별화된 서비스를 제공하여 고객과의 관계를 지속적으로 유지할 수 있다. 또한 매월 안정적으로 매출을 올릴 수 있다는 장점도 있다.'라고 하였다.
⑤ 3문단에서 구독경제가 빠르게 확산되는 이유를 설명하면서 '소비자들이 한정된 비용으로 최대한의 만족을 얻기 위해 노력한 결과가 구독경제의 확산으로 이어졌다.'라고 하였다.

02 정답 ① ───────── [구체적 사례에 적용하기]

정답 풀이

2문단에서 '장기 렌털 모델은 구매에 목돈이 들어 경제적 부담이 될 수

있는 자동차 등의 상품을 월 사용료를 지불하고 이용하는 것'이라고 하였으므로, 매월 일정 금액을 지불하고 정수기를 사용하는 서비스는 ⓒ에 해당한다.

오답 풀이

② 2문단에서 정기 배송 모델은 '월 사용료를 지불하면 칫솔, 식품 등의 생필품을 지정 주소로 정기 배송해 주는 것'이라고 하였으므로, 월정액을 지불하고 주 1회 집으로 식재료를 보내 주는 서비스는 ⓐ에 해당한다.

③, ④ 2문단에서 무제한 이용 모델은 '정액 요금을 내고 영상이나 음원, 각종 서비스 등을 무제한 또는 정해진 횟수만큼 이용할 수 있는 모델'이라고 하였으므로, 월 구독료를 내고 읽고 싶은 도서를 마음껏 읽을 수 있는 스마트폰 앱이나 정액 요금을 결제하고 강좌를 일정 기간 원하는 만큼 수강할 수 있는 웹사이트는 모두 ⓑ에 해당한다.

⑤ 2문단에서 '장기 렌털 모델은 구매에 목돈이 들어 경제적 부담이 될 수 있는 자동차 등의 상품을 월 사용료를 지불하고 이용하는 것'이라고 하였으므로, 월 사용료를 지불하고 정해진 기간에 집에서 사용할 수 있는 의료 기기는 ⓒ에 해당한다.

---

03 정답 ⑤ ————————————— [구체적 사례에 적용하기]

정답 풀이

3문단에서 구독경제가 확산되는 현상은 '소비자들이 상품을 소유함으로써 얻는 만족감보다는 상품을 사용함으로써 얻는 만족감을 더 중요시한다는 것을 보여 준다.'라고 하였고, 〈보기〉에서 공유경제는 '한번 생산된 상품이나 서비스를 여럿이 공유해 사용하는 협력 소비를 통해 비용을 줄이고 소비자의 만족도를 높이는 경제 모델이다.'라고 하였다. 따라서 ㉠ '구독경제'와 ㉡ '공유경제'는 모두 소비자의 부담은 줄이면서 상품을 사용함으로써 얻는 효용에 관심을 가진다고 할 수 있다.

오답 풀이

① 〈보기〉에서 공유경제는 '한번 생산된 상품이나 서비스를 여럿이 공유해 사용하는 협력 소비를 통해 비용을 줄이고 소비자의 만족도를 높이는 경제 모델이다.'라고 하였으므로, 여러 사람이 서비스를 공유하는 것은 ㉠이 아니라 ㉡이다.

② 〈보기〉에서 '공유경제는 자원의 활용도를 높이고 자원의 불필요한 소비를 줄일 수 있어 친환경적이라는 평가를 받고 있다.'라고 하였으므로, 자원의 불필요한 소비를 줄일 수 있다는 점에서 친환경적인 것은 ㉠이 아니라 ㉡이다.

③ 1문단에서 구독경제는 '소비자가 회원 가입 및 신청을 하면 정기적으로 원하는 상품을 배송 받'는 경제 모델이라 하였고, 4문단에서 '구독경제를 이용하면 값비싼 상품을 사용하는 데 큰 비용을 들이지 않아도' 된다고 하였다. 따라서 소비자에게 서비스를 주기적으로 제공하여 구매 비용을 줄이는 것은 ㉡이 아니라 ㉠이다.

④ 〈보기〉의 '공유경제의 영역은 주택, 의류 등의 유형자원에서 시간, 재능 등의 무형자원으로 확장되고 있다.'라는 내용을 통해 공유경제의 경우 유형자원이 무형자원보다 많이 쓰이고 있다고 판단할 수는 있다. 그런데 1문단에서 구독경제는 '소비자가 회원 가입 및 신청을 하면 정기적으로 원하는 상품을 배송 받거나, 필요한 서비스를 언제든지 이용할 수 있는 경제 모델'이라고 하였는데 이 내용만으로는 ㉠이 유형자원보

다 무형자원을 더 많이 활용한다고 판단하기 어렵다. 따라서 ㉠과 ㉡이 모두 무형자원을 더 많이 활용한다고 단정하기는 어렵다.

---

01 ③　　　　**02 ③**　　　　**03 ⑤**

---

01 정답 ③ ————————————— [세부 정보 파악하기]

정답 풀이

1문단에서 '소비자 물가 지수는 한 국가 안의 대표적인 소비자가 구입하는 재화와 서비스의 전반적인 비용을 나타내는 지표'라고 하였고, 2문단에서 '우선 조사를 통해 대표적인 소비자가 어떤 물건의 가격을 가장 중요하게 여기는지 판별하여 물가 지수에 포함되는 품목, 즉 '재화 묶음'을 결정한다.'라고 하였다. 하지만 소비자 물가 지수에 포함되는 재화 묶음에 수입품을 제외해야 한다는 정보는 이 글에 제시되지 않았다.

오답 풀이

① 1문단에서 소비자 물가 지수는 '한 국가 안의 대표적인 소비자가 구입하는 재화와 서비스의 전반적인 비용을 나타내는 지표'라고 하였다. 또한 2문단에서 소비자 물가 지수를 측정하는 데 필요한 재화 묶음에 포함되는 재화는 '대표적인 소비자가 어떤 물건의 가격을 가장 중요하게 여기는지'에 따라 결정된다고 하였는데, 나라마다 대표적인 소비자가 중요하게 여기는 재화가 다를 것이므로 소비자 물가 지수에 포함되는 재화 묶음은 나라마다 품목이 다를 수 있다.

② 2문단에 따르면, 소비자 물가 지수의 재화 묶음에 포함되는 재화는 '대표적인 소비자가 어떤 물건의 가격을 가장 중요하게 여기는지'에 따라 결정되므로, 대표적인 소비자가 달라진다면 소비자 물가 지수에 포함되는 재화 묶음도 바뀔 수 있다.

④ 3문단의 '이 비용을 계산할 때 주목할 점은 물건의 가격만 변한다는 사실이다. 즉 소비자가 구입하는 재화 묶음을 고정함으로써 가격 변동의 효과를 가격 변동에 따라 동시에 일어날 수 있는 수량 변화의 효과와 분리하는 것이다.'에서 알 수 있다. 즉, 예시에서처럼 재화 묶음을 '호떡 4개, 만두 2개'와 같이 고정함으로써, 다시 말하면 수량을 고정해 버림으로써 가격 변동에 따른 수량의 변화 양상을 배제하는 것이다.

⑤ 5문단의 '대개 신문이나 방송에서 '인플레이션율'이라고 말할 때에는 소비자 물가 지수의 연간 변화율을 의미하는 것이다.'에서 알 수 있다.

---

02 정답 ③ ————————————— [구체적 사례에 적용하기]

정답 풀이

소비자 물가 지수를 5문단에서 설명한 인플레이션율 공식에 대입해 인플레이션율을 계산해 보면, 2017년은 '(250-100)/100×100＝150%'이고, 2018년은 '(300-250)/250×100＝20%'이다. 따라서 인플레이션율은 2017년이 2018년보다 더 높다.

28 독서 독해 S

오답 풀이

① 4문단에서 설명한 소비자 물가 지수 공식에 따르면 당해 시점과 기준 시점이 동일하면 소비자 물가 지수는 100이 된다. 또 다른 방법으로 4문단에서 설명한 소비자 물가 지수 공식에 〈보기〉의 수치를 대입해 보면, 기준 연도가 2016년일 경우 2016년의 소비자 물가 지수는 '(2,000원/2,000원)×100=100'이다.

② 기준 연도가 2016년일 경우 2017년의 소비자 물가 지수는 '(5,000원/2,000원)×100=250'이며, 기준 연도가 2016년일 경우 2018년의 소비자 물가 지수는 '(6,000원/2,000원)×100=300'이다. 따라서 기준 연도가 2016년일 경우 2017년보다는 2018년의 소비자 물가 지수가 더 크다.

④ 기준 연도가 2016년일 경우 2016년의 소비자 물가 지수는 100, 2017년은 250, 2018년은 300이다. 또한 기준 연도가 2016년일 경우 2019년의 소비자 물가 지수는 '(8,000원/2,000원)×100=400'이다. 따라서 매년마다 물가 지수가 올라서 소비자들의 생계비 부담이 커지고 있다고 할 수 있다.

⑤ 전년도 대비 인플레이션율을 계산해 보면, 2017년은 '(250−100)/100×100=150%', 2019년은 '(400−300)/300×100=33.3%'이므로, 2017년에 비해 2019년은 상대적으로 물가가 안정되었다고 볼 수 있다.

03 정답 ⑤ ─────────── [정보 및 내용 추론하기]

정답 풀이

〈보기〉에서 제시된 상황은 대체 효과가 발생하여 소비자들이 재화 묶음에 포함되는 물건을 구입하지 않고 상대적으로 가격이 저렴한 다른 물건을 구입하는 것이다. 예컨대 재화 묶음에 포함된 두 물건 A와 B를 구입하는 데 2,000원이 들 경우 이보다 저렴한 C와 D를 구입함으로써 1,000원을 소비하는 것과 같은 상황이 발생하는 것이다. 그런데 생계비의 변화를 측정하기 위해 사용하는 소비자 물가 지수는 재화 묶음에 포함된 물건으로 계산하게 되므로 반영되는 수치는 실제의 1,000원이 아니라 재화 묶음의 가격인 2,000원이 될 것이고, 이 때문에 소비자 물가 지수가 실제보다 부풀려지게 된다. 따라서 생계비가 실제보다 더 많이 오른 것으로 결과가 왜곡되어 나타날 것임을 알 수 있다.

오답 풀이

① 1문단에서 소비자 물가 지수는 시간 경과에 따른 생계비의 변동을 나타낸다고 하였는데, 〈보기〉와 같은 상황이 발생하면 생계비의 변동을 소비자 물가 지수가 정확하게 반영하지 못하게 되므로 소비자 물가 지수의 정확도는 떨어진다고 할 수 있다.

② 2문단의 '우선 조사를 통해 대표적인 소비자가 어떤 물건의 가격을 가장 중요하게 여기는지 판별하여 물가 지수에 포함되는 품목, 즉 '재화 묶음'을 결정한다.'에서 알 수 있듯이, 재화 묶음은 이미 고정된 것으로 해마다 소비자의 소비량에 따라 달라지는 것은 아니다.

③ 재화 묶음에서 재화의 개수는 고정되어 있고 구입 비용은 실제 가격 그대로 측정되는 것이므로, 실제 가격보다 많거나 적게 측정되지는 않는다.

④ 인플레이션율은 주로 소비자 물가 지수를 가지고 측정하고, 소비자 물가 지수는 재화 묶음 구입 비용을 토대로 측정하므로, 〈보기〉와 같이 소비자가 재화 묶음에 포함된 품목의 소비를 줄이고 다른 품목의 소비를 늘릴 경우 소비자가 체감하는 것과는 다른 양상으로 나타나게 된다.

---

01 정답 ③ ─────────── [세부 정보 파악하기]

정답 풀이

2문단에서 액면가는 100원 이상이어야 하고, 주식의 가격은 액면가 이상은 되어야 한다고 하였다. 따라서 주식의 액면가는 100원 이상이어야 하고, 이에 따라 주식의 가격도 100원 이상이 되어야 한다.

오답 풀이

① 1문단에 따르면, 주식회사는 주주뿐 아니라 채권자를 보호해야 할 의무가 있고, 이 의무를 이행하기 위해 자산 중 자본을 자본금과 준비금, 이익 잉여금으로 분류하고 각 항목의 용도와 제한 내용에 맞게 운용함을 알 수 있다. 따라서 주식회사의 자본 운영을 제한하는 데에는 채권자를 보호하려는 목적이 있다.

② 4문단에서 주식 배당을 할 때에는 이익 배당도 같이 이루어져야 한다고 하였다. 그런데 3문단에서 이익 잉여금이 이익 배당의 재원으로 사용될 수 있다고 하였으므로 결국 주식 배당이 이루어질 때에는 이익 잉여금이 감소하는 현상이 나타날 수 있음을 알 수 있다.

④ 1문단의 주주는 '자신이 보유한 주식 비율에 상응하는 만큼 회사에게 이익을 나누어 줄 것을 요구할 수 있다.'를 통해 알 수 있다.

⑤ 3문단에 따르면, 자본금은 회사가 임의로 사용해 감소시킬 수 없고, 채권자 보호를 위한 절차뿐 아니라 주주들의 동의를 얻는 절차도 거쳐야 감소시킬 수 있다.

02 정답 ④ ─────────── [정보 및 내용 추론하기]

정답 풀이

ㄱ. 2문단에서 주식을 발행했을 때 생기는 액면 총액이 곧 자본금으로 분류된다고 하였다. 액면 총액은 '모든 주식의 수×액면가'이므로, 주식을 새로 발행하면 액면 총액이 증가하여 자본금도 늘어나게 된다.

ㄴ. 2문단에서 주식을 발행했을 때 주식 가격의 총액에서 액면 총액을 뺀 나머지 금액은 준비금으로 분류된다고 하였다. 주식을 새로 발행하면 주식 가격의 총액이 증가하므로 준비금을 증가시킬 수 있음을 알 수 있다.

ㄹ. 4문단에서 무상 증자는 준비금을 자본금으로 이동시키는 것이고, 주식 배당은 이익 잉여금이 자본금으로 옮겨 가기 때문에 자산 총액에는 변동이 없음을 알 수 있다. 즉 회사로 현금이 유입되거나 회사가 지출을 하지 않고 자본의 각 항목에 분류된 금액만 서로 이동할 뿐이다.

오답 풀이

ㄷ. 1문단에 따르면, 자산 항목의 성질상 자본은 회사 자신의 자기 자본이고, 부채는 채권자로부터 대출을 받은 타인 자본이다. 그리고 주식의

발행은 자본을 확충하는 방법이라고 하였다. 따라서 주식을 발행한다고 해서 두 항목 간에 변동이 있을 수는 없다.

가치나 지분 비율은 이전과 동일하기 때문에 주주들에게 손해를 입히지 않는다.

03 정답 ③ ─────────────── [구체적 사례에 적용하기]

정답 풀이

(가)는 자본금과 준비금은 변동이 없고 이익 잉여금만 줄어들면서 자본의 합계도 줄어들었다. 4문단에 따르면, 자본의 총액이 변동하는 것은 유상 증자 혹은 이익 배당이 일어나는 경우이다. 유상 증자는 회사가 자본금을 늘리기 위해 주식을 발행하는 것이므로 자본금이 증가해야 하고, 이익 배당은 이익 잉여금을 주주들에게 배당하는 것이므로 이익 잉여금이 줄어들어야 한다. 그런데 (가)에서는 이익 잉여금만 감소하였으므로 유상 증자가 아닌 이익 배당이 이루어졌음을 알 수 있다.

(나)는 자본의 총합계는 그대로지만 준비금이 줄어들었고, 준비금이 감소한 만큼 자본금이 증가하였다. 4문단에 따르면, 이러한 변동은 무상 증자가 일어날 때 나타난다.

04 정답 ③ ─────────────── [비판·반응의 적절성 평가하기]

정답 풀이

〈보기〉에 따르면, 주식 분할은 주주들이 가진 주식의 수를 두 배로 늘리면서 각 주당 액면가를 절반으로 나누는 것이다. 따라서 주주들이 가진 주식의 가치나 지분 비율에는 변화가 없고, 회사 자본 항목 간에도 변동이 없다. 반면 이 글의 4문단에서는 주식 배당이 이루어지면 배당된 주식의 총액만큼 이익 잉여금으로 분류된 돈이 자본금으로 옮겨 간다고 하였다. 따라서 주식 배당과 달리 주식 분할이 이루어지면 자본 항목 간 금액이 이동하지 않는다.

오답 풀이

① 4문단에서 무상 증자는 준비금이 자본금으로 이동하는 것이라고 하였으므로 회사의 실제 지출이 수반되지 않는다. 주식 분할은 액면가를 절반으로 나누는 대신 한 주를 두 개의 주로 쪼개는 것이므로 결국 자본의 합계는 이전과 동일하다. 따라서 주식 분할과 무상 증자 모두 회사의 실제 지출이 수반되지 않는다.

② 주식 분할이 이루어지면 회사의 주식 수는 두 배가 되지만 한 주당 액면가는 절반이 되기 때문에 자본금에는 변동이 없다. 그러나 4문단에서 무상 증자가 이루어지면 준비금이 자본금으로 이동한다고 하였으므로 무상 증자는 자본금을 증가시킴을 알 수 있다.

④ 4문단에서 주식 배당은 주주들에게 이익 배당과 동시에 주식을 배당하는 것이라고 하였을 뿐 주주들로부터 대가를 받는다고 설명하지는 않았다. 주식 분할 역시 주주에게 무상으로 주식을 교부하는 방법 중 하나라고 하였으므로 주주들에게 대가를 받지 않는다.

⑤ 4문단에서 주식 배당은 액면가로 발행한 주식을 주주들에게 배당하는 것이라고 하였으므로 1주당 액면가가 낮아지거나 주주들에게 손해를 입히지 않는다. 주식 분할은 주식 배당과 달리 1주당 액면가가 낮아지긴 하지만 주식 수도 두 배가 되므로 결국 주주들이 보유한 주식의 총

	·어휘 TEST·			
Q1	1. 배당	2. 지분	3. 공제	4. 매출 5. 유형 자산
Q2	1. ○	2. ○	3. ×	4. ○ 5. ×
Q3	1. 조달	2. 증자	3. 정액 요금	4. 운용 5. 담보
	6. 경기			
Q4	1. ③	2. ②	3. ③	

Q1 해설 ▶ 1. '배당'은 '주식회사가 이익금의 일부를 현금이나 주식으로 할당하여 자금을 낸 사람이나 주주에게 나누어 주는 일.'의 뜻이고, '배정'은 '몫을 나누어 정함.'의 뜻이다.

Q2 해설 ▶ 3. '수량이나 범위 따위를 제한하여 정함. 또는 그런 한도.'는 '한정'의 뜻이다. '재정'은 '개인, 가계, 기업 따위의 경제 상태.'를 뜻한다.
5. '통화량의 축소에 따라 물가가 하락하고 경제 활동이 침체되는 현상.'은 '디플레이션'의 뜻이다. '인플레이션'은 '통화량이 팽창하여 화폐 가치가 떨어지고 물가가 계속적으로 올라 일반 대중의 실질적 소득이 감소하는 현상.'의 뜻이다.

Q3 해설 ▶ 2. '증자'는 '주식회사나 유한 회사가 사업 확장과 운전 자금의 보충을 위하여 자본금을 늘리는 일.'의 뜻이다.

10강 과학 제재 읽기

어떻게 읽어야 할까?

| 독해 전략 적용하기 |

전략 1 (1) 편향, 가상적 (2) 자전

전략 2 (1) 높을수록 (2) 느리다 (3) 커지며, 최대, 0 (4) 커진다

전략 3 (1) ○ (2) X (3) ○ (4) ○

01 정답 ③ ──────────────── 【 세부 정보 파악하기 】

정답 풀이

2문단의 '아미노산이 분해될 때는 아미노기가 아미노산으로부터 분리되어 암모니아로 바뀐 다음, 요소(尿素)로 합성되어 체외로 배출된다.'라는 내용을 보면, 요소로 합성되어 체외로 배출되는 것은 아미노산에서 아미노기를 제외한 부분이 아닌, 아미노기가 암모니아로 바뀌어서 배출되는 것임을 알 수 있다.

오답 풀이

① 1문단의 마지막 문장인 '체내 단백질 분해를 통해 오래되거나 손상된 단백질이 축적되는 것을 막고'에서 체내에서 이루어지는 단백질의 분해 작용이 오래되거나 손상된 단백질의 축적을 막는다는 것을 알 수 있다.

② 2문단의 '프로테아솜은 유비퀴틴이라는 물질이 일정량 이상 결합되어 있는 단백질을 아미노산으로 분해한다.'에서 유비퀴틴이 결합된 단백질을 프로테아솜이 분해함을 알 수 있다.

④ 1문단의 '단백질 합성에서 아미노산들은 DNA 염기 서열에 담긴 정보에 따라 정해진 순서대로 결합된다.'에서, 단백질의 아미노산 결합 순서가 DNA 염기 서열에 담긴 정보에 따른 것임을 알 수 있다.

⑤ 3문단의 '성인과 달리 성장기 어린이의 경우, 체내에서 합성할 수는 있으나 그 양이 너무 적어서 음식물로 보충해야 하는 아미노산도 필수아미노산에 포함된다.'에서 성장기의 어린이에게 필요한 필수아미노산 중에는 체내 합성이 가능한 것도 포함되어 있음을 알 수 있다.

02 정답 ① ──────────────── 【 정보 및 내용 추론하기 】

정답 풀이

5문단의 '제한아미노산은 단백질 합성에 필요한 각각의 필수아미노산의 양에 비해 공급된 어떤 식품에 포함된 해당 필수아미노산의 양의 비율이 가장 낮은 필수아미노산을 말한다.'에서 제한아미노산은 필수아미노산임을 알 수 있다. 필수아미노산을 제외한 다른 아미노산이 제한아미노산이 될 수 있는지에 대한 내용은 이 글에 제시되어 있지 않다.

오답 풀이

② 3문단의 '체내 단백질 분해를 통해 생성되는 필수아미노산도 다시 단백질 합성에 이용되기도 하지만'이라는 내용을 통해 체내 단백질을 분해하여 얻어진 필수아미노산의 일부는 다시 단백질 합성에 이용됨을 알 수 있다.

③ 3문단의 '단백질 합성에 필요한 아미노산은 세포 내에서 합성되거나, 음식으로 섭취한 단백질로부터 얻거나, 체내 단백질을 분해하는 과정에서 생성된다.'라는 내용에서 필수아미노산은 음식물 섭취와 체내 단백질 분해를 통해 공급됨을 알 수 있다.

④ 5문단의 'A가 부족하여 합성할 수 있는 단백질의 양이 제한되기 때문에 A가 제한아미노산이 된다.'를 통해 제한아미노산이 없는 식품은 단백질 합성에 부족한 아미노산이 없음을 알 수 있다. 이는 단백질 합성에 필요한 필수아미노산이 균형 있게 함유되었다는 의미이다.

⑤ 3문단의 '체내 단백질 분해를 통해 생성되는 필수아미노산도 다시 단백질 합성에 이용되기도 하지만, 부족한 양이 외부로부터 공급되지 않으면 전체의 체내 단백질 합성량이 줄어들게 된다.'에서 단백질 합성에 필요한 필수아미노산이 외부로부터 공급되지 않으면 체내 단백질의 총량은 감소할 것임을 추론할 수 있다.

03 정답 ③ ──────────────── 【 구체적 사례에 적용하기 】

정답 풀이

5문단을 참고했을 때, 단백질 Q를 2몰 합성하려면, 필수아미노산 A 4몰, B 6몰, C 2몰이 필요함을 알 수 있다. 그런데 (나)에서는 B가 3몰이 부족해서, 단백질 Q가 1몰만 합성됨을 알 수 있다. (다)도 B가 3몰이 부족해서 단백질 Q가 1몰만 합성됨을 알 수 있다. 따라서 (나)와 (다)에서 합성된 단백질의 양은 동일하다.

오답 풀이

① 단백질 Q를 2몰 합성하려면, 필수아미노산 A 4몰, B 6몰, C 2몰이 필요하다. 따라서 (가)에서는 남는 필수아미노산 없이 단백질 Q 2몰을 합성할 수 있다. 모든 필수아미노산이 단백질 합성에 사용되었으니, 단백질 합성을 제한하는 필수아미노산은 없다.

② (가)에서는 필수아미노산 A 4몰, B 6몰, C 2몰이 공급되므로, 단백질 Q를 2몰 합성할 때 필요한 필수아미노산 A 4몰, B 6몰, C 2몰이 모두 충족된다. 그런데 (다)는 단백질 Q를 2몰 합성할 때 필요한 필수아미노산 B 3몰이 부족하여 단백질 Q를 1몰만 합성하게 된다.(남는 필수아미노산은 고려할 필요 없음.) 따라서 (다)에 비해 (가)의 단백질 합성에 이용된 필수아미노산의 총량이 더 많음을 알 수 있다.

④ (나)와 (다)는 모두 단백질 Q를 2몰 합성하기 위해서 필요한 필수아미노산 B 3몰의 공급이 부족한 상황이다. 따라서 (나)와 (다) 모두 단백질 합성을 제한하는 필수아미노산은 B가 된다.

⑤ (나)는 A 6몰, B 3몰, C 3몰이 공급되므로, 단백질 Q를 1몰 (A 2몰, B 3몰, C 1몰) 합성하고 나면 A 4몰, B 0몰, C 2몰이 남게 된다. (다)는 A 4몰, B 3몰, C 3몰이 공급되므로, 단백질 Q를 1몰을 합성하고 나면 A 2몰, B 0몰, C 2몰이 남게 된다. 남은 필수아미노산을 종합해 보면 (나)는 총 6몰, (다)는 총 4몰이 남는다. 따라서 (나)가 단백질 합성에 이용되지 않고 남은 필수아미노산의 총량이 더 많다.

01 정답 ④ ──────────────── 【 세부 정보 파악하기 】

정답 풀이

3문단에 제시된 암흑물질의 개념 정의를 살펴보면, "암흑물질'이란 우주에 널리 분포하는 물질로 전자기파, 즉 빛과 상호 작용하지 않으면서 질량을 가지는 물질을 총칭한다.'라고 제시되어 있으므로, 암흑물질은 전자기파(빛)와의 상호 작용을 하지 않는 특징을 지니고 있음을 확인할 수 있다.

오답 풀이

① 1문단의 '1920년대 천문학자 허블의 관측에 의해 처음으로 우주가 팽창한다는 사실이 확인됐다.'라는 내용을 통해 확인할 수 있다.

② 2문단의 'Ω>1이라면 중력값이 충분히 큰 경우로서 ~ 다시 수축하는 '닫힌 우주'가 된다.'를 통해 확인할 수 있다.

③ 1문단의 '그런데 그가 연구한 일반상대성이론은 우주가 결국 중력에 의해 수축하게 될 것이라는 결론을 말해 주고 있었다. 아인슈타인은 고민 끝에 수축을 막는 힘으로서 인위적 '우주상수'를 도입하여 자신의 신념을 지키고자 하였다.'를 통해 확인할 수 있다.

⑤ 3문단의 '암흑물질과 암흑에너지는 전체 우주의 구성 요소 중 96%를 차지하고 있음이 밝혀졌고 둘 간의 비율은 약 3 : 7 정도로 추정하고 있다.'를 통해 확인할 수 있다.

02 정답 ⑤ ───────────── [정보 및 내용 추론하기]

정답 풀이

㉠은 우리 우주가 이른 시기에 수축하여 소멸하지 않았고, 반대로 빠른 팽창에 의해 은하나 별들이 생성되지 못한 상태의 우주로 전개되지도 않았음을 알려 주고 있다. 이것은 앞뒤에 이어지는 문맥을 함께 참고할 때, 우리 우주의 Ω의 값이 거의 1에 가까우며 우주 공간에서 삼각형 내각의 합이 180°로 일정하다는 사실을 뒷받침하는 증거로 이해할 수 있다.

오답 풀이

①, ③ Ω<1일 때 예측할 수 있는 상황이다.

②, ④ Ω>1일 때 예측할 수 있는 상황이다.

03 정답 ⑤ ───────────── [구체적 사례에 적용하기]

정답 풀이

〈보기〉의 A는 Ω=0인 경우인데, 그래프 상의 기울기가 일정하므로 이때 우주 공간의 팽창이 일정한 비율로 발생한다고 할 수 있다. 그러나 2문단과 4문단의 내용을 통해 '평탄한 우주'의 특징은 우주의 평균 밀도인 Ω가 1의 값에 최대한 근접한 경우에 나타남을 알 수 있다. Ω=1인 경우는 A가 아니라 C에 해당하므로 A가 '평탄한 우주'의 전형적 특징을 보여 준다고 할 수 없다.

오답 풀이

① 4문단에서 'Ω의 값은 이미 잘 알려진 항성들의 질량만을 고려해도 0.01 이상의 값이 산출되며'라고 하였으므로 A의 경우는 현실적으로 발생할 수 없다.

② B는 Ω<1의 경우로, 2문단에서 우주의 밀도가 임계밀도보다 작으면 팽창이 끝없이 이어지는 '열린 우주' 상태가 된다고 하였다.

③ C는 Ω=1인 경우로, 2, 4문단의 내용으로 미루어 보아 평행선이 서로 만나지 않는 '평탄한 우주'의 상태임을 알 수 있다. 또한 4문단을 보면, 우리 우주는 곡률이 없는 평탄한 우주일 가능성이 매우 높다고 하였으므로 C는 우리 우주의 미래에 가장 근접한 경우라고 할 수 있다.

④ D는 Ω>1인 경우로, 2문단의 내용을 참고할 때 '닫힌 우주'의 상태에 해

당한다. 이때 우리 우주는 결국 크기가 0의 상태인 대함몰로 끝나게 됨을 알 수 있다.

실/전/으/로/뛰/어/넘/기·2

01 ④   **02** ④   **03** ⑤   **04** ④

01 정답 ④ ───────────── [세부 정보 파악하기]

정답 풀이

4문단에서 유당은 그 자체로 유산균의 먹이가 된다고 하였으므로 소장 내벽에 존재하는 세포들의 산소 호흡에 의해 분해된 후 유산균의 먹이가 된다고 볼 수 없다.

오답 풀이

① 1문단에서 젖산 발효의 분해 산물로 젖산만 만들어지는 경우는 동형 젖산 발효라고 하였고, 젖산뿐만 아니라 이산화 탄소, 아세트산, 에탄올과 같은 다른 물질들이 함께 만들어지는 경우는 이형 젖산 발효라고 하였다.

② 2문단에서 수소 이온이 많을수록 작은 값의 pH를 갖는다고 하였다. 따라서 둘은 반비례 관계임을 알 수 있다.

③ 3문단에서 설탕은 위액과 소장액에 의해 포도당과 과당으로 분해되고 이들은 혈액에 흡수되어 에너지원으로 활용된다고 하였다. 하지만 프락토올리고당은 소량만이 위산에 의해 분해되어 혈액에 흡수되고 나머지는 대장에 도달하여 유익균의 먹이가 된다고 하였다. 따라서 프락토올리고당의 일부는 혈액에 흡수되어 에너지를 생산하고, 나머지는 장의 운동을 촉진하는 역할을 하는 것으로 볼 수 있다.

⑤ 5문단에서 유산균은 37도 전후로 가장 왕성하게 대사를 일으킨다고 하였으므로, 탄수화물의 분해 산물인 포도당이 입 안에 남아 있으면 유산균과 반응하여 입 안을 산성 환경으로 만들 것임을 알 수 있다.

02 정답 ④ ───────────── [세부 정보 파악하기]

정답 풀이

4문단에 따르면, 성인이 될수록 유당 분해 효소가 감소하여 ㉠ '락토스'를 제대로 소화하지 못하게 된다. 이는 영유아기를 지나면서 유당을 소화할 일이 적어져 나타나는 것으로 락토스에 의해 소화 효소의 분비가 감소하는 것은 아니다. 한편 음식물을 섭취하면 침 분비 속도가 빨라져 그 속에 든 ㉡ '아밀라아제'가 소화를 촉진하게 된다.

오답 풀이

① 락토스는 대표적인 이당류 중 하나이며 아밀라아제는 탄수화물을 포도당으로 분해하는 소화 효소이다.

② 락토스는 락테이스라는 소화 효소에 의해 분해되고 흡수되지만 아밀라아제는 소화 효소의 하나로 탄수화물을 분해한다.

③ 락토스는 당의 한 종류이므로 유산균의 먹이가 되어 직접 반응하지만 아밀라아제는 탄수화물을 유산균과 반응하는 포도당으로 만드는 과정

에 관여한다.

⑤ 락토스는 외부에서 섭취하는 우유와 같은 음식물에 들어 있는 성분이
고 아밀라아제는 신체 내부에서 분비되는 효소이다.

03 정답 ⑤ ─────────────[비판·반응의 적절성 평가하기]

정답 풀이

1문단에서 락토바실러스는 동형 젖산 발효를 한다고 하였다. 따라서 락토
캡이 김치와 같이 이형 젖산 발효를 한다고 설명하는 것은 적절하지 않다.

오답 풀이

① 3문단에서 설탕은 대장에 도달하기 전 대부분이 혈액에 흡수되어 버리
지만 프락토올리고당은 대장까지 도달할 수 있어 유산균의 장내 정착
에 도움이 된다고 하였으므로 이를 제품 설명에 덧붙이는 것이 효과적
일 것이다.

② 제품의 효과에 프락토올리고당의 효능에 대한 설명들만 제시되어 유산
균 제품으로 출시한 제품 본연의 효능은 드러나지 않고 있다. 따라서 2
문단과 4문단에 나타난 유산균의 긍정적 영향을 추가하면 광고에 더
효과적일 것이다.

③ 5문단에서는 포도당이 유산균과 만나면 입 안을 산성 환경으로 만들어
치아 표면이 부식될 수도 있다고 하였다. 따라서 유산균 섭취 후 물로
입을 헹굴 것을 권하는 내용이 필요할 것이다.

④ 3문단에서 프락토올리고당과 미생물인 유산균이 발효하면서 산이 생성
되고 이 산성 물질이 장내 유해균을 감소시켜 환경을 개선하게 된다고
하였으므로 이를 설명하는 것이 효과적일 것이다.

04 정답 ④ ─────────────[정보 및 내용 추론하기]

정답 풀이

1문단에서 무산소 호흡을 통해 젖산균을 만드는 것을 발효, 부패균을
만드는 것을 부패라고 하였으며, 젖산균은 당류를 통해 젖산을 생성하여
인체에 긍정적인 영향을 미친다고 하였다. 또한 4문단에서는 부패균에 의
해 생성된 가스가 인체에 미치는 부정적인 영향이 서술되어 있다. 따라서
젖산균과 유해균이 무산소 호흡을 통해 생성하는 물질과 그 생성물이 인
체에 미치는 영향은 모두 이 글에 나타나 있으므로 추가로 학습할 내용으
로 볼 수 없다.

오답 풀이

① 5문단에서 유산균은 8도 이상에서 움직이기 시작하여 37도 전후에서
가장 왕성하다고 하였다. 하지만 이 온도에서 얼마나 보관이 가능한지
는 나타나지 않는다.

② 2문단에서 젖산균(유산균)이 소화 효소에 의해 90% 이상 사멸한다는
내용은 있지만 생존할 수 있는 수소 이온 농도와 소화 효소의 농도는
나타나지 않는다.

③ 1문단에서 발효 식품 중 신맛과 함께 '톡' 쏘는 맛이 함께 느껴지는 경우
는 발효 과정에서 발생하는 물질들의 차이에서 기인한다고 하였을 뿐
어떤 물질이 발생한 것인지는 제시되지 않는다.

⑤ 1문단에서 일부 미생물은 산소를 이용하지 않고 분해 산물을 생성한다

고 했는데, 대장 환경 자체에 산소가 없는 것인지, 있는데 이용하지 않
는 것인지는 나타나지 않는다.

· 어휘 TEST ·

Q1	1. 편차	2. 팽창	3. 변수	4. 비축	5. 경험적
Q2	1. ×	2. ○	3. ×	4. ○	5. ○
Q3	1. 총량	2. 가속	3. 축적	4. 보충	5. 효율	6. 체내
Q4	1. ②	2. ①	3. ③			

Q1 해설 ▶ 5. '추상적'은 '어떤 사물이 직접 경험하거나 지각할 수 있는
일정한 형태와 성질을 갖고 있지 않은. 또는 그런 것.'의 뜻이고, '경험
적'은 '경험에 기초한. 또는 그런 것.'의 뜻이다.

Q2 해설 ▶ 1. '적도'는 '위도의 기준이 되는 선.'의 뜻으로, 지구의 남북
양극으로부터 같은 거리에 있는 지구 표면에서의 점을 이은 선이다.
3. '한 천체가 다른 천체의 둘레를 주기적으로 도는 일.'은 '공전'의 뜻이다.
'자전'은 '천체가 스스로 고정된 축을 중심으로 회전함. 또는 그런 운동.'의
뜻이다.

Q3 해설 ▶ 3. '축적'은 '지식, 경험, 자금 따위를 모아서 쌓음. 또는 모아
서 쌓은 것.'의 뜻이다.

Q4 해설 ▶ 1. '조성하다'는 '분위기나 정세 따위를 만들다.'의 뜻이다.

11강 기술 제재 읽기

어떻게 읽어야 할까?

| 독해 전략 적용하기 |

전략 1 홀수, 짝수, 1 / 송신, 수신

전략 2 ㄹ, ㄷ, ㄱ, ㄴ

전략 3 ②: 3문단에서 순방향 오류 정정 방식은 각각 두 번씩 복사한 추가 데이터를 송신 정보 데이터와 함께 전송하는 방식이라고 하였다. 또한 수신기는 수신 데이터에서 복사된 데이터들과 비교하여 다른 값으로 전송됐는지를 확인해 오류가 발생한 위치를 알 수 있으며, 1은 0으로 0은 1로 오류를 고칠 수 있다고 하였다. 〈보기〉에서 연이은 세 개의 숫자가 달라 수신 데이터와 복사된 데이터가 다른 부분, 즉 오류가 발생한 부분은 첫째와 셋째 영역이고, 복사된 데이터를 바탕으로 오류가 난 데이터를 정정하면 첫째 영역은 0, 셋째 영역은 1이 된다.

기/출/로/다/지/기

01 ③　　**02** ③　　**03** ⑤

01 정답 ③ ────────────────── [세부 정보 파악하기]

정답 풀이

이 글에서는 1문단에서 제책 기술이 등장하게 된 배경을 제시한 후, 2~4문단에서 시간의 흐름에 따른 제책 기술의 발전 과정을 설명하고 있다. 따라서 이 글의 표제는 '제책 기술의 등장 배경과 유형'이, 부제는 '책 묶기 방식의 발전 과정을 중심으로'가 적절하다.

오답 풀이

① 이 글에서 제책 기술의 발전 과정은 설명하였으나 한계에 대해 설명하지는 않았고, 제책 기술의 문제점을 진단하거나 보완 방안을 언급하지도 않았다.

② 4문단에 화학 접착제 개발에 대한 내용이 나오지만, 이는 무선철 방식에만 해당되는 내용이므로, 글의 전체 표제나 부제로는 적절하지 않다.

④ 이 글에 제책 기술이 발전하게 된 사회적 영향은 나타나 있지만, 기술 개발의 방향과 문제점에 대한 내용은 나와 있지 않다.

⑤ 1문단에 제책 기술의 필요성, 2문단에 책의 내구성 향상에 대한 내용이 나오지만, 이는 글의 일부에만 해당되는 내용이므로 글의 전체 표제나 부제로는 적절하지 않다.

02 정답 ③ ────────────────── [구체적 사례에 적용하기]

정답 풀이

2문단을 통해 ㉢은 '표지'이고 ㉣은 '면지'임을 알 수 있다. 면지는 내지보다 두껍고 질긴 종이로, 이를 표지와 내지 사이에 접착제로 붙여 이어 주어 책의 내구성을 높였다고 하였으므로, 표지를 실매기를 통해 면지와 결합시켰다는 설명은 적절하지 않다.

오답 풀이

① 2문단을 통해 ㉠은 '책등'이고 ㉤은 '내지'임을 알 수 있다. '표지와 내지를 결합할 때는 책등과 결합되는 내지 부분에 접착제를 발라 책등에 붙인다.'라는 내용에서 접착제를 활용하여 책등과 내지를 결합함을 알 수 있다.

② 2문단을 통해 ㉡은 쇠막대로 만든 '홈'임을 알 수 있다. '표지 부착 후에는 가열한 쇠막대로 앞뒤 표지의 책등 쪽 가까운 부분을 눌러 홈을 만들어 책의 펼침성이 좋도록 한다.'라는 내용에서, 가열한 쇠막대로 눌러 홈을 만들면 책의 펼침성이 좋아짐을 알 수 있다.

④ 2문단을 통해 ㉣은 '면지'이고 ㉤은 '내지'임을 알 수 있다. '내지보다 두껍고 질긴 종이인 면지를 표지와 내지 사이에 접착제로 붙여 이어 줌으로써 책의 내구성을 높인다.'라는 내용에서, 면지는 내지보다 튼튼한 종이를 사용함으로써 책의 내구성을 높이는 효과를 얻었음을 알 수 있다.

⑤ 2문단을 통해 ㉢은 '표지', ㉣은 '면지', ㉤은 '내지'임을 알 수 있다. '내지는 실매기 방식을 활용해 실로 단단히 묶고', '면지를 표지와 내지 사이에 접착제로 붙여 이어 줌.'이라는 내용에서, 내지를 실로 묶은 후에 면지를 활용해 표지와 결합하였음을 알 수 있다.

03 정답 ⑤ ────────────────── [구체적 사례에 적용하기]

정답 풀이

〈보기〉에 제시된 요구 사항은 오래 보관할 수 있을 것, 제작 비용을 절감할 것이다. 4문단에서 화학 접착제가 개발되며 무선철 제책 기술이 등장했는데, 이 방법은 자동화가 가능해 대량 생산에 적합하고 생산 단가가 낮아지면서 판매 가격을 낮출 수 있다고 하였다. 따라서 이러한 특성을 가진 화학 접착제를 사용해 묶겠다는 의견을 제시하는 것은 적절하다.

오답 풀이

① 철침으로 옆을 묶겠다는 것은 철사 매기 기술 중 옆매기 기술을 사용하겠다는 것인데, 옆매기 기술은 책장 넘김이 용이하지 않다는 한계가 있고, 철사를 사용하므로 제작 비용이 절감되지 않는다.

②, ④ 내지와 표지를 별도로 제작한 후 묶겠다는 것, 실매기를 한 후 튼튼한 면지를 접착제로 붙이겠다는 것은 양장 기술을 사용하겠다는 것이다. 양장 기술을 사용하면 오래 보관할 수는 있지만 제작 비용을 절감할 수는 없다.

③ 철침을 2개에서 4개로 늘려 묶겠다는 것은 철사 매기 기술 중 중철 방식을 사용하겠다는 것인데, 중철 방식은 오래 보관이 필요 없는 인쇄물에 주로 사용되므로 적절하지 않다.

01 ②　　　　**02 ③**　　　　**03 ⑤**

01 정답 ② ———————————— [세부 정보 파악하기]

정답 풀이

　1문단에서 미세 먼지는 1급 발암 물질로 사망률에 영향을 미친다는 사실이 언급되고 있지만, 실내 미세 먼지가 대기 중의 미세 먼지보다 사망률에 더 큰 영향을 미친다는 내용은 제시되지 않았다.

오답 풀이

① 2문단의 '미세 먼지는 대기 중의 지름 10㎛ 이하인 작은 먼지를 말하는 것으로'에서 보통 지름 10㎛를 초과하는 먼지는 미세 먼지로 여기지 않음을 알 수 있다.

③ 1문단의 '환경 당국조차도 미세 먼지를 단순히 호흡기 질환에 좋지 않은 물질 정도로 가볍게 생각한다는 데 문제의 심각성이 있다.'라는 내용을 통해 환경 당국에서는 아직 미세 먼지 문제를 국가적 재난으로 인식하지 않고 있음을 알 수 있다.

④ 4문단의 '베타선 감지기는 이 두 가지 베타선의 세기를 데이터 신호로 바꾸어 연산 장치에 보내고'에서 베타선 감지기가 베타선을 통해 데이터 신호를 생성하는 장치임을 알 수 있다.

⑤ 1문단의 마지막 부분에는 환경 단체 등이 '자기 주변의 미세 먼지 농도에 대해 객관적이고 과학적인 측정이 가능한 가정용 미세 먼지 측정기의 보급을 확산시켜 미세 먼지를 줄이기 위한 노력을 기울여야 한다.'라고 주장했음이 제시되어 있다. 이로 보아, 가정용 미세 먼지 측정기를 보급함으로써 미세 먼지를 줄이기 위한 노력을 유도할 수 있음을 알 수 있다.

02 정답 ③ ———————————— [정보 및 내용 추론하기]

정답 풀이

　3문단의 '베타선 흡수법에서 방사선인 베타선을 광원으로 사용하는 이유는 베타선이 어떤 물질을 통과할 때, 그 물질의 질량이 커질수록 베타선의 세기가 감쇄하는 성질이 있기 때문이다.'에서 알 수 있듯, 미세 먼지 측정에서 베타선 흡수법을 사용하는 이유는 베타선의 특수한 성질 때문이다.

오답 풀이

① 베타선 흡수법이 다른 방법에 비해 경제적이라는 내용은 제시되지 않았다.

② 3문단의 '시료가 되는 일정한 양의 공기가 흡인 펌프에 의해 일정한 시간 동안 시료 흡입부로 들어오면'이라는 내용에서 알 수 있듯, 베타선 흡수법에서는 일정한 양의 공기가 필요하므로, 아주 적은 양의 공기로는 농도를 측정할 수 있다고 보기 어렵다.

④ 3문단에 베타선 흡수법에서 지름 10㎛보다 큰 입자만 포집한다는 내용이 언급되어 있을 뿐, 베타선 흡수법 이외의 방법이 지름 10㎛보다 큰 먼지만 측정할 수 있다는 설명은 제시되지 않았다.

⑤ 3문단의 '10㎛보다 큰 입자만 포집하고 그보다 작은 것들은 통과시킨다. 분립 장치를 통과한 미세 먼지는 아래로 떨어져 긴 테이프 형태의

여과지에 쌓이는데'와 4문단의 '베타선 광원에서 비춰진 베타선은 여과지 위에 포집된 미세 먼지를 통과하여 베타선 감지기에 도달하게 되는데'를 통해 베타선 감지의 대상이 되는 것은 여과지에 포집된 미세 먼지임을 알 수 있다.

03 정답 ⑤ ———————————— [구체적 사례에 적용하기]

정답 풀이

　4문단에서 '감지된 베타선의 세기는 미세 먼지가 없는 여과지를 통과한 베타선의 세기보다 작을 수밖에 없고'라고 하였으므로 ⓔ '포집 후 여과지를 통과한 베타선의 세기'가 ⓓ '포집 전 여과지를 통과한 베타선의 세기'보다 작음을 알 수 있으며, 따라서 [I_0 / I]의 값은 1보다 크다고 할 수 있다.

오답 풀이

① 3문단에 따르면, 분립 장치는 지름 10㎛ 이하인 미세 먼지만을 통과시키고, 이를 통과해 여과기에 포집된 미세 먼지를 이용해 미세 먼지의 농도를 산출한다.

② 3문단의 '시료가 되는 일정한 양의 공기가 흡인 펌프에 의해 일정한 시간 동안 시료 흡입부로 들어오면'에서, ⓑ '포집 시 공기량'과 ⓒ '포집 시간'이 농도를 산출하기 위한 기준을 세우는 데 필요함을 알 수 있다.

③ 4문단의 '베타선 감지기는 이 두 가지 베타선의 세기를 데이터 신호로 바꾸어'라는 내용에서, ⓓ '포집 전 여과지를 통과한 베타선의 세기'와 ⓔ '포집 후 여과지를 통과한 베타선의 세기'가 베타선 감지기에서 데이터 신호로 바뀜을 알 수 있다.

④ 4문단의 '베타선은 여과지 위에 포집된 미세 먼지를 통과하여 베타선 감지기에 도달하게 되는데, 이때 베타선의 일부가 미세 먼지 입자에 의해 흡수되거나 소멸되기 때문'에서 ⓔ '포집 후 여과지를 통과한 베타선의 세기'는 여과지에 쌓인 미세 먼지에 의해 결정됨을 알 수 있다.

01 ④　　**02 ⑤**　　**03 ③**　　**04 ②**

01 정답 ④ ———————————— [글의 전개 방식 파악하기]

정답 풀이

　이 글은 1문단에서 자기 부상 열차가 기존 열차의 속도적 한계를 극복하기 위해 해결해야 했던 세 가지 과제를 밝히고, 2~4문단에서는 이 과제들을 어떤 과학적, 기술적 방법으로 해결했는지 제시하고 있다.

오답 풀이

① 기술적 원리에 따라 분류한 것은 자기 부상 열차의 추진 원리가 아니라 부상 원리이다. 5문단에서는 추진 원리로 선형 모터와 추진 코일을 활용한 한 가지 기술만 설명하고 있다.

② 자기 부상 기술에 대해 설명하고 있을 뿐 그 기술이 발전해 온 과정을 통시적 관점, 즉 시간의 흐름에 따라 설명하고 있지는 않다.

③ 자기 부상 열차의 장점은 소개하고 있으나 단점을 분석하고 있지 않으며, 전문가의 견해를 인용한 부분은 나타나지 않는다.

⑤ 두 가지 자기 부상 원리인 반발식과 흡인식을 대조하고 있지만, 이를 통합한 기술을 소개하고 있지는 않다.

02 정답 ⑤ ——————————————— [세부 정보 파악하기]

정답 풀이

2문단에서 초전도체는 액체 헬륨에 담겨 영하 270℃ 정도로 내려가야 전기 저항이 0인 초전도 상태가 된다고 하였다. 따라서 초전도체는 그 자체로 전기 저항이 0인 물체가 아니라 특별한 과정을 거쳐 전체 저항이 0이 되는 물체임을 알 수 있다.

오답 풀이

① 3문단에서 패러데이의 법칙은 코일에 자석을 넣으면 유도 전류가 발생한다는 것으로, 전자기 유도의 법칙이라고도 불린다고 하였다. 따라서 이 법칙 이후 등장한 전자기 유도의 방향과 관련된 법칙인 렌츠의 법칙은 패러데이의 법칙을 기반으로 한 법칙이라고 할 수 있다.

② 2문단에서 전기 저항이 0인 상태를 초전도 상태라고 하였다. 그러나 구리 전자석은 코일에 전류가 흐를 때 항상 전기 저항이 일어난다고 하였으므로 초전도 상태로 만들기 어렵다는 것을 알 수 있다.

③ 1문단에서 기존의 열차는 선로와 바퀴 사이의 마찰력 때문에 속도에 한계가 있었으나 자기 부상 열차는 이를 극복했다고 하였으므로, 자기 부상 열차는 기존 열차보다 더 빨리 달릴 수 있을 것이다.

④ 2문단에서 '초전도체가 된 코일에 한번 전류를 흘리면 저항이 없어져 전류가 감쇠하지 않고 계속 돌게 되고, 1~20 테슬라 정도의 자기장을 지속시킨다.'라고 하였으므로, 초전도체에 계속 전류를 공급하지 않아도 된다는 것을 알 수 있다.

03 정답 ③ ——————————————— [정보 및 내용 추론하기]

정답 풀이

ⓒ '흡인식'에서는 '코일을 감은 양과 전류의 세기를 조절하여 자력의 세기에 변화를 줌으로써 부상 간격을 유지할 수 있다.'라고 한 뒤, '전자석과 선로의 간격이 멀면 더 센 전류를 공급하여 일정한 간격으로 열차를 부상시킨다.'라고 설명하였다. 이는 전자석과 선로의 간격이 멀 경우 전류를 세게 해서 간격을 좁힘으로써 일정한 간격을 유지하게 한다는 의미이다. 그런데 간격을 좁히기 위해서는 이를 끌어당기는 자력이 전류의 세기에 따라 같이 세져야 하므로 ⓒ에서 전류의 세기와 자력의 세기는 같이 커지는 비례 관계임을 알 수 있다.

오답 풀이

① 3문단에서 자석을 코일에서 빼면 코일 속을 지나는 자기장이 감소하고, 이때 코일에 유도되는 전류는 자기장의 감소를 방해하는 방향으로 흐른다고 하였다. 따라서 ㉠'반발식'에서 자석을 코일에서 빼듯이 열차의 전자석이 선로의 코일에서 멀어지면, 〈그림〉의 오른쪽 상황처럼 전자석의 자기장 감소를 방해해 유도 전류 자기장은 서로 끌어당기는 힘

인 인력이 생기게 된다.

② 3문단의 패러데이의 법칙에 따르면, 자석이 빠르게 움직일수록 강한 전류가 흐른다. 따라서 ㉠에서 열차를 더 빨리 달리게 하면 전류가 강해지고, 이에 따라 자기장도 증가해 반발력이 커진다.

④ ㉠과 ⓒ 모두 코일에 도선을 많이 감을수록 강한 전류가 흐르고, 전류의 세기가 증가하면 자기력이 커지면서 열차의 부상 간격을 조절할 수 있다. 즉 코일에 감는 도선의 양을 통해 부상 간격을 넓히거나 좁히며 조절할 수 있는 것이다.

⑤ 2문단에서 구리 전자석으로는 0.5 테슬라 정도의 자기장을 발생시키지만, 초전도 전자석으로는 1~20 테슬라 정도의 자기장을 발생시킨다고 하였다. 따라서 구리 전자석을 사용하는 ⓒ은 초전도 전자석을 사용하는 ㉠에 비해 강한 자기장을 얻기 어렵고, 부상시키는 힘의 세기도 약하다고 할 수 있다.

04 정답 ② ——————————————— [비판·반응의 적절성 평가하기]

정답 풀이

ㄴ. 〈보기 1〉에서 열차 안에 들어 있는 ⓓ, ⓔ는 선형 모터이고, 선로 양편에 설치되어 있는 ⓐ, ⓑ, ⓒ는 추진 코일임을 알 수 있다. [A]에 따르면, 벽면 앞에 위치한 ⓐ는 S극, 뒤에 위치한 ⓑ는 N극이어야 열차에 들어 있는 선형 모터 속 전자석의 N극을 앞에서 당기고 뒤에서 밀 수 있다. 또 ⓑ는 N극이므로 ⓒ는 S극이어야 열차의 전자석 S극을 뒤에서 밀 수 있다. 동시에 열차의 전자석 ⓓ는 S극이 되어야 벽면의 앞에 위치한 N극과 서로 당기게 되고 뒤에 위치한 S극과 서로 밀 수 있다. 같은 방식으로 ⓔ는 N극이 되어야 벽면의 S극과 당기고 N극과 밀 수 있다. 이렇게 하면 열차가 추진 방향으로 나아갈 수 있다.

ㄹ. [A]에 따르면, 선형 모터의 극성은 고정되어 있지만 벽면 코일의 극성은 특수한 전류의 영향으로 순간순간 바뀌게 되며, 이렇게 극성이 변화하면서 서로 당기고 밀어내는 과정을 통해 열차가 추진력을 얻는다. 따라서 ⓓ, ⓔ의 극성은 고정되어 있고, ⓐ, ⓑ, ⓒ 극성은 매 순간 변화되어야 열차가 추진 방향으로 나아갈 수 있다.

오답 풀이

ㄱ. 〈보기 1〉에서 ⓐ, ⓑ, ⓒ는 선로 양편에 설치되어 있으므로 초전도 전자석이 아니라 추진 코일이다. 초전도 전자석은 열차에 장착한 선형 모터에 설치된다.

ㄷ. ⓓ, ⓔ는 열차에 장착된 선형 모터이지만 이것이 선로 양쪽 벽면에 설치된 추진 코일의 극성을 변화시키는 것은 아니다. 추진 코일의 극성을 바꿔 주는 것은 특수한 전류이다.

Q1 해설 ▶ 1. '매개'의 뜻은 '둘 사이에서 양편의 관계를 맺어 줌.'의 뜻이고, '매체'의 뜻은 '어떤 작용을 한쪽에서 다른 쪽으로 전달하는 물체. 또는 그런 수단.'의 뜻이다.

Q3 해설 ▶ 3. '내구성'은 '물질이 원래의 상태에서 변질되거나 변형됨이 없이 오래 견디는 성질.'의 뜻이다.

Q4 해설 ▶ 1. '탑재하다'는 '배, 비행기, 차 따위에 물건을 싣다.'의 뜻이다. 따라서 '물체나 사람을 옮기기 위하여 탈것, 수레, 비행기 짐승의 등 따위에 올리다.'의 뜻으로 쓰인 '싣다'와 바꿔 쓸 수 있다.

12강 융합 제재 읽기

기/출/로/다/지/기

01 ⑤	02 ①	03 ②	04 ④

01 정답 ⑤ ——————— [글의 전개 방식 파악하기]

정답 풀이

이 글은 1문단에서 존재에 대한 여러 서양 철학자들의 견해를 소개한 후, 2, 3문단에서 서양 철학의 주류적 입장을 비판하는 니체의 철학에 대해 설명하고 있다. 이후 4, 5문단에서는 니체의 이러한 철학적 견해가 표현주의에 미친 영향에 대해 설명하고 있다.

오답 풀이

① 2, 3문단에서 니체의 철학적 개념을 다루고 있지만, 이를 예술 양식의 발전 단계에 따라 정리하여 제시하지는 않았다.

② 3문단에서 예술에 대한 니체의 견해를 다루고 있지만, 그 견해가 시대에 따라 어떻게 평가받고 있는지에 대해서는 언급하고 있지 않다.

③ 3문단에서 예술에 대한 니체의 시각이 드러나 있지만, 이를 서양 철학의 주류적 입장과 비교하지는 않았다.

④ 1문단에서 존재에 대한 여러 철학자들의 견해가 나타나 있지만 니체가 이를 통합하였다는 내용은 찾을 수 없다.

02 정답 ① ——————— [세부 정보 파악하기]

정답 풀이

1문단에 따르면, 헤라클레이토스는 존재의 생성과 변화를 긍정하고, 존재하는 모든 것이 변화의 과정 중에 있어 끊임없이 생성과 소멸을 반복한다고 보았다. 2문단에 따르면, 니체 또한 헤라클레이토스의 견해를 받아들여 영원히 변하지 않는 존재는 없다고 주장하였다. 따라서 헤라클레이토스와 니체는 ㉠'존재'가 변화한다고 생각했음을 알 수 있다.

오답 풀이

② 1문단에서 파르메니데스는 ㉠을 영원하며 절대적이고 불변성을 가지는 것으로 보았다고 하였고, 플라톤은 ㉠을 끊임없이 변하는 존재와 영원히 변하지 않는 존재로 나누었다고 하였다. 따라서 파르메니데스와 플라톤은 ㉠을 불완전하다고 여기지 않았을 것이다.

③ 1문단에 따르면, 헤라클레이토스는 ㉠이 변화의 과정 중에 있으며 끊임없이 생성과 소멸을 반복한다고 보았고, 플라톤은 ㉠을 끊임없이 변하는 존재와 영원히 변하지 않는 존재로 나눌 수 있다고 보았다. 이로 보아 플라톤과 달리 헤라클레이토스는 영원히 변하지 않는 ㉠이 있다고 보지 않았을 것임을 알 수 있다.

④ 1문단에서 파르메니데스는 ㉠의 생성과 변화, 소멸을 부정했고, 오히려 헤라클레이토스가 ㉠의 생성과 변화를 긍정했음을 확인할 수 있다.

⑤ 1문단에서 플라톤은 ㉠의 근원인 이데아는 오직 이성에 의해서만 인식할 수 있다고 보았음을 알 수 있다. 반면 니체가 ㉠의 근원을 무엇을 통해 인식할 수 있다고 보았는지는 이 글에 제시되어 있지 않다. 따라서 플라톤이 니체와 달리 ㉠의 근원을 감각을 통해 인식할 수 있다고 보았다는 설명은 적절하지 않다.

03 정답 ② ——————— [세부 정보 파악하기]

정답 풀이

4문단에서 존재와 진리의 참모습을 모방하는 것, 즉 대상의 재현을 예술의 목적으로 보는 것은 사실주의 미학이라고 하였다. 또한 표현주의 화가들은 예술의 목적을 대상의 재현이 아니라 인간의 감정과 충동을 표현하는 것으로 생각했다고 하였다. 따라서 표현주의 화가들은 존재와 진리의 참모습을 모방하는 것을 중요하다고 여기지 않았을 것이다.

오답 풀이

① 4문단에서 표현주의 화가들은 감정을 '존재의 본질을 드러내는 것'으로 보았다고 하였다.

③ 4문단에서 표현주의 화가들은 예술이 인간의 감정과 충동을 표현하는 것으로 생각했다고 하였으므로 이들이 감정을 중시했음을 알 수 있다. 또한 이어지는 내용에서 표현주의 화가들이 인간의 감정을 '시시각각 변화하며 생성과 소멸을 반복하는 것'으로 보았음을 알 수 있다.

④ 5문단에서 표현주의 화가들은 '예술가로서의 감정적, 주관인 표현을 예술이 추구해야 하는 가치로 보았다.'라고 하였다.

⑤ 4문단에서 표현주의 화가들은 작품에서 드러나는 공간을 '현실 공간의 재현이 아니라 화가 자신의 감정을 표현하기 위한 상징과 의미를 생산하는 공간'으로 인식했음을 알 수 있다.

04 정답 ④ ——————— [구체적 사례에 적용하기]

정답 풀이

3문단에서 니체는 본능에 내재한 감성을 바탕으로 하는 예술적 충동을 중시하였다고 하였다. 그리고 4문단에서 니체의 철학을 수용했던 표현주의 화가들이 원색을 대담하게 사용하는 방법을 통해 자신의 감정과 충동을 표현했다고 하였다. 따라서 〈보기〉의 작품에 원색이 쓰인 것은 감성을 바탕으로 한 예술적 충동을 중요하게 여겼던 니체의 생각에 영향을 받은 것임을 알 수 있다.

오답 풀이

① 3문단에 따르면, 니체는 인간이 예술을 통해 생명력을 회복하고 허무를 극복할 수 있다고 보았다. 따라서 인간은 허무를 극복할 수 없다는 내용은 니체의 철학과 관련이 없다.
② 2문단에 따르면, 니체는 현실 세계를 유일한 세계로 보았다. 현실 너머의 이상 세계를 생명의 근원으로 본 것은 니체가 부정한 형이상학적 이원론이다.
③ 2문단에서 니체는 초월적 세계를 부정했다고 하였다. 따라서 초월적 세계를 재현한 것이 현실 세계라는 내용은 니체의 입장과 관련이 없다.
⑤ 3문단에서 니체는 '힘에의 의지'를 주변인이나 사물을 지배하려는 의지가 아니라 자기 극복을 이끌어 내고 생명의 상승을 지향하는 의지로 보았음을 확인할 수 있다. 인간이 자기 주변의 사물을 지배해야 한다고 보는 것은 니체의 주장으로 볼 수 없다.

실/전/으/로/뛰/어/넘/기 · 1

01 ⑤   **02** ③   **03** ③   **04** ②

01 정답 ⑤ ————————————————[세부 정보 파악하기]

정답 풀이

5문단에서 온갖 진동수들이 섞인 소리에서 기본음을 알아내는 뇌의 작용에 대해 언급하고 있지만, 진동수가 섞인 소리를 들을 때 일어나는 뇌의 변화에 대해서는 언급하고 있지 않다.

오답 풀이

① 4문단의 '배음들이 혼합되는 방식이 악기의 음색을 결정한다.'라는 내용에서 확인할 수 있다.
② 4문단의 '기타 현이 진동할 때 우리 고막에 도달하는 소리 신호는 2개나 3개가 아니라 단 하나다.'라는 내용에서 확인할 수 있다.
③ 6문단의 '기본음을 구성해서 들을 수 있는 뇌의 능력 때문에 우리는 음악적인 소리와 그렇지 않은 소리를 구별할 수 있다.'라는 내용에서 확인할 수 있다.
④ 4문단에 따르면, 연주자가 악기를 세게 연주하면 기본음과 배음의 음량이 동시에 높아짐을 알 수 있다.

02 정답 ③ ————————————————[세부 정보 파악하기]

정답 풀이

6문단에서 우리의 뇌는 기본음과 배음들의 혼합 속에서 기본음을 인식

할 수 있고, 그 속에서 듣기 좋고 규칙적인 음의 질서를 찾아 ㉠ '음악적인 소리'로 판별할 수 있다고 하였다. 따라서 음악적인 소리는 규칙적 음의 질서를 지닌 소리임을 알 수 있다. 반면 ㉡ '그렇지 않은 소리'는 여러 가지 배음이 극히 불규칙하고 무질서하게 섞여 있기 때문에 음높이를 판별하기 어렵다고 하였다. 즉, '음악적인 소리'와 달리 '그렇지 않은 소리'는 배음이 불규칙하게 혼합되어 있음을 알 수 있다.

오답 풀이

① 4문단의 '연주자가 악기를 세게 연주하면 기본음과 배음의 음량이 동시에 높아지는데, 이렇게 하더라도 결국 우리 귀에는 기본음만이 크게 들리게 된다.'라는 내용에서, 음악적 소리는 연주자의 연주 세기에 따라 음량의 크기를 조절할 수 있음을 알 수 있다.
② 1문단에서 진동수가 제각각인 수많은 소리 파동들이 어떤 규칙성도 알아보기 힘들게 겹쳐진 것은 '잡음'이며, 잡음이라도 규칙적으로 배열되면 음악적인 소리로 인지된다고 하였다. 즉 음악적인 소리가 되려면 소리 파동들이 규칙성 있게 배열되어야 하는 것이다.
④ 5문단에서 온갖 진동수들이 섞인 소리에서 기본음을 알아내려는 것은 뇌의 기본적 작용이자 욕구이고, 우리의 뇌는 기본음을 제거한 나머지 소리만을 들려주어도 기본음을 복원해서 듣는다고 하였다. 따라서 기본음을 제거하고 소리를 들으려는 것은 뇌의 기본적 욕구가 아니며, 이것은 음악적이지 않은 소리를 설명하는 것과도 관련이 없다.
⑤ 2문단에 따르면, 음악적인 소리는 기본음과 기본음 진동수의 정수배의 진동수를 가진 배음들이 질서 정연하게 혼합된 것이다. 다양한 진동수를 지닌 소리들이 무질서하게 배열되어 음높이의 판별이 어려운 것은 음악적이지 않은 소리, 즉 잡음에 대한 설명이다.

03 정답 ③ ————————————————[정보 및 내용 추론하기]

정답 풀이

5문단에서 우리의 뇌는 기본음을 제거한 나머지만 들려주더라도 제거된 기본음을 복원해서 듣는다고 하였다. 따라서 전화는 중년 남성의 기본음보다 높은 진동수의 소리만 전달할 수 있는데도 우리가 전화를 할 때 중년 남성의 낮은 목소리를 들을 수 있는 것은 우리의 청각이 기본음인 중년 남성의 목소리를 복원해서 듣기 때문이다.

오답 풀이

① 〈보기〉에서 전화가 전달하는 소리들은 300Hz 이상이며, 이는 중년 남성의 기본음보다 높다고 하였으므로 중년 남성의 목소리는 300Hz보다 낮은 진동수에서 인지됨을 알 수 있다.
② 전화기가 기본음과 배음을 구별해 준다는 내용은 〈보기〉와 이 글 모두에 나타나지 않는다.
④ 중년 남성의 목소리가 지닌 배음이 기본음보다 더 크다면 중년 남성의 목소리는 여러 진동수의 배음이 섞여서 여러 음으로 전달될 것이다.
⑤ 대부분의 중년 남성의 목소리가 아이의 목소리보다 기본음이 낮은 것은 맞지만, 이것이 우리가 전화할 때 중년 남성의 목소리를 아이의 목소리로 착각하지 않는 이유는 될 수 없다. 전화는 중년 남성의 목소리보다 높은 300Hz 이상의 소리를 전달한다고 하였으므로, 뇌가 기본음을 복원할 수 있다는 사실을 고려하지 않는다면, 이론상 중년 남성의 목소리가 있는 그대로 선명하게 전달될 수는 없다.

04 정답 ② ──────── [구체적 사례에 적용하기]

정답 풀이

〈보기〉에서 기타를 연주할 때 굵기가 굵은 줄을 칠수록 진동수가 감소하며, 낮은 음을 낸다고 하였다. 또한 [A]에서는 기본음의 진동수가 커지면 배음의 진동수도 함께 커진다고 하였다. 따라서 줄의 굵기가 가늘수록 배음의 음높이가 높아진다고 볼 수 있다.

오답 풀이

① 4문단에서 기본음과 배음의 음량이 동시에 높아져도 기본음만 크게 들린다고 하였다. 따라서 〈보기〉에서 공명판을 달아 기타 현의 소리를 크게 만든다면 기본음이 크게 들릴 것임을 알 수 있다.
③ 〈보기〉에서 줄을 당기는 힘이 커질수록 진동수가 커진다고 하였다. [A]를 통해 현의 진동수가 커진다는 것은 기본음과 배음의 음높이가 모두 높아진다는 것을 의미함을 알 수 있다. 따라서 줄을 당기는 힘을 작게하여 조율하면 진동수가 낮아지고 기본음과 배음의 음높이가 낮아질 것이다.
④ 〈보기〉에서 기타 줄의 고정된 끝으로부터 멀리 떨어진 지점을 누를수록 진동수가 증가하여 음높이가 높아진다고 하였으므로, 기본음과 배음의 음높이도 모두 높아질 것임을 알 수 있다.
⑤ [A]에서 배음의 진동수는 기본음의 진동수의 정수배라고 하였으므로 만약 진동수가 120Hz인 기본음을 연주한다면 240Hz, 360Hz, 480Hz 등의 배음들이 동시에 연주될 것이다.

실/전/으/로/ 뛰/어/넘/기·2

| 01 ③ | 02 ③ | 03 ④ | 04 ⑤ |
| 05 ③ | 06 ⑤ |

01 정답 ③ ──────── [글의 전개 방식 파악하기]

정답 풀이

기표와 기의의 개념을 중심으로 소쉬르의 이론인 언어 기호의 의미 작용에 대해 설명하면서, 구체적 사례를 들어 이해를 돕고 있다.

오답 풀이

① 소쉬르의 이론이 피카소와 몬드리안의 작품에 미친 영향에 대해서 설명하고 있을 뿐, 이론의 변화 과정을 제시하고 있지는 않다.
② 언어에 대한 소쉬르의 이론을 집중적으로 설명하고 있을 뿐, 그 밖의 대립되는 이론을 제시하고 있지는 않다.
④ 소쉬르의 이론을 소개하고 있을 뿐, 이를 비판적으로 검토하거나 그 한계를 지적하고 있지는 않다.
⑤ 소쉬르의 이론이 보편적으로 받아들여지게 된 배경에 대해 언급한 내용은 찾아볼 수 없다.

02 정답 ③ ──────── [세부 정보 파악하기]

정답 풀이

2문단에서는 '기호 의미'인 '기의'에 대해 예를 들어 설명하고 있는데, '나무'를 발화하는 사람이 생각하는 나무의 모습과 그것을 듣는 사람이 생각하는 나무의 모습은 다를 수 있다고 이야기하고 있다. 이를 통해 볼 때, ㉠'기표'를 접한 사람들이 떠올리는 형상, 즉 ㉡'기의'는 제각각 다를 수 있다.

오답 풀이

① 2문단에서는 '기호 표현'인 '기표'를 '음성과 문자와 같이 전달할 수 있는 형식적인 부분'이라고 설명하고 있다.
② 2문단에서는 '기호 의미'인 '기의'를 음성이나 문자 등을 접한 '독자나 청자의 내부에 형성되는 개념적인 부분'이라고 설명하고 있다.
④ 2문단에서 소쉬르는 언어 기호를 기호 표현인 '기표'와 기호 의미인 '기의'로 구분했다고 하였다. 이로 보아, 언어 기호는 '기표'와 '기의'의 결합으로 만들어지는 것으로 이해할 수 있다.
⑤ 3문단에서 '기표와 기의의 결합은 필연적이지 않고 자의적'이라고 하였다.

03 정답 ④ ──────── [정보 및 내용 추론하기]

정답 풀이

㉮는 피카소의 작품 〈기타〉에서 비물질적 요소인 '빈 공간'이 물질적 요소인 '돌출된 원통'과 결합하여 기타의 모습을 만들어 낸 것처럼, 실체가 없어 아무 의미가 없다고 할지라도 다른 기표와 결합했을 때 새로운 의미를 만들어 낼 수 있음을 의미한다.

오답 풀이

① 2문단에 따르면, 언어 기호에서 '기표'는 음성이나 문자와 같은 형식을 가리키는 것이다. 따라서 그 자체로는 의미를 가지고 있다고 할 수 없다.
② 피카소의 〈기타〉는 실체를 가진 '돌출된 원통'과 실체가 없는 '빈 공간'의 대립으로 기타의 모습을 구현한 것이다. 이때 '돌출된 원통'은 '빈 공간'과 결합하기 이전에는 의미를 갖지 않은 하나의 '기표'에 불과했다. 이를 통해 볼 때, 다른 기표와 결합하는 기표가 반드시 실체가 없는 것일 필요는 없다.
③ ㉮는 실체가 없는 비물질적인 요소인 '빈 공간'도 하나의 기표로서, 다른 기표와 결합하여 새로운 의미를 만들어 낼 수 있음을 의미한다. 이는 조각이 상징하는 의미가 반드시 실체를 갖는 것일 필요가 없다는 내용과는 관련이 없다.
⑤ 5문단에서는 피카소 이전의 조각은 깎거나 주조하는 방식으로 하나의 덩어리를 주변 공간에서 분리시키는 방식으로 구성했다고 하였다. 이때의 '주변 공간'은 실체가 없는 것이기는 하지만 하나의 덩어리, 즉 조각의 형상을 만드는 데 아무런 역할을 하지 않으므로, '기표'의 개념과는 관련이 없는 것이다.

04 정답 ⑤ ─────────────────── [구체적 사례에 적용하기]

정답 풀이

6문단에서 몬드리안의 작품은 도상학적이고 상징주의적인 해석에 대한 논의를 거부하는 방식으로 발전했다고 하였다. 따라서 〈보기〉의 몬드리안 작품을 감상하면서 이 작품이 국가 간의 조화를 기원하는 상징적 의미를 갖고 있는 것으로 보는 것은 적절하지 않다.

오답 풀이

① 6문단에서 몬드리안 작품의 회화적 요소들은 대칭 규칙 같은 몇몇의 규칙만으로도 상호 의존적인 여러 대립 항을 생성한다고 하였다. 이때의 회화적 요소란 몬드리안 작품 속에서 선과 면이 만들어 내는 중심부 사각형과 주변부 사각형을 의미하는 것이다. 따라서 〈보기〉의 작품 속 중심부 사각형과 주변부 사각형은 상호 의존하면서 대립하고 있는 것으로 해석할 수 있다.

② 6문단에서 몬드리안 작품은 '리듬감 있는 스타카토의 강렬한 형식미'를 드러낸다고 하였다. 〈보기〉는 몬드리안의 대표작으로, 선과 평면이 만들어 내는 중심부 사각형과 그에 대한 주변부 사각형의 반복과 변용으로 리듬감 있는 형식미를 만들어 낸다고 볼 수 있다.

③ 6문단에서 몬드리안의 작품은 선과 평면 등의 회화적 기호가 대칭 규칙에 따라 배열되었다고 하였고, 이러한 작품에서 균형과 불균형의 형식미가 드러난다고 하였다. 〈보기〉는 몬드리안의 작품으로, 소수의 단순한 기호들이 대칭 규칙에 따라 배열되어 균형미를 드러내고 있음을 확인할 수 있다.

④ 6문단에서는 몬드리안이 검은 수평선과 수직선, 원색 평면, 무채색 평면 등의 몇 가지 제한된 기호로 다양한 작품을 생산했다고 하였다. 〈보기〉는 몬드리안의 작품으로, 수평선과 수직선, 원색 평면과 무채색 평면 등과 같은 형식적인 기호의 조합이 새로운 의미를 만들어 내고 있는 것으로 보아, 이 형식적 기호들은 하나의 체계 안에서 각각의 기표로 기능한다고 볼 수 있다.

05 정답 ③ ─────────────────── [비판·반응의 적절성 평가하기]

정답 풀이

구조주의에서 사물의 의미가 사물 자체의 속성에 의해 결정되지 않고 사물들 간의 관계에 따라 결정된다는 것은 언어 기호의 의미가 언어를 구성하는 기호 자체에 의해 결정되는 것이 아니라, 기호들의 체계 내에서의 차이에 의해 결정된다는 소쉬르의 주장과 연관 지을 수 있다. 따라서 사물의 의미는 사물들 간의 유기적 관계 속에서 결정되는 것으로 개별 사물들의 유사성이 아니라 차별성 안에서 발생한다고 할 수 있다.

오답 풀이

① 구조주의는 사물들의 관계망 안에서 사물이 지니는 위치에 따라 사물의 의미가 규정된다고 보기 때문에 사물들이 가진 관계망 안에서 사물의 의미를 규정하려는 시도를 할 것이다.

② 구조주의는 사물 자체의 속성이 아니라 사물들 간의 관계에서 의미를 찾으므로 자립적 기표인 몬드리안의 회화적 기호들은 아무런 의미를 갖지 않는다고 볼 것이다.

④ 3문단에서 소쉬르는 언어의 기호가 체계 내의 다른 기호와의 차이에 의해 의미를 갖는다고 하였다. 이는 구조주의가 사물의 의미를 사물들 간의 유기적인 관계 안에서 사물이 가지는 차별적 위치에 따라 달라진다고 보는 것과 같은 맥락이다.

⑤ 5문단을 통해 피카소의 〈기타〉는 입체인 원통과 비물질적 요소인 빈 공간의 대립을 통해 의미 작용을 하였음을 알 수 있다. 따라서 구조주의에서는 피카소의 〈기타〉를 빈 공간이라는 비사물을 기호로 변형시켜 원통형의 입체라는 사물과의 대립적 구조 안에서 그 의미를 성립시킨 것으로 볼 것이다.

06 정답 ⑤ ─────────────────── [어휘의 의미 파악하기]

정답 풀이

ⓐ는 '어떤 힘이나 영향 밖으로 빠져나오다.'라는 의미로 쓰였다. ⑤의 '벗어나다' 역시 이와 유사한 의미로 사용되었다.

오답 풀이

① 제시된 문장에서 '벗어나다'는 '공간적 범위나 경계 밖으로 빠져나오다.'라는 의미로 쓰였다.

② 제시된 문장에서 '벗어나다'는 '맡은 일에서 놓여나다.'라는 의미로 쓰였다.

③ 제시된 문장에서 '벗어나다'는 '이야기의 흐름이 빗나가다.'라는 의미로 쓰였다.

④ 제시된 문장에서 '벗어나다'는 '어려운 일이나 처지에서 헤어나다.'라는 의미로 쓰였다.

· 어휘 TEST ·				
Q1 | 1. 직면하다	2. 내재	3. 이성	4. 소멸	5. 수용
Q2 | 1. ⓒ	2. ⓔ	3. ⓓ	4. ⓒ	5. ⓐ
Q3 | 1. 단조	2. 자의적	3. 조율		
4. 인지	5. 누락	6. 판별		
Q4 | 1. ③	2. ①	3. ②		

Q1 해설 ▶ 4. '소멸'은 '사라져 없어짐.'을 뜻하고, '손실'은 '잃어버리거나 축나서 손해를 봄. 또는 그 손해.'를 뜻한다.

Q3 해설 ▶ 2. '자의적'은 '일정한 질서를 무시하고 제멋대로 하는 것.'의 뜻이다.
6. '판별'은 '옳고 그름이나 좋고 나쁨을 판단하여 구별함. 또는 그런 구별.'의 뜻이다.

Q4 해설 ▶ 3. '내포되다'의 뜻은 '어떤 성질이나 뜻 따위가 속에 품어지다.'이다. '내밀하다'의 뜻은 '어떤 일이 겉으로 드러나지 아니하다.'이고, '드러나다'의 뜻은 '가려 있거나 보이지 않던 것이 보이게 되다.'이다.

380분간의 수능시험
시간은 기다려주지 않아!

12

9
3

매일
15분을
수능처럼